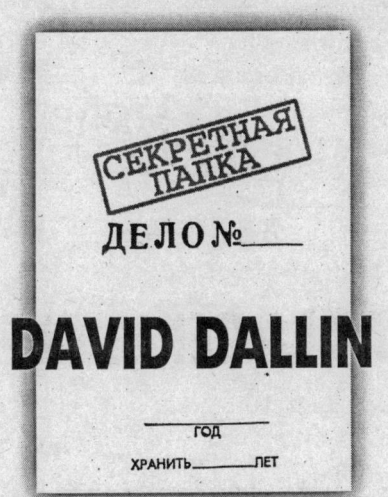

SOVIET ESPIONAGE

БЕСТСЕЛЛЕРЫ СЕРИИ

**О. Гордиевский
К. Эндрю
КГБ – разведывательные операции от Ленина до Горбачева**

**О. Гордиевский
Следующая остановка – расстрел**

**Л. Млечин
Председатели КГБ. Рассекреченные судьбы**

**В. Фалин
Конфликты в Кремле.
Сумерки богов по-русски**

**Р. Гелен
Война разведок.
Тайные операции спецслужб Германии. 1942–1971**

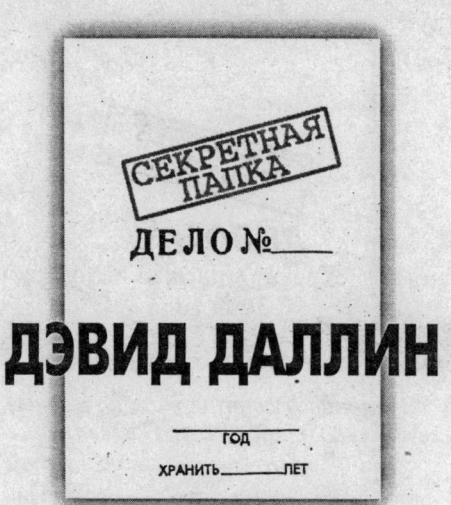

ДЭВИД ДАЛЛИН

ШПИОНАЖ ПО-СОВЕТСКИ

ОБЪЕКТЫ И АГЕНТЫ СОВЕТСКОЙ РАЗВЕДКИ. 1920—1950

Москва
ЦЕНТРПОЛИГРАФ
2001

УДК 820(73)
ББК 84(7Сое)
Д15

Серия «Секретная папка» выпускается
с 1999 года

*Разработка серийного оформления
художника И.А. Озерова*

Оценка издательством событий и фактов,
изложенных в книге,
может не совпадать с позицией автора.
За сведения и факты, изложенные в книге,
издательство ответственности не несет.

Перевод
© ЗАО «Издательство «Центрполиграф», 2001
Художественное оформление серии
© ЗАО «Издательство «Центрполиграф», 2001
Издание на русском языке
© ЗАО «Издательство «Центрполиграф», 2001

ISBN 5-227-01282-2

Охраняется Законом РФ об авторском праве.
Воспроизведение всей книги или любой ее части
воспрещается без письменного разрешения издателя.
Любые попытки нарушения закона
будут преследоваться в судебном порядке.

Минное поле «холодной войны»
(вместо предисловия)

Автор исторической хроники «Шпионаж по-советски», выпущенной издательством Йельского университета, — известный американский советолог Дэвид Даллин, долгие годы преподававший в этом учебном заведении и скончавшийся за два года до выхода в свет своего труда. Но главное было сделано: он оставил после себя солидную рукопись, над которой работал более десяти лет.

Те немногие книги о советской разведке, которые были написаны ранее, не могут идти ни в какое сравнение с этим произведением Даллина. Автор использовал огромное количество документов, хранящихся в архивах США, Франции, Германии, Великобритании, Бельгии. Проштудировал серию мемуаров кадровых сотрудников западных спецслужб и их агентов, воспоминания переметнувшихся в «свободный мир» оперативников советской разведки и кремлевских дипломатов всех рангов, а также тайных соглядатаев московских разведцентров, порвавших по разным причинам со своими хозяевами. Даллин переворошил груды западных и советских периодических изданий со статьями о деятельности тайных служб Кремля. Он взял интервью у десятков свидетелей описываемых событий, среди которых были и политические деятели, и государственные чиновники, и бывшие руководители Коминтерна.

Поэтому нет ничего удивительного в том, что автору удалось собрать обширный, изобилующий конкретными фактами и реальными эпизодами материал о деятельности советской разведки в двадцатых—пятидесятых годах XX века. В этом отношении труд Дэвида Даллина превосходит нашумевшую у нас и за рубежом книгу английского историка Кристофера Эндрю и бывшего полковника советской внешней разведки Олега Гордиевского «КГБ: разведывательные операции от Ленина до Горбачева». Особенно выигрышно выглядит в изложении американского советолога период двадцатых—тридцатых годов.

Автор так сформулировал основную цель своей книги: дать точное описание событий, а не изложение отдельных «шпионских историй». Он уверял, что в ходе работы отбрасывал все материалы сомнительной достоверности, и выразил уверенность в том, что ему удалось рассказать об операциях советской разведки за рубежом настолько объективно и точно, насколько это было возможно в существовавших условиях. Однако, как мы можем убедиться, обстоятельства оказались сильнее его благих намерений. Атмосфера «холодной войны», распространившаяся на отношения между Западом и Востоком, сильно подействовала на автора. Влиятельные структуры натовских государств, в первую очередь спецслужбы США, оказавшие большую помощь советологу в сборе материалов, также предъявили свой счет. В итоге «Шпионаж по-советски» превратился в острое пропагандистское орудие для изображения Советского Союза как «империи зла» с «длинными щупальцами» — политической и военной разведслужбами, охватившими весь земной шар. Для запугивания обывателей западных государств нужно было сотворить некую «страшилку», и Даллин ловко справился с этим заказом.

Идеологические шоры привели к тому, что в книгу сознательно либо ненамеренно вкрался ряд неточностей, ошибок и несуразиц, которые может обнаружить нынешний читатель, в чьем распоряжении сейчас есть немало достаточно качественной и объективной литературы, посвященной истории советских разведслужб. Так, автор утверждает, что Иностранный отдел (ИНО) ВЧК был организован в 1921 году. На самом деле точная дата создания внешней разведки ВЧК 20 декабря 1920 года. Первым начальником ИНО, по Даллину, якобы стал Михаил Трилиссер. Но его назначили на эту должность только в мае 1922 года, а до этого времени разведкой руководили Яков Давыдов (Давтян), Рубен Катанян и Соломон Могилевский.

Такая же путаница на страницах книги произошла и с Комитетом информации (КИ). Этот центральный орган советской внешней разведки появился не сразу после войны, как пишет Даллин, а в мае 1947 года. И не «под контролем Министерства иностранных дел», а при Совете Министров СССР. Сотрудники ГРУ были выведены из КИ не в 1948 году, как это дает автор, а в феврале 1949 года. Неверно также упоминание о Центральном отделе информации Политбюро Компартии — такого отдела вообще не существовало.

Далее, в разделе, посвященном нелегальной резидентуре советской военной разведки в Бельгии, говорится об оперативном сотруднике лейтенанте Михаиле Макарове, нелегально работавшем под видом уругвайского гражданина Аламо. Автор утверждает, будто Макаров был племянником второго лица в советском государстве Вячеслава Молотова. Это выдумка — Макаров в родстве с Молотовым не состоял. Сообщается и о другом нелегале — полковнике Константине Ефремове, который якобы прибыл в Бельгию непосредственно перед нападением Германии на Советский Союз. В действительности Ефремов носил звание капитана и был выведен за рубеж задолго до начала войны.

Подобных несоответствий и очевидных ошибок в труде Даллина хватает, однако это отнюдь не умаляет ценности самого произведения. Некоторые описываемые автором детали и подробности носят поистине уникальный характер и никогда не предавались гласности.

Хотелось бы в связи с этим предупредить читателя о том, что в книге Дэвида Даллина, как на минном поле, оставшемся со времен «холодной войны», могут таиться «сюрпризы», к которым следует относиться если не скептически, так предельно осторожно.

Виталий Чернявский,
полковник в отставке

Глава 1
ИСТОКИ

СТАРОЕ И НОВОЕ

Хотя разведывательная сеть, созданная в старой России перед началом и во время Первой мировой войны, почти не уступала системам ее западных союзников и противников, советский режим был вынужден создавать свою секретную службу на голом месте. Скорее по причине революционных настроений, чем из практических соображений «царская государственная машина» была разрушена до самого основания, и старые агенты использовались только в виде исключения. Полиция и служба разведки не входили в число институтов, к которым новая власть относилась достаточно терпимо.

Техника, методы и персонал новой секретной службы были заимствованы скорее из подпольного опыта русских революционных партий, чем из старой тайной полиции и разведки. Два поколения революционеров до 1917 года довели подпольную технику до беспрецедентного уровня. «Конспирация», которая в русском понимании означала свод правил тайной политической деятельности, вошла в кровь революционеров. Искусство подделывания паспортов достигло совершенства, широко применялись шифры, хотя зачастую и примитивные, симпатические чернила, телеграфные коды. Нелегальную литературу и оружие доставляли на место, используя технику «двойного дна». Многие термины, применяемые и сейчас в советских секретных службах, пришли из предреволюционного подполья: явка — дом или квартира, куда агент является с донесением, дубок — место, где прячутся сообщения, нелегал — человек с фальшивым паспортом, больница — тюрьма, болезнь — арест и т. д. Руководство секретной службы за границей набиралось из рядов старых коммунистов. Прошло целое десятилетие, прежде чем за границу были посланы молодые выпускники разведывательных школ.

Первой советской организацией, которая начала систематическую разведывательную работу за границей, была ЧК[1] под руководством Феликса Дзержинского, ее иностранный отдел (ИНО) был организован в 1921 году. Примерно в это же время приступили к работе и другие службы. Военный комиссариат под руководством Льва Троцкого создал собственный разведывательный орган. Комиссариат иностранных дел во главе с Чичериным и Литвиновым собирал секретную политическую

---

[1] ЧК (Чрезвычайная комиссия по борьбе с контрреволюцией и саботажем) была учреждена 20 декабря 1917 года и вскоре переименована в ВЧК (Всероссийская чрезвычайная комиссия). 6 февраля 1922 года она была реорганизована в ГПУ (Государственное политическое управление), а в 1934 году оно стало ОГПУ (Объединенное государственное политическое управление).

ОГПУ прекратило свою деятельность в июле 1934 года, но его функции были переданы ГУГБЕЗ (Главное управление государственной безопасности), которое было отделом НКВД — Народного комиссариата внутренних дел. 3 февраля 1941 года ГУГБЕЗ был отделен от НКВД и получил статус народного комиссариата — НКГБ — Народного комиссариата государственной безопасности. Однако в июле того же года это решение было отменено, и НКГБ снова становится частью НКВД. В апреле 1943 года ГУГБЕЗ снова становится НКГБ. В марте 1946 года, когда все народные комиссариаты были переименованы в министерства, НКГБ превратился в МГБ — Министерство государственной безопасности, а НКВД стал МВД — Министерством внутренних дел. После смерти Сталина 15 марта 1953 года эти министерства были объединены. МГБ в третий раз стало частью МВД. 13 марта 1954 года, после казни Берии, государственная безопасность снова была отделена и получила название КГБ — Комитет государственной безопасности. Возглавлял его генерал Иван Серов.

Эта череда изменения названий не имела существенного политического значения, однако множество имен, принадлежащих одной и той же организации, может спутать читателя. Поэтому в книге повсюду эта организация будет называться ГБ (Государственная безопасность), за исключением тех случаев, когда окажется необходимым использовать точное название.

информацию с помощью своих официальных и полуофициальных представителей за границей. Коммунистический Интернационал, которым руководил Зиновьев, обладал развитой сетью в зарубежных странах и стал центром, куда стекалась обильная информация изо всех важных столиц. Народный комиссариат внешней торговли, руководимый Красиным, собирал через свои легальные торговые связи сведения главным образом по экономическим вопросам. Центральный Комитет Коммунистической партии имел агентов, которые доносили о жизни в советских колониях за рубежом и событиях в коммунистическом движении.

Перед ЧК и ее многочисленными преемниками (далее будем называть их просто ГБ) ставилась одна главная задача — борьба с контрреволюцией, включая контрразведку. Шпионаж за рубежом не входил в круг ее обязанностей. Теоретически на ЧК и ее преемников, несмотря на их агрессивные черты, возлагались оборонительные функции, как, например, и на ФБР в Соединенных Штатах, чьи цели — борьба с тайными политическими организациями и иностранными шпионами внутри страны и которая не проводит никаких операций за пределами страны. Когда Ленин впервые предложил создать ЧК, предполагалось, что она будет наделена «чрезвычайными полномочиями для борьбы с контрреволюцией». Сталин также подчеркивал, что ГПУ призвано защищать революцию против контрреволюции, саботажа, кулацких мятежей, тайных белогвардейцев.

Иностранный отдел ЧК (ИНО) был основан в 1921 году, и во главе его стал ветеран-большевик Михаил Трилиссер. К тому времени остатки белых армий, бегущих из России, докатились до Балкан, многие тысячи эмигрантов осели в Париже и Берлине. Чтобы расколоть политическую эмиграцию и развалить еще сохранившиеся русские антисоветские военные силы, ЧК посылала своих агентов и набирала шпионов и провокаторов среди эмигрантов. Эти действия, хотя и проводились на зарубежных территориях, все еще рассматривались как вынужденная оборона — как «борьба против контрреволюции».

Вскоре, однако, ИНО и его агенты за рубежом перешли от оборонительной стратегии к наступательной и сосредоточили свое внимание главным образом на политической информации и закулисных событиях. Новые резиденты ГБ обслуживали Коминтерн и нелегальные пути пересечения границы. Они находились в тесном контакте с новым коммунистическим подпольем в разных странах, перевозили оружие, создавали Т-группы (террор), Д-группы (диверсии), чтобы быть готовыми на случай «неизбежной» революции. Только к середине двадцатых годов революционный хаос начальных лет сменился бюрократическим порядком, потребовалась эффективность работы, начали поступать точные приказы. Шпионаж всех видов стал неотъемлемой частью работы ГБ: шпионаж против русской эмиграции, тотальная слежка за советскими гражданами за границей и шпионаж против зарубежных стран. Советские посольства и дипломатические миссии служили прикрытием тайной деятельности ГБ.

Вторым советским агентством с разведывательными функциями был Четвертый отдел Генерального штаба Красной Армии, позже переименованный в ГРУ — Главное разведывательное управление, иногда называемое Разведупр. О нем никогда не писали в прессе, оно избегало известности, но никогда не скрывало своих целей и функций. Иногда, в силу необходимости, советским разведывательным органам приходилось работать в контакте с иностранными спецслужбами. Так, например, во время Второй мировой войны ГРУ и его шефы официально действовали совместно с американской и британской разведками. Первым начальником ГРУ и его главой в течение пятнадцати лет был Ян Берзин, выдающаяся личность и прекрасный организатор. Он начинал как товарищ Берзин, потом стал армейским комиссаром Берзиным, потом генералом Берзиным, а кончил свои дни обвиняемым Берзиным. Его приговорили к смерти и казнили[1].

По своей структуре и роду деятельности ГРУ не отличалось от военных разведывательных органов иностранных армий. Его главными агентами за рубежом были военные, военно-воздушные и военно-морские атташе и их сотрудники. В числе его подразделений в Москве были такие, которые занимались руководством заграничными агентами, отбором и оценкой информации, радиосвязью, кодами, диверсиями, фальшивыми документами и другими вопросами. Некоторые агенты ГРУ были хорошо известны: Клаус Фукс, супруги Розенберг, Рихард Зорге, Бруно Понтекорво и те русские, с которыми они имели контакты, как, например, Анатолий Яковлев, Валентин Губичев и многие другие.

Четкого разделения функций между ГБ и ГРУ никогда не существовало. Формально армия и флот, мобилизационные планы и новые виды вооружения относятся к области военной разведки, а идеологические операции, соглашения, секретные договоры — к области интересов ГБ. Но на самом деле их функции все время перекрывались, и сфера полномочий никогда точно не определялась, что было сделано отнюдь не случайно.

ГБ всегда преобладала над другими структурами, она могла рекрутировать информаторов из их персонала и внедрять туда своих людей, когда считала это необхо-

---

[1] Как и ГБ, ГРУ меняло название в течение трех десятилетий, хотя эти изменения имели меньшее политическое значение. Оно последовательно называлось Регистрационным отделом Красной Армии, Вторым бюро Генерального штаба, Четвертым отделом, Седьмым отделом и, наконец, Главным разведывательным управлением Генерального штаба. Морская разведка, как отдельное подразделение, появилась в 1940 году.

Среди четырех отделов ГРУ самым важным и представляющим наибольший интерес является оперативный, который ведет разведку за границей. Он разделен на восемь секций: 1) Западная Европа; 2) Средний Восток; 3) Америка, Дальний Восток, Индия; 4) данные технического характера, главным образом о вооружениях; 5) террористические акты за рубежом, саботаж, похищения и т. д.; 6) фальшивые документы и новая шпионская техника; 7) разведывательные операции в различных приграничных областях; 8) коды и шифры.

димым. Армия не составляла исключения, все ее подразделения были насыщены информаторами ГБ. Не было ни одного батальона или офицерского клуба, где не было бы «внутреннего» информатора ГБ. Это в равной мере относится и к военным разведывательным структурам ГРУ за границей. ГБ за рубежом тщательно следит за персоналом военной разведки — военными атташе, их сотрудниками и агентами, их корреспонденцией и общественными контактами. Армия не имеет равных с ГБ прав, она не может проникнуть в ее подразделения или следить за ее персоналом, не может никого из них арестовать или наказать. Она постоянно находится под угрозой террора, но лишена возможности применить контрмеры. Агенты ГРУ каждый день рискуют жизнью в своей тайной работе за рубежом, находясь под неусыпным, безжалостным и раздражающим надзором соперничающей структуры.

Длительное время Сталин поддерживал нечто вроде шаткого баланса между армией и ГБ, поощрял соперничество между ними, что распространялось и на их зарубежные структуры, возбуждал взаимную подозрительность. Сталин не мог отдать предпочтение армии, потому что победа военных в их конфликте с ГБ означала бы ослабление жесткого партийного руководства и угрожала подрывом его власти. Но точно так же было невозможно отдать армию на съедение ГБ, что разрушило бы советские вооруженные силы. До середины тридцатых годов ГБ и военная разведка сосуществовали относительно мирно, хотя их внешние органы работали в условиях жестокой конкуренции. Но в 1936—1937 годах Сталин нарушил это равновесие. Дело Тухачевского, сфабрикованные «заговоры» с их ужасающими подробностями, аресты и ссылки тысяч военных означали победу и отмщение ГБ над своим заклятым врагом — армией. В чистке, которая последовала за делом Тухачевского, большое число лучших военных разведчиков кануло в вечность. И к 1938—1939 годам ослабленное и беспомощное ГРУ предстало перед торжествующей победу ГБ.

Во время войны армия снова заняла почетное место, и соперничество между разведывательными структурами за рубежом несколько поутихло. Было налажено сотрудничество между ГБ, ГРУ и агентами Коминтерна. После окончания войны появился КИ — Комитет информации, в котором ГБ и ГРУ должны были работать совместно под контролем Министерства иностранных дел. Но этот эксперимент был признан неудачным, в 1948 году ГРУ заняло свое прежнее независимое положение, а КИ в 1951 году просто стал частью ГБ.

После 1945 года ГБ все же взяла верх над армией, и внешним признаком этого было возвышение шефа ГБ Лаврентия Берии до маршала и присвоение высоких воинских званий руководству ГБ. Одним из признаков усиления ГБ в первое послевоенное десятилетие был резкий рост ее активности за рубежом, которая превзошла разведывательную деятельность Советской Армии.

Особенность советской разведки состояла еще и в том, что высшее руководство ею всегда принадлежало Центральному Комитету Коммунистической партии. От ГРУ, от Иностранного отдела ГБ, от Министерства внешней торговли, от собственных агентов за рубежом Центральный отдел информации Политбюро с середины тридцатых годов получал такой объем информации, каким не располагало ни одно правительство. Во времена сталинского режима Центральный отдел информации был частью его личной канцелярии, а его руководителем в течение многих лет являлся Георгий Маленков — помощник Сталина.

Советские разведывательные органы за границей состояли из официально признанных посольств и дипломатических миссий, а также большого числа тайных групп и отдельных агентов.

Советское посольство — это даже не источник, а фонтан информации, это структура, которая содержит четыре, а иногда и пять составных частей. Внутри его оба советских разведывательных органа держат своих сотрудников: ГРУ, чью группу возглавляет военный атташе, и ГБ, чьи работники занимают должности секретарей, советников или атташе. Другие советские организации также имеют своих представителей среди персонала посольства. Они тоже часто выполняют тайные функции. Хотя агенты юридически являются сотрудниками посольства и обладают дипломатическим иммунитетом, они подчиняются своему московскому начальству и практически не зависят от посла, каждый имеет свой штат, код, бюджет и секреты, которыми ему запрещается делиться со своими коллегами. Официальные названия должностей часто могут ввести в заблуждение: скромный привратник нередко оказывается представителем серьезной организации, секретари служат посредниками в отношениях с тайной агентурой, все дипломатические курьеры, без исключения, являются работниками ГБ.

В дополнение к официальным представителям в зарубежных странах работала сеть агентов со своими субагентами, ресурсами, фондами и каналами связи с Москвой, о которых не знали ни военные атташе, ни другие посольские разведчики. Они являлись существенной частью советского разведывательного аппарата. Агенты этого класса выполняли множество задач. Их доклады позволяли Москве проверять данные, полученные из других источников, а в случае войны или разрыва дипломатических отношений эти резиденты продолжали работу и служили центром разведывательной сети, к тому же слежка за дипломатическим персоналом, как это бывает во многих странах, не могла вывести на них полицию. До того как советское правительство получило признание и прежде, чем начали работать первые торговые представительства, этот вид разведывательной деятельности был единственно возможным. Во время войны 1941—1945 годов он приобрел большой размах, особенно в Швейцарии и Германии.

Многие правила конспирации и техники шпионажа были заимствованы из предреволюционной практики, а потом обновлены и усовершенствованы. Однако используются также новая техника и научные достижения.

В качестве самой простой защиты служат псевдонимы. Все клички присваиваются только московским Центром. Эта предосторожность необходима для того, чтобы избежать дублирования. Резиденты и агенты знают друг друга только по псевдонимам, по понятным причинам строго запрещается пытаться узнать настоящее имя.

Среди новых терминов появились такие, как музыкальная шкатулка — радиопередатчик, башмак — паспорт, сапожник — специалист по подделке паспортов. Местная коммунистическая партия — корпорация, другие агенты в этой стране (или в посольстве страны) — соседи. Применяются также условные названия стран, так, Германия может называться Джерси, Франция — Флоренция, Британия — Бразилия. Шеф военной разведки в Москве — директор, а его первый заместитель — командир.

Существует правило, по которому агенты не должны приходить домой друг к другу или звонить по телефону из дома, если только речь не идет о совсем невинном деле. Нельзя посылать письмо непосредственно члену своей группы, вся корреспонденция должна идти через людей, с которыми агент поддерживает дружеские отношения и которые не являются активными коммунистами. Письменные сообщения должны быть уничтожены как можно быстрее (кроме, разумеется, случаев, когда это происходит в офисе посольства). Накопление документов и ведение дневника считается преступным действием.

Встреча двух советских разведчиков обычно происходит в людных местах, например в музее или в почтовом отделении. Если встреча назначена на улице, то место и время выбираются так, чтобы отдельный пешеход не привлекал внимания.

Пунктуальность очень важна, агент не должен ждать на условленном месте слишком долго, если связной опаздывает, он уходит и возвращается туда несколько позже. Оба агента пользуются паролями, состоящими из одной-двух фраз: «Как там Элси?» Ответ: «Она в порядке». Или: «Как короче всего пройти на Стрэнд?» — «Пойдемте вместе, я как раз туда иду». Для женщин-агентов часто заранее предписывается одежда, например черная шляпка или коричневая сумочка.

Корреспонденция для сохранения секретности ведется в кодах. Каждое отделение секретной службы за границей, каждая легальная или нелегальная группа имеет свой код. Внутри каждого посольства одновременно могут применяться четыре или пять кодов. Они отбираются с большой осторожностью, так как контрразведки всех стран охотятся за ними и пытаются их взломать. Поэтому через определенные промежутки времени они могут меняться.

Изготовление паспортов является другим важным элементом конспирации. Большое число хороших «сапожников» обучаются в Москве, а из германского подполья, как мы видели, выходят даже более умелые мастера.

Среди новых средств, используемых советскими спецслужбами, самыми важными являются микрофотография и коротковолновые рации.

Фотография заменила симпатические чернила, которыми пользовались раньше. В фотолабораториях секретные документы и личные доклады переводятся на микропленку, которую нетрудно доставить в Москву. Кодированные сообщения, передающиеся по главным каналам связи, являются излюбленным видом корреспонденции. Официальные советские миссии в зарубежных странах имеют привилегию отправлять и получать кодированные сообщения, даже если это запрещено местным законодательством. Главной фигурой в секретной связи является курьер. Курьер лучше, чем почта, для целей связи. Он знаком с пограничными правилами, знает контакты и явки, а если его схватят, то полиция все равно не сможет расшифровать сообщения, которые были при нем. Наконец, вализа (мешок для перевозки диппочты) в руках дипкурьера — это самый безопасный способ передачи наиболее секретных сообщений в Москву и обратно.

Радио стали применять в конце двадцатых годов, как для легальной связи между советским правительством и его представительствами, так и для обмена сообщениями между агентами и Центром. По сравнению с другими средствами коротковолновая аппаратура представляет большую опасность для агента. Совершенствование методов радиопеленгации позволяет полиции выйти на работающий передатчик. Намного проще и безопаснее передать каким-либо способом сообщение в посольство или послать курьера. Эти соображения, однако, относятся только к мирному времени, во время войны все меняется и преимущество радиосвязи становится неоспоримым. Во время Первой мировой войны, когда коротковолновая радиоаппаратура еще не применялась секретными агентами, русские шпионы в Германии должны были посылать свои рапорты в нейтральную страну (Данию или Швецию), чтобы дальше в Петроград они шли легальным путем. Сообщение из Германии до русской столицы иногда шло так долго, что за время пути стратегическая информация теряла свое значение.

Обстановка во время Второй мировой войны была совсем другой. За какие-то минуты детальный рапорт о готовящемся наступлении или важном решении германского правительства мгновенно долетало из Женевы или Берлина до Москвы, через сражающиеся фронты и пылающие города. Место шпиона, который, маскируясь под пастуха, пересекал линию фронта с написанным от руки сообщением, спрятанным под подкладку картуза, теперь занял радист, который по ночам передает и принимает шифрованные сообщения для шпионской сети. Задачи контрразведки тоже изменились. Она теперь должна отслеживать тайные коротковолновые сообщения в эфире, записывать и пытаться расшифровать их, определять положение передающих станций с помощью современной аппаратуры. Во время непрерывной борьбы между разведкой и контрразведкой постоянно изобретаются новые аппараты и методы: радиостанции постоянно меняют место, и полиция прибывает слишком поздно, рации устанавливаются на движущейся лодке, размещаются у границ с нейтральными странами и т. д.

Главная опасность при применении коротковолновых передатчиков состояла в том, что, когда полиция ловила шпиона, она могла вынудить его работать в качестве агента против своей страны. В главах, посвященных советской разведке во время Второй мировой войны, мы узнаем о многих советских шпионах, схваченных Германией или ее союзниками, которых под страхом смерти заставили дезинформировать Генеральный штаб в Москве, посылая радиограммы, текст которых был составлен абвером.

Коротковолновое радио было взято на вооружение ГБ и Коминтерном в 1927 году. Среди других радиошкол в России была одна специальная, работавшая на Коминтерн и Партшколу. Она размещалась в старом имении недалеко от Москвы, и там готовили разведчиков. Считалось, что шести месяцев тренировок достаточно для того, чтобы подготовить радиооператора. ГБ разместила свои радиостанции в Румынии, Греции, Болгарии, Венгрии, Югославии, Италии, Швейцарии, Франции, Голландии и Германии, и вдобавок несколько станций на Ближнем Востоке. Сообщение ГБ с Балкан или Ближнего Востока должно было пройти сложный путь, например через Вену и Або в Финляндии[1].

Военные атташе пользовались радио при посольствах, но часто они имели и собственную аппаратуру, а иногда и

---

[1] Этот метод радиосвязи широко применялся агентами. Донесение в Москву из Каира передавали сначала в Рим, потом его отправляли дальше — в Берлин, Данию, Финляндию, а потом уж в Москву. Все это вызывало значительную потерю времени, и, чтобы избежать ее, наиболее важные сообщения, а их было более половины, писали непонятным для посторонних кодом и посылали обычным телеграфом.

своих радистов. Несмотря на принцип разделения служб, которым руководствовались все советские работники за рубежом, передатчики военных атташе часто употреблялись и для сообщений других агентов. Такие сообщения вручались военным атташе в закодированном виде.

Вторая мировая война косвенно способствовала развитию радиослужбы советской разведки. После октября 1941 года, когда немецкая армия достигла Москвы и разведывательному центру пришлось эвакуироваться в Куйбышев, отдел радиосвязи увеличился и приобрел важное значение. Был создан ОРД (Особый радиодивизион), оснащенный коротковолновыми передатчиками. Он размещался в Москве на Ленинских горах и был замаскирован под научно-исследовательский институт, который якобы занимался вопросами золотодобычи.

На передатчиках работали военные радисты, знавшие все тонкости коротковолновой связи, некоторые из них впоследствии были посланы за границу в качестве тайных агентов. Большинство советских разведчиков за границей поддерживали радиосвязь именно с этим большим центром. Штат радиодивизиона состоял из специалистов-шифровальщиков, специалистов по коротковолновой связи, которые назначали частоты и время работы «корреспондентов», людей, которые систематизировали позывные, менявшиеся каждый день. В другом здании Москвы, неподалеку от Белорусского вокзала, был завод, где изготавливалась и проходила испытания радиоаппаратура для нужд разведки.

ДВОЙНАЯ СУЩНОСТЬ СОВЕТСКОЙ РАЗВЕДКИ

Сеть советских агентов за рубежом существует в двух видах, каждый из которых работает на дипломатические или военные органы, и этим она схожа со службами других стран. В то же время она является частью международного коммунистического движения, и в этом и заключается ее уникальность.

В принципе каждая страна была объектом внимания советской разведки, однако были державы, которые считались особо опасными для СССР. Польша и Румыния, соседи и потенциальные враги, были самыми первыми ее целями начиная с 1918 года. Прибалтийские страны в этот ранний советский период тоже были объектами наблюдения. У южных границ России, в Иране и Турции, закулисная деятельность советской разведки встречала сильное английское сопротивление. На Востоке в то время главной ареной шпионажа были Харбин и Шанхай. Немного позже в центре внимания оказалась Япония.

Но на первом месте все же были Париж и Берлин. Германия с 1920-го по 1933 год служила наблюдательным постом на Западе, но главной целью шпионажа была Франция. Самая сильная держава в то время на континенте, Франция являлась действительным лидером интервенции союзников 1919—1920 годов. Она поддерживала Польшу в ее войне против ленинской России и финансировала перевооружение буферных государств. Было совершенно ясно, что в случае нового конфликта Франция снова будет играть первую роль в антисоветской кампании.

В середине тридцатых годов, после заключения советско-французского соглашения, внимание разведки было перенесено на Германию и Японию, которые превратились в сильных и опасных врагов. Во время войны Германия, естественно, являлась главным объектом советской разведки, но в то же время другая держава — Соединенные Штаты — все больше и больше притягивала к себе ее взоры. А с 1943—1944 годов США превратились в главную мишень, и промышленный, атомный и политический шпионаж против них достиг беспрецедентного размаха. Так как Соединенные Штаты заняли позицию ведущей антисоветской страны, ни одна столица по сравнению с Вашингтоном не привлекала такого внимания секретных служб.

Два основных принципа являлись частью теории и практики Коммунистического Интернационала с самых ранних дней: в каждой стране должна быть легальная или подпольная коммунистическая партия, и каждая такая партия обязана поддерживать Советскую Россию всеми доступными способами.

Вначале ВКП(б) была только первой среди равных коммунистических партий, ее интересы не выдавались за первостепенные, и она не собиралась приносить другие родственные партии в жертву Интернационалу. Хотя помощь России конфиденциальной информацией считалась обычным делом, систематический шпионаж зарубежные коммунисты не считали своей обязанностью, и никто не хотел стать орудием тайных советских операций. Даже Лев Троцкий, несмотря на его особый интерес к новому разведывательному отделу Яна Берзина, резко возражал против слияния коммунистической работы со шпионажем, как мы увидим в последующих главах. Троцкий понимал, что коммунистическая партия, даже выполняя директивы Коминтерна и принимая от него деньги, должна вести независимую политику, отвечающую взглядам и интересам ее членов, и ничто не может быть столь пагубным, как вовлечение в шпионаж в интересах иностранной державы.

Главный догмат сталинизма — если только в коммунизме существует понятие, которое может быть так названо, — это приоритет интересов Советской России и подчинение всех людей и партий ее нуждам. Взяв на себя всю полноту власти в 1926—1927 годах, Сталин не раз говорил о серьезных обязательствах пролетариев других стран перед диктатурой пролетариата в СССР и в особенности об их долге пропагандировать переход армий империализма на сторону Советского Союза, подразумевая под этим тайную работу в пользу СССР.

Если в умах коммунистических лидеров и оставались какие-то сомнения в здравом смысле таких функций, то это касалось только практических вопросов. Так как почти в каждой стране время от времени контрразведка разоблачает шпионов, следовало принять некоторые меры предосторожности, чтобы по возможности уменьшить причастность коммунистических партий к неотвратимым скандалам. Никакой риск не мог служить причиной отказа от шпионской деятельности, и Сталин никогда не соглашался освобождать партии-сателлиты от их шпионских задач. Самая крупная уступка, которую он сделал, состояла в том, что он пошел на формальное отделение советского разведывательного аппарата от коммунистической партии: контакты между партией и этим аппаратом должны быть сведены к минимуму, чтобы никогда нельзя было доказать сотрудничество между ними.

Компромисс решался путем привлечения к «специальной службе» видного и надежного функционера, обычно из числа лидеров больших коммунистических партий. Кандидатура утверждалась только после согласования с Москвой. Одной из его главных обязанностей было сотрудничество с тайными советскими агентами, от также помогал и в других делах, главным образом в подборе новых людей для секретных заданий. Он, однако, никогда не информировал своих товарищей по партии об этой стороне своей деятельности. Таким образом, остальные партийные руководители имели все основания отрицать, что знают что-либо о связях с советскими спецслужбами.

Внешнее и формальное отделение советской разведки от местных коммунистических партий постоянно поддерживалось московскими директивами, особенно после многочисленных арестов тайных агентов в Европе в 1927 году. Эти тенденции даже усилились в Соединенных Штатах во время последней войны.

При таком положении вещей лидер коммунистической партии на Западе попадал в странное и очень неопределенное положение. С одной стороны, он был гордым «вождем угнетенных масс» этой страны и должен был презирать «пресмыкающихся» членов правительства, с другой — он являлся активным деятелем подполья и должен был выполнять задания иностранной разведки и рекрутировать новых людей.

Таким был типичный коммунистический лидер тридцатых годов по строгой регламентации Советов. В последующих главах мы покажем роль Жана Креме и Жака Дюкло во Франции, Ганса Киппенбергера в Германии, как членов политбюро своих партий и тайных агентов Советского Союза. В Швейцарии во время Второй мировой войны очень эффективно работавшая разведгруппа была полностью отделена от коммунистической партии, но Леон Николь, лидер коммунистов, помогал этой группе радистами, курьерами, средствами и сведениями о швейцарских шпионах других стран. Похожее положение сложилось и в Канаде, где два коммунистических лидера, Фред Роуз и Сэм Карр, работали как вербовщики в интересах советской разведки. В Польше коммунистическая партия предоставила в распоряжение советского аппарата группу своих активистов. Один из членов центрального комитета даже работал как связник. На заседаниях центрального комитета он докладывал о деятельности советских агентов и как это отражалось на обстановке в Польше.

Среди коммунистических лидеров такого типа особое место принадлежит Эрлу Браудеру, секретарю Коммунистической партии Соединенных Штатов с 1930-го по 1945 год. Тесно связанный с резидентами советских секретных служб в Америке, он не только знал об их шпионской работе в своей стране, но и всячески содействовал им[1].

Большинство тайных советских агентов носили членские билеты партии или являлись сочувствующими, в самых важных случаях это были лица, которые намерен-

---

[1] Элизабет Бентли в своей книге «Вне рабства» свидетельствует: «Он предоставлял советской секретной службе в Соединенных Штатах любую помощь, которая была нам нужна для сбора информации в Вашингтоне. Взамен он просил показывать ему все полученные данные, чтобы самому быть в курсе дела и знать ситуацию... Эрл Браудер, окруженный жаждущими власти соперниками, понимал, что должен быть всегда на шаг впереди них, чтобы сохранить свое шаткое положение.

...Получая доступ к внутренней информации о политике правительства Соединенных Штатов, он мог догадаться о том, какой следующий шаг сделает Москва, и соответственно рассчитывал свой ход».

но отмежевались от всех коммунистических организаций. Русские применяли термин «свой» к людям, которые проявляли полную готовность выполнять все приказы и подчиняться дисциплине. «Чужим» называли того, кто служил не по идеологическим или политическим мотивам. Обычно это были шпионы по профессии и по призванию или те, кто работал за вознаграждение. Как мы увидим, советская разведывательная служба в прошлом использовала много «чужих».

Было бы напрасным занятием пытаться описать «обобщенный тип» тайного советского агента. По сравнению с обычным типом шпиона советский агент отличается более высоким уровнем интеллекта и лучшим пониманием международной обстановки, его идеологические связи с могущественными политическими движениями придают ему чувство собственного достоинства и морального превосходства. Если не считать советскую шпионскую бюрократию, которая работает за границей под прикрытием дипломатического иммунитета и никогда не рискует большим, чем высылка из страны, советские тайные агенты — люди отважные и хладнокровные и часто действуют на свой страх и риск. Тем из них, кто выдержал испытание, приходится полагаться на удачу, они обречены на нелегкую жизнь, за их головой идет охота, им угрожает наказание, несоизмеримое ни с их заработком, ни с престижем, который им обещает Москва. Постоянное напряжение и чувство неуверенности грозят взрывом, когда потерявший все иллюзии агент восстает против своих руководителей и становится настолько же опасным, насколько преданным он был раньше.

Во всех областях советской разведки существует принцип, по которому агент, «свой» он или «чужой», должен получать деньги за работу. Но подходы к этому совершенно различны.

По отношению к «иностранцу» существует только один вопрос: сколько заплатить? Соответственно своему интересу к нелегальной деятельности такой агент называет свою цену, и покупатель его услуг старается заключить как можно более выгодную сделку. Если стороны приходят к соглашению, такой агент работает до тех пор, пока ему платят. Его заработок или разовая оплата различны. Если агент является правительственным служащим, то его доходы — нечто вроде взятки. Рудольф фон Шелиа, нацистский дипломат, шпионивший на Россию, получал тысячи долларов за свою работу. Рудольф Ресслер, преуспевающий советский агент в Швейцарии, получал в месяц до 7000 швейцарских франков.

«Наш», или «свой», агент, напротив, предлагает свои услуги по причинам, которые на Западе часто называют «идеалистическими». В начале своей карьеры он зарабатывает себе на жизнь обычным способом и не помышляет о шпионаже по материальным соображениям, сама мысль о том, чтобы шпионить за деньги, кажется ему отвратительной, и ни один опытный вербовщик не предложит ему плату на ранней стадии. Но по московским понятиям такое положение вещей не представляется нормальным, оно допустимо лишь в исключительных условиях. Агент, не получающий плату, чувствует себя независимым и готов выйти из игры, он может сообщить о своей деятельности властям в надежде на то, что работа «за идею» будет зачтена как смягчающее обстоятельство.

Платный агент, даже при умеренном вознаграждении, является человеком, состоящим на службе, он вынужден подчиняться приказам. Он должен быть покорным, послушным и молчаливым, прежде, чем он что-то предпримет, его решения и действия должны быть одобрены. Расписки в получении денег могут быть преданы гласности, если он пожелает оставить тайную службу. Он находится полностью в руках своего нанимателя.

Техника склонения «нашего» агента к получению денег развивалась целые десятилетия. На начальной стадии шпиону-новичку возмещают расходы на поездки, питание и прочее. Потом ему предлагают скромную сумму в знак «признания его заслуг». Потом наступает день, когда агенту предлагают помесячную оплату. Если «наш» агент продолжает работать и после этого, вознаграждение становится обычным делом. В личных делах советских агентов часто встречаются циничные пометки вроде: «Финансово обеспечен, но деньги берет»[1].

Если прямая оплата невозможна, — например, когда агент даже после продолжительного периода работы отказывается от нее, — в ход идут подарки. Преимущество дорогих подарков заключается в том, что в этом случае возражать трудно и агент попадает в зависимость. Ковры, которые сыграли важную роль на суде Хисса, были как раз подарками такого рода. Денежное вознаграждение таким видным государственным чиновникам, как Алджер Хисс, Генри Джулиан Уодли, Гарри Декстер Уайт и Абрахам Джордж Силвермен, не имело смысла и предлагать, поэтому работник секретной советской службы Борис Быков подарил им четыре дорогих ковра. Принципы, по которым делались эти подарки, были цинично определены самим Быковым: «Кто платит, тот хозяин, а кто берет, тот обязан что-то сделать взамен»[2].

---

[1] Приведенная цитата взята из личной карточки Сэма Карра. Также Элизабет Бентли свидетельствует, что Эрл Браудер получал подарки прямо от НКВД: несколько банок русской икры и одну или две бутылки шотландского виски, жене Браудера дарили дорогой коньяк, а брату Эрла, Биллу, — несколько кварт канадского клубного виски.

[2] Вот как описывает это Уиттейкер Чэмберс: «Приближалось Рождество.
— Что мы подарим своим информаторам? — спросил Быков. — Может быть, дадим им большую сумму денег?
Я пришел в ужас:
— Денег? Они будут оскорблены. Вы просто не понимаете. Они — принципиальные коммунисты. Если вы дадите им денег, они никогда больше не будут вам доверять. И ничего не станут для вас делать.
— Хорошо, — ответил он, — они коммунисты, но это ты ничего не понимаешь, Боб.
Он говорил с терпеливым цинизмом, словно моя глупость озадачивала его.
— Видишь ли, Боб, — сказал он по-немецки, — кто платит деньги, тот хозяин, а кто получает деньги, обязан их отработать.
Я сказал Быкову:
— Вы потеряете всех их.
Он пожал плечами:
— Тогда мы сделаем им какой-нибудь дорогой подарок, чтобы они понимали, что имеют дело с большими, важными людьми. Вы купите четыре больших дорогих ковра и вручите их Уайту, Силвермену, Уодли и Адвокату. Скажете им, что это — благодарность советского народа за их помощь».

В другом случае предлагалось манто из каракуля и кондиционер. Так было, когда Билл, советский агент, пытался уговорить Элизабет Бентли принять плату за ее службу:

«— Как насчет пятидесяти долларов в месяц? — спросил он.

Я с удивлением посмотрела на него. Зачем он предлагает мне деньги, когда мой доход вполне покрывает мои нужды? Я покачала головой, но он настаивал.

— Хорошо, — вкрадчиво сказал он. — Если этого недостаточно, то как насчет ста?

Когда я опять отказалась, он поднял цену до двухсот долларов, а потом до трехсот. «Да что же это происходит, — подумала я. — Уж не пытается ли он подкупить меня?» Я в ярости повернулась к Биллу.

— Как можно предлагать деньги за то, что я и так обязана делать? — спросила я.

Мгновение он смотрел на меня так, будто я ударила его по лицу, потом отвернулся и ничего не ответил. Но на этом дело не кончилось. После продолжительных дискуссий о моем жалованье Билл изменил направление атаки. Он сказал, что занимается меховым бизнесом. И решил преподнести мне манто из каракуля. Когда я наотрез отказалась, он предложил мне кондиционер для моей квартиры. Он сказал, что обеспокоен состоянием моего здоровья...

— Билл, — спросила я, — это ваша идея или кто-то подсказал вам?

Он, отвернувшись от меня, сказал:

— Нет, идея не моя. Я ничего не делаю сам по себе. — И потом с горечью добавил: — Я всего только мелкая сошка, они могут сделать со мной все, что захотят».

Позже, когда мисс Бентли почти решила оставить советскую службу, она встретилась с Элом — сотрудником советского посольства, чья настоящая фамилия была Громов.

«— Не будем больше спорить из-за ерунды, — сказал он угрожающим тоном. — У меня в кармане две тысячи долларов. Это часть вашего заработка. Вы должны сейчас же принять их. Если вы откажетесь, то я буду вынужден прийти к неизбежному выводу, что вы — предатель!

Я начала было возражать, но потом остановила себя. Меня предупредили, что нельзя вызывать подозрений у Эла. Я подумала, что теперь все карты выложены на стол. Если я не приму денег, он подумает, что здесь что-то не так. Надо было создать у русских впечатление, что меня все-таки можно купить. Я заставила себя чуть улыбнуться.

— Не глупите, Эл, — сказала я. — Конечно же я не предатель. И лишние деньги мне не помешают».

В докладе майору Рогову в советском посольстве Канады вербовщик Дэвид Лунан в апреле 1945 года сообщал о работе с возможным будущим агентом Дарнфордом Смитом из Национального исследовательского совета: «Бадо очень встревожился, когда я перешел к вопросу оплаты. Думаю, ему показалось, что это переведет его работу в более опасную (и более законспирированную) область». Через три месяца Рогов лично встретил нового агента Бадо-Смита. После встречи Рогов записал в своих заметках: «Дал ему сто долларов, он их охотно взял». Потом в «учетной карточке» Бадо-Смита появилась запись: «Нуждается в периодической помощи». И это притом, что его ежемесячное жалованье от канадского правительства составляло 300 долларов.

Глава 2

ФРАНЦИЯ ПЕРЕД ВТОРОЙ МИРОВОЙ ВОЙНОЙ

КОММУНИСТИЧЕСКОЕ СОПРОТИВЛЕНИЕ

В соответствии с потребностями внешней политики Франция, как только закончилась Гражданская война в России, стала главным объектом советских спецслужб. Французское оружие и финансовая помощь спасли Польшу в 1920 году, Франция была союзником и защитником Румынии против Советской России, она же мешала сотрудничеству Москвы и Берлина вплоть до 1923 года, когда ближайшей целью Советов в европейских делах было военное советско-германское соглашение против Запада.

После Первой мировой войны Франция превратилась в наиболее могущественную державу в Европе. В мире не было более многочисленной и лучше оснащенной армии. Ее военная промышленность набирала силу, развивалось самолетостроение, появилось химическое оружие и новые виды артиллерийского вооружения, со стапелей сходили новые военные корабли. В международных делах Франция доминировала во всей Европе, от Мадрида до Варшавы и от Осло до Бухареста, министры иностранных дел всех стран должны были консультироваться с Францией прежде, чем принять какое-то важное решение. Париж также стал столицей влиятельных русских эмиграционных групп, воинственно настроенных против Москвы.

Советская разведка проявляла интерес ко Франции по двум причинам. С одной стороны, она хотела знать как можно больше о стране, которая являлась наиболее влиятельным ее политическим врагом, о ее военных силах, дислокации войск, мобилизационных планах. С другой — СССР хотел добыть информацию о новой военной технике и изобретениях в этой области, что могло бы стать образцом для России, где производство оружия после некоторого затишья снова быстро двинулось вперед. Вскоре было подписано соглашение в Рапалло, положившее начало тайному сотрудничеству с Германией. Но Германия сама отставала в военном развитии.

Французское коммунистическое движение, по крайней мере в первое десятилетие после своего зарождения, было малочисленным и слишком не подготовленным интеллектуально, чтобы соответствовать советским ожиданиям. Организация, назвавшая себя коммунистической после съезда в Туре в декабре 1929 года, состояла в основном из бывших членов социалистической партии, а также «социальных патриотов» и «реформистов». Большинство французских коммунистов того периода, хотя и восхищались русской революцией, были совсем не похожи на коммунистов обычного типа. В отличие от Германии и других стран Центральной Европы Франция не испытала сильных потрясений в результате Первой мировой войны, спецслужбы и полиция сохранили свое положение.

Это и стало причиной серьезных разногласий между Французской компартией и Коминтерном. Центристское большинство, возглавляемое Людовиком-Оскаром Фроссаром и Марселем Кашеном, никогда не принимало, если не считать резолюций, принципов главенства Коминтерна и подчинения ему национальных коммунистических организаций, тем более что их партия считалась носителем революционных традиций и наследницей Парижской коммуны и Жана Жореса. Они полагали, что Интернационал должен быть сообществом, основанным на независимости входящих в него партий.

Левые, составлявшие более радикальное меньшинство, возглавляемое Борисом Сувариным, Альфредом Розмером, Фердинандом Лорио и Пьером Монатом, хотели наладить более тесные связи с Москвой, но не более того. С помощью Коминтерна левая фракция усилила свое влияние в партии и к 1924 году заняла доминирующее положение. Но в то время ни «левизна», ни подчиненность Коминтерну не означали готовности согласиться на секретную службу в интересах Москвы.

В течение первых пяти лет этого периода Лев Троцкий считался одним из самых крупных авторитетов во французских делах. У Троцкого в отношении Франции были свои планы. Будучи близким другом лидеров французского левого движения, он тем не менее отказывался компрометировать национальные коммунистические партии. Примерно в этот ранний период советская разведка завербовала Робера Пельтье, редактора «Юманите», на шпионскую службу. Пельтье был тесно связан с полковником Октавом Дюмуленом, редактором журнала «Армия и демократия», человеком, имевшим доступ ко многим секретам и получавшим информацию из самых разнообразных источников. Троцкий, несмотря на то, что был военным народным комиссаром и по долгу службы был кровно заинтересован в получении сведений о состоянии дел во французской армии, решительно воспротивился. Вопрос о шпионской деятельности Робера Пельтье обсуждался на политбюро компартии, и Пельтье поставили перед выбором: либо шпионаж, либо «Юманите». Тому пришлось оставить газету и активную партийную работу.

Причин, по которым три главные советские шпионские машины — ГБ, ГРУ и специальная служба Коминтерна — разместили свои главные европейские агентства не в Париже, а в Берлине, было несколько. Одна из них состояла в особых отношениях с Французской коммунистической партией, о которых говорилось выше. Другая заключалась в том, что большинство перспективных агентов говорили по-немецки, а не по-французски. Кроме того, Берлин занимает более выгодное географическое положение по отношению к Москве. И наконец, Германия была слабой и дружественно настроенной, в то время как Франция была сильной и вела себя угрожающе. Шпионские скандалы в Германии не повлекли бы за собой международных конфликтов, чего нельзя было сказать с уверенностью о Франции. В самом худшем случае Германию можно было бы склонить к тому, чтобы она переправила арестованных русских агентов в Россию, но было бы сомнительно, чтобы Париж поддался на такого рода шантаж.

Поэтому в начальный период становления советской разведывательной службы многие агенты, работавшие во Франции, Бельгии и Голландии, были подчинены советским офицерам разведки и военным атташе в Берлине. Они посылали свои сообщения в германскую столицу, откуда непрерывный поток информации шел в Москву через курьеров по воздуху и по железной дороге, а позже — и по коротковолновому радио.

Людские ресурсы советской разведки в первые годы были очень бедны. Еще не было разведывательных школ, потому что в Советском Союзе попросту не существовало преподавателей такого тонкого и своеобразного предмета. Во Франции еще оставались люди, которые поселились там уже давно и симпатизировали революции, они говорили по-французски и были, в общем, подготовлены к такой необычной миссии, но почти все приверженцы Ленина и Троцкого вернулись в Россию в 1917 году и в силу нехватки кадров в России заняли должности второго и третьего уровня управления. Только немногие из них могли быть отобраны для секретных миссий за границей.

В начальный период советские разведывательные агентства во Франции комплектовались главным образом выходцами из западных русских областей, из поляков, прибалтов, евреев. Примерно с 1924 года несколько особо доверенных людей из Москвы, с прямыми связями в Берлине, фондами, фальшивыми паспортами и кодами, тайно работали во Франции. Чтобы собирать сведения, добывать документы, проникать на заводы, расспрашивать за стаканом вина солдат и инженеров, им нужны были помощники и субагенты, а их можно было получить только от коммунистической партии. Без ее помощи невозможно было обойтись, и отношения с Французской коммунистической партией стали самой важной проблемой для советской разведки и Коминтерна. Эту проблему оказалось невозможным разрешить.

В шпионаже, как и в любом деловом предприятии, ключевой задачей является накопление ресурсов. Поначалу все это сводится к неопределенным разговорам и прощупыванию почвы, здесь неизбежны срывы и провалы. В поисках подходящих агентов во Франции советская разведка прибегала к помощи и советам заслуживавших ее доверия людей, которые ездили в Париж и обратно. Она работала с профессиональными прокоммунистическими профсоюзами, использовала русских эмигрантов и т. д. Контакты и ходы переплетались настолько хитроумно, что выявить всю сеть агентуры было крайне трудно. Вдобавок к этому многие из тех, кто пришел в советскую секретную службу, оказывали только временную помощь.

Французская авиация, а в особенности военная, привлекала внимание советских разведслужб с начала двадцатых годов. Самолетостроение было делом новым, поэтому все технические новинки представляли для России большой интерес. Во Францию были направлены лучшие люди с задачей внедриться в авиационную промышленность. Большое число французских и советских агентов поставляли нужную информацию. Среди них были Анри Кудон и его возлюбленная Марта Моррисонно, которых вскоре арестовали за похищение секретного доклада по специальным авиационным проблемам, и русские — Устимчук и Владимир Кропин, которым тоже предъявили обвинение за хранение оружия и использование фальшивых документов.

Жозеф Томаси, секретарь профсоюза рабочих автомобильной и авиационной промышленности и член центрального комитета коммунистической партии, помогал добывать информацию и вербовать агентов на заводах. В конце 1924 года, когда на него обратила внимание контрразведка, он уехал в Москву, откуда так и не вернулся.

Более удачливым агентом оказался русский эмигрант Иван Моисеев, который был одним из тех, кто не вернулся в Россию после революции. Он выехал в Соединенные Штаты в 1907 году, но четыре года спустя обосновался во Франции, где стал совладельцем, а потом и единоличным хозяином механической мастерской с несколькими рабочими, в основном иностранцами. Когда его друзья и духовные вожди оставили Париж и уехали в Россию, чтобы принять участие в исторических событиях, Моисеев остался во Франции. Не подходящий для роли резидента, он тем не менее устанавливал контакты, вербовал агентов и временами использовал свою мастерскую для подпольной работы. Часто он оказывал весьма ценные услуги. Его имя звучит в нескольких шпионских делах двадцатых и тридцатых годов, но он избежал ареста вплоть до начала войны в 1939 году.

Советский разведывательный аппарат во Франции в этот ранний период был построен на узкой основе и оставался хаотичной и неэффективной организацией, пока Жан Креме, входивший в состав партийного руководства, не сломал все устаревшие традиции и принципы и не взял на себя тяжелую ношу главного организатора агентурной сети.

Креме, начавший свою карьеру как лидер молодежной коммунистической организации в Нижней Луаре, продвинулся и стал секретарем профсоюза судостроителей в Сен-Назере, который сам по себе представлял большой интерес для советской разведки. Кроме того, он был одним из секретарей союза рабочих металлургической промышленности, которая также являлась важным объектом для сбора информации о французской индустрии. Когда Креме в 1924 году взял на себя обязанности подпольного организатора, Коминтерн, желая упрочить его положение, предложил ему выставить свою кандидатуру на муниципальные выборы в четырнадцатом округе Парижа. Его избрали, но он почти не бывал как в городском совете, так и в центральном комитете коммунистической партии.

Креме преуспел, создав большую агентурную сеть в арсеналах, на верфях, в портах и на военных заводах по всей Франции. Его секретарша и гражданская жена Луиза Кларак была главным его помощником. Большое число агентов и субагентов снабжали его информацией из Версаля и докладами о пороховых и других военных заводах, о складах оружия и боеприпасов, о производстве противогазов, об институте авиационной техники, об испытаниях новых дальнобойных пушек в лагере Сатори и о заводах в Сен-Назере (гидросамолеты, листовая броня, подводные лодки). Креме часто ездил в Москву для личных докладов, письменные сообщения он посылал курьером через Берлин.

Факт, о котором Французская коммунистическая партия и не подозревала, но который хорошо знал Сталин, состоял в том, что Креме, зависящий от Москвы, был более надежен, чем большинство других партийных лидеров. 26 марта 1926 года Сталин, впервые появившийся во французской комиссии Исполнительного комитета Коминтерна, заранее попросил прощения за «недостаточно хорошее знание французской ситуации». Но это не помешало ему дать рекомендации людям, которых он наметил на роль лидеров для Парижа. Ссылаясь на Креме и основываясь на его оценке обстановки, Сталин поставил задачу бороться как с правыми, так и с ультралевыми, для чего предложил создать ведущую группу из четырех французских коммунистов и назвал Пьера Семара, Жана Креме, Мориса Тореза и Гастона Монмуссо. Естественно, его предложение было принято. В июне 1926 года Креме, французский шеф советской разведывательной сети, был избран членом политбюро Французской коммунистической партии. Ни руководство партии, ни ее профсоюзы не знали, к каким делам был привлечен Креме в период с 1924-го по 1927 год.

Со своей стороны Креме не знал, что французская контрразведка, долгое время наблюдая за ним и его помощниками, получила копии некоторых его донесений и приготовилась к тому, чтобы сделать свой ход.

ЖАН КРЕМЕ И КРИЗИС 1927 ГОДА

Следуя примеру Великобритании и Италии, Франция в 1924 году признала СССР. Работа секретных служб значительно облегчилась из-за новых возможностей, которые возникли в связи с открытием посольства и торгового представительства. Как ГБ, так и ГРУ имели своих доверенных лиц в посольстве, вализы курьеров и коды были теперь в распоряжении разведывательной машины. Руководителем сети ГРУ стал Месланик (Дик).

Сбор информации персоналом посольства затруднялся тем обстоятельством, что официальные лица были известны контрразведке и все их передвижения и контакты не составляло труда отследить. Связь между посольством и шпионским аппаратом осуществлялась всего одним или двумя особо доверенными людьми. В 1925 году советское правительство направило в Париж Узданского-Еленского, человека лет сорока пяти, офицера, ветерана службы разведки, если только так можно сказать применительно к еще столь молодому агентству. Узданский выполнял важную миссию в Варшаве и в 1924 году был выслан польским правительством. В 1925 году его переводят в Вену, откуда он руководит операциями на Балканах. С таким послужным списком он прибыл в Париж, что было для него серьезным продвижением по службе.

Под именем Бернштейн Узданский вел жизнь свободного художника. Положение его жены в советском посольстве и торговом представительстве служило хорошим объяснением для его частых визитов туда. Стефан Гродницкий, литовский студент, был назначен его первым помощником, который отвечал за встречи с французскими агентами, получал их письменные доклады и передавал их Абраму Бернштейну.

От Бернштейна через Гродницкого французская подпольная сеть получала точные задания. Требовалась информация о французской артиллерии, новых формулах пороха, противогазах, самолетах, военных судах, о перемещении войск и т. д. Была сделана попытка под видом инженеров внедрить агентов в танковое конструкторское бюро в Версале и в военную академию Сен-Сир. Бернштейн развернул беспрецедентную по размаху деятельность.

Был придуман остроумный план проникновения в Версаль и в центр военных исследований. Несколько членов коммунистической партии стали наборщиками в типографии и брали пробные оттиски всех бумаг, печатавшихся по заказу центра французской военной науки. Эта группа эффективно работала с 1925-го до конца 1927 года.

В то время во Франции, так же как и в других странах, советские разведслужбы широко применяли сомнительный метод вопросников. Инженеры и специалисты военной промышленности СССР составляли длинный список интересующих их технических вопросов. Затем списки поступали к военным атташе за рубежом и переводились в посольствах. Ни сами атташе, ни кто-либо из их штата не могли дать ответ на специальные вопросы, поэтому вопросники спускались в самые низы агентурной сети. Бернштейн получал их в посольстве, переписывал и распределял копии среди своих агентов. Эта процедура шла вразрез с правилами конспирации: часто такой вопросник, написанный от руки, мог выдать французской полиции его автора.

И вскоре доклады об этом из разных источников стали попадать в Сюрте женераль.

В 1925 году Луиза Кларак связалась с неким Руссе, старым коммунистом, имевшим связи в тулонском арсенале, и попросила его заполнить вопросник по поводу морской артиллерии. Руссе доложил о ее просьбе полиции.

«Я понял, — свидетельствовал позже Руссе, — что вопросы не касались профсоюзов и рабочего движения. Это был явный шпионаж, в который меня пытались вовлечь. Возмущенный поведением партии, которая поощряла такие попытки под предлогом помощи Красной Армии и защиты рабочего класса, я донес об этих фактах М. Борелли, комиссару спецслужбы в Марселе. Он посоветовал мне не отвергать предложение Луизы Кларак, чтобы разоблачить ее. Поэтому я передал ей некоторые документы. Я послал также бумаги и Креме. Следуя его инструкции, я послал их в запечатанном конверте с другим членом партии».

В другом случае, который произошел в октябре 1925 года, Креме, некоему Сэнгре, механику арсенала в Версале и секретарю тамошней ассоциации профсоюзов, приказали встретиться с человеком по имени Пьер Прово. Тот задал Сэнгре множество вопросов о производстве пороха и средствах доставки оружия. Механик удивился, ни один из вопросов не имел ничего общего с профсоюзным движением, хотя ему сказали, что речь пойдет о защите рабочих. Сэнгре решил доложить об этом инциденте руководству заводов. В результате полиция снабдила его документами, которые он должен был передать Прово, и велела поддерживать контакт.

Примерно в то же время аппарат Креме потребовал от Кошлена, активиста коммунистической партии, работавшего в Версале и Сен-Сире, дать информацию о танках, порохе и т. д. Тот хотел было отказаться, но некто Серж, человек из окружения Креме и член муниципального совета Сен-Сира, был очень настойчив и даже вскользь упомянул, что связан с посольством, что советские граждане активно работают в группе и что их руководитель — женщина (явно — Луиза Кларак). Кошлен доложил об этом секретарю военного министерства, и доклад о шпионских происках снова попал в Сюрте женераль.

В 1925—1926 годах политический климат в Европе стал благоприятным для Москвы. Французское правительство возлагало большие надежды на дипломатическое признание Советского Союза и не решалось объявить войну организации, чьи корни уходили в советское посольство. Был, конечно, риск, что важные военные секреты могут стать известны Москве, но Париж предпочитал дезинформировать советскую разведку вместо того, чтобы подавить ее сеть. Для этого в военном министерстве стряпались фальшивые документы, которые затем передавались через агентов Луизе Кларак, Креме и Прово, но как много подлинных сведений попало в посольство, никому не известно.

В 1927 году было решено положить конец деятельности группы Креме. Это был год, когда весь мир разочаровался в советской политике, год разрыва Великобритании с Москвой. Пятого февраля 1927 года Кошлен, который постоянно отказывался сотрудничать с Креме, получил вопросник от одного из помощников Креме и через несколько недель вошел в контакт со Стефаном Гродницким, чтобы передать ему ответы, подготовленные в военном министерстве, и получить новое задание. Полиция наблюдала встречу с Гродницким на площади Мадлен в Париже, видела, как Кошлен передает бумаги, и следила за Гродницким, когда тот встретился с Бернштейном. Девятого апреля 1927 года эти бумаги были найдены у него при аресте.

Прокатившаяся волна арестов вызвала сенсацию. В это самое большое шпионское дело послевоенного периода было вовлечено больше сотни людей. Обнаруженные документы вскрыли существование обширной шпионской организации. Возникшая картина громадной шпионской сети и ее широкого сотрудничества с французским коммунистическим движением свели на нет многие дипломатические достижения предыдущих лет. И крупный обыск в советском торговом представительстве в Лондоне в мае того же года во многом явился продолжением французского дела.

Суд признал виновными лишь восемь человек, среди них были два гражданина СССР — Бернштейн и Гродницкий, а из французов — Креме и Луиза Кларак, которые потом уехали в Россию, и их главные помощники. Однако приговоры не были слишком суровы: Стефан Гродницкий, характеризуемый судом как «молодой и элегантный, которому поручали деликатные задания», был приговорен к пяти годам, Бернштейн — к трем годам, один из французских агентов — к шестнадцати месяцам, а другой — к трем месяцам тюремного заключения.

Осужденные агенты были разосланы по разным тюрьмам, отбыли свои сроки и надолго исчезли с политической сцены. Двое из них — Пьер Прово и Жорж Менетрие — появились после Второй мировой войны и занимали важные посты в советских разведслужбах.

Судьба французских руководителей агентурной сети сложилась трагично. Покинув Францию, Креме и Луиза Кларак жили в Москве на положении политических эмигрантов. По некоторым сведениям, работая в Коминтерне, Креме на самом деле продолжал сотрудничать с французским отделом советской военной разведки, а потом был послан с секретной миссией на Дальний Восток. И там в 1936 году он исчез. В Москве ходили слухи, что он упал за борт корабля и его не могли спасти. Но в действительности он был ликвидирован ГБ по пути в Китай на португальском острове Макао. Луизе Кларак в 1934 году было приказано покинуть Россию, она вернулась во Францию, где долгое время жила, скрываясь и не проявляя никакой активности ни в пользу коммунистической партии, ни в пользу Москвы.

Группа наборщиков из Версаля, о которой упоминалось выше, продержалась всего девять месяцев после ареста Креме. Сотни конфиденциальных и секретных документов поступали в наборный цех типографии военного исследовательского центра, а это означало, что персонал типографии, частично гражданский и частично военный, давал обязательство строго хранить секретность. Около десяти человек, бывших активистами коммунистической организации типографии, передавали оттиски всех документов, проходящих через наборный цех, Жану Ружайру, субагенту Луизы Кларак. Информация оплачивалась весьма щедро. Солдат Марсель Пийо, как посредник, получал 400 франков в месяц, Ружайру перепадали более крупные суммы, и он даже открыл счет в банке. Работа, начатая в 1925 году, шла благополучно. Ее исполнители не вызывали никаких подозрений до того дня, когда капрал из Центра аэронавтики не доложил своему начальству о том, что Ружайр предложил ему деньги за информацию о мобилизационных планах и об авиации. Ружайр был арестован. Он во всем признался и выдал Сюрте имена как своих субагентов, так и руководителей. Все его помощники были арестованы, а его русский шеф, таинственный Поль, который принял дела после побега Луизы Кларак и чье имя и адрес никто не знал, так и не был найден.

Суд над наборщиками состоялся в марте 1928 года, но он не возбудил таких страстей, как дело Креме. Судебное заседание шло при закрытых дверях, и только некоторые детали просочились от очевидцев в прессу. Одиннадцать подсудимых получили сроки лишения свободы от шести месяцев до пяти лет, все они были французскими коммунистами, среди них не было ни одного русского.

Дело Креме во Франции было только одной из целого ряда разведывательных операций в мире, о которых стало известно в те времена.

История советской секретной службы за рубежом представляла собой ряд достижений и провалов, побед и поражений. В 1927 году произошла первая из трех главных неудач, которые определили ее курс. Вторая случилась в 1933—1934-м, третья — в 1949—1950 годах. Три года, с 1924-го по 1926-й, ознаменовались серьезными успехами советской дипломатии, признанием страны крупными державами — Англией, Италией и Францией — и открытием советских посольств и консульств почти во всех странах Европы. Благоприятный международный климат позволил повысить разведывательную активность, основанную на тех же методах, которые применялись до этого. В первые годы после прихода к власти Сталина шпионская сеть развивалась так быстро, что вскоре покрыла большую часть стран Европы и Ближнего Востока. Кризис стал неизбежен.

В 1926 году Рудольф Гайда, герой чехословацкого корпуса, известного по мятежу в Сибири, был арестован в Праге за связь с советской секретной службой. В марте 1927 года бывший белогвардейский генерал Даниил Ветренко был арестован в Польше, как глава крупной советской шпионской сети. Неделей позже в офисе советско-турецкой торговой компании были найдены компрометирующие документы, а один из ее руководителей, некто Акунов, оказался замешан в шпионаже на турецко-иракской границе. Через три дня швейцарская полиция объявила об аресте двух советских агентов, Бюи и Эфони, работавших на Фридберга, который сумел скрыться.

В мае того же года в Каунасе литовский генерал Клещинский был задержан в момент передачи секретных военных документов служащему советской миссии.

В Вене работник представительства СССР был разоблачен как резидент Москвы. Венгр по рождению, сын одного из вождей партии Кошута и советский гражданин, Бакони установил контакт с работниками министерства иностранных дел и добывал через них секретную информацию, пока австрийская контрразведка не положила конец его деятельности в мае 1927 года.

Шестого апреля 1927 года пекинская полиция совершила налет на советскую миссию и захватила богатые трофеи. Через четыре дня разразился скандал Бернштейна—Гродницкого—Креме во Франции. Наконец, двенадцатого мая грянула буря в Англии, где «Аркос» прикрывал советские шпионские операции в Великобритании. В результате Лондон разорвал дипломатические отношения с Москвой.

Репутации СССР на международной арене был нанесен большой урон. Сталину эта цепочка арестов и судебных процессов представлялась неизбежными потерями, и он не видел причин сворачивать свои разведывательные силы. Единственный вывод, сделанный Москвой из этих инцидентов, состоял в требовании проявлять осторожность и усилить конспирацию.

Всемирное фиаско советской разведки задело все три ее элемента: дипломатические учреждения, коммунистические партии и шпионское подполье. Теперь им было предписано разделиться и продолжать работу порознь. Посольство в Париже получило инструкции отрицать любые факты, держаться в стороне от текущих разведывательных дел, порвать связи с коммунистическими организациями и прекратить прямую финансовую помощь им. Документы, накопленные в посольствах военной разведкой и ГБ, необходимо было просмотреть, часть отправить в Москву, а часть уничтожить. Подобные инструкции были переданы всем советским миссиям за рубежом[1].

ГЕНЕРАЛ МЮРЕЙ И ЯН БЕРЗИН

Провалы 1927 года положили конец карьере двух важных агентов: Бернштейна, который отбывал трехлетний срок тюремного заключения, и Креме, который оказался

---

[1] Вот как описывает события середины 1927 года Г.С. Агабеков, бывший сотрудник ГБ: «Инструкции, присланные в посольство, торговое представительство, Разведупр и ГПУ в Тегеране требовали просмотреть все архивы и уничтожить документы, которые могли бы скомпрометировать нашу деятельность за рубежом. Посольство и торговое представительство немедленно начало проверять архивы и отобрало громадную кучу документов для уничтожения. Эти бумаги целую неделю сжигали во дворе посольства. ГПУ получило еще более строгий приказ. Москва предписывала уничтожить все архивы и в будущем хранить корреспонденцию только за последний месяц, но даже эти документы должны храниться в таком месте и таким образом, чтобы их можно было быстро уничтожить в случае налета на посольство... За первым циркуляром из Москвы последовал второй. Сотрудникам посольств и миссий было строго запрещено поддерживать связь с членами местных коммунистических организаций».

в Москве. Появилась другая французско-советская пара лидеров, возглавившая советскую разведку во Франции.

С советской стороны дело взял в свои руки новый выдающийся человек, известный под целой дюжиной кличек (Поль, Анри, Альбер, Буассон и многие другие). Из них в памяти его сподвижников более всего сохранилась самая неадекватная из них — Генерал Мюрей. Мюрей — имя явно вымышленное, которое звучало привычно для французского уха, а звания генерала в то время в России не существовало. На самом деле он был военным комиссаром во время советско-польской войны 1920 года, а в последующие годы перешел на работу в разведку, охотно приняв высокое воинское звание, чтобы завоевать уважение и доверие.

Мюрей, возможно, был самой интригующей фигурой в длинной череде доверенных лиц Берзина во Франции. «Удивительный человек, авантюрист высокого класса» — так отзывался о нем один видный французский коммунист того времени. Для Мюрея «прямые действия» — войны, революции, баррикады — были всем, а политические действия — почти ничем. История, по его мнению, вершилась на поле битвы, а не в парламенте. Агитация и пропаганда не идут ни в какое сравнение с пушками и торпедами, а значит, парламентарии и другие лидеры, работающие легально, играют второстепенную роль, в то время как подпольщики, предводители вооруженных бунтов, будущие командиры революционных армий, а вместе с ними и разведчики-герои являются движущей силой истории[1]. Его идеи несколько отличались от догматов марксизма, но он был просто рожден для подпольной работы.

Большевик старой ленинской гвардии, Мюрей в 1929 году достиг сорокапятилетнего возраста. В предреволюционные времена он прошел тюрьму и сибирскую

---

[1] В Париже Мюрей финансировал журнал, в котором популяризировал русский и германский революционный опыт и уличную борьбу. Журнал выходил в течение восемнадцати месяцев.

ссылку, жил в Швейцарии как эмигрант, а после Октябрьской революции колесил по всему миру. В середине двадцатых годов он побывал с разведывательной миссией в Китае. Он часто приезжал во Францию, говорил по-французски как овернский крестьянин и презирал французских левых вождей, в особенности «любующегося собой мелкого буржуа» Мориса Тореза. По его мнению, Французская коммунистическая партия была недостаточно революционна.

Мюрей обладал врожденным даром уходить от слежки и водить за нос полицию. В 1927 году его хотели взять по делу Креме, но он скрылся, когда Гродницкий и Бернштейн были схвачены. На процессе работников типографии в 1928 году Мюрея назвали как получателя документов, но его так и не смогли разыскать. Три года полиция получала доносы из разных провинций о похождениях таинственного Поля, часто даже добывала его адрес, но, явившись туда, узнавала, что тот «только что уехал». Его агентов и помощников не раз арестовывали и приговаривали к тюремному заключению, некоторые из них сбежали в Россию, но Мюрей никогда не попадал в руки полиции. Среди его французских сподвижников, в основном молодых энтузиастов, этот закаленный в битвах ветеран, «генерал» Красной Армии, всегда бравший верх над полицией, пользовался уважением, смешанным со страхом. Даже грубые черты его простого лица удивительно совпадали с этим образом. В контактах с вождями коммунистической партии Мюрей старался представить свои действия как совершенно невинные. Дело Креме послужило уроком, и московские приказы не допускали отклонений: все нелегальные разведывательные операции должны проводиться отдельно от коммунистической партии.

В этот период частой смены руководства Мюрей умел работать с каждым, кто вставал у руля Французской компартии. В 1928—1929 годах с благословения Москвы «оппортунистическая группа», руководимая Марселем Кашеном и Жаком Дорио, уступила место другой группе, во главе которой стоял Анри Барбе. Барбе, молодой и преданный «боец», год провел в тюрьме и теперь был на нелегальном положении. Он взял на себя связь с Коминтерном, часто ездил в Москву и обратно и поддерживал по поручению Мюрея контакты с политбюро.

Задачей Мюрея, как он сказал Барбе, было отобрать способных юношей и девушек из коммунистической молодежи и послать их на год учиться в советской школе, после чего они могли бы стать ведущими кадрами партии и занять в ней руководящие посты. Такая акция в международном плане не считалась нелегальной, и политбюро французской партии охотно согласилось оказать помощь.

Но вскоре партийное руководство поняло, что цели Мюрея не так уж безобидны, как им казалось. Из разных ячеек партии начали приходить сообщения о шпионской активности, молодые люди, рекрутированные Барбе, не видели причин скрывать от партийных лидеров факты, свидетельствующие о нелегальных операциях. Лавировать между требованиями Москвы и угрозой испортить отношения с коммунистической партией становилось все труднее.

Интересы Мюрея были такими же многосторонними, как и вся военная наука и промышленность. Почти каждое управление советского Генерального штаба желало получить ответы на вопросы, касающиеся Франции, и сеть Мюрея работала день и ночь, чтобы добыть информацию об авиационной промышленности и военно-воздушных силах, о последних моделях пулеметов и автоматических винтовок, о военном флоте, о военных поставках в Польшу и Латвию. В средиземноморских портах — Марселе, Тулоне и Сен-Назере — Мюрей держал группы агентов, которые сообщали о конструкции торпед, подводных лодок, заградительных сетей и прочих подобных нововведениях.

Особый интерес для Мюрея представлял военный комплекс близ Лиона. В Лионе его люди ухитрились похитить кальки с чертежами самолетов, а после того как Мюрей снял с них копии, их вернули обратно. Когда это воровство было раскрыто, арестовали только одного его агента, остальным удалось скрыться за границей.

В процессе сбора информации в портах Мюрей постоянно перебрасывал своих агентов с места на место. Например, он послал Мориса Монро, рабочего-металлиста из Парижа, в Нант, снабдив его деньгами, которых хватило, чтобы открыть рыбный магазин. Объявление о «прямой доставке товара» появилось над новым прилавком. А сам Монро ездил в порты Северного моря, откуда возвращался с донесениями. И такая работа продолжалась несколько лет.

Другими агентами Мюрея были Винсент Ведовини, секретарь коммунистической ячейки в Марселе, и инженеры марсельского военно-морского арсенала. Ведовини поставлял информацию о химических заводах, производстве торпед, нового оборудования для подводных лодок. В начале 1930 года Мюрей попросил его заполнить написанный от руки вопросник, посвященный артиллерийскому вооружению эскадренных миноносцев. Ведовини, который к тому времени почувствовал отвращение к шпионской работе, передал вопросник полиции. В последний момент Мюрей сумел скрыться за границей. Однако он потом вернулся и в апреле 1931 года был арестован.

Следствие, а потом судебный процесс продолжались пять месяцев. Его вина, без всяких сомнений, подтверждалась письменными документами, показаниями Ведовини и другими доказательствами. Опровергнуть обвинения было невозможно, но, с другой стороны, советский агент не мог признать себя причастным к шпионажу. Защита Мюрея настаивала на «сентиментальном» объяснении его деятельности во Франции — якобы здесь была некая любовная интрига, а Мюрей, как джентльмен, не мог разглашать подробности. Это был стандартный прием разведчиков, который позволял оправдать свое нежелание давать показания. В 1949—1950 году Джудит Коплон в Соединенных Штатах применила тот же прием, чтобы оправдать свои встречи с Валентином Губичевым.

Мюрей заявил, что он писатель и ему нужны материалы для романа, которые он и собирал во Франции в течение почти четырех лет. Когда его спросили, где рукопись романа, он ответил, что оставил ее в Германии, но не может сообщить, где именно, по «сентиментальным причинам». Полиция и суд не знали, что жена Мюрея, Луиза Дюваль, жила во Франции и поддерживала тесную связь с разведывательной сетью. Она, проявляя чудеса изобретательности, несколько лет избегала ареста, пока в 1934 году два других агента не выдали ее. В момент ареста в карманах Мюрея нашли два паспорта, много коротких записей и значительную сумму денег. Он не смог по тем же «сентиментальным причинам» объяснить, где он взял такую круглую сумму. Ведовини, естественно, признал, что знаком с Мюреем, но тот утверждал, что никогда в глаза не видел своего агента. Такая защита, к которой прибег Мюрей, в наши дни едва ли смогла бы произвести впечатление на публику, прессу и суд, но в 1931 году во Франции так и случилось. Его приговорили всего к трем годам тюрьмы.

Мюрей отбывал свой срок заключения в Пуасси, после освобождения в 1934 году его выслали из Франции и депортировали в Россию. Судьба этого выдающегося человека неизвестна. Среди французских коммунистов в 1938 году ходили слухи о том, что в годы большой чистки в России Мюрей сошел с ума. Правда, были люди, которые поговаривали, что он симулировал сумасшествие, чтобы избежать репрессий, но другие утверждали, что он и на самом деле лишился рассудка.

В 1931 году Анри Барбе вызвали в Москву для доклада о ситуации, которая в глазах Советов и Коминтерна выглядела отнюдь не удовлетворительно. Барбе встретился с руководителями Коминтерна, Пятницким и Мануильским, чтобы доложить им о подвигах и методах работы Мюрея. Однако тщательно подготовленное и документированное сообщение не произвело должного впечатления.

Пятницкий начал объяснять всю важность разведывательной работы за рубежом: «Прискорбно, что коммунистические партии вовлечены в такого рода деятельность, но работу надо продолжать». Пятницкий потом связался с Яном Берзиным, и Барбе был приглашен в кабинет высшего начальника советской военной разведки.

Потом Барбе писал в своих мемуарах:

«На следующее утро ко мне в гостиницу «Люкс» прибыли два офицера Красной Армии. Мы пересекли Москву и подъехали к большому зданию, на котором не было никаких специальных знаков, которые указывали бы на его назначение. Это был главный штаб советской военной разведки.

Меня провели в большую комнату, где на стенах висели громадные карты Европы и Азии. За письменным столом стоял человек лет пятидесяти в военной униформе с двумя орденами Красного Знамени на груди. Это был крепкий мужчина, ростом около пяти футов и восьми дюймов, с наголо обритой головой. Он смотрел на меня живым и проницательным взглядом голубых глаз. Генерал бегло говорил по-французски. Он был оживлен и немного нервничал.

Берзин сердечно приветствовал меня, пожал руку и распорядился подать чай и печенье. Потом он много говорил о важности информации и разведывательной работы для обороны советской родины... Он дал мне понять, что знает об отношении руководства французских коммунистов к использованию членов партии в разведке. Он допускал, что это доставляет нам неудобства, но ничего поделать не может».

Долгий разговор закончился неожиданным для Барбе предложением установить «близкие отношения» с Четвертым отделом и работать под его руководством. Это было слишком для действующего, хотя и не формального, генерального секретаря большой коммунистической партии.

«Я был ошеломлен этим предложением, — вспоминал Барбе. — Я объяснил, почему мы отвергаем шпионаж, и заговорил о традициях французского рабочего движения, которое не признает такого рода деятельность. Закончил я тем, что попросил генерала не вербовать больше агентов из наших активистов. Сделанное мне лично предложение я, конечно, отклонил.

Покрасневший от бешенства Берзин заявил, что если я не понимаю важности этой работы, то другие и подавно не поймут. Я почувствовал, что не завоевал друга в лице генерала Берзина, скорее всего, наоборот. Прощаясь со мной, Берзин попросил меня еще раз подумать».

Когда Барбе вернулся в Париж, Андре, сотрудник советского посольства и представитель Берзина во Франции, встретился с ним, чтобы услышать окончательный ответ. Идея состояла в том, чтобы разведывательной работой во Франции руководили двое — Андре и Барбе.

«Я ответил, что начал уставать от всего этого, — продолжает свой рассказ Барбе, — и снова сказал о решении политбюро. Андре рассмеялся. «Это несерьезно», — отмахнулся он и повторил предложение Берзина без околичностей: он хотел, чтобы мы регулярно встречались и координировали свои действия. Потом он сказал, что обойдется и без меня и наладит дела с другими ведущими членами партии».

Это был конец прямых переговоров. Через некоторое время французское политбюро даже перешло в наступление и сняло с ответственных постов нескольких известных ему советских агентов. Удивительно, но ни посольство, ни Коминтерн не проявили беспокойства по этому поводу. Однако вскоре стало известно, что два их товарища уже ведут ту работу, которую Берзин предлагал Барбе: Жак Дюкло и Андре Марти начали сотрудничать с советской тайной службой.

От Анри Барбе следовало избавиться, и Москва взялась за дело. Когда пришло время убрать его из руководящего органа партии, шпионские дела, естественно, не упоминались. С другой стороны, никаких вразумительных объяснений, почему должна уйти «группа Барбе—Селора», которую привела к руководству сама Москва, тоже не было. Пресса в Москве и Париже писала неопределенно и туманно: грехи группы Барбе—Селора заключались в «групповщине» и «сектантстве». События для Барбе могли повернуться иначе, если бы он принял роль, предложенную ему Пятницким и Берзиным. Тремя годами позже, в 1934-м, он порвал с коммунистической партией.

Ему на смену пришел Морис Торез, а «специальные службы» были переданы в ведение восходящей звезды французского коммунистического движения Жака Дюкло. Его назначение означало, что сопротивление сломлено и с этого дня Французская коммунистическая партия будет исполнять любое требование Советов. Как и Барбе, Дюкло пришел в партию после долгих лет работы в молодежном коммунистическом движении, где он с юных лет принимал участие в нелегальных операциях. Он часто вступал в конфликт с законом, ему приходилось уезжать за границу, не раз его спасала амнистия или парламентский иммунитет. Его восхождение началось в 1926 году, когда как «молодежный лидер» он был избран в члены центрального комитета коммунистической партии. Одновременно его провели в члены парламента. Вначале внутри партии он поддерживал Барбе. В 1931—1932 годах, когда Барбе убрали, Дюкло стал членом политбюро и одновременно руководил «специальной службой».

В 1937 году советские агенты в Швейцарии убили Игнатия Рейса, отступника ГБ, а в Париже несколькими месяцами ранее загадочным образом исчез архив Троцкого. Сам Троцкий был уверен, что к этим инцидентам приложил руку «старый агент ГПУ» Дюкло. Двенадцатого ноября того же года он шлет из Мексики телеграмму премьеру Камиллу Шотану: «В связи с убийством Игнатия Рейса, кражей моих архивов и другими подобными преступлениями разрешите мне настаивать на допросе, хотя бы в качестве свидетеля, Жака Дюкло, вице-президента палаты депутатов и старого агента ГПУ»[1].

---

[1] Троцкий ошибался насчет кражи документов в Париже в ноябре 1936 года. Позже стало известно, что эту операцию провел русский троцкист, агент советской спецслужбы.

Примечательно, что Дюкло промолчал, когда в июле 1952 года бюллетень Ассоциации международной политической информации напечатал посвященный ему материал: «Дело Дюкло существует двадцать лет. Двадцать лет Дюкло обвиняли в том, что он является «соавтором и исполнителем» и ведущей фигурой коммунистического шпионажа во Франции в пользу Советов. И в течение двадцати лет в этом не появлялось ни малейших сомнений».

Беспрецедентный двадцатилетний рекорд работы Дюкло как доверенного и тайного агента Москвы объясняется экстраординарной способностью этого человека совмещать образ борца против «капиталистического французского правительства» с покорным раболепным подчинением Москве, сносить любое унижение, если оно исходит от советской стороны, и укрывать любой акт шпионажа, если он поручен ему советской разведкой. Дюкло принадлежал к новому поколению коммунистических лидеров, верных, послушных и всегда готовых к услугам, которые вытеснили старых большевиков, которые думали, спорили и учились.

ПОРА РАСЦВЕТА

Период с 1928-го по 1933 год был расцветом советского шпионажа во Франции. Несмотря на активную работу, только малая часть операций ГРУ нашла отражение в отчетах французской полиции. Большая часть персонала советской разведки избегла ареста и огласки. ГБ также не сидела сложа руки, и Париж стал одним из ее главных центров за рубежом.

Явка, которая служила для самых разных целей, была создана в мастерской архитектора Роджера Гинзбурга на улице Сены в Париже. Советские агенты, проезжавшие через Париж, приходили туда за паспортами, деньгами и для того, чтобы найти надежное укрытие.

Роджер Гинзбург действительно был архитектором, свободным художником, настоящим европейцем без определенной национальности. В его мастерской соседствовали ворохи чертежей, книжные шкафы, географические карты, вазы с цветами, пишущие машинки, бронзовые скульптуры, стильная мебель и картины. Его очаровательная помощница, молодая эльзаска, знала уйму языков.

Гинзбург строго-настрого запрещал приносить туда какие-либо компрометирующие документы. В ближних домах, чьи хозяева симпатизировали коммунистам, всегда находилось временное прибежище для агентов. Парижская полиция, гордившаяся своей проницательностью, в мастерской Гинзбурга была обычным и вечным предметом для злых шуток.

Одна из важных частей советского шпионажа в то время была связана с ширившимся рабкоровским движением. Система «рабочих корреспондентов», или рабкоров, возникла в первые годы существования советского режима, когда старые газетчики бросили свою профессию или были просто выгнаны. Ленинская партия поставила задачу вырастить новое поколение писателей и журналистов из рабочей среды. Рабочих призывали писать о событиях местной экономической и культурной жизни, критиковать местных советских руководителей и т. д. Тысячи молодых людей примкнули к этому движению, редакторы газет создали у себя специальные отделы, которые разбирали и редактировали полученные материалы.

Однако их сообщения обычно были переполнены критическими отзывами о том или ином местном администраторе. Разоблачение личных или политических врагов стало важной особенностью рабкоровских статей. Письма такого содержания редакторы переправляли в ГБ, народному прокурору или в партийную контрольную комиссию для расследования.

В конце двадцатых годов вспыхнула ожесточенная борьба между Сталиным и правой оппозицией (Бухарин, Рыков, Томский и другие), которая хотела, чтобы рабкоровское движение служило образовательным целям. Сталину требовалась сеть доносчиков, и он конечно же одержал победу.

В те дни каждое русское начинание провозглашалось западными коммунистами как большое достижение и тут же копировалось. Новорожденная коммунистическая пресса Европы и Америки крайне нуждалась в корреспондентах и писателях, и рабкоровская система, рекомендованная Коминтерном, представлялась единственно правильным решением. С середины двадцатых годов компартии Германии, Франции, Соединенных Штатов, Великобритании, Японии, а также многие более мелкие партии уделяли большое внимание рабкоровскому движению.

За пределами России побочный продукт оказался более важным, чем декларированная цель, с той лишь разницей, что рабкоры на Западе служили не столько доносчиками, сколько информаторами советских разведывательных организаций. Тысячи западных рабкоров работали в стратегически важных местах — на военных заводах и аэродромах, в почтовых и телеграфных отделениях. Сообщения, которые они посылали в свои партийные газеты, казались корреспондентам всего только журналистской работой, но они не знали, кто являлся главным звеном в той цепочке редакторов, которые просматривали их материалы. Большое преимущество рабкоров состояло в их легальности, не было и не могло быть никаких препятствий тому, чтобы рабочий писал в свою газету о событиях у него на заводе.

Советская разведка внимательно следила за ростом рабкоровского движения во Франции, финансировала его и поддерживала разными средствами. Мюрей и Дюкло создали специальную комиссию из шести человек, которая должна была читать и классифицировать сообщения рабкоров. Возглавляли ее два ответственных работника: Исайя Бир, агент советской разведки, и лично Дюкло, среди других следует назвать Филипа Ложье, Гастона Вене и Рикье (иногда его называли Ренье). Если члены комиссии считали, что автор или его сообщение могут оказаться полезными для советской разведки, они устанавливали необходимые связи. В редакции «Юманите» Андре Раймон (внук бывшего шефа полиции Луи Лепена), Поль Марион и Мишель Марти (брат коммунистического лидера Андре Марти) были назначены для того, чтобы внимательно изучать письма и сообщения рабкоров.

Заметки, которые приходили в «Юманите» со всех концов страны, сортировались, часть из них попадала на полосы газеты, а те, которые содержали факты и цифры, могущие заинтересовать советскую разведку, направлялись советскому военному атташе. Военный атташе, или, чтобы быть точным, человек Берзина в посольстве (до 1938 года официальных военных атташе не было), изучал корреспонденцию и, если она представляла для него интерес, пытался встретиться с рабкором и получить от него дополнительную информацию. Рабкоры никогда не догадывались, что их использует в своих целях разведка.

Рабкоровский сектор советского шпионажа во Франции так и мог бы остаться нераскрытым, если бы в 1932 году один из его агентов не донес обо всем полиции. В то время главным центром, который принимал и разбирал информацию, была группа Бира—Штрома, более известная под названием группа Фантомаса.

Исайя Бир, возглавлявший эту группу, стал сотрудником советской тайной разведывательной службы в конце двадцатых годов. Поляк по национальности, он был лишен польского гражданства за уклонение от военной службы и приехал во Францию, чтобы изучать инженерное дело в Тулузе. Потом, начав свою шпионскую карьеру, он работал сначала на химическом, а потом на металлургическом заводе. В 1939 году, когда он стал главой группы советских агентов, ему было всего двадцать пять лет. Молодой возраст членов группы (Бир был самым старшим среди них) представляется одной из интересных особенностей этой группы.

Бир жил в скромной комнате гостиницы, не получал почты и почти не принимал посетителей. Строго соблюдая инструкции, он назначал свои многочисленные встречи в парках и кафе. Из-за способности уходить от слежки и неожиданно появляться его прозвали Фантомасом. Полиция не без доли восхищения не раз докладывала, как Фантомас хитро менял автобусы, чтобы уйти от наблюдения, и как он ускользал через проходные дворы. Он никогда не появлялся в посольстве. Его связной была молодая девушка, которая приходила к нему только после одиннадцати часов вечера. Люци — под этим именем ее знали — предпринимала все меры предосторожности и никогда не попадала в поле зрения полиции. А в отеле ее ночные визиты принимали за любовные дела.

Главным помощником Бира был Альтер Штром. Он принадлежал к большой группе советских агентов, которые родились в Польше или Румынии и еще детьми были увезены в Палестину, куда их семьи эмигрировали в двадцатых годах. Когда юноша немного подрос, его смутные прокоммунистические представления превратились в фанатическую преданность. Он мечтал вернуться в большой мир и применить свои убеждения и способности в настоящем деле. Он с радостью принял предложение вступить на опасный путь шпионажа.

Бир и Штром добывали информацию либо через «Юманите», либо из провинции, у местных коммунистических лидеров, которые, в свою очередь, получали ее от рабочих. Данные, собираемые Биром и Штромом, соответствовали разнообразию интересов советской разведки и касались размеров французских вооруженных сил за рубежом, производства военных материалов и вооружения, артиллерийских складов в Бриенн-ле-Шато, артиллерийского парка в Сент-Эйли, торпедных аппаратов для подводных лодок первого класса, пятидесятимиллиметровых морских орудий и т. д.

Однако через год молодой Рикье понял, что служит не идее, а шпионской организации, и решил сдаться властям. В феврале 1932 года он вошел в контакт с Шарлем Фо Па Биде, высоким чином парижской полиции, и рассказал ему все, что знал. Сюрте, которая, естественно, хотела раскрыть всю систему, потребовалось пять месяцев, чтобы распутать этот узел, потому что Рикье не знал ни имен, ни адресов советских агентов. Когда шло расследование, на военном заводе в Туре произошла кража важных секретных документов: исчезли чертежи нового авиационного пулемета. Следствие, которое тайно вели два офицера Сюрте из Парижа[1], пришло к выводу: чертежи были похищены рабочими-коммунистами, переданы партийному секретарю в Туре и в конечном счете попали к Фантомасу.

В июне того же года Рикье передал Биру пачку «секретных документов», которые дала ему полиция, и через несколько минут полиция схватила Бира. Вместе с ним были арестованы Штром и пятеро французских коммунистов, более шестидесяти оказались под следствием. Жак Дюкло, знавший, что его роль во всем этом деле раскрыта Рикье, спешно покинул Францию и скрывался до амнистии 1933 года.

После пяти месяцев следствия и разбирательства суд приговорил Бира и Штрома к трем годам тюрьмы. Французские агенты получили сроки от тринадцати до пятнадцати месяцев.

Дело Фантомаса было закрыто, но молчаливая битва между советскими спецслужбами и французской контрразведкой продолжалась.

К 1927 году Четвертый отдел приобрел опыт, подготовил новый персонал и значительно улучшил свою технику. Помощь со стороны французских агентов возрастала из года в год, донесения поступали в Москву по всем возможным каналам, и советский Генеральный штаб владел

---

[1] Во время следствия произошел поразительный случай, заставивший смеяться весь Париж. Офицеры, которые остановились в Шательро, связывались со своим начальством в Париже по телефону, пользуясь, разумеется, кодами. Их разговоры подслушала местная полиция, заподозрила их в нелегальных делах и пригласила на беседу к комиссару. Сначала те отнекивались и выдавали себя за простых торговцев, потом открыли свои имена, но ничего не сообщили о своей настоящей миссии. Они не доверяли местной полиции!

информацией о всех составляющих французской военной мощи.

Французская общественность и не подозревала о том, насколько глубоко проникли советские спецслужбы в их государственные тайны. Время от времени шпионов ловили, судили и приговаривали, иногда ликвидировались целые «гнезда советского шпионажа». Однако через несколько дней страсти утихали. Публика предпочитала не замечать, что факт ареста иностранных агентов, долгие годы работавших во Франции, означал утечку сведений с грифом «секретно» и «совершенно секретно» за рубеж.

Характерно, что многие шпионские дела в эти годы были раскрыты лишь благодаря случаю: проезжий возбуждает подозрение своей нервозностью, потерян портфель с документами, произошел пожар в здании. Не вмешайся судьба, агенты могли бы работать еще месяцы и даже годы.

В апреле 1932 года итальянец Энрико Верселлино вызвал подозрение нервным поведением на границе и был задержан. В его багаже нашли шифрованные сообщения, секретные документы и большую сумму денег в долларах. В Париже дознались, что Верселлино был курьером советского разведывательного аппарата во Франции и совершал регулярные рейсы между Парижем и Берлином.

Месяц спустя, накануне парламентских выборов, на военно-морской базе в Сен-Назере состоялся большой антикоммунистический митинг. К концу митинга, когда Анри Готье, известный коммунист из Парижа, попросил слова, вспыхнула драка. В суматохе Готье бежал, бросив свой портфель, в котором полиция обнаружила множество документов о французских арсеналах, подводных лодках, крейсерах, авиационных заводах и т. д. Готье сумел исчезнуть.

В августе 1933 года в одном парижском доме случился пожар, и в нем обгорел некто Люсьен Дюкеннуа. Его доставили в больницу. Полиция пришла в изумление, обнаружив среди спасенных из огня его вещей несколько револьверов, патроны и добрую дюжину брошюр военного министерства с грифом «секретно» и с описанием новых пулеметов, 37-миллиметровой пушки, тяжелой артиллерии, танков и тому подобной техники.

В другом случае полиция, ведя постоянную слежку за человеком по имени Кассио, арестовала его при выходе из здания «Юманите». При нем нашли паспорт на имя Фейара и очень любопытные бумаги. В папке под названием «Префектура полиции. Военные документы» лежали планы и фотографии крепостных сооружений, штатные расписания армейских и военно-морских подразделений и список секретных корреспондентов. Но самым интересным документом оказался меморандум о Красной Армии, украденный из генерального штаба Франции.

Дело Кассио случилось в июле 1929 года, когда правительство пыталось подавить «антимилитаристскую» деятельность коммунистической партии. Четыре месяца продолжались аресты и допросы, многие высшие партийные руководители были отданы под суд, среди них и Марсель Кашен, Андре Марти, Жак Дюкло и Жак Дорио. Всего было привлечено к ответственности сто шестьдесят человек и около двадцати — арестованы, большинство из них не по обвинению в шпионаже, а за подстрекательство к свержению режима.

Между 1928-м и 1933 годом во Франции сформировались группы способных агентов. Расширившаяся сеть приобрела пропорции, необычные даже для большого советского аппарата. Когда в 1933—1934 годах эта сеть была разрушена, официальные списки включали 250 человек. Как всегда, многие шпионы остались нераскрытыми.

Лидия Шталь, одна из наиболее интересных представительниц советской секретной службы во Франции, в 1928 году вовремя скрылась и уехала в Нью-Йорк, где и жила, пока не улеглось эхо скандала. Тогда Москва приказала ей вернуться в страну, где она служила раньше.

Лидия Шталь была одним из тех секретных агентов, которые стали шпионами уже в зрелом возрасте. Она родилась в Ростове в 1885 году, ее девичья фамилия была Чкалова. Ее муж, Роберт Шталь, был богатым и знатным человеком. Во время революции семья Шталь лишилась имений в Крыму и эмигрировала в Соединенные Штаты, где они стали американскими подданными. Когда в 1918 году умер их единственный сын, убитая горем и одинокая, Лидия вернулась в Европу. Она подружилась с коммунистами и жила в Париже как типичная русская студентка старых времен. У нее была маленькая скромная квартира, она плохо одевалась, спутанные волосы и туфли со сбитыми каблуками создавали впечатление неопрятности. В двадцатых годах она основала в Париже хорошо оборудованную фотостудию, где копировались секретные документы. Она доставляла их в Берлин в поясе, затянутом вокруг талии. Ее статус студентки был не только прикрытием ее подпольной операции, она и в самом деле изучала медицину в Соединенных Штатах и юриспруденцию во Франции. Потом она взялась за восточные языки, очевидно готовя себя для работы на Дальнем Востоке.

В 1923 году Лидия сблизилась с профессором Луи Пьером Мартеном, бывшим атташе военно-морского министерства и кавалером ордена Почетного легиона. Однако они жили раздельно. Мартен пытался внушить ей свои представления о жизни — спокойной жизни профессора, который каждое лето проводит отпуск в имении отца в Перигоре.

Другим ветераном советской разведки во Франции был отставной полковник Октав Дюмулен, издатель журнала «Армия и демократия», активно работавший на советскую разведку еще с 1923 года. Дюмулен жил некоторое время в Москве, но во Франции выдавал себя за нейтрального эксперта по военным делам, никак не связанного с коммунистами. Никто не удосужился проверить, откуда он в действительности ежемесячно берет 4 тысячи франков на издание журнала, которые ему якобы дают друзья. Дюмулен был так хорошо прикрыт «журнализмом», что его истинное занятие долго оставалось в тени.

Другим обладателем американского паспорта в этой сети была Полина Якобсон-Левина из Нью-Йорка. Среди агентов были и румынские граждане, выходцы из Бессарабии, которая до 1918 года была российской провинцией. Когда эту территорию аннексировало бухарестское правительство, они автоматически превратились в румын. Вениамин Беркович, кассир и финансовый оператор, Ватрослав Райх, химик, Байла Ингленд и некоторые другие советские агенты во Франции были родом из Бессарабии.

Сеть имела множество задач. Одни из ее участников должны были собирать информацию об армии, о дислокации военных частей, мобилизационных планах. Другие концентрировали внимание на определенных военных заводах и их продукции. Особый интерес представляла почта военных представительств. Сотни писем были украдены, скопированы и переправлены за границу. Французский инженер Обри из военного министерства и его жена поставляли информацию о взрывчатых веществах. Лидия Шталь ухитрилась даже переправить в Берлин пулемет новейшего типа.

Одна из главных задач сети состояла в получении данных об отравляющих газах и бактериологическом оружии. Россия уже начала работы в этой области, и Москва желала знать формулу нового синтезированного во Франции газа. Главным информатором был Ватрослав Райх, сотрудник химико-биологической лаборатории, который выкрадывал документы во время ленча, спешно их фотографировал в служебной фотокомнате, а потом возвращал их в папки, прежде чем другие сотрудники успевали вернуться к своим ретортам.

Большое число людей было занято технической работой, такой, как фотосъемка и переправка документов. Бизнесмен Вениамин Беркович и его жена входили в элиту сети. Марджори Свитц, школьная учительница Мадлен Мерме и чета Зальцманов были опытными фотографами. Бессарабская студентка Байла Ингленд установила у себя дома мебель с секретными панелями и ящиками с двойным дном.

Техника дела и конспирация были гордостью этой сети. Члены группы, в отличие от других советских агентов, кроме кличек, имели еще и номера, что делало их разоблачение еще более трудным. Москва окружила группу особой заботой — им регулярно выплачивались крупные суммы. Но все они жили скромно в недорогих гостиницах, мало тратили, и никому и в голову не пришло бы проверять источники их доходов. Путешествуя по железной дороге, особенно с документами, они покупали все места в купе, чтобы рядом не было случайных попутчиков. У всех было хорошее прикрытие их работы — они числились студентами, бизнесменами или художниками.

Группа считалась парижской, но на самом деле прибыла из Берлина. Столица Германии, как уже упоминалось, до 1934 года являлась аванпостом разведки в Западной Европе. Из предосторожности советские спецслужбы часто держали главных руководителей агентурных сетей вне стран, где шла основная работа. Югослав Маркович, центральная фигура во всех операциях, проводимых во Франции, тоже жил в Берлине до августа 1933 года, когда его сменил Авиатор.

Авиатор, Роберт Гордон Свитц, был американцем, сыном богатых родителей, которые жили в Ист-Оранже, штат Нью-Джерси. Он учился сначала в Соединенных Штатах, потом во Франции, и Франция стала для него второй родиной. Свитц был типичным представителем значительной части своего поколения, в нем сочетались высокие гуманитарные принципы, склонность и пацифизму и прокоммунистические убеждения с полным незнанием советской реальности. В 1931 году, признав догматы коммунизма, Авиатор охотно согласился на опасную работу секретного агента Москвы. «Я устал, — писал позже Свитц, — от ничегонеделания, от легких денег и беспечной жизни. В советской спецслужбе в Нью-Йорке и Вашингтоне поняли, как живо я интересуюсь русским экспериментом. Я и на самом деле был идеалистом-коммунистом. Было решено, что я поеду в

Москву, чтобы начать работу. Я отправился туда под видом авиационного инструктора».

В Москве Свитц, как и многие иностранцы до и после него, мало что понял из коммунистической реальности, и когда он вернулся домой, чтобы начать новую деятельность, его вера была все еще не поколеблена. В качестве прикрытия он избрал роль торгового представителя компании «Макнейл инструментс», которая производила оборудование для авиации. Судя по заявлению одного из работников этой фирмы, «он никогда ничего не продал». Свитц женился на Марджори Тилли, которой к тому времени исполнилось девятнадцать лет. Юная миссис Свитц не только последовала за мужем, но быстро достигла определенных успехов.

В 1931—1932 годах чета Свитц обучалась фотографии в Соединенных Штатах, чтобы заменить Лидию Шталь, когда та получит приказ вернуться в Париж. Через их фотолабораторию прошла масса документов. Через них же советская разведка получила совершенно секретные документы армии Соединенных Штатов, включая чертежи форта Шерман и «Белый план» — план операций в зоне Панамского канала на случай мятежа или революции.

В июле 1933 года чета Свитц получила приказ переехать в Париж и возглавить одну из групп. События повернулись так, что разведывательная работа во Франции отделилась от берлинского штаба, потому что под правлением нацистов Берлин уже не мог оставаться центром советской агентурной сети в Западной Европе. Западноевропейское бюро Коминтерна переехало в Копенгаген, надо было искать новые каналы связи с Москвой. В августе 1933 года советский шеф французской группы Маркович приехал в Париж, чтобы передать часть своего аппарата Свитцу. Свитц был представлен своим наиболее важным будущим сотрудникам и помощникам. «Пожалуйста, — сказал им Маркович, — обратите особое внимание на Обри, его задача — отравляющие газы».

К тому времени французская полиция была встревожена активностью расширяющегося советского подполья. В 1933 году контрразведка обнаружила связь между Лидией Шталь и Ингрид Бостром, которая была арестована в Финляндии. Мисс Бостром, одна из лучших подруг Лидии, рассказала финским властям о деятельности Лидии, ее несчастливой жизни и ее работе в качестве секретного агента. Начав с этой точки, французская контрразведка провела расследование и раскрыла большую сеть, в которой Лидия Шталь была важным звеном.

Свитц попал в поле зрения полиции при его встрече с Марковичем, о котором полиция уже знала. Маркович избежал ареста, а чета Свитц осталась в Париже и продолжила свою опасную работу. За несколько дней до Рождества 1933 года неизвестный мужчина (советский агент в Сюрте?) позвонил по телефону Свитцу и сказал, что если он не уедет немедленно, то будет арестован. Свитц остался. На следующий день прибыли полицейские. В его комнате они нашли корреспонденцию французского военного ведомства, письмо, написанное лично военным министром, и две записи, посвященные вооружению и дислокации войск. Все эти документы имели гриф «секретно». Когда нагрянула полиция, Свитц хранил у себя один из секретных докладов Дюмулена, который был сфотографирован на очень тонкой бумаге Марджори. Он был свернут в трубку и вставлен в сигарету. Пока шел обыск, встревоженная миссис Свитц зажгла сигарету и выкурила ее до конца.

Вместе с четой Свитц были арестованы еще десять человек, и среди них ведущие советские агенты — Лидия Шталь, Луи Мартен, Вениамин Беркович, Мадлен Мерме. В соответствии со своими принципами они не признавали себя виновными, они не знали друг друга, Лидия Шталь понятия не имела, чем занимался Луи в своем офисе, кроме того, она сказала, что Луи был антикоммунистом из Латвии. Но мадемуазель Мерме не смогла вспомнить, откуда взялся коротковолновый радиопередатчик в ее комнате, как и сам Свитц не смог объяснить, от кого он получил 19 тысяч франков.

Французское общество восприняло сенсационные новости без особого ажиотажа. Гитлер уже почти год стоял у власти в Германии, и все внимание было сосредоточено на правительстве нацистов. Следуя намекам посольства СССР, часть французской прессы предположила, что двенадцать арестованных шпионов, чьи имена были неизвестны и среди которых не было советских граждан, работали на Берлин. Однако скоро этот успокоительный миф был рассеян. Хотя многое так и осталось нераскрытым, не возникало сомнения в том, что дело было связано с советской разведкой.

Полиция блуждала в темноте почти три месяца. Арестованные шпионы ни в чем не признавались, а доказательства, собранные обвинением, были неполными. Поворотная точка возникла после необычного инцидента во французском консульстве Женевы. Две посылки, содержащие четыре ролика пленки, таинственным образом оставленные в консульстве, попали в руки обвинения, текст сфотографированных документов, написанных сложным шифром, так и не был прочитан, но на пленке нашли отпечатки пальцев Свитца, а два волоска на посылках принадлежали Марджори.

Больше не было никакого смысла отпираться, и Свитц начал говорить. Он уже разочаровался[1] и не видел причин становиться мучеником, к тому же французские законы снисходительны к шпионам, которые помогают следствию в разоблачении других агентов. Марджори опять последовала примеру мужа.

Через три дня после признаний Свитца последовали новые аресты: полковника Дюмулена, инженера Об-

---

[1] Годом позже Свитц на пресс-конференции заявил: «После того как мы прибыли на эту сторону океана, я испытал сильный шок. Я был разочарован, увидев недостойных людей, которые должны были работать со мной. Вместо пылких идеалистов, целиком отдающихся великому делу, которых я ожидал встретить, я увидел людей, которые думали только о собственной выгоде. Я хотел выйти из игры, так велико было мое отвращение, но что-то заставило меня продолжать...»

ри, Ватрослава Райха и многих других. К концу марта 1934 года большая шпионская организация была разгромлена. Пять других членов группы признались во всем, желая получить смягчение приговора. По мнению Москвы, это была полная «деморализация». Мадемуазель Мерме рассказала все о радиопередатчике и фотоаппарате, Райх и Обри — об их докладах по химическому и бактериологическому оружию. Узел был распутан. Один арест следовал за другим. К июлю формальное обвинение было предъявлено двадцати девяти агентам, а еще более двухсот находились под следствием.

Для четы Свитц жизнь в тюрьме не была такой уж невыносимой. Они стали добрыми друзьями следователя Андре Бенона.

Советское правительство, несмотря на все разоблачения и признания, демонстративно от всего отказывалось. Тридцатого марта 1934 года ТАСС заявил, что все обвинения в шпионаже «основаны на пустых вымыслах», а «Известия» намекнули на германское влияние.

Прошли годы, прежде чем состоялся суд. За это время политический климат изменился: Франция была готова стать союзником Москвы, и премьер Пьер Лаваль собирался в Москву для подписания соглашения. В такой момент сенсационный процесс против советской шпионской организации во Франции мог привести к осложнениям. Министерство иностранных дел постаралось, чтобы процесс получил как можно меньшую огласку. Судебные заседания шли за закрытыми дверями, на них вызывали только немногих свидетелей, большинство из которых являлись полицейскими агентами. Шестеро подсудимых признали свою вину и обвинили других, а в общем моральное состояние подсудимых было очень низким. Приговоры оказались не слишком суровыми.

Лидия Шталь, самоуверенная, упрямая женщина, упала в обморок, когда услышала, что приговаривается к пяти годам тюрьмы. (Апелляционный суд потом снизил этот срок до четырех лет). Судя по отчетам прессы,

«Мадлен Мерме, молодая женщина-фотограф, которая в тюрьме родила ребенка, услышав, что ее приговорили к трем годам, наклонилась к нему, что-то прошептала и продолжала качать его на руках». Полковник Дюмулен и Беркович были приговорены к пяти годам каждый. Десять подсудимых были заочно приговорены к пяти годам тюрьмы и только четверо — оправданы.

Несмотря на то что вина четы Свитц была очевидна, суд освободил их от наказания за ту помощь в ликвидации шпионской группы. Чета шпионов, которая не без основания ожидала возмездия, немедленно скрылась.

ФРАНЦИЯ В НАЦИСТСКУЮ ЭРУ

Приход к власти в Германии нацистской партии в 1933 году означал начало конца французского превосходства в Европе. Франция перестала быть первостепенным объектом внимания советской разведки. Однако Москве потребовался целый год для того, чтобы осознать значение сдвигов в международных отношениях и сделать свои выводы. Сталин с неохотой отказался от своих планов создания советско-германского блока и по инерции проводил антибританскую и антифранцузскую политику. Он склонен был рассматривать нацистский режим как временное явление, как эксперимент, который вскоре должен спровоцировать народное возмущение и революцию. В этом смысле победу нацистов можно было бы даже приветствовать.

При таком неопределенном состоянии не было причин преуменьшать роль Франции в схеме советской разведки. Казалась необходимой только реорганизация и перемена стиля работы. Столица Германии больше не могла оставаться центром советского шпионажа, как это было в течение последнего десятилетия. Советская разведка во Франции должна была отделиться от Берлина и наладить прямую связь с Москвой. Предстояло выполнить громадную работу, если учесть, как много там находилось центральных и вспомогательных агентств и учреждений.

Между тем серьезные сдвиги в отношениях между европейскими державами стали принимать более определенные очертания. После ослабления напряжения между Францией и Россией в мае 1935 года было подписано советско-французское соглашение. Два месяца спустя Коммунистический Интернационал на седьмом конгрессе провозгласил политику «единого фронта». Во Франции пришло к власти новое правительство, которое было поддержано коммунистической партией.

В новой ситуации коммунистическое руководство, часть которого находилась в правительственной коалиции, получило возможность давать лучшую информацию, чем это делали бы несколько тайных агентов. Что касается военных промышленных секретов, то внимание советского руководства было перенесено на Соединенные Штаты и Германию, которые с точки зрения Советского Союза обогнали Францию. Хотя шпионаж не прекращался, были предприняты меры, чтобы предотвратить общественные скандалы, которые могли бы оттолкнуть Францию от нового союзника.

Среди сотрудников советской военной разведки того времени один заслуживает особого внимания, потому что позже он добился высокого положения. Это был старый агент ГРУ, венгр Александр Радо, который спасся бегством из нацистского Берлина после многих лет активной работы в Германии. В 1936 году в качестве прикрытия он открыл в Париже пресс-агентство и, чтобы сделать его более солидным, нанял двух писателей, одним из которых был Артур Кестлер, который в то время еще оставался верным коммунистом.

Кестлер вспоминает:

«Мы выпускали три-четыре бюллетеня в неделю на французском и немецком языках и размножали их на ротаторе, а потом посылали во французские, швейцарские и австралийские газеты. Однако я не знал, какие газеты были нашими подписчиками, и это казалось мне странным. Я спрашивал об этом один или два раза Алекса, но каждый раз он как-то небрежно отвечал, что агентство находится в процессе становления и мы посылаем бюллетени большому числу перспективных подписчиков для одобрения».

Однако триумф Радо наступил немного позднее, когда он был переброшен в Швейцарию, где в качестве резидента развернул широкую работу во время войны. А Кестлер после войны стал знаменитым писателем и вышел из коммунистической партии.

Французское правительство вело себя дружественно и тактично. Время от времени оно раскрывало случаи чрезмерного любопытства со стороны людей, имеющих отношение к Москве, но не придавало мелким эпизодам особого внимания и, насколько это было возможно, не доводило дело до суда. Похищение белого генерала Евгения Миллера в Париже приписывалось ГБ, убийство Дмитрия Навашина, бывшего советского служащего, так же как и ликвидация Игнатия Рейса, было совершено советскими агентами, были и другие инциденты. Французские власти закрывали на них глаза, и это отношение было частью французской политики того времени.

В одном случае соображения высокой политики привели к конфликту со Швейцарией. Когда убийство Игнатия Рейса расследовалось одновременно Швейцарией и Францией, швейцарские власти были удивлены несколько странным отношением французов к этому делу. В своем резюме от второго января 1938 года Р. Жакияр, глава службы безопасности в Лозанне, приводил примеры того, как французская полиция действовала наперекор его просьбам: девятого ноября 1937 года он сообщил в Париж, что агент НКВД Сергей Эфрон замешан в убийстве, но тому позволили бежать. Жакияр просил расследовать деятельность четы Грозовских, но Грозовский сумел покинуть Францию. Когда швейцарские власти, располагая необходимыми обвинительными материалами, потребовали выдачи Лидии Грозовской в Швейцарию, французы отпустили ее под залог, и она скрылась за границу в автомобиле советского посольства.

К концу тридцатых годов борьба со шпионажем в Западной Европе стала более ожесточенной. Охота велась главным образом на немецких и советских агентов. Атаки против итальянской и японской разведок были менее интенсивными. Контрразведывательные органы были расширены, полиция стала более бдительной, суды стали строже. Однако во Франции крайние меры применялись только к немецким и итальянским агентам. В июле 1938 года парламент принял новый закон, по которому шпионаж в мирное время карался смертной казнью. В марте 1939 года в Меце был впервые приведен в исполнение смертный приговор для немецкого шпиона, трое других были казнены перед началом войны. Но не было ни одного случая разоблачения советских агентов. Чем больше назревала угроза со стороны Германии, тем более покладистым становилось французское правительство по отношению к политике СССР.

Глава 3

ГЕРМАНИЯ ПЕРЕД ВТОРОЙ МИРОВОЙ ВОЙНОЙ

БОЛЬШИЕ ОЖИДАНИЯ

Место Германии в системе советской разведки несколько отличалось, а в некоторых аспектах было даже совершенно противоположно тому, которое занимала Франция.

За десять лет до Первой мировой войны Франция вела самую активную разведку против Германии, и в то же время абвер развернул во Франции более масштабную сеть, чем в других странах.

Противостояние продолжалось в течение нескольких лет и после 1918 года. Россия практически сошла со сцены, британские интересы в Германии существенно уменьшились, и Франция осталась единственной из держав, которой была необходима информация об этой стране. Но теперь упор делался не на военных секретах, они не были так уж важны, цель состояла в определении военного потенциала Германии в широком смысле, включая секретные данные о промышленности.

Для России германская армия двадцатых годов не представляла угрозы, а военно-морской флот и военно-воздушные силы в то время практически не существовали.

Если Франция рассматривалась Советским Союзом как центр антисоветских заговоров, откуда исходила угроза для России, от Германии Москва ожидала, что революция, подавленная в 1919 году, скоро вспыхнет снова и что советская Германия станет союзником Советского Союза и в войне против Франции германские военные силы будут неизбежно сражаться на советской стороне. Поэтому в своей секретной деятельности в Германии советское правительство делало упор на подготовку всеобщих забастовок, гражданской войны, уличных боев и поставку оружия, а не на шпионаж.

Весьма воинственно настроенный, только что сформированный Коммунистический Интернационал проходил фазу своего развития, которая может быть названа германской эрой, — он делал ставку на неизбежную революцию в Германии. Его стратегия и тактика сводилась к подготовке германской революции. Красная Армия, двинувшись из России, должна была «объединить усилия» с новыми революционными германскими силами. Польская коммунистическая партия должна была делать все, чтобы разжечь революционный пыл, война с Францией казалась неминуемой, а французские коммунисты должны были парализовать военные усилия Франции. Советское правительство рассчитывало оказать Германии политическую поддержку, поставить оружие, обеспечить подготовку людей и наладить секретную службу и все это сделать по московским образцам.

На Германию возлагались большие надежды, она была в центре внимания. Немецкий язык преобладал в Коминтерне, и русские лидеры — Ленин, Троцкий, Зиновьев, Бухарин — общались в нем на этом языке.

Менее чем за год мечта стала воплощаться в жизнь, по крайней мере так казалось. Когда Польша весной 1920 года напала на Россию и когда после короткого отступления Красная Армия погнала поляков и подошла к Варшаве, казалось, что время настало. Было сформировано «польское правительство», во главе которого стал Феликс Дзержинский. Мир для Варшавы, предложенный Лондоном, был отвергнут Лениным, а потом Красная Армия, после «чуда на Висле», отступила и война закончилась. Победоносного марша через Варшаву в Берлин не получилось.

Поражение в Польше не обескуражило советское руководство. Оно считало, что Германия все равно пойдет по революционному пути и что большие потрясения и конфликты неизбежны.

В течение следующих трех лет, с 1920-го по 1923 год, Москва сделала все, что могла, для подготовки успешного переворота в Германии. Именно в эти три года возник и быстро развился ИНО (иностранный отдел ГБ), был создан Четвертый отдел в армии. Они поддерживали связь с Германией по почте, телеграфу и по железной дороге, а когда были восстановлены посольство и торговая миссия в Берлине, то и с помощью дипкурьеров. В этот период, после подписания советско-германского соглашения в Рапалло, началось плодотворное сотрудничество между двумя странами. Троцкий поставил перед Четвертым отделом задачу развивать сотрудничество в области вооружений, привлекать германских офицеров на свою сторону и внушать им антифранцузские настроения. Все это граничило со шпионажем, хотя и не было им в прямом смысле этого слова.

В 1923 году, когда Франция оккупировала Рурскую область и инфляция в Германии достигла своего пика, советское руководство решило, что сложилась обстановка, благоприятная для нового большого наступления, которое оно предприняло. В Германию было послано множество агентов из Коминтерна и различных советских органов. Во главе их стояли люди, отобранные Политбюро ВКП(б), среди них Алексей Скоблевский, которому были поручены военные приготовления. Бывший рабочий из Латвии (его настоящее имя было Розе), он хорошо зарекомендовал себя в годы Гражданской войны. Скоблевский встал у руководства германской «Военно-политической организации», бывшей неким подобием генерального штаба для германской армии. Помощником Скоблевского в Гамбурге был Ганс Киппенбергер, возможно, он был лидером немецкого подполья. Страна была разбита на шесть военных областей, каждая возглавлялась немецким коммунистом и русским советником, который старался не привлекать к себе лишнего внимания. Советский «генерал» Штерн (позже, в Испании, известный как Клебер, а в Соединенных Штатах как Зильберт и казненный в России в 1938 году) был советником северо-западной области. Алексей Стецкий (тоже казненный в 1938 году) работал с Эрихом Волленбергом, лидером юго-западной области. Эта система содержания русских офицеров и советников в других странах была применена через год или два в Китае, во времена Бородина. Русские люди из ГБ помогли создать в Германии аналогичную организацию, которая состояла из M-службы (военные формирования), N-службы (разведка), T-службы (террор) и Z-службы (проникновение в другие партии и организации). Деятельность этих служб, которая включала покушения на жизнь германских военных лидеров и убийство «предателей», достигла большого размаха в последующие годы.

Всего в Германию было послано несколько сотен советских офицеров, чтобы организовать и возглавить германские военные силы. Назначенные на свои посты, эти люди, маскируясь разными способами, докладывали обо всем своему русскому руководству и резидентам Коминтерна в русском посольстве.

Отборные группы из армейской разведки прибыли в Берлин, Эссен и Лейпциг. Среди них были молодой Вальтер Кривицкий, который впоследствии дезертировал из советских органов. Потом Кривицкий сообщил, что план включал создание в немецкой коммунистической партии разведывательной службы, которая должна была работать под руководством Разведупра Красной Армии. Военным формированиям отводилась роль ядра будущей германской армии, а перед спецслужбой ставилась задача подрывать моральное состояние людей из рейхсвера и полиции[1].

---

[1] В твердой валюте все это бесплодное предприятие обошлось советской казне в 1 миллион долларов, большая часть которых была израсходована на приобретение оружия в Германии и соседних странах.

Операция провалилась уже в октябре. Забастовки и восстания сорвались, армия осталась верной правительству, и революция, которая выразилась только в восстании в Гамбурге, была легко подавлена. Русские советники бесславно вернулись домой.

Советская военная разведка извлекла уроки из неудач 1923 года, и в Германии появились новые агентурные сети, опиравшиеся в своей работе на помощь со стороны когорты молодых подпольных лидеров: Киппенбергера, Цайссера, Илльнер-Штальмана, Зорге и других.

Но в одном отношении дорогой эксперимент 1923 года не прошел напрасно. Имеется в виду военная разведка. В.Г. Кривицкий пишет: «Когда мы увидели крах усилий Коминтерна, то сказали: «Давайте сохраним от германской революции то, что можем». Мы взяли лучших людей, подготовленных партийной разведывательной и агитационной службой, и использовали их в советской военной разведке. На руинах коммунистической революции мы построили в Германии для Советской России блестящую разведывательную службу, предмет зависти других стран».

Германия могла дать многие сотни военных секретных данных, которые были бы очень ценны для возрождающейся военной промышленности России. Цели французской и советской разведок в Германии часто совпадали, и бывало так, что немецкая полиция не могла понять, на кого работает пойманный ею шпион: на Францию или на Россию. Однако через несколько лет советские спецслужбы опередили французов, и в начале тридцатых годов подавляющее большинство случаев промышленного шпионажа, вскрытых в Германии, было делом рук советских разведывательных органов.

С 1928 года, когда началась эра пятилетних планов, Советский Союз вступил на путь индустриализации, которая была равносильна милитаризации. Германия оказалась самой близкой и наиболее логичной страной для наблюдения за методами перевооружения промышленности. Все, что можно было сделать легальным путем, — это пригласить германских инженеров и советников для работы на советских заводах, предоставить Германии некоторые концессии, однако отдача от них была слишком ничтожна по сравнению со сталинскими ожиданиями и проектами. Само собой разумеется, единственным решением было наращивание разведывательных операций, поэтому главное внимание было направлено на химическую индустрию, стальную и металлургическую промышленность («Крупп», «Рейнметалл», «Борзиг», «Маннесманн» и другие), электротехническую отрасль («Сименс», «Телефункен», АЕГ) и самолетостроение.

Особый интерес вызывали научные исследования, прежде всего в Институте кайзера Вильгельма и авиационном исследовательском институте, где возникали, проверялись и внедрялись новые идеи. Там нашлось много людей, которые симпатизировали советской власти и были согласны помочь ей. Нередко Москва узнавала о новых немецких изобретениях еще до того, как они шли в серийное производство в Германии.

Германская индустрия пыталась пресечь промышленный шпионаж своими силами. Пионером в этой области была «И.Г. Фарбен», которая учредила в Леверкузене специальный отдел под руководством нескольких опытных детективов. Скоро к ним присоединился Совет германской промышленности, который оценивал потери от промышленного шпионажа в 800 миллионов марок в год. Однако все попытки успеха не принесли, может быть, потому, что советский разведывательный аппарат внедрил девушку-секретаря в тот самый отдел, который был создан для борьбы с ним.

В течение нескольких лет развитие советского промышленного шпионажа в Германии шло со скоростью снежной лавины. СССР сумел развернуть в Германии невиданную по своим масштабам агентурную сеть. В конце двадцатых годов полицейское управление Берлина основало специальное подразделение для борьбы с промышленным (и другим неполитическим) шпионажем по всей Германии. Оно вскрыло около 330 случаев в 1929-м и более тысячи в 1930 году[1].

Годы с 1926-го по 1932-й были периодом советско-германского сотрудничества, когда берлинское правительство стремилось преуменьшить или даже скрыть наличие советского шпионажа, не применяя никаких жестких мер. Судебные процессы, на которых достоянием гласности могла стать неблаговидная роль советских представителей, проводились за закрытыми дверями.

Во времена демократической Германии (1919—1932 годы) существовало множество возможностей для вербовки персонала для советского шпионажа. В побежденной стране, с ее нестабильными правительствами, политическими убийствами и путчами, кипели политические страсти и коммунистическое движение было на подъеме. Сотни пылких молодых сторонников могли быть легко рекрутированы в различные организации как Германской коммунистической партии, так и русской разведки. Вознаграждение за шпионаж и перспектива работы в России помогали вовлекать инженеров и рабочих в большую шпионскую сеть.

В Германии также существовали широкие дипломатические возможности. Москва и Берлин восстановили полуофициальные отношения в 1920 году, и со временем советское посольство в Берлине стало использоваться для нужд всех видов разведывательной работы. Хорошим прикрытием было также торговое представительство на Линденштрассе с его огромным штатом. Оно стало самым важным укрытием для дюжин советских агентов, приезжающих в Германию с миссиями от ГБ, Четвертого управления армии или от Коминтерна. «Приемные комиссии» торгового представительства разъезжали по всей Германии для получения заказанных товаров и часто привлекались к промышленному шпионажу.

---

[1] По официальным данным, как утверждал нацистский автор Адольф Эрт, в Германии между июнем 1931-го и декабрем 1932 года было вскрыто 111 случаев государственной измены, почти 150 человек в этот период были признаны виновными в выдаче военных секретов. Годы 1931-й и 1932-й не попадают в нацистский период, тем не менее следует с осторожностью подходить к этим цифрам.

На немецком коммунистическом жаргоне советский секретный аппарат называли «двумя девушками» — «Грета» — ГБ и «Клара» — Красная Армия. Эти два агентства работали раздельно и входили в контакт только на самом верху советской иерархии в Берлине. В дополнение к «двум девушкам» существовало также большое агентство Коминтерна, которое работало преимущественно в Берлине (ОМС — Отдел международных связей центральноевропейской секции Коминтерна). У него были большие возможности по части паспортов, радиосвязи и курьеров.

Несмотря на неизбежные в таком деле неудачи, работу этих трех советских органов, которые возникли в начале двадцатых годов, следует считать успешной, особенно в 1930—1932 годах.

ТОРГОВОЕ ПРЕДСТАВИТЕЛЬСТВО

Как и «Аркос» в Лондоне, советское торговое представительство на Линденштрассе было громадным зарубежным агентством, чей торговый оборот исчислялся сотнями миллионов марок в год. Операции советского торгового представительства в Берлине были очень важны для России, равно как и для некоторых отраслей германской индустрии. Политическое значение агентства возросло, когда торговля оружием сосредоточилась в руках специального Инженерного отдела. Так как экспорт оружия из Германии был запрещен Версальским договором, этот отдел, работавший под непосредственным контролем военного атташе, был окутан завесой секретности, и о нём никогда не упоминалось в прессе. Это был лучший по организованности и эффективности отдел во всем торгпредстве. Среди клиентов Инженерного отдела были знаменитые «И.Г. Фарбен», «Крупп», «БМВ», «Юнкерс» и другие германские фирмы.

Опытные люди из ГБ возглавляли «отдел кадров», который занимался «секретными» делами. Они давали инструкции, как избавиться от ненужной бумаги, не выбрасывая ее, как прятать документы так, чтобы их не могли найти во время полицейского рейда. Германский персонал торгового представительства проверялся центральным комитетом Германской коммунистической партии. На деньги ГРУ братья Левенштайн, ювелиры по профессии и надежные агенты, которые никогда не были связаны с коммунистической партией, сняли магазин на Риттерштрассе и открыли свое дело. С заднего двора торгового представительства можно было попасть в их магазин и исчезнуть на Риттерштрассе.

В 1924 году торговое представительство в первый раз было вовлечено в политический скандал, и его помещения подверглись полицейскому обыску. Дело было связано с Гансом Ботценхардом, железнодорожным инженером, которого обвинили в коммунистической деятельности. Вильгельм Пик в свое время помог ему найти работу в торговом представительстве, и после двухмесячного испытательного срока его перевели в строго засекреченный «военный аппарат» Германской коммунистической партии. В 1924 году Ботценхард был арестован в Штутгарте и отправлен под охраной полиции в Штаргард, на север, через Берлин. Проходя по Линденштрассе, он уговорил двух сопровождавших его полицейских (оба они в первый раз были в Берлине) остановиться перекусить в ресторане. Когда они вошли в «ресторан» (на самом деле это был офис торгового представительства), Ботценхард закричал: «Товарищи, я Ботценхард, я работаю здесь. Эти два полицейских везут меня в Штаргард». Толпа советских служащих окружила их, полицейских оттеснили в сторону, а его самого выпустили через заднюю дверь. Полиция провела обыск здания и, конечно, не обнаружила ничего существенного[1].

Дело Ботценхарда переросло в международный конфликт. Советский посол Николай Крестинский занял на-

---

[1] По другой версии, Ботценхард симулировал обморок перед торговым представительством и был внесен в помещение полицейскими и прохожими.

ступательную позицию и обратился с протестом в германское министерство иностранных дел. Он настаивал на том, что торговое представительство, будучи частью посольства, экстерриториально и не подлежит юрисдикции полиции, поэтому германское правительство должно принести извинения. Тем временем он прекратил все торговые операции представительства, ожидая, что германские промышленники окажут давление на министерство иностранных дел и заставят его выполнить советские требования. В это время Москва вызвала Крестинского на «доклад». Его отъезд усилил напряженность. На следующий день германские коммунисты призвали к забастовке 300 тысяч шахтеров Рура, и одним из лозунгов был «протест против обыска в торговом представительстве». В Москве состоялась громадная демонстрация с участием 250 тысяч человек, на которой присутствовал Крестинский. Москва категорически требовала придать торговому представительству статус экстерриториальности, и после почти трехмесячных переговоров протокол был подписан. Германское правительство принесло извинения за полицейский рейд и объявило, что офицер, ответственный за это дело, уволен. Соглашение было заключено отчасти потому, что Штреземан придерживался курса на сотрудничество с Советским Союзом, но в то время ни в Германии, ни в других странах не понимали мотивов, которые заставляли Советы добиваться дипломатических привилегий для торговых представительств. Общественное мнение склонялось к тому, что эти требования диктовались соображениями престижа и было бы неразумно оскорблять правительство, которое столь чувствительно к иностранному вмешательству и непризнанию их прав.

Коммунистическая партия Германии исключила Ботценхарда как шпиона. Т-группа, опасаясь, что его снова схватят и он разгласит компрометирующие данные о ее действиях, решила убрать его. Все было подготовлено для убийства, когда полиция, выследившая Ботценхарда, арестовала его. Он признался только в мелких деталях дела. Чтобы предотвратить более серьезные разоблачения, Т-группа установила с ним контакт в тюрьме и посылала ему еду и другие подарки. В результате Ботценхард был сдержан на судебном процессе. В июле 1925 года его приговорили к трем с половиной годам исправительных работ.

Торговое представительство имело свой шифровальный отдел для связи с Москвой. В другом отделе представительства была установлена быстродействующая фотопечатная машина. Такое же оборудование было установлено в провинциальных отделах в Лейпциге, Гамбурге и Кенигсберге. Примером эффективности применения таких установок служит следующее: в 1935 году полицайпрезидиум Берлина подготовил отчет на пятистах страницах, посвященный подпольной работе коммунистической партии. Копия отчета была послана прокурору. На пути от Александерплатц до судебного здания в Моабите отчет прошел через торговое представительство, где был сфотографирован. Он прибыл к месту назначения с опозданием всего на два часа. Из его содержания руководители разведки узнали, как мало полиция знает о секретных формированиях партии и их людях.

Некоторые члены «Греты» и «Клары» путешествовали по всей Германии с удостоверениями сотрудников торгового представительства. В многочисленных шпионских делах германские суды выяснили, что следы ведут в торговое представительство. Подсудимые на процессах (Динстбах, Глебов, Машкевич, Смирнов, Лебедев, Арбузов и другие) в разное время числились работниками торгового представительства, хотя они вряд ли появлялись там после того, как им были переданы «проездные документы». Секретный агент мог неделями жить в одном из больших домов, где размещались официальные советские лица, потом, если все шло как надо, он «нырял», то есть исчезал из виду, а на свет появлялся другой, действительно важный человек, который принимал его имя, адрес и документы. Поэтому полиция никогда не могла заподозрить существование двойника. Этот особенный трюк назывался «пересадкой».

Германская полиция старалась завербовать информаторов из числа работников торгового представительства и внедрить туда своих агентов. Но им это так и не удалось, потому что меры предосторожности, которые предпринимали советские эксперты по подпольной работе, сделали это почти невозможным. «Полиция не имела агентов ни в советском посольстве, ни в торговом представительстве, — докладывала Нина Петерс, сотрудница политического отдела берлинского полицайпрезидиума. — Советские спецслужбы внимательно следили за образом жизни каждого официального лица и часто меняли своих сотрудников, вербовка же требовала значительного времени, и прежде, чем мы успевали это сделать, ему уже надо было уезжать».

Во главе разведывательных операций в области промышленного шпионажа в Германии с 1928-го по 1934 год находились братья Машкевичи из Баку. Они переиграли немецкую контрразведку и спокойно покинули Германию после пяти лет активной работы. С Машкевичами работали Лебедев, Смирнов и нелегал по кличке Оскар. За исключением Оскара все эти асы советской разведки использовали торговое представительство как прикрытие. В 1929 году Борис Базаров, восходящая звезда секретной службы, был переведен в Берлин с Балкан, его помощник, Михаил Самойлов, получил единственную задачу организовать промышленный шпионаж. Когда Самойлов был срочно отозван во время сенсационного шпионского процесса вокруг «И.Г. Фарбен» в 1931 году, Базаров и его жена стали самыми важными агентами Четвертого управления в Берлине, позже они были направлены в том же качестве в Соединенные Штаты.

В числе шефов ГБ в Берлине был Готвальд, инспектор советского персонала, который отвечал за проверку надежности сотрудников, следил за их поведением, ведал вопросами найма и увольнения. Настоящим главой ГБ в Германии много лет был Равич, который тоже числился в штате торгового представительства. Равич, спокойный, рассудительный и дружелюбный человек, был интересной личностью. Он воевал в Гражданскую войну в России, потом постепенно поднимался по иерархической лестнице ГБ и был одним из уважаемых (позже ликвидированных) старых большевиков. Перед тем как нацисты пришли к власти, ему было около сорока лет. Он никогда не казался чересчур властным, несмотря на свое высокое положение, здраво рассуждал, был молчалив и непроницаем, то есть был почти идеальным подпольным лидером. В его обязанности входила и организация прикрытия. С помощью Равича агент «Греты» Картхальс открыл машинописное бюро, которое служило не только для встреч агентов, но и для передачи секретных документов, которые прятали в резиновых валиках пишущих машинок. Этот хитрый трюк так никогда и не был раскрыт полицией.

Под верхним эшелоном официальных советских лиц работала группа надежных немецких организаторов, все они были коммунистами с большим стажем и заслуживали полного доверия.

Фриц Бурде, он же Доктор Шварц, руководил этой сетью с 1929-го по 1932 год, потом он был переведен в Китай. Бывший немецкий рабочий из Гамбурга, стройный, приятный, улыбчивый молодой человек тридцати лет, с открытым лицом и искренними глазами, Бурде был одним из тех способных подпольщиков, которые вносили гармонию в ряды работников советской разведки. Он кончил свои скитания в «отечестве пролетариата», где и был казнен во времена чисток. Одним из членов сети Бурде был молодой энтузиаст-коммунист Артур Кестлер, сотрудник либеральной «Фоссише цайтунг» и тайный член Коммунистической партии Германии. Советская разведка использовала его должность редактора иностранного отдела. Он имел доступ ко всей информации конфиденциального свойства, которая поступала в редакцию газеты, и докладывал о ней Бурде. Однако после нескольких месяцев такой работы руководству газеты донесли, что он коммунист, и его уволили. Он отошел от подпольной деятельности, но сохранил свое положение тайного члена партии, поехал в Россию, где написал книгу «Россия глазами буржуа». Несколько позже Кестлер вступил в группу Александра Радо.

Преемник Бурде, Вильгельм Баник, выпускник московской военно-политической школы, оставался на этом посту до 1935 года, когда его послали в Испанию, где он был ранен в гражданской войне. До 1935 года первым помощником Баника в Германии был Иоганн Либерс. Во главе агентурной сети в Центральной Германии (в Саксонии и Тюрингии) стоял другой выпускник военно-политической школы — Вильгельм Тебарт. Инженер Эрвин Крамер использовался группой как эксперт по танкам и железным дорогам.

Известную пользу приносила коммунистическая студенческая организация, члены которой уже несколько лет пополняли германскую индустрию и принимали участие в воспитании нового поколения. Существовал клуб работников интеллектуального труда, левых по своим убеждениям, и множество других «профессиональных» групп, аналогичных тем, которые существовали в коммунистическом подполье Соединенных Штатов. Клаус Фукс, обвиненный в Британии в атомном шпионаже, был членом одной из таких «профессиональных» групп в Германии в 1932—1933 годах. По оценке Ганса Рейнерса, бывшего члена сети, 5 процентов преподавателей Высшей технической школы в Берлине, крупнейшей и наиболее хорошо оборудованной из всех технических школ Германии, использовались советской разведкой, причем многие из них даже не знали об этом. «Аппарат, — свидетельствовал Рейнерс, — был разветвленным и вездесущим, он имел помощников среди представителей всех профессий, даже среди уборщиц и посыльных, некоторым из них платили, некоторым — нет... Месячный бюджет доходил до 30—40 тысяч марок, да еще 5 тысяч марок поступало от «Греты».

Иногда людей толкало на шпионаж и нечто другое, чем коммунистические убеждения. С самыми невинными побуждениями германские ученые вступали в переписку с коллегами из советских университетов, некоторые были даже членами-корреспондентами советских научных обществ. Всесоюзное общество культурных связей находилось под пристальным наблюдением ГБ. Имена всех немецких корреспондентов фиксировались, проверялись их политические убеждения, к некоторым из них подбирали ключик.

Были и такие, кого удавалось соблазнить финансовыми обещаниями. Любители приключений, невезучие азартные игроки, люди, обремененные долгами или запутавшиеся в любовных делах, становились агентами или потенциальными агентами. Некоторые соглашались и старались работать, другие пытались вернуться к спокойной жизни. Их имена никогда не забывали в Москве, и часто, после периода тихой отставки, им напоминали о прошлом, и тогда они вставали перед трудным выбором.

Другим источником «промышленных шпионов» был контингент инженеров и рабочих, которые желали поехать в Россию, чтобы получить там работу на заводах. В начале эры индустриализации высокие заработки, которые предлагались инженерам и квалифицированным рабочим, казались очень привлекательными. Позже, во времена депрессии, уже тысячи безработных немцев стремились в Россию. Один из людей Равича, открывший агентство по найму рабочей силы, давал объявления в газеты и просил людей, которые хотят получить работу в Советском Союзе, связаться с ним через указанный номер почтового ящика. Присланные письма передавались Эриху Штеффену, германскому агенту советской военной разведки, который переправлял их Равичу. Из массы предложений Равич отбирал тех людей, которые работали на заводах, представляющих интерес для России. Их заявления прорабатывались, проверялись политические взгляды, и, если результаты оказывались удовлетворительными, кандидату говорили в «агентстве по найму»: «Если вы сможете связать нас с человеком с вашего завода, который согласится сотрудничать с нами после вашего отъезда, то будете наняты для работы в России». Этот метод оказался весьма успешным.

Не последнюю роль играли рабкоровские группы, созданные в Германии, подобно тем, что появились повсюду под эгидой Коминтерна и при финансовой помощи советских разведывательных органов. Вначале во главе этого движения стоял Бела Ваго, венгерский коммунист, работник торгпредства и советский тайный агент. Движение рабкоров началось в 1925 году и приняло самый большой размах в сравнении с другими странами, если не считать Советский Союз. «Роте фане» в Берлине и местные коммунистические газеты призывали корреспондентов с индустриальных предприятий писать о доходах и расходах, технических нововведениях и новых методах работы. Сообщения рабкоров тщательно проверялись, и если попадались существенные, то они передавались в разведку.

Советские источники подтверждают, что больших успехов рабкоровское движение в Германии достигло в период между 1926-м и 1932 годом. «Из всех капиталистических стран, где развилось движение рабкоров, — писала Мария Ульянова, — Германия была одной из первых». В июне 1928 года «Роте фане» насчитывала 127 рабкоров, а месяцем позже — 227. А к концу 1928 года в Германии было уже несколько тысяч рабкоров.

В дополнение к торговому представительству в отдельных отраслях появились «торговые компании», часто именующие себя «смешанными» советско-германскими фирмами: «Дероп» — по нефти, «Дерулюфт» — по авиации, «Книга» — для издательского дела и т. д. Каждое из них служило прикрытием для одной из «двух девушек», редко для двух одновременно. Такое разделение было логичным: Красная Армия использовала «Дерутра» (немецко-русское транспортное общество), «Дероп», Гарантийный и кредитный банк («Гаркребо»), приемные комиссии торгового представительства. ГБ обосновалось в «Книге», «Востваг» (Восточно-западная торговая компания), Интуристе. ТАСС использовалось как «Гретой», так и «Кларой».

НЕМЕЦКАЯ ДЕЛОВИТОСТЬ

Отношения между советской разведкой и коммунистической партией в Германии по форме были те же самые, что и во Франции, тем не менее в Германии они существенно отклонились от французского образца.

В принципе КПГ должна была выделить высокопоставленного человека для связи с советским аппаратом и для руководства подпольной работой. Из-за уникальной важности такого поста выбор лидера для каждой страны велся при взаимодействии Москвы (под личиной Коминтерна) и отдельной коммунистической партии. После своего назначения этот человек находился под защитой своей партии. Чтобы придать ему иммунитет, его можно было сделать членом парламента, при необходимости ему выделялся телохранитель, и, разумеется, лучшие адвокаты были к его услугам, если он попадал в руки полиции. Но этот человек, обеспечивающий связь, предупреждался, что если он допустит «отклонения», то будет ликвидирован, прежде чем успеет вымолвить хоть одно слово. Во Франции пост такого человека для связи между коммунистической партией и советским аппаратом занимал с начала тридцатых годов Жак Дюкло, в Соединенных Штатах до 1945 года — Эрл Браудер, в Германии до 1933 года — Ганс Киппенбергер.

Немецкие ученики Москвы оказались подготовленными гораздо лучше, чем многие другие представители «братских» партий. С их вошедшей в поговорку аккуратностью, дисциплиной и техническими навыками германские агенты быстро усваивали методы конспирации, более того, совершенствовали их и во многом превзошли своих учителей. Не случайно, например, лучшие мастерские по изготовлению паспортов в Западной Европе, которыми снабжались ГБ, армейская разведка и Коминтерн, были в Берлине. Фальшивые деньги, которые пришлось раз или два печатать в экстренных случаях, тоже делались в Германии. А главный штаб компартии в доме Карла Либкнехта с его потайными комнатами, подвалами и сигнальной системой стал образцом для всех столиц.

Германский коммунистический аппарат рано начал готовить агентов, которые могли проводить разведывательные операции. Некоторые из них повышались в ранге, вступали на советскую службу, их посылали в разные страны, где они широко использовали свое немецкое гражданство для достижения своих целей. Те из них, кто остался верным Сталину, получили высокие посты в Четвертом управлении, а те, кто пережил войну, вошел в элиту Германской Демократической Республики.

Ганс Киппенбергер был одним из таких лидеров целое десятилетие, до 1933 года, а с 1929-го по 1933 год также возглавлял «специальную службу» (М-аппарат) в Германии. Он пришел из студенческой коммунистической организации, вожаком которой являлся, и сохранил все внешние черты студента-идеалиста. Со сверкающими черными глазами, узким лбом и стройной фигурой, он был воплощением фанатика, когда вступал в подпольную организацию коммунистической партии в Гамбурге. В 1925— 1927 годах он разыскивался германской полицией и некоторое время жил на нелегальном положении. Он был выдвинут своей партией в рейхстаг, был избран, получил депутатскую неприкосновенность и вышел на открытую арену. Военная комиссия рейхстага, членом которой стал Киппенбергер, была чудесным наблюдательным пунктом и предоставляла возможности для прямого контакта с генералами и адмиралами германских военных сил, которые начали возрождаться. Эти контакты потом оказались фатальными для Киппенбергера, когда, во время правления нацистов, он скрылся в Москву — его там объявили германским шпионом и казнили во время большой чистки.

Как часто бывало с «практиками партийной работы», Киппенбергер не был выдающимся политическим или идеологическим лидером, даже, как организатор, он был ниже своего помощника Лео Флига, связника между немецким подпольем и Коминтерном. Флиг в нацистскую эру тоже был отозван в Москву и казнен.

В совместных советско-германских тайных операциях участвовало поколение многообещающих молодых людей, большинство из которых закончили одну из специальных школ в Москве. Многие из них добились печальной известности.

Среди них самым заметным был Рихард Зорге, чьи подвиги в Японии стали известны только спустя долгое время после его смерти. Привлекательный, высокий, хорошо сложенный мужчина, Зорге нравился всем, даже легкая хромота прибавляла ему очарования. «У Ики было что-то от германского гусарского офицера»,— вспоминал один из его друзей. (Ика — прозвище Зорге среди его ближайших друзей, его жену Кристину называли Икарет). — Он довольно много пил, но всегда хорошо держался. Он легко заводил друзей, и каждый был рад видеть его». В институте социальных исследований во Франкфурте Зорге не добился заметных успехов, ни его исследование в области антисемитизма, ни брошюра «Накопление капитала» не получили известности. Зорге был выдающимся подпольным «практиком», лишенным политических или философских талантов.

Зорге вступил в советскую тайную службу в Германии и в конце тридцатых годов поехал в Москву в качестве корреспондента «Франкфуртер цайтунг», потом в Китай и, наконец, отправился в Японию, где с 1935-го по 1941 год руководил знаменитой шпионской группой. Он считался консервативным человеком и нацистом, поэтому ему доверяли все секреты в посольстве. Он завербовал в качестве агентов нескольких японских коммунистов, как в токийском правительстве, так и вокруг него. Его доклады в Москву в критические годы, с 1937-го по 1941-й, имели историческое значение.

Другой замечательной фигурой в этой русско-германской группе был Вильгельм Цайссер — после войны он долгое время руководил восточногерманской полицией. Работа Цайссера в качестве советского тайного агента бросала его то в Китай, то в Малую Азию, то в Испанию, а в 1945 году он вернулся на родину с советским гражданством и стал членом коммунистического правительства.

Высокий, с приятным лицом, интеллигентный и смелый, бегло говорящий на многих иностранных языках, Цайссер имел все качества, чтобы высоко подняться в коммунистической иерархии. В юные годы он был учителем в Рейнской области, потом солдатом кайзеровской армии, где дослужился до чина лейтенанта. Он обосновался в России, когда разразилась Октябрьская революция. Воодушевленный движением масс, он вступил в ряды большевиков и с тех пор так и оставался убежденным коммунистом. Он был членом «Союза Спартака» в Германии и играл ведущую роль в коммунистическом движении в Руре в 1923 году. После прохождения курса в Москве он стал авторитетом в области методов и техники гражданской войны.

В 1925 году Цайссер вступил в ряды советской разведки и был послан в Китай. В Шанхае он основал отделение «Стального шлема» (председателем которого в Германии был генерал-фельдмаршал Гинденбург), завоевал уважение и доверие дипломатов и служащих и получил возможность снабжать Москву ценной информацией. Когда генерал Ганс фон Зеект, бывший шеф германской армии, посетил Шанхай, он останавливался в доме Цайссера. Из Шанхая Цайссер поехал в Маньчжурию, а потом в Малую Азию. В конце тридцатых годов он появился в Испании под именем генерала Гомеса. Из Испании он вернулся в Россию. Даже во время пика его карьеры его окружала атмосфера отчужденности. Он избегал фамильярности в общении со своими товарищами, и многие обижались на него за высокомерие. Где бы ни появлялся Цайссер со своей поразительно красивой и элегантной женой, повсюду он привлекал всеобщее внимание.

Когда Цайссера сняли с высоких постов в Восточной Германии, коммунистическая пресса обвинила его в «социал-демократических тенденциях». По отношению к такому человеку, как Цайссер, эти утверждения просто абсурдны, единственным его «отклонением» была его независимость и чувство собственного достоинства — свойства, которые могли перерасти в «титоизм». И в самом деле, если условия в Восточной Германии позволили бы появиться германскому Тито, Цайссер был бы лучшим кандидатом на этот пост.

Другим известным членом этой выдающейся группы был Артур Илльнер (Штальман), менее привлекательный тип тайного агента, жестокий, безжалостный и эгоистичный. Плотник по профессии, он достиг высокого ранга в коммунистическом подполье, отвечал за поставки оружия, был послан для обучения в Москву, а после окончания школы был направлен в Китай. В интернациональной бригаде в Испании ходили слухи о том, что имя Илльнера как-то связано с ликвидацией некоммунистов и оппортунистов. Из Испании он вернулся в Москву, а летом 1940 года обосновался в Швеции. Оттуда Илльнер руководил небольшой разведывательной сетью в Германии в первой фазе войны. С 1945 года Штальман работал в центральном комитете СЕПГ в Восточном Берлине и ведал тайными коммуникациями (переброска людей, материалов и денег) между ГДР и Западным Берлином и ведущими организациями коммунистического толка Западной Германии. С 1951 года Штальман работал в Институте экономических исследований, где занимался главным образом разведкой.

Другим агентом советской разведки в Германии был Эрнст Вольвебер, ставший впоследствии министром государственной безопасности ГДР. Эрнст Фридрих Вольвебер, сын шахтера, в юные годы был докером. К началу своей службы в кайзеровском военном флоте девятнадцатилетний матрос уже являлся членом молодежной социалистической организации, которая, однако, казалась ему слишком умеренной, поэтому он перешел в «Союз Спартака», который был зародышем коммунистической партии. Его революционные подвиги начались в ноябре 1918 года, когда его крейсер «Гельголанд» стоял в Кильском канале. Молодой бунтарь, воодушевленный рассказами о восстаниях на русском флоте, поднял красный флаг над кораблем и возглавил революционные демонстрации в Киле, Бремене и Вильгельмсхафене.

В начале тридцатых годов Вольвебер был послан в Москву для обучения в специальной школе, где прошел хорошую подготовку к подпольной работе. В 1928 году он был избран в прусский парламент, а в 1932 году в рейхстаг. Его настоящий взлет, однако, начался уже в нацистскую эру, когда он достиг положения «самого опытного диверсанта, какого когда-либо видел мир», как говорила о нем пресса.

Много других начинавших свою деятельность в ранний период германского коммунизма впоследствии достигли высоких постов в Германской Демократической Республике. Среди них был и Эрих Мильке, который в 1931 году убил двух полицейских.

Берлинские мастерские по изготовлению фальшивых документов были уникальными во всей истории. В искусстве изготовления фальшивых паспортов, удостоверений и других документов ни шпионские штабы воюющих стран, ни дореволюционные подпольщики, проявившие большое умение в этой области, даже не приблизились к берлинскому «Пасс-аппарату». Он пережил не только несколько налетов полиции, но смог даже противостоять гестапо. Чтобы оценить масштабы его деятельности, достаточно сказать, что на руках во все времена должно было находиться до 2 тысяч паспортов, что у них был набор из 30 тысяч печатей и что персонал «Пасс-аппарата» в Германии и за рубежом в 1931—1933 годах составлял 170 человек, преимущественно мужчин.

«Пасс-аппарат» Коммунистической партии Германии был ее ровесником, его организовали в 1919—1920 годах в обстановке гражданской войны и «неминуемой» революции. Он был маленьким, примитивным и бедным. В 1921 году его разгромила полиция. После реорганизации 1923 года он быстро развивался. Несмотря на то что на него с 1924-го по 1932 год не менее четырех раз налетала полиция, за десятилетие, с 1923-го по 1933 год, он достиг беспрецедентных высот в смысле качества и количества продукции. В те времена существовала одна мастерская по изготовлению паспортов в Москве, одна — в Берлине и третья — в Соединенных Штатах. Для потока важных советских агентов, едущих на Запад, Берлин был первой остановкой. Здесь они должны были «освободиться» от советских документов, потому что полиция проявляет особое внимание к их владельцам. Их снабжают другими паспортами с вымышленными именами и новой биографией, которую они должны выучить до мельчайших деталей. На обратном пути они сдавали фальшивые паспорта и получали обратно свои, подлинные.

Такая же процедура применялась и к иностранным коммунистам, особенно если они ехали в Россию. Чтобы скрыть тот факт, что они ездили в Страну Советов, их настоящие паспорта, где последней стояла германская или чешская виза, оставались в Берлине, и они продолжали путь со сфабрикованными паспортами. Когда они возвращались из России, то получали свои паспорта, которые теперь могли служить доказательством того, что они все это время пробыли в Германии.

Душой «Пасс-аппарата» в Берлине была группа из пяти или семи преданных людей, виртуозов в своей профессии. Мастерство немецких наборщиков, механиков и печатников было гораздо выше, чем у других подобного рода профессионалов во всей разветвленной подпольной сети Коминтерна. В Москве они пользовались таким высоким уважением, что им прощали даже некоторые нарушения правил конспирации[1]. Проще всего было бы переместить эту группу в Москву, но это означало разрушить сеть и убить курицу, которая несет золотые яйца.

---

[1] В кругах «Пасс-аппарата», например, было хорошо известно, что талантливый специалист Вальтер Тигер был любовником жены механика Рихарда Кваста и что фрау Кваст, преподавательница гимнастики, делила свою любовь между ними. Счастливую троицу часто видели вместе — это было грубейшее нарушение правил конспирации. В обычных условиях ГБ быстро бы навела порядок, но в данном случае ничего такого не произошло.

В 1932 году ведущая группа германских коммунистов, насчитывающая примерно 600 человек, получила распоряжение готовиться к нелегальному положению. Всем надо было дать фальшивые паспорта и фиктивные адреса, хотя они пока продолжали жить на своих прежних местах. Во время выборов в рейхстаг в 1932 году каждый из них регистрировался дважды: один раз под своим настоящим именем, а второй — под вымышленным. Им даже приказали голосовать дважды, чтобы избежать возможных вопросов.

В 1933 году, накануне захвата Гитлером власти, в распоряжении аппарата было более 5 тысяч паспортов, среди них, в округленных цифрах, 75 шведских, 300 датских, 75 норвежских, 400 голландских, 100 бельгийских, 300 люксембургских, 400 саарских[1], 200 подлинных швейцарских и 700 фальшивых, 300 австрийских, 600 чешских, 100 данцигских, 1000 подлинных германских и около 500 германских паспортных форм.

«Пасс-аппарат» был формально подчинен Коммунистической партии Германии и косвенно Коминтерну.

Главой ОМС Коминтерна был Осип Пятницкий, а Миров-Абрамов, его помощник в Берлине, с 1926 года руководил также «Пасс-аппаратом». Без его согласия нельзя было сделать никаких изменений в персонале. Лео Флиг возглавлял паспортный центр от Коммунистической партии Германии с 1923-го по 1935 год. Два молодых человека, Рихард Гросскопф и Карл Вин (Тургель и Шиллинг), которые только что вышли из коммунистической молодежной лиги, в 1923 году были направлены к Флигу и работали у него около десяти лет, до конца 1932 года. В 1933 году оба были арестованы и провели двенадцать лет в концентрационном лагере.

Трудно представить весь клубок проблем, связанных с работой «Пасс-аппарата». «Хороший» фальшивый паспорт должен охранять своего владельца от всех ловушек

---

[1] С 1919-го по 1935 год Саарская область находилась под юрисдикцией Лиги Наций.

и соответствовать его облику. В «Пасс-аппарате» говорили, что «паспорт должен быть как костюм, сшитый хорошим портным». Когда западный коммунист получал паспорт, первым вопросом было, к какой национальности его отнести. К паспортам некоторых стран относятся с большим уважением, так, например, владелец паспорта нейтральной Швейцарии мог пересекать многие европейские границы без визы. Датские и шведские документы тоже считались хорошими. Британские паспорта были бы замечательны, но их труднее подделывать. Польские и прибалтийские паспорта не пользовались успехом, потому что вызывали подозрения у полиции, которая чувствовала в них что-то русское. Германские коммунисты, которые не знали никакого языка, кроме немецкого, предпочитали паспорта Саара, где население говорит по-немецки и которые позволяли легко проникать в разные страны.

Будущий обладатель паспорта должен бегло говорить на нужном языке, потому что даже самый лучший документ может стать ловушкой, если его предъявитель не говорит на своем «родном» языке. Допустим, он говорит только по-немецки, и решено снабдить его паспортом, «выданным» в Мюнхене. Ганс Рейнерс, бывший эксперт по паспортам в Коминтерне, так описывает эту процедуру:

«Мы, конечно, имеем бланк германского паспорта и хотим заполнить его для господина Мюллера из Мюнхена. Но мы должны иметь в виду, что Мюллер в один прекрасный день может появиться в Мюнхене и его документы будут тщательно проверены полицией. Какие чернила применяются в Мюнхене для паспортов? Как зовут офицера, который подписывает паспорта? Мы даем указания нашему агенту в Мюнхене узнать это и получаем от него подпись Шмидта, шефа полиции, а это отнюдь не простая операция. Теперь надо узнать время подписания, а это новая головоломка, мы должны знать, что господин Шмидт не был в отпуске или болен, когда им был «подписан» паспорт. Кроме того, в некоторых странах полицейская печать подтверждается штампом об оплате пошлины, значит, надо подделать и этот штамп.

Штампы время от времени меняются по важным или не особенно важным причинам. Поэтому требуется громадная коллекция штампов сотен городов и поселков.

Когда эти операции закончены, работа по изготовлению паспорта только начинается, самая трудная часть еще впереди. Мюллер не может так просто появиться в обществе, снабженный только паспортом, он должен иметь документы, которые косвенно подтверждают его личность: свидетельство о рождении, записи о службе, книжка социального страхования и т. д. Это целая коллекция документов, и, чтобы она была полной, человек, выдающий ее, должен быть историком, географом и знатоком полицейских привычек.

Если свидетельство о рождении должно подтверждать, что господин Мюллер родился в Ульме в 1907 году, «Пасс-аппарат» обязан выяснить, какая форма применялась в этом городе сорок или пятьдесят лет назад, какие нотариальные термины использовались в то время, какие имена были популярны, а какие — нет. Имя Ивар звучало бы странно для города Ульма, а имя Зепп казалось бы странным в Гамбурге или Копенгагене. Главное правило заключалось в том, чтобы сделать эту личность похожей на сотню других, без особых примет, которые могли бы запомнить полицейские, попутчики или прохожие.

Наконец, возникал вопрос с печатями. Какими они были в тех местах в то время? Был ли там на гербе лев, медведь или орел? Требовалось знание геральдики, и целые тома, посвященные этому вопросу, стояли на полках.

«Пасс-аппарат» иногда изготовлял и брачные свидетельства для своих клиентов. Было нелегко вовлечь другого человека в подпольные дела, если только мужчина и женщина не предназначались для особой работы, например как хозяева магазина, гостиницы и тому подобное. Однако все они должны были иметь свидетельство о занятости, потому что первым вопросом, который задавала полиция, был вопрос о месте работы. В этом отношении было важно никогда не представлять человека как служащего или рабочего, потому что простая проверка откроет всю фальшь документов. Профессии торговца, свободного писателя или художника лучше всего подходили для подпольщика, потому что им не требуется отчитываться в своих перемещениях и поступках.

В среднем около 400 комплектов документов готовилось берлинским «Пасс-аппаратом» ежегодно с 1927-го по 1932 год, некоторые из них изготовлялись про запас, а около 250 передавались другим ведомствам. В 1933 году потребность, естественно, сильно возросла.

Когда набор документов был готов, возникала еще одна проблема. Если Ивар Мюллер будет пересекать первую границу, его паспорт не должен выглядеть новым. Если в нем будут проставлены многие визы, которые свидетельствуют о том, что путешественник проверен и перепроверен, полиция не обратит внимания на то, что ей предъявляют «свежеиспеченный» документ. Вот почему «Пасс-аппарат» проставлял многие фальшивые визы и пограничные штампы на паспорт. Маршрут должен быть хорошо продуман и соответствовать той легенде, которой снабдили нелегала».

В дополнение к поддельным паспортам аппарат должен был иметь запас подлинных документов, купленных или похищенных из полицейских структур различных стран. Прежде всего это были чистые бланки паспортов, однако они применялись с осторожностью. Выданные ранее паспорта требовали доработки: надо было удалить фотографию прежнего владельца и заменить ее другой. Приходилось также подделывать ту часть печати, которая попадала на фотографию. Подлинный паспорт, конечно, был более надежным, но чтобы изменить его, требовалось большое искусство.

Чистых бланков паспортов постоянно не хватало, их добывали разными способами. Так, жена одного коммуниста по имени Хоффман, работала уборщицей в полицейском управлении и имела возможность время от времени похищать бланки паспортов. В Базеле Макс Хабиянич, полицейский чиновник, о котором будет рассказано в пятой главе, снабжал коммунистическое подполье прекрасными швейцарскими паспортами. В одном случае большая партия паспортов была получена в Берлине из Праги. В 1932 году чешская полиция подготовила меморандум о коммунистическом подполье, и ГБ вознамерилась заполучить его, чтобы узнать, как много известно чешским властям. На полицейское управление был организован налет. Налетчики были разочарованы: они не нашли меморандум, зато им удалось захватить 1500 паспортов. Чешские документы были в большом ходу в подполье, они использовались вплоть до убийства короля Югославии Александра и французского премьер-министра Барту в октябре 1934 года, когда обнаружилось, что усташи (террористическая подпольная организация в Югославии) тоже пользуются фальшивыми чешскими документами. Полиция во всей Европе стала проявлять повышенный интерес к владельцам чешских паспортов. С французской границы «Пасс-аппарат» получил сообщение о том, что полиция начинает удивляться, почему так много чешских граждан, не знающих ни слова по-чешски, пересекают германско-французскую границу. Было решено изъять 200 чешских паспортов и заменить их другими.

В начале тридцатых годов два полицейских офицера из Саарской области, оба члены нацистского немецкого фронта, продавали паспорта коммунистам. У одного были бланки паспортов, а у другого — штампы, и они вели дело совместно. Эти два лишенных воображения нациста брали за каждый бланк со штампом около двух марок. И однажды они поставили условие: продавать паспорта партиями менее 500 штук. Чтобы удержать эту пару в деле, у них купили 1000 саарских паспортов, из которых 700 тут же уничтожили. Но как только произошло это аутодафе, тут же потребовалось 100 саарских паспортов. Снова пришлось купить 1000 паспортов, из которых 800 были сожжены.

Мастерские по изготовлению паспортов и места их хранения были разбросаны по всему Берлину. Только три или четыре руководителя знали о всей системе, а рядовым работникам был, как правило, известен один адрес.

«Пасс-аппарат» имел шесть мастерских.

Печатная мастерская имела в 1932 году 1,7 тонны наборного материала, включая шрифты особых типов, которые требовались для «старых» документов. Двое наборщиков, которые здесь работали, были серьезными, хорошо образованными людьми, надежными во всех отношениях. Главным наборщиком был коммунист Дюринг. Они отдавали все свое время «Пасс-аппарату», и им хорошо платили. Их собственные фальшивые паспорта свидетельствовали, что один из них торговец, а другой — студент технической школы.

Шумные печатные станки были установлены в подвале мастерской по изготовлению ящиков. Раз в неделю, иногда реже, когда два человека приезжали, чтобы отпечатать документы, наверху запускались на полную мощность все машины.

Третья мастерская занималась репродукцией подлинных документов и подписей. Для этих целей был установлен большой и дорогой фотоаппарат, лучший был только в торговом представительстве. Вальтер Тигер, руководивший этой мастерской, был экспертом во всех этапах подделки паспортов.

Специальная мастерская для резиновых штампов размещалась в магазине резиновых изделий, потому что горящая резина издавала сильный специфический запах. Владельцем магазина был коммунист, который не имел членского билета партии, очень осмотрительный человек, у которого в числе клиентов были и полицейские. Гравер Кениг был хозяином граверной мастерской в Нойкельне. Его престиж рос из года в год. После двенадцати лет работы в Берлине его послали в Москву в такую же мастерскую. Когда к власти пришла нацистская партия, сын Кенига оказался в тюрьме. Отец в Москве был уволен с работы по соображениям безопасности, а потом тоже арестован.

В дополнение к своим постоянным людям аппарат завербовал двух работников самого большого германского предприятия «Штемпель-Кайзер», которое изготовляло штампы для всех правительственных учреждений. Эти двое систематически изготовляли дубликаты штампов любой важности. Эта счастливая ситуация, однако, закончилась в 1932 году, когда оба агента по разным причинам отказались от сотрудничества. Был еще магазин штампов Виндуса на Германплатц, владелец которого, будучи коммунистом, оказал большую помощь «Пасс-аппарату».

Огромные запасы резиновых штампов были спрятаны в разных тайных местах, каждое из которых содержало штампы определенной страны или области[1].

Две особые мастерские занимались «основными документами», такими, как свидетельства о рождении и крещении, а также школьными аттестатами. Одна из них продолжала работу, если другая попадала в поле зрения полиции, потому что все необходимые материалы хранились в трех или четырех разных местах.

Специальная мастерская занималась переделкой подлинных паспортов. Опытный мастер копировал оттиск печати с убранной фотографии. Иногда убирались и заменялись фальшивыми отдельные страницы, ставились новые визы. За эту работу отвечал Рихард Кваст, по кличке Абель. Мастерские такого типа обычно размещались в ателье по ремонту обуви, поэтому в коммунистическом подполье специалисты по изготовлению фальшивых паспортов назывались «сапожниками».

«Пасс-аппарат» держал отделения по всей Европе. Они, как говорилось, были «посажены» в Дании, Швеции, Норвегии, Голландии, Бельгии, Саарской области, Швейцарии, Австрии, Чехословакии и Данциге. Сама Германия была разделена на двадцать четыре области, в каждой из которых работало четыре или пять агентов, а в Берлине их

---

[1] Когда в 1941 году началась война против СССР, германское правительство объявило, что в подвалах советского посольства полиция обнаружила металлические печати с надписью «Консульство Республики Чили в Бреслау».

было десять. В одиннадцати странах насчитывалось около двадцати агентов. Вместе с работниками «Пасс-аппарата» это составляло 170 человек без учета временных помощников, работавших без оплаты.

Агенты в провинции и за границей, перед которыми ставилась задача добывать паспорта от сочувствующих партии людей или от членов организаций «Рот-Фронта», временами работали очень успешно. Чтобы помочь партии, сочувствующие подавали прошение о получении паспорта, а потом передавали документ партии. Другой задачей провинциальных агентов было наблюдать за паспортными отделами, добывать формы и подписи и сообщать центру о любом изменении в паспортном режиме.

Запасы штампов, паспортов и других документов прятали в самых невероятных местах. Один тайник был устроен в основании большого телескопа берлинской обсерватории, которой руководил коммунист-подпольщик Герман Дюнов[1]. Второе место было в письменном столе служащего Дрезденского банка, третье — в церкви Назарета.

До прихода нацистов к власти полиция совершила не менее пяти рейдов на различные помещения «Пасс-аппарата». Из сотен находившихся в обороте фальшивых паспортов некоторые неизбежно должны были попасть в руки полиции, и, несмотря на все предосторожности, несколько мастерских были раскрыты. Тяжелым ударом был арест в Вене курьера Клозе с мешком, набитым паспортами. В январе 1932 года на датской границе были арестованы три немецких путешественника, которые на самом деле оказались советскими гражданами с поддельными паспортами. Примерно в это же время в Гамбурге был задержан сотрудник торгпредства Чубарь-Онищенко, на его вилле нашли пять фальшивых паспортов, сделанных так хорошо, что не оставалось сомнений в существовании неизвестной мастерской по изготовлению документов. В декабре 1932 года женщина

---

[1] Клички Конрад, Райх, Рейнгольд, Доктор Штуттнер.

с поддельным паспортом пыталась проехать на автомобиле через границу в Голландию, и она была арестована вместе с «шофером», роль которого играл Паукер, муж будущего коммунистического лидера Румынии Анны Паукер[1]. Полиция определила, что их паспорта были изготовлены в Берлине.

Результаты полицейских рейдов поначалу были весьма скромными. Однако в ноябре 1932 года полиция захватила серьезную добычу, когда совершила налет на квартиру на Кайзер-аллее. Там она нашла паспорта разных стран, американские паспортные бланки, свидетельства о рождении, школьные аттестаты и другие документы. Кроме того, там были сотни печатей, в том числе и штампы полиции Анкары, Софии и Амстердама. Были найдены образцы подписей шефа Скотленд-Ярда и других руководителей британской полиции. По обнаруженным заметкам стало ясно, что за последние шесть месяцев было изготовлено 1500 паспортов.

«Берлинер тагеблатт» опубликовала полицейский отчет: «В мастерской было обнаружено 2000 штампов, 600 бланков паспортов, 35 почти законченных паспортов, 807 фотографий для паспорта, 716 штампов для подтверждения уплаты пошлины, 300 официальных бланков, 73 формы расписок, 57 штампов об уплате налогов, 165 свидетельств, 700 полицейских документов, 30 трудовых книжек и 650 бланков различных фирм.

Эта мастерская фальшивых документов была самой большой из всех, которые были раскрыты в Европе со времен войны».

Во время рейда были арестованы Карл Вин и Эрвин Кольберг. Однако полиция изъяла лишь часть материалов, остальные мастерские продолжали работать.

Приход нацистов к власти стал тяжелым ударом для «Пасс-аппарата». В апреле 1933 года полиция нашла еще один крупный склад печатей и паспортов и арестовала

---

[1] Паукер был казнен примерно в 1937 году, когда жена донесла на него, считая его троцкистом.

Рихарда Гросскопфа. Вместе с Вином Гросскопф был приговорен к двенадцати годам и просидел в концентрационном лагере до 1945 года.

Вскоре произошло другое несчастье. Альфред Каттнер, работавший в штаб-квартире коммунистической партии в Берлине и знавший многих из подпольного мира, выдал своих товарищей гестапо. (Потом Каттнер был убит своими бывшими товарищами.) Среди тех, кого он предал, был и Герман Дюнов. В его обсерватории нацистские власти, к своему удивлению, нашли не только множество паспортов, но и подписи казначеев своей партии, членские билеты и фальшивые расписки, подтверждающие уплату нацистских взносов.

Хотя эта потеря и не была фатальной, обстановка стала угрожающей. В руководстве «Пасс-аппарата» было решено перевести все в Саарбрюкен, который в то время находился под управлением Франции. В 1934 году, после почти десяти лет успешной работы в Берлине, мастерские, инструменты и запасы штампов и паспортов были переправлены в Саар. Резиновые штемпели надо было отделить от деревянных ручек и уложить под двойное дно чемоданов. Документы и печати упаковывали в специально сделанные пустоты в ножках столов. Чернила специальных сортов заливали в стеклянные трубки, спрятанные в мебели. Казалось, что перевезти через границу все движимое имущество «Пасс-аппарата», спрятав его среди мебели, невозможно, но с помощью инженера-коммуниста, с каменоломни вблизи границы, который хорошо знал привычки и приемы таможенников, остаток оборудования был успешно вывезен из Германии. Вместе с материалами в Саарбрюкен переехали и некоторые специалисты, где мастерская возобновила свою работу. Но условия в Сааре стали ухудшаться. Росло влияние нацистов, активизировалась их агентурная сеть, и было похоже, что Германия скоро захватит эту область. В 1935 году Саар проголосовал за воссоединение с Германией. Москва приказала переслать в Россию весь запас паспортов, другие бумаги и штампы следовало отправить в Париж.

Вынужденный покинуть Германию, «Пасс-аппарат» так и не смог восстановить свою былую славу. Когда в 1936 году началась гражданская война в Испании, открылся новый источник паспортов. Не только бойцы интербригад, но и тысячи симпатизирующих им иностранцев в Испании сдавали свои национальные паспорта. Аппарат изучал их и отбирал для своих агентов прекрасные британские, американские, канадские и другие документы. Этот запас, насчитывавший тысячи паспортов, покрывал все нужды вплоть до начала войны.

ПРОМЫШЛЕННОСТЬ КАК ГЛАВНАЯ ЦЕЛЬ

Германский уголовный кодекс признавал шпионаж, только когда дело касалось военных секретов, в случаях промышленного шпионажа могло быть применено максимальное наказание в виде одного года заключения, что облегчало в некоторой степени работу советской разведки.

Одним из первых дел о промышленном шпионаже был процесс Кнепфле, в котором отразились все особенности методов советских спецслужб в Германии того времени. Главой и казначеем группы был Ганс Барион, сотрудник центрального комитета коммунистической партии. Его главным агентом на юго-западе был Карл Кельцер из местной организации коммунистической партии в Дюссельдорфе. Кельцер в свою очередь поручил рабочему Альберту Кнепфле, секретарю коммунистической ячейки в Аувайлере, проводить операции в Леверкузене, где размещался один из заводов концерна «И.Г. Фарбен». Рассматривая это поручение как партийное, Кнепфле обратился к пяти или шести рабочим, как коммунистам, так и сочувствующим партии, за информацией о секретных технологиях, образцах и планах. Добытые материалы поступали к Кельцеру, а от него через Бариона к русскому начальнику. Не делалось никакого секрета из того, что Россия была получателем шпионских донесений, напротив, этот аспект работы широко и откровенно обсуждался всеми участниками. Сколь велик был интерес России к химической промышленности Германии, видно из того факта, что одновременно с группой Кнепфле на заводах «И.Г. Фарбен» в том же Леверкузене появилась еще одна, которой руководил бригадир Георг Херлофф. Он сам собирался поехать в Россию и обещал хорошую работу техникам и рабочим. Херлофф собирал информацию и передавал ее советским представителям. Активность такого рода не могла долго оставаться в тайне, и в начале 1926 года было арестовано около двадцати человек. Их судили в мае того же года, и они получили мягкие наказания: от трех месяцев до одного года.

Связь коммунистической партии с советскими спецслужбами стала ясной во время суда над Вилли Киппенбергером, братом Ганса, будущего руководителя коммунистического подполья. Лишенный твердых убеждений, молодой человек побывал в отрядах Эрхарда, но к середине двадцатых годов попал под влияние брата-коммуниста. Он нашел работу на химическом заводе в Биттерфельде, где копировал секретные планы и передавал их Гансу. Разоблаченный и арестованный, Вилли Киппенбергер в октябре 1926 года был приговорен к четырем месяцам заключения.

До революции химический завод «Сольве» в Бернбурге, пригороде Дессау, имел отделение в Москве. Русский филиал был национализирован в 1918 году, и теперь его собирались модернизировать в рамках первого пятилетнего плана. Москва решила сманить с завода «Сольве» старого и опытного химика, которому были известны все новые технологии, чтобы он возглавил русский завод. Лури, московский агент, вошел в Гамбурге в контакт с господином Мейером с предложением занять пост главного управляющего филиала завода «Сольве» с окладом 5 тысяч рублей в месяц, бесплатной квартирой и 4 тысячами 500 рублей на дорожные расходы. Со своей стороны Мейер должен был выдать своим потенциальным русским нанимателям коммерческие и технические секреты

«Сольве». Перед отъездом в Россию он попытался убедить других помочь ему в разведывательной работе. После доноса его арестовали, судили и приговорили к четырем месяцам тюремного заключения.

В октябре 1930 года частное сыскное агентство заводов Круппа в Магдебурге задержало инженера Калленбаха и обнаружило у него в портфеле секретные документы, описание патентов и чертежи новых машин. В ходе расследования было установлено, что Калленбах и два других инженера передавали важную информацию своему бывшему начальнику, который собирался в Россию. Калленбах тоже готовился уехать в Москву через пару недель. Приговор был обычным — четыре месяца Калленбаху и еще меньшие сроки остальным.

Эта форма шпионажа стала обычной. Так, например, русский инженер Федор Володичев, который работал на заводах «Сименс» и «Хальске», снабжал микрофонами и телетайпным оборудованием отдел торгового представительства, ему помогали двое молодых немецких инженеров. «Чертежи, найденные у Володичева, отражали последние достижения в телеграфии и представляли громадную ценность для немецкой индустрии», — отмечал эксперт на судебном заседании. Но тем не менее суд оказался снисходительным и приговорил Володичева к одному месяцу и десяти дням.

Инженера Вильгельма Рихтера, работника цементного завода «Полисиус» вблизи Дессау, советские представители уговорили передать секретные планы и чертежи для завода, который должен был строиться около Москвы. Рихтер стал часто ездить в Москву и, наконец, прекратил работу в Германии. После его отъезда была обнаружена пропажа секретных бумаг. В январе 1931 года Рихтера арестовали. В сентябре 1931 года Карл Либрих, химик научно-исследовательской лаборатории в Эберфельде, член КПГ, был осужден на четыре месяца за промышленный шпионаж. В Ротвайле трое рабочих — Роберт Мольт, Юлиус Шетцле и Адольф Кох — пытались завладеть промышленными секретами по изготовлению химических волокон и пороха для таинственного Георга, агента из Штутгарта. Шарлотта Ланд, сотрудница химического завода в Берлине, собирала секретную информацию о химической и металлургической промышленности. Ее арестовали и судили в марте 1932 года. Для военных целей компания «Телефункен» изобрела ранцевый телефон, это было серьезным, до сих пор неизвестным делом. Один из работников фирмы «Телефункен», некто Зайферт, передал фотографии и образцы советским экспертам еще до того, как начался массовый выпуск продукции. Образцы новых коленчатых валов, произведенных фирмой «Рейнметалл», стараниями рабочих попали в руки советских спецслужб в самом начале их производства.

В деле Липпнера, которое слушалось в Берлине в 1931 году, торговое представительство оказалось в центре внимания. Австрийский инженер Липпнер был нанят представительством в Берлине для исследований в области горючего. Действуя от имени представительства, человек, назвавшийся Глебовым, вел с Липпнером переговоры и подписал контракт. Через несколько месяцев Глебов настоятельно потребовал от эксперта выдать секреты в области очистки бензина на заводе компании «И.Г. Фарбен» в Фридрихсхафене. Липпнер немедленно оставил представительство и потребовал от него предусмотренную контрактом сумму в 9 тысяч марок. В своем ответе торговое представительство сообщило суду, что Глебов им совершенно незнаком и что документы, подписанные этим человеком, не имеют никакой силы. Глебова так и не нашли, а его помощник, которого вызвали в суд как свидетеля, спешно уехал в Россию.

Поворотным пунктом стало дело Штеффена—Динстбаха в 1931 году. До этого общественное мнение в Германии, формируемое министерством иностранных дел, было склонно рассматривать советские шпионские дела как отдельные эпизоды, не обязательно связанные с политическим курсом СССР, который с 1926 года считался дружественной страной. Когда взорвалось дело Штеффена и размах и разветвленность шпионажа стали известны всем, не осталось места для сомнений и самодовольства. Стало очевидно, что Советский Союз, используя дружественные советско-германские отношения, развернул разведывательную деятельность в громадных размерах. И чем более «дружественными» становились отношения между двумя странами, тем глубже проникал советский шпионаж.

На этот раз объектом шпионажа стал химический концерн «И.Г. Фарбен», где Эрих Штеффен был руководителем агентурной сети. Он стоял во главе революционной профсоюзной оппозиции химической промышленности. Штеффен использовал ее как центр связи со своими агентами, разбросанными по всей стране. К тому же Штеффен и его жена работали при советском торговом представительстве, а с 1930 года Штеффен занимался и другой частью промышленного шпионажа — проверкой немцев, которые собирались ехать на работу в Россию. В Людвигсхафене, где располагался крупный химический завод, его доверенным лицом был Карл Динстбах, уволенный из правления «И.Г. Фарбен», но сохранивший контакты и своих людей на химических заводах во Франкфурте, Кельне, Рурской области и других местах. Всего на него работало около двадцати пяти человек.

По указанию Штеффена Динстбах обращался к своим многочисленным помощникам с техническими вопросами, касающимися промышленных секретов, и обычно получал ответ. Как показал горький опыт, в основном французский, обширные вопросники могут выдать агента даже на ранней стадии его работы. В Германии такие вопросники были разделены на отдельные части. Собранные вместе, они давали требуемую информацию.

Главная опасность тем не менее крылась в размерах аппарата, число источников переросло разумные пределы. Среди агентов и информаторов Динстбаха был стенографист Генрих Шмидт, который обратился к рабочему Карлу Крафту с вопросом о технологическом использовании карболовой кислоты и аммониума. Тот доложил об этом своему начальству. Следуя инструкциям, он продолжал поддерживать связь с советской разведкой. Через два месяца, в апреле 1931 года, Динстбах, Штеффер, Шмидт и большое число других инженеров и рабочих были арестованы, и суд признал их всех виновными. В доме Штеффена нашли секретные химические формулы, в его записной книжке — имена и адреса его агентов. Из его банковской книжки стало ясно, что в течение трех месяцев он положил на свой счет 24 тысячи марок.

После месяца, проведенного в тюрьме, Динстбах сознался и открыл все известные ему тайные связи, но он ничего не знал о русской части шпионской сети. Обвинение решило проверить советское торговое представительство, чтобы вскрыть имена русских руководителей агентуры, но министерство иностранных дел отказалось дать на это разрешение. Тем временем торгпредство выступило в прессе с заявлением, в котором все отрицало: «Лица, названные в связи с этим делом, или те, кто арестован, неизвестны торговому представительству. Не существует ни прямой, ни косвенной связи с теми, кто фигурирует в этом деле».

На самом деле аресты встревожили представительство. Аппарат сделал нужные выводы, и некоему Александру было поручено позаботиться об арестованных. Низенький, круглолицый мужчина, которому было чуть за сорок лет и чье настоящее имя осталось неизвестным, Александр был важным агентом советской военной разведки в Германии. Он занимал одну из задних комнат в посольстве на Унтер-ден-Линден, он не был ни атташе, ни секретарем, его специальностью была подпольная деятельность. Он принимал все доступные меры конспирации, например он никогда сам не отвечал на телефонные звонки. Его деловые сотрудники должны были звонить в посольство и оставлять свои имена, и потом Александр сам звонил им. Его местонахождение оставалось тайной, и его не могли подслушать даже агенты ГБ, которые дежурили на коммутаторе.

Александр организовал и финансировал защиту Штеффена под прикрытием Международной организации помощи борцам революции. Он нанял адвоката-коммуниста, который мог посещать посольство и ездить по стране, не вызывая подозрения. Например, в Ахене был инженер, правдивые показания которого могли вызвать большие неприятности. Адвокат ехал в Ахен, обещал инженеру хорошую работу в России и тем самым покупал его молчание. С теми же целями была предпринята другая поездка, в Нюрнберг. Однако Александра больше всего тревожил сам Штеффен. Тот легко признавался на допросах и посылал своим друзьям-подсудимым слишком уж откровенные записки. Об этих записках, где упоминались многие имена, стало известно обвинению. В одной из них говорилось: «Мы называем все это не шпионажем, а промышленной помощью». И это было ударом, разрушающим всю систему защиты, которая строилась на том, что подсудимые якобы интересовались только условиями труда на химических предприятиях, а письменные отчеты, найденные у них, предназначались для профсоюзной газеты «Фабрикарбайтер». Так как дело Штеффена касалось только промышленного шпионажа, приговор снова оказался снисходительным: Штеффен, Динстбах и Шмидт получили по десять, а остальные — по четыре месяца тюремного заключения.

Хотя обвинение опротестовало приговор, прошло немного времени, и все обвиняемые оказались на свободе. Но теперь советское руководство стало сомневаться в надежности пары Штеффен—Динстбах. Возникло опасение, что если их снова арестуют, то они откроют слишком многое. Следуя инструкции Александра, коммунист-адвокат убеждал чету Штеффен поехать в Россию, но они категорически отказались, потому что у фрау Штеффен были родственники-нацисты. (Она и сама позже вступила в нацистскую партию.) В конце концов, Штеффены согласились уехать в Чехословакию. В Праге Штеффена удалось уговорить переехать в Москву, и он был ликвидирован во времена большой чистки.

Одним из результатов шумихи, поднятой вокруг дела Штеффена, стало ужесточение законодательства. Первого марта 1932 года президент Гинденбург подписал Декрет в защиту национальной экономики, который увеличивал до трех лет максимальное наказание за кражу промышленных секретов, а в случае передачи их за границу — до пяти лет. Новые санкции, введенные с первого апреля 1932 года, сохраняли силу, пока нацистское правительство снова не ужесточило наказание и ввело высшую меру наказания за промышленный шпионаж.

ВОЕННЫЕ ЦЕЛИ

Хотя промышленный шпионаж поглощал почти всю энергию и средства советской разведки в Германии, чисто военные цели тоже не оставались в стороне.

Самой крупной удачей ГРУ в донацистской Германии был случай с генерал-полковником Хаммерштайном и его дочерьми, которые симпатизировали России, хотя и каждая по-своему. Генерал Курт фон Хаммерштайн-Экворд, наследник старинной военной династии, занимал высокие посты, а в ноябре 1930 года стал главнокомандующим сухопутных войск рейхсвера. Человек консервативных взглядов, он разделял настроения офицеров и генералов донацистской эры, которые склонялись к военному сотрудничеству с Советской Россией. Он посещал Россию в эти годы, встречался с советскими высшими военными деятелями и другими представителями власти. Дочери Хаммерштайна были настроены более прокоммунистически по сравнению с отцом.

Наставником этих девушек стал редактор «Роте фане» Вернер Хирш, чья мать принадлежала к аристократическим кругам Пруссии. Она же и представила его Хаммерштайнам.

Обе девушки быстро схватывали то, что им внушал Хирш. Согласно его представлениям, революционный фронт, на котором они должны бороться, располагался в кабинете их отца. Годами они похищали и фотографировали документы, которые находили на его письменном столе. Они подслушивали все разговоры, которые велись в доме, и обо всем сообщали Хиршу. Они стали одними из лучших советских агентов секретной службы в германской армии.

Четкой разделительной линии между промышленным и военным шпионажем не существовало. Например, авиация и судостроение интересовали советскую разведку, как с промышленной, так и с чисто военной точек зрения.

Так как советская военная авиация в двадцатые годы находилась еще в младенческом состоянии, раскрытие секретов германской авиационной техники стало одной из важнейших задач военной разведки. В 1927 году в Берлин из Москвы приехал инженер Александровский, который должен был собрать все основные данные о германской авиационной промышленности. Его правой рукой был латыш Эдуард Шайбе, работник советского торгового представительства, который имел многочисленные связи. Однако главные свои надежды Александровский возлагал на немецкого инженера Эдуарда Людвига, способного авиационного специалиста, который в 1924—1925 годах работал в Москве в филиале фирмы «Юнкерс». Советские власти намекнули ему, что он может стать профессором в университете, если согласится вернуться. Возвратившись в Германию, Людвиг продолжал работать в авиации. Он часто менял места и уже через два года знал все особенности производства на заводах «Юнкерса» в Дессау, «Дорнье» во Фридрихсхафене, а также разработки Исследовательского института аэронавтики в Адлерсхофе.

В конце 1927 года советское посольство известило Людвига, что место профессора скоро освободится, а пока он должен «сотрудничать» с Эдуардом Шайбе. Чтобы доказать свою преданность, Людвиг начал забирать домой документы из Института аэронавтики (в основном касающиеся авиамоторов). Шайбе доставлял их фотографу Эрнсту Хуттингеру, и негативы шли прямо к Александровскому. Когда офицеры секретной службы института обнаружили пропажу документов и чертежей, все улики указывали на Людвига. Людвиг, Шайбе и Хуттингер были арестованы в июле 1928 года. Александровский исчез, а советский атташе Лунев срочно покинул Берлин.

На суде обвиняемые попытались выдвинуть аргумент, который стал популярным через двадцать лет в делах, связанных с атомным шпионажем: наука интернациональна, и Россия не должна подвергаться дискриминации. Суд не принял их аргументы: «Хотя институты обмениваются своими достижениями и опытом в международном масштабе, — говорилось в приговоре, — обвиняемые не были уполномочены выдавать русским то, что не следовало им открывать». Так как дело было связано с военным шпионажем, то наказания оказались суровыми: пять лет для Людвига, шесть лет для Шайбе и три года для Хуттингера. Александровского так никогда и не нашли.

В другом деле о военно-промышленном шпионаже целью было пуленепробиваемое стекло, потому что Советский Союз все еще не мог производить такой тип стекла и зависел от дорогого импорта, а в случае войны поставки вообще могли прекратиться. В 1930 году коммунист и инженер-химик Теодор Пеш, работавший в финансируемой британцами компании «Нойтекс» в Ахене, передал секретные документы и образцы агентам советской разведки. Советское торговое представительство, замешанное в этом деле, опубликовало двадцать седьмого апреля 1931 года серьезное опровержение: «Ни торговое представительство, ни его работники не имеют никакого отношения к этим лицам». Суд принял во внимание молодость Пеша, посчитав это смягчающим обстоятельством, и приговорил его к двум месяцам заключения.

В 1928—1929 годах, когда Германия приступила к постройке своего первого послевоенного крейсера, на его проект немедленно было нацелено сразу несколько групп. Одна из них должна была добыть все детали корабельных орудий, которые делались на заводах «Рейнише металварен» в Дюссельдорфе. Германское правительство не успело подписать решение о постройке крейсера, как группа проектировщиков и технологов под руководством инженера Вилли Адамчика начала похищать чертежи. Главными помощниками Адамчика были братья Рудольф и Эрвин Гроссы. Группа работала без помех полгода, пока не была разоблачена в марте 1929 года[1].

Не успели арестовать эту группу, как появилась другая, более мощная, которая должна была следить за процессом постройки крейсера. В нее были вовлечены рабочие-коммунисты с верфей Бремена и Гамбурга, они подчинялись человеку по имени Герберт Зенгер. Но главным их руководителем являлся Лотар Хоффман (он же Ганс Рихтер и Доктор Шварц), опытный разведчик, работавший в качестве секретного агента на Дальнем Востоке, во Франции и в Бельгии. Переведенный в Германию, он стал одним из шефов шпионажа, и его поле деятельности простиралось далеко за пределы кораблестроения. Другой член группы, Рихард Леман (Ровольд), имел большую современную фотокопировальную мастерскую, оборудованную в подвале его дома.

Страсти, разгоревшиеся вокруг постройки крейсера, могли бы показаться совершенно заурядными, если бы не война между шпионскими группами и германской контрразведкой. В феврале 1930 года некий Ганс Ширмер, автор коротких рассказов, коммунист, не всегда подчинявшийся партийной дисциплине, решил установить связь с советской резидентурой и сделал это способом, который можно было бы назвать дурацким, если бы в конце концов все не кончилось с пользой для него. В феврале 1930 года он послал письмо по адресу: Коммунистический партийный центр в Гамбурге, Валентинскамп. Внутри был другой конверт с надписью: «Шефу

---

[1] Адамчик был приговорен к шести годам каторжных работ, Рудольф Гросс — к трем годам тюрьмы, а Эрвин Гросс — к шести месяцам.

шпионского отдела». На нем было написано: «Если адресата не существует, пожалуйста, верните письмо, не вскрывая, по указанному на нем обратному адресу».

В письме говорилось:

«Как бывший работник военных верфей в этом городе, я имею самые лучшие связи с рабочими и военным персоналом. Я мог бы снабжать вас информацией, представляющей для вас особый интерес, и был бы очень благодарен, если бы вы сообщили мне, где и когда мы могли бы встретиться, чтобы обсудить это дело».

Скоро из Гамбурга пришел ответ, напечатанный на машинке и с собственноручной подписью «Герберт Зенгер»:

«Я с интересом прочитал ваше письмо и хотел бы прежде, чем мы встретимся, получить больше информации, чтобы решить, достаточно ли полезны ваши связи».

Обратного адреса не было, поэтому Ширмеру пришлось снова адресовать письмо в шпионский центр КПГ в Гамбурге:

«Я с интересом прочитал ваше письмо. Однако должен уведомить вас, что не могу сообщать в письме детали, и поэтому прошу о встрече».

Через три или четыре недели был получен ответ от Зенгера:

«В виде исключения готов встретиться с вами в воскресенье. Буду ждать вас в зале ожидания главного вокзала, черное пальто, спортивное кепи, в руке носовой платок. С наилучшими пожеланиями...»

Встреча состоялась. Ширмер повторил свои слова о связях на военных верфях и военно-морском флоте. Зенгер сказал, что у них тоже есть свои хорошие связи и что многие морские офицеры охотно идут на контакт. Естественно, осторожный и подозрительный, Зенгер не торопился принять предложение Ширмера. Он отговорился тем, что его интересует только политика и он хотел бы знать о настроениях на флоте и имена недовольных офицеров. Эта встреча не принесла ничего существенного, если не считать того, что Ширмер получил тайный адрес для корреспонденции. Прошло несколько месяцев, а дело не сдвинулось с мертвой точки.

В октябре того же года Ширмер явился в контрразведку военно-морского флота и рассказал о своих контактах. С одобрения своих новых хозяев Ширмер опять связался с Зенгером и предложил ему документы, представляющие значительный интерес. С этого момента Лотар Хоффман, настоящий глава группы, стал активно работать с Ширмером. Офицеры контрразведки снабжали Ширмера фальшивыми документами и чертежами, а тот передавал их Хоффману, каждый раз получая от 30 до 100 марок. После того как документы фотографировались в подвале у Лемана, их возвращали Ширмеру, а тот отдавал их в контрразведку.

В мае 1931 года, когда связи группы Хоффмана были прослежены контрразведкой, их арестовали. В апреле 1932 года состоялся закрытый судебный процесс, и члены группы были приговорены к длительным срокам: Хоффман к четырем годам каторжных работ, двое других — к двум годам[1].

Как много других советских разведгрупп работало на верфях, разумеется, осталось неизвестным. Однако не подлежит никакому сомнению, что, когда крейсер был спущен на воду, фотографии и чертежи главных его узлов лежали на письменных столах Генерального штаба Красного Флота.

Убийство советского агента людьми из ГБ на австрийской территории, которое случилось примерно в то же время, привлекло всеобщее внимание в Центральной Европе и сильно обострило политическую ситуацию. Жер-

---

[1] Но это не было концом карьеры Хоффмана. В 1941 году, когда Дания была оккупирована немецкими войсками, его арестовали, привезли в Германию и приговорили к смертной казни. Однако он не был казнен. Как он вел себя в тюрьме, так и осталось неизвестным, но когда его освободили в 1945 году, то обратно в коммунистическую партию его не приняли и он три года пробыл в «изоляции». После 1948 года Хоффман снова обрел расположение Москвы и правительства ГДР.

твой стал Георг Земмельман, он восемь лет работал на советскую разведку в Германии, якобы являясь служащим советского торгового представительства в Гамбурге. По секретным приказам своих начальников Земмельман ездил в Москву и по всей Европе, выполняя разнообразные поручения, а иногда даже такие опасные, как освобождение коммунистического издателя Отто Брауна и его жены Ольги Бенарио из берлинской тюрьмы в апреле 1928 года. Его много раз судили, он провел некоторое время в заключении, его высылали из многих стран. Весной 1931 года Земмельман потерял доверие своих хозяев по неизвестным до конца причинам[1]. Рассерженный, беспринципный Земмельман решил преследовать своих бывших шефов, что было бы равносильно разглашению секретов ГБ широкой публике. Но он не сделал этого, а написал письмо в венскую газету, предложив серию статей, в которых собирался рассказать о методах советской разведки и контрразведки и о вербовке агентов, а также о роли КПГ во всей этой неблаговидной деятельности.

ГБ немедленно узнала о планах Земмельмана и, естественно, вынесла ему смертный приговор. Двадцать седьмого июля 1931 года Андрей Пиклович, сербский коммунист, который выдавал себя за студента-медика, пришел на квартиру к Земмельману и застрелил его. Пиклович был арестован австрийской полицией. Его судили в марте 1932 года, и решение суда было таким же показательным, как и само убийство. Обвинение утверждало, что Земмельман был убит, потому что слишком много знал, и что Пиклович совершил умышленное убийство. Пиклович ничего не отрицал и не раскаивался, он заявил, что будет до конца бороться с капиталистическим режимом и что если бы Земмельман остался в живых, то предал бы многих пролетарских бойцов. Между тем Москва развернула кампанию в защиту Пикловича. Коммунистическая пресса и сочувствующие требовали его оправдания, а на

---

[1] Похоже, что девушка, на которой женился Земмельман, не была одобрена его начальством, которое боялось утечки информации.

суде была зачитана телеграмма Анри Барбюса с тем же требованием.

Жюри присяжных приняло вердикт о его невиновности. В таких случаях для оправдания требуется большинство в две трети, но половина членов жюри отказалась осудить Пикловича, и он был освобожден.

НАЦИСТСКАЯ ЭРА

В начале мая 1932 года Москва начала понимать, что в Германии возможна смена режима. Еще до того, как президент Гинденбург передал рейхсканцелярию Адольфу Гитлеру, Коминтерн рекомендовал руководству Коммунистической партии Германии готовиться к нелегальному положению, создавать тайные штаб-квартиры и запасать фальшивые документы. Одновременно советским учреждениям в Германии было рекомендовано просмотреть свои бумаги, часть из них отослать в Москву, а часть хранить в банках в сейфах, арендованных на частных лиц. Это предвидение, основанное на долгом опыте подпольной работы, теперь оказалось очень точным.

Нацисты подавили коммунистическую партию быстро и решительно. Уже через три недели после захвата ими власти цитадель КПГ, дом Карла Либкнехта, с его подземными убежищами и ходами, хитроумной сигнальной системой, был обыскан и закрыт. Сотни арестов прошли по всей Германии. Партийное руководство, пользуясь заранее запасенными документами, начало эмигрировать в Чехословакию, Францию и Россию. Среди арестованных гестапо нашло достаточно много лиц, которые предавали своих товарищей, чтобы спасти свою собственную жизнь, и в результате на партию и особенно на ее подпольные структуры обрушились новые удары. Ганс Киппенбергер уехал за границу, как и другие руководители агентуры, многие из них оказались в Москве.

Новое правительство направило всю свою ярость против коммунистической партии, советские учреждения пока не являлись для него целью. Нацистский режим не хотел начинать свою деятельность с международных осложнений. Германская полиция, наследница времен Веймарской республики, и гестапо как бы не замечали деятельности советского аппарата. Словно двигаясь на ощупь, они старались собрать информацию о русских от немецких коммунистов, которых арестовывали сотнями и часто избивали, чтобы получить нужные сведения. Нередко арестованные сообщали подробности о германском подполье, о его вождях, организациях и методах. Но о советском аппарате почти ничего не было известно. В большинстве случаев они узнавали что-то о человеке по имени Борис или о девушке, которую звали Ольга. Никто не знал настоящих имен своих русских шефов.

«Мы добились успеха, — докладывал полицейский офицер нацистских времен, — в разгроме германской коммунистической машины, мы все узнали об «антимилитаристах» и других организациях и уничтожили их. Но прошло много времени, прежде чем мы начали разбираться в советском аппарате. Мы путались в псевдонимах, не могли даже идентифицировать личность: сегодня это Клара, завтра Фрида, а в другом районе города ее имя Мицци. Мы часто попадали впросак».

Между мартом и маем 1933 года новая полиция совершила налет на некоторые советские агентства, которые служили прикрытием для «Греты» и «Клары», но ничего существенного там не обнаружила. В конце марта были проведены полицейские рейды в филиалах нефтяного синдиката «Дероп» в Дюссельдорфе, Кельне, Коттбусе, Касселе, Мюнхене и Нюрнберге, а через несколько дней нападению подвергся и берлинский офис. Некоторые служащие из числа немцев были арестованы. Неделей позже был проведен обыск в помещении торгового представительства в Лейпциге (только берлинское торговое представительство имело статус экстерриториальности) и в клубе советских работников в том же городе. За вторым рейдом на «Дероп» двадцать шестого апреля последовало увольнение его руководства. Был назначен «комиссар» («Дероп» числился учреждением, которое подчиняется законам Германии), двадцать германских служащих-коммунистов полиция взяла под стражу. Советские суда в германских портах были подвергнуты тщательному обыску. Офисы советско-германского транспортного предприятия «Дерутра» в Гамбурге и Штеттине тоже подверглись полицейским налетам.

В Москве народный комиссар иностранных дел Литвинов выразил протест германскому послу по поводу «негуманного отношения» к советским гражданам в Германии. Одновременно советская пресса предупредила Германию, что могут последовать торговые санкции. Газета «За индустриализацию» написала, что «возможны изменения в экономических отношениях с Германией, независимо от того, насколько это будет тяжело для каждой из стран». Она указала, что можно «увеличить импорт из Франции, Швеции, Чехословакии, Польши и других стран». Советский посол Лев Хинчук заявил протест в министерство иностранных дел в Берлине и был принят Гитлером. Официальная германская позиция была примирительной: «Полицейские акции в Берлине являются лишь внутренним делом и имеют целью очистить «Дероп» от коммунистических элементов, германское правительство весьма заинтересовано в поддержании нормальных отношений между Германией и Россией, и особенно в развитии торговли».

Но как бы ни складывались советско-германские торговые отношения в будущем, советское подполье уже не могло работать в Германии прежними методами и с тем же размахом.

Скоро гестапо усвоит полученный урок и станет внедрять своих агентов во все советские институты и наносить тяжелые удары по самым чувствительным и важным частям сети. Лучшие дни в Берлине закончились.

Бруно (он же Грюнфельд) прибыл из Москвы с заданием реорганизовать шпионскую сеть. Настоящей целью операции было отсечение пораженных органов, устранение тех, кто вызывает подозрения или может быть легко запуган, и создание нового, менее громоздкого аппарата в Германии. Эту задачу было нелегко выполнить, находясь под бдительным взором германской полиции, но Грюнфельда так и не взяли с поличным. И все же Москва не была довольна его докладами (к тому же он тратил слишком много денег в «фашистской столице») и скоро прислала другого агента — Григория Рабиновича. Это был тот самый Рабинович, который вскоре окажется в Соединенных Штатах с целью подготовки убийства Льва Троцкого. Он работал там как глава русского Красного Креста[1].

Задача Рабиновича в Берлине сводилась только к реорганизации аппарата, а не к сбору информации. Дело ограничилось инструктивными указаниями, в чем еще раз отразилась вся структура советских организаций: ГБ стояла над военной разведкой, так же как та стояла над другими советскими агентствами. Это ГБ отбирала персонал, назначала агентов и следила за их работой.

Из остатков советской военной разведки, агентов, занятых промышленным шпионажем, и сети рабочих корреспондентов Рабинович отобрал около двадцати пяти человек для работы на «Клару» (военную разведку). К началу 1936 года реорганизация была закончена, и даже сам термин — рабочий корреспондент — вышел из употребления. Рабинович покинул Германию, чтобы вскоре появиться в Нью-Йорке[2].

---

[1] Луи Буденз, который некоторое время работал в Соединенных Штатах вместе с Рабиновичем, так описывал его: «Печаль и ум, отражающиеся в его глубоких темных глазах, произвели на меня глубокое впечатление. Его отлично сшитые, хотя и немного старомодные костюмы создавали впечатление стабильности и солидности. Он легко мог сойти за европейского делового человека, и в этом, как мне потом сказали, и была его роль».

[2] Прежде чем уехать, Рабинович созвал совещание, на которое пригласил своих главных немецких помощников. Чтобы избежать наблюдения, группа встретилась в Копенгагене, все имели фальшивые паспорта, подтверждающие их якобы не немецкую национальность. Их скорее буйное поведение привлекло внимание датской полиции, которая арестовала и обыскала их. У них были найдены немецкие деньги, в том числе и «туристские марки», из чего полиция сделала вывод, что они имеют дело с «валютчиками», бандой черных маркетиров. Все они были немедленно высланы из Дании в страны, чьи паспорта они имели, и вскоре снова оказались в Германии.

Осенью 1935 года, после седьмого конгресса Коммунистического Интернационала, в Кунцеве под Москвой состоялся так называемый «брюссельский» съезд КПГ. Ложное сообщение, что съезд состоялся якобы в Бельгии, диктовалось необходимостью противостоять мнению, будто вся коммунистическая политика определяется в советской столице, а кроме того, желанием избежать возможных конфликтов с правительством Германии. (Примерно в то же время недалеко от Москвы прошел съезд Китайской коммунистической партии, а официально было объявлено, что он состоялся «где-то в Китае».) Делегаты съезда КПГ, разочарованные в советских подпольных методах работы, решили провести полную реорганизацию: старые структуры Киппенбергера распустить, а новым немецким группам, которым предстояло работать тайно в условиях нацистского режима, предоставить бо́льшую независимость. В дополнение к этому Михаил Трилиссер сказал делегатам германского съезда, что все крупные советские шпионские сети в Германии будут ликвидированы. Было похоже, что стремления освободиться от советского господства одержали верх.

Однако прежде, чем закончился этот съезд, Вальтер Ульбрихт, настроенный просоветски больше, чем другие коммунистические лидеры, начал создавать для Москвы новый аппарат. И менее чем за год после окончания съезда под давлением Москвы старые системы были восстановлены, хотя и в меньшем масштабе. Один за другим коммунистические лидеры, эмигрировавшие в Москву, начали исчезать в подвалах ГБ. Среди казненных был и Ганс Киппенбергер, самый именитый и ценный помощник Москвы, обвиненный в том, что он якобы снабжал информацией англичан и французов[1].

---

[1] Это было одно из стандартных обвинений, когда кто-то переставал беспрекословно подчиняться Сталину и должен быть ликвидирован. Герберт Венер, известный в тридцатые годы германский коммунист, ставший потом одним из вождей СЕПГ, отмечал, что Киппенбергер с ведома Москвы действительно связывался с британскими и французскими спецслужбами и давал информацию политического характера. Сам Венер вернулся на Запад с «брюссельского» конгресса

Теперь в Германии оставался лишь сравнительно небольшой советский аппарат, большая часть сети распалась, люди уехали за границу. Отдел международных связей и западноевропейское бюро Коминтерна перебрались в Копенгаген, паспортный аппарат — в Саар, советская военная разведка — в Голландию и Францию. Партийное руководство эмигрировало в Прагу или в Париж. Но скоро они перестали чувствовать себя в безопасности и на новом месте жительства: Саар стал вотчиной нацистской агентуры, Прага находилась под сильным давлением Берлина, а в случае войны Копенгаген и Амстердам могли пасть прежде, чем кто-либо успеет покинуть страну. Постепенно люди и группы начали перемещаться во Францию. В 1937 году осколки разных советских агентств собрались в Париже для «перегруппировки». Но это ничего не дало для повышения эффективности работы аппарата.

Упадок достиг размеров кризиса, когда началась большая чистка 1937 года, которая задела ветеранов разведки, как в самой России, так и за рубежом. Одно следовало за другим: убийство Игнатия Рейса в Швейцарии, дезертирство Александра Орлова и Вальтера Кривицкого в Париже, казнь советского военного атташе Витовта Путны, которого отозвали из Лондона. Большинство лучших агентов были вызваны в Россию, и лишь немногие из них вернулись на Запад. Аппарат был почти парализован. Но даже в эти мрачные годы советская разведка достигла больших успехов в работе против Германии. Проникновение в германские посольства в Японии и Польше открыло ценные источники информации. В Токио Рихард Зорге завоевал такое положение, которое позволяло ему информировать Москву о германской поли-

---

членом центрального комитета КПГ и жил во время войны в Швеции. В 1942 году работник советского консульства попросил Венера дать ему адреса всех его берлинских друзей, очевидно, для того, чтобы использовать этих людей в шпионских целях. Так как Венер знал, что это может кончиться для них смертным приговором, то он отказался. Через несколько дней он был выдан шведской полиции советским агентом как «подозрительная личность». Его арестовали и судили за закрытыми дверями. Приговоренный к тюремному заключению, он просидел до августа 1944 года.

тике, японо-германских отношениях и главное — о германских военных планах. В Варшаве советская разведка нашла подход к советнику германского посольства Рудольфу фон Шелиа, делающему карьеру дипломату, который никогда не был коммунистом. Он стал шпионом старого классического типа. Член знатной семьи Силезии, офицер в Первой мировой войне, Шелиа вступил на дипломатическое поприще и с 1929 года служил в Варшаве, достигнув ранга советника посольства. Его заработка и значительных доходов жены не хватало на оплату карточных долгов и дорогих любовниц. В дни финансовых затруднений подобного рода он начал продавать дипломатические секреты двум покупателям — Лондону и Москве. Трудно сказать, кто первым склонил его к сотрудничеству, но скорее всего, Россия первой появилась на сцене.

В середине тридцатых годов в Варшаву эмигрировал немецкий журналист Рудольф Хернштадт, бывший сотрудник либеральной газеты «Берлинер тагеблатт» и друг хорошо известного редактора Теодора Вольфа. По рекомендации Вольфа Хернштадт начал работать корреспондентом в Праге и Варшаве, посещал Москву и постепенно превратился в «салонного коммуниста». Этот тип людей был довольно распространен в те времена. Когда «Берлинер тагеблатт» была вынуждена изменить свою линию и персонал, Хернштадт жил в Польше и был связан с советским посольством. Он также подружился с Шелиа. Когда советник посольства пожаловался на финансовые затруднения, Хернштадт посоветовал ему вступить в контакт с советским агентом в Варшаве. Сделка состоялась.

Это произошло в 1937 году, когда был заключен антикоминтерновский пакт и продолжалось сближение между Германией и Польшей, когда Геринг наносил визиты вежливости и охотился близ Варшавы. Сотрудничество в области дипломатии сопровождалось контактами между полицейскими органами обеих стран, особенно в части контрразведки и антисоветских мер. Шелиа, чья кличка была Ариец, передавал советской стороне информацию о германо-польских переговорах в Варшаве, о трехстороннем пакте, о возможном участии малых стран в руководимой Германией коалиции и т. д. Понимая, что интерес Шелиа поддерживается только высокой оплатой, Москва в феврале 1938 года заплатила ему 6 тысяч 500 долларов — небывалую для бюджета советской разведки сумму.

Перед германо-польской войной Шелиа был переведен в Берлин и получил должность в министерстве иностранных дел. Но его служба для советского аппарата продолжалась. Чтобы облегчить контакты с ним, Хернштадт рекомендовал Шелиа в секретари свою подругу, Ильзу Штебе, которая раньше работала в «Берлинер тагеблатт». В начале 1941 года она перешла в министерство иностранных дел, и сотрудничество между Шелиа и советской разведкой существенно упростилось. Незадолго до начала советско-германской войны советское посольство заплатило Шелиа 30 тысяч марок через Ильзу Штебе. Как мы увидим, это сотрудничество, длившееся несколько лет, трагически закончилось для них обоих.

Примерно в 1925 году Сталин пришел к выводу о «временной стабилизации капитализма». Теперь прямые действия и революции уже не объявлялись «неизбежными», и техническая подготовка к переворотам стала второстепенной по сравнению с другими задачами. Обстановка изменилась в тридцатых годах. Новый режим в Германии и гражданская война в Испании были расценены Москвой как прелюдия ко Второй мировой войне. После почти двух десятилетий затишья ожидалась кровавая схватка. Казалось, что, как и в начале двадцатых годов, настало время для подрывной деятельности.

«Диверсии» стали своеобразным трамплином в карьере известной фигуры советско-германского аппарата — Эрнста Вольвебера, выросшего потом до министра в ГДР. Он начал простым матросом в 1917 году, а в 1932 году был избран в рейхстаг. Он продолжал свое продвижение и в нацистскую эру, работая в смешанной советско-германской сети. Полем деятельности бывшего моряка стал ISH — Международный профсоюз моряков, организация с явным политическим уклоном и неопределенными целями. По мнению Москвы, ни один профсоюз в случае войны не мог сравниться по важности с ISH, потому что мог саботировать передвижение войск и вооружений, направляемых против России, а в мирное время забастовка моряков могла бы оказать политическое давление.

Вольвебер не стал немедленно скрываться, когда нацисты пришли к власти. Он хотел сохранить и перегруппировать коммунистическое подполье, проявляя при этом энергию и смелость. И долго после того, как высшие партийные лидеры добрались до заграничных гаваней, а более мелкие были арестованы, он все еще колесил по стране, встречаясь со своими товарищами и спасая то, что еще можно было спасти. Хотя ему мало что удалось сделать, его престиж в глазах Москвы за эти месяцы сильно возрос.

В свои тридцать пять лет Вольвебер стал умным, дерзким и беспощадным вожаком подполья. Он никогда не выступал на митингах и не писал для прессы. Он был груб, много пил и казался настоящим «практиком». Ян Вальтин вспоминал: «Когда он говорил, то каждое его слово напоминало зловещее рычание». Он производил впечатление человека, который никогда не спешит, человека, который не знает страха, которого ничто не может удивить и который лишен всяких иллюзий.

В начале 1934 года Вольвебер был вызван в Москву, оттуда он вернулся с новым назначением. В дополнение к его обязанностям как члена западноевропейского бюро Коминтерна в Копенгагене на него возлагалась задача запустить новый подрывной аппарат, чьи действия будут направлены главным образом против потенциальных противников Советского Союза — Германии и Японии, — и рекрутировать в него людей из союза моряков. Этот аппарат должен был держаться особняком от всех коммунистических партий[1] и ни в каком отношении, даже в финансовом, не зависеть от КПГ. Он поддерживался и финансировался специальными структурами советского правительства. Аппарат Вольвебера (или, как его называли позже в Скандинавии, «Лига Вольвебера») насчитывал от двадцати до пятидесяти тщательно отобранных людей, в основном датчан, норвежцев и шведов, хотя в него входило и несколько немцев. Среди последних были Вольдемар Вернер (потом — начальник морской полиции Восточной Германии), Генрих Шрамм, Карл Баргштедт, Адольф Байер, Рольф Хагге и другие. Специальной задачей «Лиги» был саботаж морских перевозок. Осенью 1933 года морская полиция в Роттердаме произвела первый арест одного из агентов Вольвебера, у которого обнаружили мешок динамита. В следующем году в бухте Таранто пошло на дно итальянское судно «Фельче». Японский транспорт «Тахима Мару», потопленный вблизи Роттердама, тоже относят на счет Вольвебера.

В 1937 году, когда Германия начала перевозить военные грузы для франкистов в Испанию, деятельность Вольвебера существенно расширилась. Операции проводились не только на маршрутах, связывающих Германию с Испанией, но и на линиях, по которым шло снабжение самой Германии военными материалами. Электростанции в Швеции, которая снабжала Германию железной рудой, тоже стали объектом диверсий. В Гамбурге Вольвебер нашел поддержку в лице все еще сохранившейся коммунистической группы, которой руководил доктор Михаэлис. Эта группа информировала Вольвебера о морских перевозках, отходящих судах, родах груза и т. д. В 1937 году группа была арестована и двенадцать ее членов казнены.

Участились случаи взрыва судов. Обычный способ заключался в том, что в трюм между грузами помещался

---

[1] Однако шведский коммунистический лидер Свен Лассе Линдерот, член риксдага, был посвящен в секреты и играл заметную роль в этом деле.

заряд динамита, а взрыватель ставился так, чтобы взрыв произошел, когда судно будет уже в открытом море. Взрывы произошли: на датском судне «Вестплейн», японском «Каси Мару», германском «Клаус Беге», румынском «Бессарабия», польском «Баторий» и многих других, некоторые суда были полностью разрушены. В некоторых случаях время взрыва устанавливалось с таким расчетом, чтобы судно успело подойти к шлюзам Хольтенауэр или каналу Кайзера Вильгельма и экипаж мог быть спасен.

В меморандуме от десятого июня 1941 года шеф Главного управления имперской безопасности Рейнхард Гейдрих докладывал о группе Вольвебера Генриху Гиммлеру:

«Следующие случаи саботажа следует отнести на счет группы коммунистических террористов, которая действует во всей Европе:

16 германских судов

3 итальянских судна

2 японских судна.

Два лучших корабля из перечисленных полностью разрушены. Преступники сначала пытались уничтожать корабли огнем, но так как пожар не всегда приводил к полному уничтожению судна, то они перешли к взрывам... Их главные опорные пункты находятся в портах Гамбурга, Бремена, Данцига, Роттердама, Амстердама, Копенгагена, Осло, Ревеля и Риги.

Коммунистические саботажные группы сформированы в Голландии, Бельгии и Франции, они работают под началом голландского коммуниста Йозефа Римбертуса Скаапа, главы Интерклуба в Роттердаме. Под его непосредственным началом работает бывший глава «Рот-Фронта» в Гамбурге Карл Баргштедт, который ведает техническим обеспечением операций. Взрывчатые вещества для этих целей доставляются из северной Скандинавии под видом минералов... Одним из наиболее важных доставщиков взрывчатых веществ является голландец Виллем ван Вресвийк...

Расследования полиции привели к аресту двадцати четырех коммунистических террористов, среди них руководители голландской террористической группы Ахилл Бегин и бельгийской Альфонс Фиктельс. Скаап был арестован датской полицией первого августа 1940 года в Копенгагене...

Вольвебер создал также опорные пункты на балтийских островах Даго и Эзель. Находящиеся там его люди должны приступить к активным действиям в случае начала войны между Германией и Советским Союзом, а также если эти острова будут оккупированы германскими войсками. Саботаж должен быть направлен против баз подводных лодок, аэродромов и нефтехранилищ».

Принцип конспирации Вольвебера состоял в том, чтобы оставаться независимым от других подпольных организаций. Он избегал, насколько это было возможным, контактов с другими группами и никогда не просил у них помощи. Он старался, чтобы его группа обладала определенной автономностью.

«Мы располагали большим количеством фальшивых паспортов, — писал один из сподвижников Вольвебера Игнац Мюллер, — которые сначала изготавливались в Париже. Когда численность группы возросла, я сам стал делать документы для людей, которые работали под моим командованием. При этом всего лишь двое были посвящены в дело.

На наших встречах, как правило, присутствовало не более двух-трех человек: шеф, человек, которого он хотел видеть лично, и я сам. Я получал указания лично от Вольвебера, и иногда мне приходилось совершать длинные поездки, чтобы встретиться с ним. Место наших встреч зависело от погоды, в хорошие дни мы часами бродили по пригородам, встречались на экскурсиях и т. д. Обычно я ограничивался устными докладами, потому что мы избегали применять бумагу и чернила, насколько это было возможно. Шеф все держал в памяти. Все мои агенты, специалисты в той или иной области, зарекомендовали себя отважными людьми во времена испанской гражданской войны. Очень часто я сталкивался с проблемой, как сделать так, чтобы эти простые рабочие во время их опасных миссий выглядели как благополучные и хорошо образованные обыватели.

Часто нам приходилось ездить в Германию для наблюдений и за информацией, и наши поездки планировались особенно тщательно. Мы должны были посылать почтовые открытки по определенному адресу в Дании из каждого города, где бывали. Если открытка не приходила в назначенное время, то это означало, что с членом группы что-то случилось и вместо него следует послать другого.

Предположим, нужно поехать в Германию из Норвегии. Сначала мы посылали нашего человека в Данию, чтобы он получил там фальшивый швейцарский паспорт и другие бумаги, которые свидетельствовали бы о том, что он едет домой из Норвегии и должен проследовать через Данию и Германию. Во время «транзита» через Германию он задерживался, чтобы выполнить поручение (например, связаться с определенным судном в гавани), а уж потом продвигаться к французской или швейцарской границе. Если он попадал под наблюдение или его личность была установлена полицией, он должен был послать почтовую открытку, содержание которой оговаривалось заранее».

Позже одна шведская газета писала:

«Каждый член группы имел по меньшей мере одно вымышленное имя. Было много людей, с которыми они поддерживали контакт, масса тайников, применялись сложные приемы для проверки людей. Письма и рапорты обычно писались симпатическими чернилами, лимонным или луковым соком. Изучались основы взрывного дела, так же как и способы изготовления бомб замедленного действия. Агенты применяли разные шифры, и каждый из них знал, что «мясо» или «свинина» означают динамит, «финский нож» — бомбу замедленного действия и т. д. Язык не всегда был элегантен, зато ясен и практичен».

Чистка в Москве и наступивший в ее результате хаос на целых полгода парализовали активность Вольвебера. Связь с Москвой была прервана, несмотря на то что последний полученный оттуда приказ требовал усиления подрывной работы.

Бо Хансен, один из боевиков Вольвебера, вспоминал: «Передо мной стояло сразу несколько задач, и я сделал серьезные приготовления, но наши планы не могли осуществиться из-за того, что в кассе было пусто. Мы были вынуждены сократить численность аппарата и ждать. Прошло пять месяцев, и Вольвебер, очень подавленный, обсуждал с нами вопрос о том, не стоит ли вообще распустить организацию. Он послал агента в Москву и приказал ему встретиться с Георгием Димитровым и сказать, что Вольвебер собирается ликвидировать группу. Товарищ вернулся через три дня. Он передал нам, что Димитров не смог дать ему прямого ответа и просил задержаться еще на один день. На следующий день курьеру сказали, что Вольвебер должен распустить свою группу. Однако в тот же вечер Вольвеберу сообщили, что поступил новый приказ и он обязан продолжать работу, а наш первый курьер в Москву был намеренно введен в заблуждение».

Весной 1940 года, когда германские войска оккупировали Данию и Норвегию, многие члены группы Вольвебера были арестованы. Двадцать из них, обвиненные в двадцати одном акте саботажа, предстали перед судом в Копенгагене в июле 1941 года. С мая 1940 года только одна нейтральная Швеция могла служить базой для подпольных операций. Шведские ветви «Лиги Вольвебера», начавшие работать еще в 1938 году, продолжали свою деятельность до августа 1941 года, когда была предпринята неудачная попытка взорвать финское судно «Фигге» в шведском порту. Аресты, которые последовали за этим, покончили с группой, существование которой было так необходимо именно теперь, когда началась советско-германская война. Несколько членов «Лиги» «разговорились» на допросах, и вскоре вся организация была раскрыта. Однако некоторым ее членам удалось скрыться.

Сам Вольвебер был арестован на шведской границе в мае 1940 года. Это был первый арест ветерана подпольной работы. Ему ставилось в вину только то, что у него был фальшивый датский паспорт на имя Фрица Келлера, и его приговорили к шести месяцам тюрьмы. Однако прежде, чем он отсидел свой срок, была арестована его шведская группа и его роль была раскрыта. На новом судебном процессе, где вместе с ним в качестве обвиняемых присутствовали его немецкие и шведские помощники, он получил три года тюрьмы. Германское правительство потребовало его выдачи, и шведы дали свое согласие на экстрадицию после того, как окончится срок его заключения. Для Вольвебера это означало смерть на гильотине. Но его защитники в Москве сделали очень ловкий ход: советское посольство в Швеции заявило шведским властям, что Вольвебер является советским гражданином, что он растратил государственные фонды и должен предстать перед советским судом, для чего необходимо выдать его России. Неизвестно, поверил этому шведский министр или нет, но он выполнил просьбу, и в ноябре 1944 года Вольвебер, самый удачливый и жестокий из коммунистических террористов, сел на борт самолета, вылетающего в Россию, где его ожидали награды.

ПАКТ МОЛОТОВА—РИББЕНТРОПА

С двадцать третьего августа 1939 года по двадцать первое июня 1941 года советская разведывательная политика по отношению к Германии не была единообразной. С одной стороны, существовала необходимость поддерживать нормальные отношения с берлинским правительством, с другой стороны, для сталинского режима было немыслимо отказаться от сбора информации. Но советско-германская дружба, как на уровне посольств и миссий, так и в плане тайных шпионских дел и секретных агентств, оказалась очень непродолжительной.

Отношения начали портиться уже после падения Франции летом 1940 года. Обстановка нагнеталась месяц за месяцем, и советские шпионские агентства снова стали разворачивать свою работу. После большой чистки, падения Ежова и назначения Берии на пост главы НКВД на ключевые должности в Берлине были поставлены два быстро делающих карьеру помощника Берии: Владимир Деканозов стал послом, а Богдан Кобулов — советником посольства.

Деканозов приехал в Берлин в качестве посла в ноябре 1940 года, когда «План Барбаросса» был практически разработан. Нападение на Россию было назначено на следующую весну. В отличие от своего скромного предшественника, Шкварцева, Деканозов начал устраивать широкие приемы в советском посольстве и развернул «светскую жизнь», чтобы установить контакты. Советник Кобулов, хитрый и подвижный человек, «тип азиатского политика», как говорили о нем немцы, сблизился с некоторыми членами германского правительства и получил приглашение для себя и пятерых корреспондентов ТАСС сопровождать группу лиц в полуофициальной поездке по оккупированным территориям Запада и Чехословакии. Немецкие хозяева до самого окончания поездки не понимали, что их гости были экспедицией НКВД. Кобулов, который с удовольствием пользовался правами экстерриториальности, устроил у себя на квартире некое подобие резидентуры и вербовал агентов среди иностранных корреспондентов в Берлине. Он распространил свою сеть и на оккупированные немцами территории, на Польшу и Чехословакию. Как рапортовал Гейдрих, полицией этих стран было обнаружено двенадцать тайных радиопередатчиков, установленных агентами советского посольства в Берлине и консульства в Праге. Прошли массовые аресты, полиция взяла шестьдесят человек.

В Берлине Кобулову помогал советский военный атташе Тупиков, а потом полковник Скорняков. Шаханов, глава Интуриста в Берлине, поддерживал тесный контакт с Кобуловым, Тарасов из ТАСС и атташе посольства Левров тоже были людьми ГБ. Агент тайной разведки, работавший в посольстве под вымышленным именем Александр Эрдберг, передал радиопередатчики руководителям будущей «Красной капеллы» и заручился их обещанием сотрудничества в случае войны.

Витольд Пакулат, литовец немецкого происхождения, был заслан шпионом в Германию после того, как Литва была оккупирована советскими войсками. Он получил задание установить тайный передатчик и организовать прибежище для советских нелегалов. Прибыв в Берлин, Пакулат установил связи и с советским посольством, и с германской контрразведкой. Следуя инструкциям русских, он арендовал большую квартиру, где установил мощный радиопередатчик. Потом приобрел небольшой отель, где могли бы останавливаться советские агенты, проезжающие через Берлин. Полиция была информирована обо всех этих действиях. Советские руководители проинструктировали его, чтобы он установил контакты с квалифицированными рабочими военной промышленности, от которых он мог бы получать информацию. Ему также нужно было устроить в определенных местах «почтовые ящики», где могли бы храниться письма и другие документы для агентов. Пакулат получил место инженера в фирме «Сименс» (очевидно, с помощью полиции). Своим советским начальникам Пакулат доложил, что создал шпионскую сеть из шестидесяти надежных немцев и что уже дал им задание описать наиболее подходящие цели для бомбежек, стратегически важные районы германских городов и т. д.

Другой советский радиопередатчик, согласно докладу Гейдриха, был установлен в Данциге, он был связан с сетью информаторов по политическим и экономическим вопросам. Германская полиция была удивлена частыми визитами в этот балтийский порт «радиоспециалиста» советского посольства, за которым они вели наблюдение. Но скоро два члена данцигской сети выдали радиостанцию полиции, и она была захвачена. Гейдрих закончил свой доклад словами: «Можно и дальше продолжать перечисление подобных фактов».

В апреле 1941 года чешский агент ГРУ по имени Шквор подтвердил сообщение о том, что немцы накапливают войска на советской границе и что военные заводы «Шкода» в Чехословакии получили из Берлина указание прекратить поставки заказов в Советский Союз. Сталин счел донесение провокацией англичан и потребовал найти и наказать виновного.

Чтобы отыскать виновного, майор Исмаил Ахмедов из ГРУ был командирован в Германию, где присоединился к многочисленной группе «резидентов». Ахмедов приехал в Берлин под именем Георгия Николаева и под видом корреспондента ТАСС.

«Я приехал в Германию, — вспоминал он позже, — в конце мая 1941 года. В субботу, двадцать первого июня 1941 года, мы получили новое сообщение о том, что завтра, в воскресенье, двадцать второго июня, немцы собираются объявить войну Советской России. Деканозов, который был правой рукой Сталина, не поверил этой информации, нам было приказано забыть о ней и ехать на следующий день на пикник. Но пикник не состоялся, потому что в три часа утра Деканозова вызвал фон Риббентроп и вручил ему ноту об объявлении войны Германией»[1].

---

[1] С началом войны Ахмедов был переведен в нейтральную Анкару с заданием вести разведку против Германии. Получив в мае 1942 года приказ вернуться в Москву, он дезертировал с советской службы и восемь лет провел в Турции. Он снова принял ислам и посвятил себя борьбе с коммунизмом. В октябре 1953 года Ахмедов давал показания в подкомитете международной безопасности сената Соединенных Штатов.

Глава 4

ВОЕННЫЕ ГОДЫ В ЕВРОПЕ

НАКАНУНЕ ВОЙНЫ

В России в 1937—1938 годах проходила самая широкая и кровавая чистка, какую только знала история. Главный удар был направлен против военной интеллигенции, которая по роду своей деятельности имела доступ к оборонным секретам. Сталин почти уничтожил Разведупр. Ян Берзин, глава военной разведки, и его помощник Александр Корин были казнены вместе со многими «изменниками» и «шпионами».

Тем временем международная обстановка стала угрожающей. Нацистская Германия быстро набирала силы, и у Москвы было гораздо меньше иллюзий, чем у демократических государств. Сталин часто повторял, как публично, так и в приватных разговорах, что «вторая мировая война уже началась». Слепое сумасшествие и безумная жестокость находились в поразительном противоречии с этой реалистической оценкой. К концу 1938 года, когда пик террора прошел и Берия занял место Ежова, Россия, оставшаяся лицом к лицу с Германией, оказалась очень ослабленной. Ее разведывательный аппарат был разрушен, а притока свежих сил для его укрепления не было.

Молодых коммунистов, признанных пригодными для службы в качестве секретных агентов, освобождали от занимаемых должностей, направляли в разведывательные школы, а потом посылали за границу. К концу 1938 года число новых советских агентов в разных европейских странах, на Дальнем Востоке и в Соединенных Штатах снова начало возрастать, заполняя образовавшуюся пустоту. Некоторые из них были командирами Красной Армии, переподготовленными для новой работы. Им вручали фальшивые документы, по которым они не являлись гражданами России. (Соблюдался главный принцип: секретный агент за границей не должен привлекать к себе внимание как русский.)

Главным объектом шпионажа была Германия, но действовать приходилось крайне осторожно. Сталин не хотел давать фюреру предлога для конфликта. Коммунистическая партия Германии, которая пополняла ряды агентов в этой стране, была почти разгромлена, а небольшие оставшиеся группы развалены провокаторами. От прежних времен остались только немногие разрозненные агенты, плохо связанные с советским аппаратом разведки.

Московский центр вернулся к методам, которые применялись после 1933 года, когда для проникновения в Германию использовались агентурные сети, развернутые в Бельгии, Голландии, Дании и Швейцарии, так как через них шел плотный поток туристов, как на Запад, так и на Восток, а их столицы были недалеко от германских границ. Бельгия и Голландия рассматривались как наблюдательный пункт против Британии. Таким образом, выбранная схема не предусматривала развертывания широкой шпионской сети в Германии, а опиралась на тайные аппараты в Брюсселе, Амстердаме и Копенгагене, резервные силы в Женеве и, конечно, в Париже.

В преддверии войны Париж, Брюссель и Женева стали региональными центрами советской разведки. Некоторые из агентов оставались там и во время войны и сыграли свою роль в наступивших великих событиях, но большинство из них пали жертвами в борьбе. Среди них были опытные шифровальщики и специалисты по дешифровке, техники, курьеры, связные, «почтовые ящики», информаторы и т. д. Полный список включает как ветеранов советского шпионажа, так и новичков, и большое число женщин, у которых были личные связи с членами аппарата и которые работали главным образом как курьеры и связные. Вместе с коммунистами, которые лишь сделали вид, будто порвали с партией, на советскую разведку работали и многие сочувствующие, хотя иногда они об этом и не подозревали.

Точно определить, какое число людей прямо или косвенно работало в аппарате, невозможно. Некоторые данные тем не менее нам дают отчеты гестапо по пяти странам, сделанные с 1939-го по 1944 год:

        Швейцария — 60
        Франция — 39
        Германия — 42
        Бельгия — 15
        Голландия — 12

Полный список показал бы значительно более высокие цифры.

Леопольд Треппер (он же Жан Жильбер, Фриц, Артур, Дюпюч, Гирин), волевой, выдающийся человек, руководил всей советской агентурной сетью на Западе. Сын польского еврея, жившего мелочной торговлей, он еще в юности примкнул к коммунистической партии. Он поступил в Краковский университет, но не смог продолжать учебу, так как был вынужден работать. Он нанялся в слесарную мастерскую, а потом пошел на металлургический завод в Катовице. Там его арестовали за коммунистическую агитацию, и он восемь месяцев провел в тюрьме. После освобождения он эмигрировал в Палестину, где работал чернорабочим и продолжал коммунистическую деятельность. Год спустя его насильно выслали из Палестины.

С таким впечатляющим послужным списком Треппер появился в Париже и вступил в советский разведывательный аппарат. В 1932 году, когда аресты потрясли шпионскую сеть во Франции, он вместе с женой скрылся в Советском Союзе. Ему тогда было двадцать восемь лет. Со своим поверхностным образованием и малым опытом в «иностранных делах», он мог рассматриваться только как многообещающий кандидат. В течение последующих пяти лет он систематизировал свои знания в университете и прошел подготовку в специальной школе для службы за границей. Обучение включало методы агентурной работы, иностранные языки и политические науки. В результате Треппер стал выдающимся советским разведчиком. Хладнокровный, умеющий быстро принимать решения, авантюрный, он верил в «неизбежность жертв», и его не волновала судьба отдельной личности. Его наглость не знала границ. Так, например, летом 1940 года он появился на нацистском празднике, посвященном победе над Францией. Вместе с другими гостями его пригласили в поездку, где он узнал многие подробности германского наступления, после чего составил и послал в Москву отчет о немецкой стратегии на сорока восьми страницах. В другом случае, уже во время войны, он вошел в дом, где была его радиостанция, не зная о том, что там уже ждет засада. Он притворился торговцем-разносчиком и так умело имитировал характерные слова и жесты, что его не задержали. Он был единственным из советских агентов, которого полиция не схватила в этой операции. Но его выдающимся подвигом, о чем будет рассказано ниже, было его поведение в гестапо после ареста.

Тот факт, что Треппер остался верен Сталину, несмотря на тяжкие годы чисток, сделало его логичным преемником тех агентов, которые были уничтожены в этот период. В 1937 году лишь немногих избранных посылали во Францию, а Трепперу поручили миссию в Париже. По возвращении он был назначен на новый важный пост в Бельгии.

Вторым после Треппера в шпионской сети в Бельгии и Франции был латыш Виктор Сукулов, командир Красной Армии и капитан интернациональной бригады в Испании. Сукулов был значительно младше Треппера и выглядел иначе: мелкого телосложения, с длинной узкой головой и жидкими волосами. В рутинной работе он казался неинтересным и даже скучным. Но когда им овладевали новые замыслы, Сукулов преображался, становился возбужденным, его глаза горели, он дрожал от волнения.

В 1929 году, когда Сукулову было восемнадцать лет, в Москве вышла книга Н.Г. Смирнова «Дневник шпиона». Это была вымышленная история об Эдварде Кенте, хладнокровном, безжалостном, но удачливом британском шпионе. Сукулов так увлекся личностью Кента, что даже принял его имя. Среди своих, а потом и германских коллег он был известен как Кент. Советская разведка снабдила Сукулова уругвайским паспортом на имя Висенте Антонио Сьерра, что ему хорошо помогало: в течение первых военных лет он ездил по всей Европе как нейтральный латиноамериканец. В соответствии с начальным планом в 1939 году он отправился в Данию, чтобы организовать там шпионский аппарат для проникновения в Германию. На пути из Парижа в Копенгаген он на несколько недель остановился в Брюсселе. Война началась раньше, чем он достиг места назначения, и ему приказали остаться в Брюсселе. (Всем советским агентам на Западе также было приказано оставаться на своих местах и поддерживать связь с Москвой.) Сукулову дали средства для организации прикрытия, сначала он поставлял армии плащи, а потом стал владельцем контрактной фирмы. Как преуспевающий деловой человек, Сукулов жил в шикарной вилле в престижном районе с Маргаритой Барша, красивой молодой чешкой, вдовой венгерского эмигранта. Хотя Маргарита и не была втянута в нелегальную деятельность, в последующие годы она сыграла роковую роль в его жизни.

В Бельгию для работы в подпольном аппарате прибыло еще четверо агентов. Для полиции, так же как и для их сотоварищей, их имена звучали как голландские, французские и испанские: Шарль Аламо, Десме, Анна Ферлинден и Рита Арнольд. На самом деле это были русские, поляки и немцы, их общим языком, как и для всего аппарата, был немецкий. Шарль Аламо был русский военный летчик, лейтенант Михаил Макаров из Москвы, родственник Вячеслава Молотова. Он был главным оператором на радиоаппаратуре, кроме того, в его обязанности входили шифровка и расшифровка сообщений. Десме на самом деле был Антоном Даниловым, русским офицером, в его обязанности входило поддерживать связь с другими советскими центрами и агентами в Бельгии и Голландии. Он приехал в Париж из Москвы, во Франции короткое время работал в разведке под прикрытием советского консульства, а потом его перевели в Брюссель на нелегальное положение.

Через несколько дней после начала войны в Брюссель прибыл специалист по отравляющим газам, полковник Константин Ефремов, чьей главной задачей сначала был шпионаж в области химической индустрии, но потом его функции расширились и стали включать военную, политическую и экономическую разведки. Ефремов был настоящим артистом конспирации. Он выдавал себя за финского студента Ернстрема и прекрасно справлялся с этой ролью. Когда его впоследствии арестовали, гестапо отмечало, что маскировка охватывала все, вплоть до последней пуговицы на его белье.

Офицеры разведки быстро, один за другим, прибывали в Брюссель и оседали там: Треппер шестого марта 1939 года, Сукулов семнадцатого июля, Ефремов шестого сентября, Данилов и Макаров несколькими днями позже. Они образовали ядро новой разведывательной сети и привлекли к этой работе многих агентов из местных коммунистических организаций.

Часть виллы в брюссельском районе Эттербек была арендована под «офис». Хозяйка, пожилая бельгийская вдова, была настолько наивной, что ничего не подозревала, и даже гестапо отпустило ее после налета, совершенного на штаб разведки.

Рита Арнольд, несчастная и слабохарактерная молодая немка, выступала в роли секретаря необычного офиса.

Близкая подруга немецкого коммуниста Исидора Шпрингера, она вступила в КПГ в университетские годы. Позже она встретила пожилого джентльмена по имени Арнольд, вышла за него замуж и порвала с коммунизмом. Арнольд умер во время войны, в 1940 году, и Рита возобновила дружбу со Шпрингером. Главный недостаток характера Риты состоял в том, что она не могла постоять за себя и легко поддавалась влиянию.

Второй женщиной в агентстве была Анна Ферлинден по кличке Юзефа (ее настоящее имя — София Познанская, она была польской еврейкой). В дополнение к своим главным обязанностям эксперта по шифрам она занималась фальшивыми паспортами, симпатическими чернилами, печатями и другими шпионскими принадлежностями. Все это имущество, тщательно собираемое для агентства специальным человеком, по имени Абрам Райхман, было спрятано в тайнике за кроватью, на которой спала Анна. У нее не было ни семьи, ни близких родственников, и она прекрасно понимала, что ей грозит как советской шпионке во времена нацистской оккупации.

К агентам более низкого ранга относился уже упомянутый Райхман, который был виртуозом в изготовлении фальшивых паспортов. Его подруга Мальвина Грубер исполняла обязанности курьера. (По собственному свидетельству Мальвины, она за период своей работы, то есть за 1941—1942 годы, восемьдесят девять раз пересекла швейцарскую границу.) Другим таким агентом был Исидор Шпрингер, который для видимости порвал с коммунистической партией и служил на бирже алмазов в Антверпене, что позволяло ему получать информацию об экономическом положении Бельгии. Друг Шпрингера, Лео Гроссфогель, был специалистом по созданию фирм прикрытия. Подруга Лео, Симона Фельтер, служащая франко-бельгийской торговой палаты, использовалась в качестве связника между французским и бельгийским аппаратами. Радиотехник Августин Зезее, «музыкант из Остенде», всегда держал передатчик и приемник готовыми к работе, но в первый период работы находился в резерве, так же как Отто Шумахер (Роджер) и Герман Избуцкий.

Некоторые работники ОМС Коминтерна были переключены Москвой на работу в военном разведывательном аппарате. Одним из них был немецкий коммунист Иоганн Венцель, находившийся в эмиграции в Брюсселе. Он вступил в сеть Треппера—Сукулова и скоро достиг там значительного положения. Его прекрасное знание советской радиотехники принесло ему подпольную кличку Профессор. Спасаясь от преследования гестапо, Венцель в 1933 году бежал в Москву. Он вернулся на Запад в 1936 году, как один из лучших и самых доверенных работников Коминтерна. С 1937 года он возглавлял небольшую группу, которая обслуживала нелегальные нужды коммунистических партий: паспорта, визы, почтовые адреса, информацию и т. д. Он поддерживал контакты с группой голландских коммунистов. Когда он по приказу перешел в группу военных разведчиков, то взял с собой команду опытных агентов: свою подругу Жермен Шнайдер (Бабочку), бывшего мужа Жермен Франца Шнайдера и Абрама Райхмана.

К моменту захвата Бельгии германскими войсками весной 1940 года сеть была готова к работе, но ничего не произошло. Система была предназначена для работы в случае германско-советской войны, и было бы ошибкой раскрывать ее существование слишком рано. Она оставалась в «спячке» еще целый год.

Подобное тихое, ничем не потревоженное состояние способствовало становлению шпионской сети как в Бельгии, так и повсюду в Европе. В Голландии, которая тоже была захвачена Германией весной 1940 года, Иоганн Венцель и голландский коммунист Антон Винтеринк создали небольшую разведывательную организацию. Она приступила к работе в 1941 году. У них была своя радиостанция, но штат группы, включая курьеров и связных, не превышал двенадцати человек, и их сообщения в Москву касались главным образом местных событий, вроде передислокации германских войск в Голландии и экономического положения.

Антон Винтеринк вышел из коммунистического движения, когда получил приказ центра возглавить голландский аппарат. Вильгельм Фогелер, подготовленный Профессором, был его радиооператором, Лютерман, Нагель, Гулоз и Хендрика Смит стали активными работниками агентства Винтеринка. Трое — Морис Пепер, Яков Хильболинг и его жена Хендрика — служили связными между Брюсселем и голландской секцией.

План Москвы был весьма остроумным — сделать так, чтобы советские агентства работали против Германии, находясь в нейтральных странах, подальше от гестапо и абвера. Но он не мог быть выполнен только потому, что в 1940 году «нейтральные» страны были оккупированы. Советский представитель покинул Брюссель, а вместе с ним и атташе, а значит, легальные возможности ведения разведки исчезли как раз в тот момент, когда надобность в информации была особенно велика.

В июне 1940 года германские войска вошли в Париж, но половина Франции осталась под французским управлением. Советское посольство, а вместе с ним и военный атташе, с кодами и всеми принадлежностями, переехали в Виши. Хаос «режима Виши» создавал благоприятные условия для работы опытных агентов. После Бельгии даже сами размеры страны являлись преимуществом, в департаментах Франции дома сотен надежных членов партии могли дать укрытие агентам и их радиостанциям. Да и сами источники информации оправдали повышенное внимание к этой стране.

Разъезжая между Парижем и Брюсселем, Треппер уделял все большее внимание французской столице. С помощью ветерана Коминтерна Анри Робинсона, его друга Лео Гроссфогеля и своего секретаря Хиеля Каца Треппер организовал свой первый штаб в Париже. С 1940-го по 1942 год Треппер возглавлял семь шпионских сетей, каждая из которых работала отдельно и имела своего руководителя.

Информация передавалась в Москву различными способами. До 1941 года можно было пользоваться средствами посольства, а потом в распоряжении Треппера оказались радиостанции в Бельгии и Голландии. В дополнение к этому во Франции были установлены два новых передатчика. Один из них обслуживали Герц Сокол и его жена Мириам, ветераны-коммунисты, бежавшие из Польши. Когда разразилась война, доктор Сокол был интернирован как иностранный коммунист, а его жена, тоже врач, в это время обучалась работе «на ключе», расшифровке радиограмм и т. д. Когда Сокола освободили, эта пара стала первыми советскими агентами, которые в военное время получали прямые распоряжения из центра. Вторая радиостанция была развернута немного позже Гроссфогелем в Пеке, около Парижа, в доме французской семьи коммунистов Пьера и Люсьенны Жиро (Робер и Люси). На передатчике работал испанский беженец Валентино Эскудеро, который, однако, вскоре выдал станцию немцам. В награду за эту услугу Эскудеро был сделан германским агентом, позже он благополучно вернулся в Испанию.

Советский аппарат в Бельгии и Франции использовал период «спячки», чтобы основать несколько фиктивных торговых компаний в западных странах.

Лео Гроссфогель (он же Питер и Андре) был старым другом Треппера и тоже выходцем из Польши. Они встретились в Палестине в 1929—1930 годах и вернулись в Европу, чтобы поступить на службу советской разведки. В 1939 году Гроссфогель и Треппер основали текстильную фирму под громким названием «Король каучука» по производству прорезиненных плащей армейского образца с начальным капиталом в 10 тысяч долларов. Как всегда бывает с такими фирмами, в их правление вошли только люди, не имеющие определенной политической ориентации. Все это были в основном друзья Гроссфогеля. Однако беда заключалась в том, что оба ее главных руководителя, Треппер и Гроссфогель, были евреями, а дело происходило в Бельгии, с 1940 года оккупированной германскими властями.

Москва посчитала необходимым проникнуть в германские промышленные представительства в Брюсселе и особенно «Организацию Тодта» (ОТ), громадную структуру, которая занималась всеми видами военного строительства. Верным средством выйти на нее и завоевать доверие ее руководителей была поставка строительных материалов. Советская разведка в Брюсселе в марте 1941 года основала новую корпорацию «Симэкско», в которой Треппер и Гроссфогель уже не занимали видных постов. Хотя она просуществовала относительно недолго, «Симэкско» оказалась полезным предприятием для советской разведки.

Еще более успешной была третья торговая компания — «Симэкс», основанная Треппером в Париже немного позднее. Как и брюссельская фирма, «Симэкс» имела начальный капитал в 30 тысяч франков. Ее главной задачей, как и компании «Симэкско», было сотрудничество с германскими предприятиями во Франции, и в первую очередь с «ОТ». Основанная в сентябре 1941 года, уже после нападения Германии на СССР, эта фирма послужила интересным примером того, как Советы могут работать в пользу своего смертельного врага.

Официально Треппер не был совладельцем фирмы «Симэкс». Ее учредителями стали Лео Гроссфогель, которого перевели в Париж из бельгийской столицы, Альфред Корбен, только что завербованный агент второстепенного значения, который стал «генеральным директором» и главным совладельцем, и Робер Брейер, друг Гроссфогеля. Чтобы завоевать доверие немцев, компания открыла офис сначала на Елисейских Полях, а потом, в феврале 1942 года, — на бульваре Осман. Филиал, который располагался на неоккупированной территории Франции, служил убежищем для членов шпионской сети, которым надо было скрыться от гестапо. Во главе марсельской секции стоял Жюль Жаспар, брат прежнего премьер-министра Бельгии и бывший чиновник бельгийского министерства иностранных дел. Он по праву заслужил полное доверие Центра.

Управляющим фирмы «Симэкс» был Жильбер, то есть сам Треппер. Он легко установил торговые связи с германскими властями, которые плохо разбирались во французской коммерции и не знали рынка. Наладились отношения и с ОТ, которой фирма поставляла материалы. Сам Жильбер и другие работники фирмы получили разрешение посещать строительные площадки, чтобы следить за ходом работ. Специальный пропуск позволял Жильберу даже пересекать демаркационную линию. Персонал состоял из семи человек, но только трое знали об истинном назначении фирмы: Жильбер, его секретарь Андре Дюбуа (Хилель Кац) и личный секретарь Сюзанна Конте, французская коммунистка с пятнадцатилетним стажем.

Позади кабинета управляющего была скрыта маленькая комната, о существовании которой знали только двое помощников Жильбера. Там находилась радиоаппаратура, шифры и списки адресов. Лестница из нее вела во двор соседнего дома. На письменном столе в этой комнате стоял «предупреждающий передатчик» — радиоаппарат, оформленный в виде настольных часов, которые надо было заводить раз в сутки. Через равные интервалы времени он посылал сигналы для определенных групп сети Треппера: если сигналы продолжаются, значит, все идет хорошо, если прекратились, значит, с шефом случилась беда.

«Симэкс» заслужил доверие и похвалы германских властей в Париже за эффективность работы и точность исполнения поручений. Если бы немцы навели справки прежде, чем вступить в коммерческие связи с фирмой, они были бы крайне удивлены, узнав, что ею руководят учительница пения, спортивный журналист, сомнительные выходцы из России и Польши, а ее глава вообще не имеет никакого коммерческого опыта.

НАЧАЛО ВОЙНЫ НА ВОСТОКЕ

Германские армии пересекли границу Советского Союза двадцать второго июня 1941 года. Для тайных советских служб настало время действовать.

Если смотреть с исторической перспективы, то созданный шпионский аппарат, несмотря на все ошибки и недочеты, следует признать превосходным. Ячейки были разбросаны по всей Западной Европе, там работали мужчины и женщины многих национальностей, оснащенные радиопередатчиками и приемниками. Они долго ждали своего часа. С первыми выстрелами, прозвучавшими на далекой восточной границе, они почти одновременно начали работать, передавая информацию особой важности со всей Европы, включая даже Германию. Никогда шпионаж не играл столь важной роли для Советского Союза, как в военные годы.

Быстро заключенный летом 1941 года антигерманский альянс СССР и Запада охватывал все области военной политики, включая разведывательные операции. Однако взгляд на некоторые обязательства на Западе и на Востоке был разным. Помощь, которую предложил Запад, Сталин принял как должное, но никаких ответных услуг не гарантировал, и менее всего в области разведки. Британия согласилась доставлять и сбрасывать советских парашютистов над Германией, и советская разведка широко пользовалась такой возможностью. Соединенные Штаты выпускали коротковолновую аппаратуру лучшего качества, чем советская, и она была внесена в список поставок по ленд-лизу. Но ни одному советскому агенту за границей не разрешалось открывать себя американским или британским коллегам, а тем более сотрудничать с ними.

Когда советские источники в Швейцарии получили важную для Британии информацию, Москва запретила передавать ее союзникам.

Откровенное сотрудничество между советской и американской разведками во время войны было невозможно еще и потому, что советский шпионаж не ограничивался только враждебными странами. И в самом деле, в военные годы США стали привлекать очень пристальное внимание советских спецслужб. Как мы увидим дальше, советская разведка развернула в Соединенных Штатах широко разветвленную и успешно работавшую шпионскую сеть.

Насколько важную информацию агентура посылала в Москву в начале войны, можно увидеть по ниже приведенному перечню, сделанному на основе подлинных сообщений:

Стратегический план германских армий, с указанием направлений будущих наступлений и задействованных сил.

Подробности о будущих высадках германских парашютных десантов.

Отношения между нацистским правительством и руководством армии.

Местонахождение Гитлера и его штабов.

Движение в Италии против Муссолини.

Политика Британии и Соединенных Штатов.

Люфтваффе.

Обстановка с горючим в Германии.

Химическое оружие Германии.

Передислокация войск на бельгийском и французском побережьях.

Советские штабы забрасывали своих агентов вопросами, и, чтобы ответить на них, агент должен был ездить, выяснять и отправлять информацию с курьерами. Ниже приведены образцы требований, которые посылала Москва своим агентам в первую фазу войны.

10.8.41. Кенту от Директора. Нужна информация о швейцарской армии в связи с возможным вторжением немцев. Размеры армии в случае всеобщей мобилизации. Система существующих фортификаций. Качество вооружения. Особенно о военно-воздушных, танковых силах и артиллерии. Снабжение армии.

Кенту в Брюссель 29 августа 1942. Выяснить производственную мощность химических заводов (отравляющие газы), о подготовке актов саботажа на этих предприятиях.

Бордо в Брюссель 13 апреля 1942. Выяснить силу германских войск в Бельгии, их дислокацию и новые стратегические диспозиции. Соберите данные о бельгийских заводах, которые производят для Германии самолеты, танки и артиллерийское вооружение, узнайте о составе рабочих.

Тино в Амстердам 1 мая 1942. Выяснить политическое и моральное состояние германских войск в Голландии, какие военно-воздушные силы базируются там и где. Выяснить типы и число самолетов, которые выпускаются в Голландии к 15.6.42.

Для Бордо 9.5.42. Выяснить продукцию заводов Хеншель в Касселе, особенно сколько выпущено моторов типа А.В.601, а также отношения между германскими и иностранными рабочими.

Май 31. 1942. Выяснить местонахождение генерала Рундштедта и трех корпусов под его командованием во Франции.

Июнь 27. 1942. Выяснить силу и состав германских дивизий в Нормандии и Бретани. Выяснить месторасположение германских штабов в Голландии.

Жильберу от Директора. Проверить, действительно ли Гудериан на восточном фронте? Находятся ли вторая и третья армии под его командованием? Входит ли четвертая танковая армия в группу армий под командованием Йодля или ей придана другая танковая армия? Какая?

Жильберу от Директора. Покинула ли 7-я танковая дивизия Францию? Когда в Шербур прибудет новый штаб германской дивизии? Номер?

Жильберу от Директора. Доложите о 26-й танковой дивизии, которая будет формироваться во Франции.

После некоторой задержки, продолжительность которой зависела от сложности вопроса и шагов, которые надо было сделать, чтобы получить данные, ответы поступали в штаб. Однако значительная часть сообщений, идущих в Москву, скорее напоминала не ответы на вопросы, а обстоятельные доклады.

Летом 1941 года бельгийская группа приобрела особое значение. На рю де Атребат, где помещался центр хорошо организованной и отлаженной советской шпионской сети, период «спячки» сменился лихорадочной активностью. Группа, работавшая там, принимала множество сообщений от своих двух шефов (главным образом от «маленького шефа», Сукулова) и передавала их в Москву. Из-за того, что внешние агенты не имели доступа к радиостанции, шефам приходилось целые дни проводить в разъездах, собирать, просматривать и сортировать информацию. В эти времена берлинская группа (о работе которой будет рассказано ниже) имела доступ к стратегической информации, но ее технические возможности были ограничены, и брюссельская радиостанция использовалась для передачи и берлинских сообщений. Наспех созданная парижская сеть была не так совершенна, как брюссельская, а в Швейцарии еще только шел процесс организации.

Как абвер, так и гестапо отлично знали о существовании советской шпионской сети в Западной Европе, потому что за 1941 год перехватили около пятисот шифрованных сообщений. Шифры были настолько совершенными, что лучшие германские специалисты не смогли прочесть радиограммы. Немецкие агенты с восхищением говорили о совершенстве, размерах и техническом оснащении советской шпионской сети. В абвере руководителя агентуры называли «дирижером», передатчик — «пианино», а радиста — «пианистом». На советском шпионском жаргоне радиопередатчик назывался «музыкальной шкатулкой», а радиооператор — «музыкантом». Поэтому абвер дал всей этой структуре кодовое название «Красная капелла», потому что она напоминала ансамбль способных исполнителей под руководством талантливого дирижера.

В Берлине полиция и контрразведка занервничали. Сознание того, что радио уносит за границу военные секреты, что рядом с ними работает без всяких помех шпионская группа и они ничего не могут с этим поделать, было для них унизительным. Вычислить место, где находится передатчик, никак не удавалось. Радиопеленгаторы еще были несовершенны и работали очень медленно. А тем временем в радиоцентре абвера накапливались горы нерасшифрованных радиограмм.

К осени 1941 года специалисты абвера после долгих поисков определили, что радиопередатчик находится где-то в Западной Европе, скорее всего в Бельгии. И в Брюссель была направлена группа офицеров контрразведки.

«Берлин был сердит, — вспоминал Генрих Гофман, бывший офицер абвера. — Каждую неделю в Брюссель прибывали новые офицеры, чтобы подогнать нас, но все было напрасно. Мы оказались достаточно глупыми и стали искать агентов среди коммунистов, для чего профильтровали бельгийские коммунистические круги. Наши агенты докладывали, что все тихо и что коммунисты напуганы и пассивны. Мы начали искать в других бельгийских городах, но тоже безуспешно. Потом мы послали наших людей в кафе, не зная еще, что советские агенты в Бельгии встречались не в кафе, а в парках, в больших магазинах, в туалетах. Тем временем удалось получить результаты от радиопеленгации, советский передатчик работал пять часов подряд (и в этом была их роковая ошибка), с полуночи до пяти часов утра.

Потом из Берлина приехал опытный эксперт и на основе нашей предварительной работы сузил район поиска до трех домов».

В ночь на тринадцатое декабря 1941 года немцы ворвались в эти три здания и на втором этаже одного из них нашли советскую коротковолновую радиостанцию. Они арестовали Михаила Макарова, Риту Арнольд и Анну Ферлинден. В их руки также попали фальшивые документы, симпатические чернила высокого качества, печати и многое другое. Шифровальную книгу, однако, успели уничтожить. Как раз в эту ночь «большой шеф», Треппер, пришел в этом дом, когда там шел обыск, но ему удалось выдать себя за торговца-разносчика, и его отпустили. А он немедленно разослал предупреждения во все группы бельгийского аппарата.

На допросах Макаров отказался говорить. Анна Ферлинден покончила с собой. Слабая и несчастная Рита Арнольд в смертельном страхе за свою жизнь согласилась дать информацию абверу. Она выдала Венцеля, Кента и других, а также описала немцам внешний вид «большого шефа». Временами Риту отпускали из тюрьмы пожить в гостинице, но через несколько месяцев, когда она стала бесполезной, ее казнили. Рита Арнольд была первой в ряду советских шпионов, которые работали на немцев против Советского Союза.

Однако того, что рассказала Рита, было недостаточно, чтобы вскрыть все детали шпионской системы, строгая советская конспирация и в этом случае принесла свои плоды: Рита знала только свою задачу и видела только тех людей, кто был непосредственно связан с ее работой. Германская контрразведка все еще плутала в темноте.

В куче мусора в здании на рю де Атребат абвер нашел обрывок бумаги, на котором были нацарапаны таинственные буквы и цифры. Стало ясно, что в этом доме занимались шифрованием. Более шести недель лучшие немецкие специалисты по русским кодам пытались разгадать эти знаки, но прочли только одно слово: «Проктор». Риту Арнольд спросили на допросе, откуда взяты книги в шкафах. Рита сказала, что, как она помнит, книги были куплены. В заглавии одной из них фигурировало имя Проктор, значит, она служила ключом к шифру. Однако дело было весной 1942 года, к тому времени Москва уже сменила шифр, поэтому вся текущая информация так и осталась тайной для немецких специальных служб.

Эта брешь в советском фронте разведки скоро была ликвидирована. Треппер и Сукулов отсутствовали, и управление взял на себя Константин Ефремов (псевдоним Ернстрем). Разведывательная машина снова заработала, и германская контрразведка опять засуетилась. Наконец, в июне 1942 года немцы засекли радиостанцию Венцеля и тридцатого числа того же месяца арестовали его. В его комнате нашли несколько зашифрованных радиограмм и две написанные на немецком языке.

Иоганн Венцель, ветеран КПГ, отказался помогать абверу, но, когда ему показали досье, где были свидетельства о его принадлежности к боевым группам КПГ, и предложили выбирать между сотрудничеством и смертью, он переменил мнение и выдал своих начальников, шифры, правила работы, то есть всю систему советского шпионажа. Он принес большую пользу немцам, так как был опытным агентом. Помимо прочего, он раскрыл действующий шифр. Теперь задача абвера и гестапо существенно облегчилась.

Сломав Венцеля на изнурительных допросах и расшифровав горы давно перехваченных радиограмм, абвер пришел к выводу, что в Берлине существует советская шпионская сеть. Это позволило арестовать группу, которой руководили Харро Шульце-Бойзен, офицер, служивший в министерстве военно-воздушных сил, и советник министерства экономики Арвид Харнак[1].

Предательство Венцеля открыло ворота шлюза. На «Красную капеллу» повсюду, от Берлина до Парижа, по-

---

[1] Такое поведение ветерана Коминтерна могло бы показаться невероятным, но секретные и опубликованные свидетельства, находящиеся в распоряжении автора, не оставляют никаких сомнений в том, что Венцель не только сотрудничал с абвером, но помог развалить шпионскую сеть в четырех странах и поставлял дезинформацию в Центр в Москве.

сыпались удары. Едва ли не в каждой схваченной группе немцы находили нового предателя, и каждый предатель называл новые имена.

Абрам Райхман, специалист по фальшивым документам в брюссельской группе, давно был на подозрении у полиции, хотя у нее не было никаких доказательств. Чтобы получать бельгийские паспорта, Райхман «подружился» с инспектором брюссельской полиции Матье, немецким агентом, который сделал вид, что симпатизирует движению Сопротивления. Матье согласился снабжать Райхмана настоящими бланками, подписанными и проштампованными в полиции. В июле 1942 года Райхман принес Матье фотографию Константина Ефремова, которому был нужен бельгийский паспорт. Ефремова взяли в момент получения фальшивого документа от инспектора Матье.

Абверу потребовалось некоторое время, чтобы «расколоть» Ефремова, тот отказывался отвечать на вопросы. Узнав, насколько он привязан к семье, офицеры абвера припугнули его, что сообщат родителям, будто он не только арестован, но и выдал Иоганна Венцеля (что было неправдой). Постепенно сопротивление Ефремова ослабевало, он понемногу разговорился, а в конце концов даже пошел на сотрудничество.

Среди жертв Ефремова оказались связные с голландской сетью, Морис Пепер и Лунетта. Лунетта отказалась говорить и была казнена, а Пепер согласился помочь абверу и выдал гиганта-блондина Антона Винтеринка. Винтеринк не только не стал отвечать на вопросы, но даже не назвал своего имени. Прошло много времени, прежде чем немцы смогли узнать его адрес, и когда они пришли с обыском, то радиоаппаратуры и документов там уже не было. Однако, в конце концов, бесконечные допросы сломали и Винтеринка. Он с неохотой принял предложение немцев и начал работать на них. С голландской шпионской сетью было покончено.

Известный голландский коммунист Крюйт, бывший священник шестидесяти трех лет, был послан из Москвы в Англию, а потом в июле 1942 года сброшен с парашютом в Бельгию с задачей присоединиться к советской шпионской группе (это было одним из примеров сотрудничества британской и советской разведок во время войны). Крюйт благополучно приземлился со своей радиоаппаратурой, но через три дня его предали. Он отказался сотрудничать с немцами, принял яд, но его спасли только для того, чтобы потом расстрелять.

Фирма «Симэкско» была ликвидирована, ее совладельцы депортированы в Германию, некоторые оказались в концентрационных лагерях, другие были казнены как шпионы.

Бельгийская и голландская сети были полностью разгромлены, но они все же успели сослужить хорошую службу советским вооруженным силам.

СЕТЬ ЖИЛЬБЕРА ВО ФРАНЦИИ

Во время войны было бы абсурдно держать три параллельных разведывательных агентства — ГРУ, ГБ и подпольную команду Коминтерна. Все агенты за границей получили указание объединиться в единую сеть. В годы войны многие агенты Коминтерна и ГБ работали совместно.

Во Франции коминтерновскую группу, влившуюся в разведывательную сеть, возглавлял Анри Робинсон, один из последних членов Лиги молодых коммунистов, которая была создана Коммунистическим интернационалом молодежи около 1920 года. В группу также входили Воя Вуйович и его брат Рада, немец Вилли Мюнценберг, два швейцарца, Жюль Юмбер-Дро и Баматтер, и некоторые другие. Это была первая группа молодых коммунистов, не испорченных властью, компромиссами и «стратегическими отступлениями» и не парализованных неудачами и тайными сомнениями. Они горели энтузиазмом и ненавистью, были самоуверенными и жестокими, глубоко презирали демократические институты. Они относились к закону как к пустым словам, а к полиции — как к заклятому врагу. Для них все средства были хороши, если они вели к цели.

Анри Робинсон (он же Тарри, Бауман, Бухер, Леон и Мерлан) был сыном преуспевающего торговца из Франкфурта. Ему едва исполнилось двадцать лет, когда он вступил в «Союз Спартака», предшественник КПГ. Высокий, стройный, с живыми темными глазами и разнообразными интересами, Робинсон был деятельной натурой. Его специальностью была конспиративная работа — добывание оружия, устройство подпольных квартир, обман полиции. Шпионаж тоже входил в этот перечень. Его верная подруга Клара Шаббель помогала ему во всем[1]. К началу войны Робинсону было сорок четыре года, и по виду он напоминал русского интеллигента старой школы. Он жил в непрезентабельном номере второсортной парижской гостиницы, книги и бумаги в беспорядке заполняли письменный стол и шкафы.

Тесное сотрудничество между Треппером и Робинсоном началось после образования правительства Виши. В то время как аппарат Треппера старался держаться в стороне от коммунистического движения, так же как и от других партий и политических лидеров, Робинсон обзавелся друзьями и приятелями в самых разных лагерях. Аппарат Робинсона включал несколько опытных французских агентов и имел связи за границей, что оказалось очень полезно сравнительно молодому агентству Треппера. Среди них были гравер Медардо Гриотто, инженер Морис Эни-Анслен, который имел возможность во время войны легально ездить в Швейцарию и таким образом поддерживать связь со швейцарской сетью советской разведки, Луи Мурье, «почтовый ящик», и несколько членов коммунистической партии, которые использовались для особых поручений. Сотрудничество между Треппером и Робинсоном длилось примерно два года.

---

[1] Когда они расстались, Клара продолжала служить советской разведке. Она умерла на гильотине в берлинской тюрьме Плетцензе двумя десятками лет позже.

Другая важная группа во французских владениях Треппера работала под руководством Василия Максимовича, русского эмигранта, который жил во Франции уже двадцать лет. Василий и его сестра Анна были детьми русского дворянина и генерала Павла Максимовича, который эмигрировал на Запад после Гражданской войны и умер в нищете во Франции. Монсеньор Шапталь, епископ Парижа, который посвятил себя заботе о нуждающихся иностранцах, помог Василию и Анне получить образование.

Русские эмигранты во Франции, особенно дворянского происхождения, всегда рассматривались как белые, но Максимовичи склонялись к другой политической окраске. Никогда не вступая в коммунистическую партию, Максимовичи стали членами русской боевой организации, куда входили бывшие белые. Эта организация опекалась и напрямую финансировалась советским посольством. После победы нацистов в Германии в 1933 году, на французской почве появились многие такие организации, в том числе и Союз защитников.

В 1936 году Союз защитников снял небольшой зал на рю Дюпле для собраний, танцев и прочих нужд. Его скромных фондов с трудом хватало на арендную плату. Однажды вечером к ним на дорогом автомобиле приехала высокая, несколько полноватая женщина лет сорока, представилась Анной Максимович и сказала, что ее интересует их организация. Она объяснила, что держит санаторий для душевнобольных и может финансировать союз. Помещения союза были отремонтированы, на полах появились ковры, вскоре начала выходить своя газета.

В 1939 году среди членов союза поползли слухи о том, что «деньги Анны пахнут», но никто не хотел верить сплетням. В тот самый день, когда началась война, первого сентября 1939 года, все члены союза были арестованы, в том числе и щедрая Анна Максимович. Однако Анна сумела предъявить список больных, которые находятся на ее попечении, и ее отпустили.

Василий Максимович каким-то образом избежал ареста во время первого рейда в сентябре 1939 года. Позже он был интернирован в лагерь Верне около Тулузы, где познакомился с коммунистами, принимавшими участие в гражданской войне в Испании. Там же он сблизился с Герцем Соколом, который посоветовал ему связаться с Треппером.

Летом 1940 года германские войска оккупировали север Франции. Когда немецкая комиссия пришла в лагерь, чтобы отобрать людей для работы, хорошо образованного Максимовича прикрепили в качестве переводчика к немецкому офицеру высокого ранга. Монархически настроенный офицер аттестовал «белого» русского эмигранта как человека лояльного Германии, и Максимовича отпустили.

При встрече с Треппером Максимович намекнул на возможное сотрудничество. В соответствии с правилами Треппер запросил Москву. Директор посоветовал ему быть осторожным, но использовать Максимовича, если у того есть обнадеживающие связи. Работая с того времени под руководством Треппера, Максимович расширил свои знакомства среди оккупантов. В частности, он познакомился с Анной Маргаритой Гофман-Шольц, секретарем военной администрации Парижа.

Незамужняя дама сорока четырех лет из «хорошей немецкой семьи» была бы не прочь устроить свою личную жизнь с «русским дворянином». Василий не считался таким уж видным женихом, но для Анны Маргариты брак с ним означал исполнение всех ее мечтаний.

Для советской разведки открылись новые возможности. Треппер запросил Москву, Директор дал свое благословение, и Анна Маргарита Гофман-Шольц, полная счастья и надежд, отпраздновала свою помолвку в блестящей компании антисоветски настроенных немцев и русских.

Максимович выжал из своего нового положения все возможное. Он получил разрешение в любое время посещать германский штаб и поспешил завести дружбу с девушками и молодыми офицерами. «И скоро, — писал позже немецкий следователь, — Максимович знал все о процедурах и методах работы и обо всем докладывал своему шефу». У Гошо (так окрестили Анну Маргариту в аппарате Треппера) не было секретов от Василия. Ее подруги тоже были готовы делиться всем с этой приятной парой.

Позже Анна Маргарита была назначена на ответственный пост в германском генеральном консульстве в Париже. Сообщения Максимовича включали широкий круг вопросов: отношение французов к оккупационным войскам, данные об экономике сателлитов Германии, о мобилизационных возможностях, о концентрационных лагерях и их узниках. Секретный отчет о поездке посла был похищен, с него сняли копию и отослали в Москву. Гошо доставала многие другие документы, их копировали и через несколько часов возвращали. Группа раздобыла бланки многих немецких документов. От двух своих приятелей, которые работали переводчиками в комендатуре, Максимович получал точные сведения о немецких дивизиях, расположенных в Париже и вокруг него, их перемещениях, вооружении и снабжении, а также о военных силах во всей Франции.

Другим членом группы Максимовича была немка из Данцига, Кати Фелькнер, секретарша начальника бюро, которое ведало поставкой рабочей силы в Германию. Известная циркачка-акробатка, она объездила всю Европу, в том числе и Советский Союз, вместе со своим менеджером Иоганном Подсядло, от которого у нее было двое детей. Война 1939 года застала их в Париже, им всем грозил лагерь для интернированных, но их спас советский аппарат. Их спрятали, и они тихо жили в скромном рабочем районе Парижа. В первые месяцы «странной войны» Иоганн Подсядло и Кати Фелькнер изучали машинопись и стенографию, а когда немцы начали искать конторских работников, чтобы заполнить свои многочисленные учреждения, оба они получили работу. Кати стала машинисткой, а Иоганн — переводчиком в бюро по найму рабочей силы. Подобные агентства, тесно связанные с германской военной промышленностью, служили источником информации для Максимовича.

Наконец, связи Максимовича с монсеньором Шапталем и католической церковью позволили ему доложить Москве о политическом курсе Ватикана.

Когда началась война, Анна Максимович, как врач, получила от Треппера новое задание и необходимые фонды, ей предстояло открыть новый «санаторий» и руководить им в интересах аппарата. Нашли усадьбу, которая располагалась как раз на демаркационной линии, богатая ферма поблизости могла обеспечить питанием нелегалов, которым предстояло укрываться в санатории. Анна сделала хитрый ход, пригласив в качестве главного врача Жана Даркье, чей брат, Даркье де Пельепуа, был генеральным комиссаром по еврейскому вопросу при правительстве Петена. После помолвки ее брата с фрейлейн Гофман-Шольц германские офицеры начали посещать санаторий. Личные связи были установлены, прикрытие обеспечено, и Анна снова была готова помогать брату в его разведывательной работе.

После завершения операции абвера в Бельгии во Франции тоже начались массовые аресты.

Первым важным звеном, попавшим в руки немцев, была чета Сокол с их коротковолновой радиостанцией. В июне 1942 года передатчик наконец запеленговали, Сокол с женой был арестован, и ниточка потянулась к Трепперу. Старые коммунисты долго отказывались говорить. Судя по некоторым сообщениям, Герца Сокола пытали в ванне с ледяной водой, а его жену поставили перед выбором: дать показания или ее мужа застрелят у нее на глазах. Она начала говорить и сказала все, что знала о Жильбере и его связных. К счастью для аппарата, знала она не так уж и много. Вскоре после этого оба они были казнены.

Теперь группа офицеров абвера, усиленная полицией, прибыла в Париж, прихватив с собой нескольких бывших советских агентов, которые согласились сотрудничать с ними. Полицейская операция, которая началась в октябре 1942 года, продолжалась около трех месяцев. К декабрю примерно пятьдесят членов советской агентурной сети или тех, кто подозревался в принадлежности к ней, оказались в тюрьме.

Главной дичью в этой охоте был, конечно, сам «большой шеф», но его адрес оставался секретом. Иоганн Венцель, арестованный в Брюсселе, подтвердил, что он знает Жильбера и что «большой шеф» в Париже. Но он тоже не видел способа выйти на него. Тогда Абрам Райхман, доставленный в Париж под конвоем полиции, сделал попытку вызвать «большого шефа» на связь. Как старый работник аппарата, он казался самым подходящим человеком для того, чтобы найти Треппера, но тот, явно почувствовав опасность, избегал контактов. В процессе поисков Райхман встретился со многими советскими агентами и всех их выдал немцам, как, например, чету Гриотто и Жермен Шнайдер, гражданскую жену Венцеля и очень важного курьера военных лет (однако Жермен Шнайдер чудом исчезла из Парижа, и ее потом так и не нашли). Но Треппер был недосягаем, несколько раз его вызывали на встречу с Райхманом через цепочку связных, но он так и не появился.

Немцы добрались и до главного прикрытия Треппера — фирмы «Симэкс». Мария Калинина, белая русская, работавшая в фирме переводчицей, и ее сын Евгений выдали секреты «торговой компании», насколько они им были известны. Германская полиция с удивлением узнала, что так усердно разыскиваемый ею Жильбер был главой этой фирмы. Когда кончился срок его пропуска, который позволял ему свободно ездить по всей стране, немцы пригласили его явиться лично, чтобы продлить действие документа. Он так и не появился. Подставные посредники сообщили фирме «Симэкс», что одна немецкая компания готова приобрести промышленные алмазы на сумму в 1 миллион 500 тысяч марок и хочет обсудить условия с самим менеджером. Напрасно. Однако из записной книжки, найденной на столе Треппера, немцы узнали важную вещь: даты визитов Треппера к дантисту. И вот что произошло шестнадцатого ноября 1942 года.

Кабинет дантиста помещался в большом доходном доме возле Тюильри. Офицеру абвера было приказано узнать у дантиста, есть ли у него пациент, чьи приметы совпадают с описанием «большого шефа». Офицер явился к дантисту и, потребовав от него молчания, попросил предъявить книгу записи. Дантист признался, что он ждет этого пациента на следующий день в два часа.

Незадолго до этого времени немецкие офицеры заняли посты у входа в здание, на лестнице, у дверей лифта и на втором этаже, где располагался кабинет дантиста. Казалось, все было предусмотрено, но все же осталась без присмотра дверь черного хода. Когда человек, которого они ждали с главного входа, не появился, офицеры забеспокоились. Чтобы узнать, не отменил ли он свой визит в последний момент, два офицера вошли к дантисту и услышали в кабинете голоса. Когда они увидели в зубоврачебном кресле мужчину, они подскочили к нему с двух сторон и сразу поняли, что это и есть их человек. «Вы арестованы!» — закричали они. На мгновение тот смешался, а потом сказал на отличном немецком языке: «Вы неплохо поработали».

Треппер поначалу отказывался отвечать на все вопросы. Ему дали три часа на размышления, и он переменил свое мнение. Конечно, он понимал всю серьезность своего положения. Не было никаких сомнений в том, что если он откажется сотрудничать с абвером, то его передадут гестапо, а там найдут способ заставить его говорить. И Треппер согласился дать информацию в той мере, насколько ему казалось приемлемым.

В первые часы он говорил о себе — различные имена, происхождение, служба, поездки по Европе. Такие разговоры позволяли ему выиграть время, и он продолжал говорить. Он открыл офицерам абвера некоторые принципы и методы работы советской разведки. Он говорил все больше и больше, но самое интересное держал про запас.

Треппер был очень откровенен, когда дело касалось его самого и его деятельности. Допросы и неформальные разговоры с «большим шефом» велись непрерывно целыми днями. У него имелась масса интересных историй и неожиданных новостей. Когда он вспоминал о своих связях при итальянском и бельгийском королевских дворах и в аристократических кругах Германии, Франции и Испании, это звучало как сказка. Он даже знал подноготную Ватикана.

Но немцы требовали имена и адреса. Они заявили Трепперу, что отделаться общими фразами ему не удастся и если он хочет жить, то должен выдать своих товарищей. Треппер позвонил по телефону своему верному секретарю Кацу и назначил встречу на станции метро «Мадлен». Когда Кац пришел, его арестовали и поставили перед лицом «большого шефа». Треппер приказал ему выдать немцам все, что тому было известно. Кац подчинился и передал немцам радиостанцию, которую держал у себя дома. Надежды шпиона на то, что таким образом он спасет себе жизнь, оказались тщетными. Уже через несколько недель немцы выкачали из него все, а потом отправили в Германию и казнили.

Среди других Треппер и Кац выдали и Робинсона. Используя «почтовый ящик», Робинсона пригласили на встречу. Двадцать первого декабря 1942 года Кац в сопровождении двух офицеров абвера был доставлен на машине на место встречи. Он указал им на ожидающего человека, который в течение двух десятилетий являлся выдающейся фигурой советского шпионажа. Робинсон не оказал сопротивления, но Кац, согласно немецкому рапорту, «разнервничался».

Робинсон отказался что-либо открывать или кого-либо впутывать в это дело. Его отправили в Германию и наверняка казнили, несомненно, после жестоких допросов в гестапо[1].

---

[1] Довольно странно, что его казнь не отмечена ни в одном из документов, найденных в Германии после войны. Некоторые считают, что Робинсон остался жив и затем работал на Москву где-то на Западе. Однако это мало похоже на правду.

Потом Треппер выдал Василия и Анну Максимовичей, всю их сеть и связи с германскими военными кругами. Аресты шли быстро один за другим: Альфред Корбен, директор «Симэкса», был взят девятнадцатого ноября, Лео Гроссфогель — тридцатого ноября, Василий Максимович и его сестра Анна — двенадцатого декабря, невеста Максимовича, Гошо, — примерно в то же время, Иоганн Подсядло и Кати Фелькнер — седьмого января 1943 года.

Когда Жермен Шнайдер, курьер Коминтерна, выданная Абрамом Райхманом, была доставлена в Париж и предстала перед «большим шефом», тот приказал ей говорить. Она повиновалась и выдала ценную информацию, главным образом о сети германской «Красной капеллы». Этим признанием она не купила себе свободу, хотя и сохранила жизнь. В 1943 году ее отправили в концентрационный лагерь Равенсбрюк. Когда кончилась война, она вышла оттуда тяжелобольной и вскоре скончалась в швейцарском санатории.

Разгромив парижскую сеть, немецкая контрразведка обратилась к двум другим центрам советского шпионажа во Франции — к Марселю и Лиону. В 1941—1942 годах Марсель был центром многих интернациональных шпионских сетей. Там нашла приют известная советская группа под руководством Виктора Сукулова, который скрылся из Брюсселя вместе с Маргаритой Барша и ее ребенком после полицейского налета в декабре 1941 года. Другой важной персоной здесь был Жюль Жаспар, тоже из бельгийского аппарата, а также Маргарита Мариве, Альпе и другие.

Лион в 1941—1942 годах был центром французского Сопротивления. Кроме того, он приобрел известность как место, где работала советская агентурная сеть и находили убежище многие разведчики. Здесь собралась интересная группа, в которой были Иезекиль Шрайбер, бывший секретарь для особых поручений при советском военном атташе (он был арестован немцами, но бежал в июле 1942 года, а потом пытался работать на радиостанции в Лионе), Исидор Шпрингер, немецкий коммунист, приехавший из Брюсселя, Отто Шумахер, убежавший в Лион после ареста Венцеля, и многие другие.

К концу 1942 года германская контрразведка провела операции по охоте на шпионов на «свободной территории» и советские аппараты были разгромлены.

В марте 1943 года военный трибунал в Брюсселе слушал дело трех русских офицеров: Константина Ефремова, Михаила Макарова и Антона Данилова из брюссельской сети. Председателем суда был Манфред Редер, тот самый, который выступал в роли обвинителя на процессе «Красной капеллы» в декабре 1942 года.

Обвиненные в шпионаже в пользу Советского Союза, подсудимые не отрицали своей вины, к тому же в распоряжении обвинения было более восьмидесяти радиограмм. Офицеры держались с достоинством, они сказали, что выполняли свой долг и готовы принять смерть.

Процедура требовала, чтобы смертный приговор утвердил сам Гитлер. Но фюрер, как и в других случаях, передал эти функции Герингу. Председатель суда Редер доложил Герингу, что Макаров, будучи родственником Молотова, может оказаться полезным Германии на последней стадии войны, когда начнутся политические переговоры. Казнь Макарова была отложена, а двое других осужденных были казнены в апреле 1943 года в бельгийском форте Бреда. По словам Редера, Макаров был заключен в концентрационный лагерь Бухенвальд, а в конце войны вместе с другими важными заключенными под именем Кокорина был переведен в Италию. В начале мая 1945 года «Нью-Йорк таймс» сообщила, что он освобожден американскими войсками и репатриирован в Россию.

После суда над советскими офицерами военный трибунал переехал в Париж, где с ноября—декабря 1942 года в заключении находилась другая группа советских агентов. Из них Василий и Анна Максимовичи были приговорены к смерти и казнены, фрейлейн Анну Маргариту Гофман-Шольц осудили на шесть лет каторжных работ.

ПЕРЕВЕРБОВАННЫЕ

Арест Иоганна Венцеля в июне 1942 года вызвал большое смятение в высших кругах Германии. Сообщения, найденные у него дома, и его признания свидетельствовали о том, насколько глубоко советская разведка проникла в системы нацистского правительства. Германская контрразведка, в которой работали соперничающие структуры (абвер, гестапо, служба имперской безопасности и другие), оказалась неэффективной. Рейхсфюрер СС Генрих Гиммлер и адмирал Вильгельм Канарис были смертельными врагами, но все же нашли возможность создать в качестве компромисса новое агентство, которое назвали «Командой «Красной капеллы», которая включала в себя представителей разных служб контрразведки. Получив широкие права, «Команда» распространила свое влияние на Бельгию, Голландию и Францию. Ее шефами стали Копков и Паннвиц. Карл Гиринг возглавлял «Команду» в Париже, а Гарри Пипе — в Брюсселе. Первой и безотлагательной задачей было уничтожить советскую агентурную сеть, второй и более дальней целью было использование перешедших на их сторону советских агентов с их радиосредствами для дезинформации Советского Союза.

Лидерам — «большому шефу», «малому шефу», людям из Коминтерна и некоторым другим — была дарована жизнь при условии, что они согласны сотрудничать. Те, кто участвовал в работе против Советского Союза, занимались радиоигрой, о которой скоро будет рассказано. Таким образом, многие советские агенты пережили войну.

Это была первая фаза войны, время поражений СССР и побед Германии. В Германии день победы Гитлера и разгрома Красной Армии казался совсем близким. «Мы уже выиграли войну», — заявил фюрер, пресса и радио согласились с этим, и публика поверила. Миллионы красноармейцев попали в плен, распространились «пораженческие» настроения, и сотрудничество с Германией, иногда добровольное, часто вынужденное, стало тактикой поведения тысяч бывших офицеров советских вооруженных сил. Советским разведчикам, которые тоже принадлежали к Красной Армии, ситуация казалась еще более отчаянной, чем массам простых военнопленных. Они знали, что с октября 1941 года их связь с Центром прервана, потому что многие правительственные учреждения эвакуированы из Москвы. Средства поступали нерегулярно, а когда и поступали, то были недостаточными. Такое отношение к разведке, этому оружию потрясающей силы, свидетельствовало о снижении сопротивления России и было предзнаменованием катастрофы. И в этих обстоятельствах у агента, работающего в условиях подполья во вражеской стране, была альтернатива — самоубийство или сотрудничество с врагом. Некоторые отказывались сотрудничать и шли на смерть, другие соглашались.

После войны было опубликовано много брошюр и статей, особенно в восточной зоне Германии, где описывались пытки, которым подвергались участники групп Сопротивления. В частности, отмечалось, что признания членов «Красной капеллы» были получены в результате зверств в гестапо. Но это объяснение было бы неполным. Гестапо, без сомнения, применяло жестокие методы, а к коммунистам вдвойне. Что касается «Красной капеллы», то был издан специальный приказ, предписывающий вырвать признание любой ценой. Известны некоторые случаи пыток советских агентов (Фрида Везолек, Сокол и другие), о многих мы просто ничего не знаем. Но удивительно, что в самых важных случаях некоторые люди шли на предательство без физического насилия, достаточно было угроз и нажима. Иногда подследственный капитулировал, когда офицер абвера грозил: «Я передам вас в гестапо». В других случаях он ломался, когда ему говорили, что абвер знает его настоящее имя и имена его друзей, которые уже во всем сознались. Бывший антинацистски настроенный офицер абвера говорит: «Потрясение от того, что за ним наблюдают, что кто-то уже предал его, обычно бывает настолько сильным, что даже упрямый человек начинает говорить».

Самых больших успехов «Команда» достигла в радиоигре.

В военные годы около половины тайных радиостанций в оккупированной Европе — британских, советских и других — попало в руки германской контрразведки или гестапо. Немцы убеждали арестованных шпионов, которые находились на волоске от смерти, продолжать передачи в их штабы, будто бы ничего не случилось. Тексты радиограмм, естественно, готовились германской разведкой с целью дезинформации, в них содержались запросы о людях, адресах, курьерах, деньгах. А ответы выдавали немцам агентов антинацистского подполья. В абвере это называлось «вывернуть агента наизнанку».

Одной из самых успешных глав в истории германской радиоигры стала операция «Северный полюс», в которую были вовлечены Голландия и Бельгия. В течение восемнадцати месяцев войны нескольких агентов голландского эмиграционного правительства в Лондоне, которые работали в подполье в Голландии и были взяты немцами, силой заставили поддерживать радиосвязь со своими штабами в Англии. Всего на немцев работало четырнадцать голландских станций. Из Лондона им сообщали имена новых агентов, которых предполагалось сбрасывать на парашютах в Голландии, адреса лидеров движения Сопротивления, куда направляли оружие и динамит. Эта операция позволила германской контрразведке захватить более пятидесяти секретных агентов, радиостанции, пулеметы, гранаты, большое количество боеприпасов и обмундирования. Операция детально описана в двух книгах бывших сотрудников абвера[1], и достоверность написанного была подтверждена в выступлении британского министра иностранных дел Энтони Идена в палате общин.

Более широкая и важная радиоигра была проведена немцами против советского главного штаба разведки, хотя по многим причинам все это до сих пор держится в секрете. Москва не раскрывает за границей детали своей военной стратегии или разведывательной работы, кроме того, рассказ о большом числе ветеранов советской разведки и иностранных коммунистов, работавших на нацистов в радиоиграх, не прибавил бы престижа Советскому Союзу.

Каждый передающий агент отличается индивидуальностью, выражаясь специальным языком, имеет свой «почерк». Офицер, принимающий радиограмму, если он настороже, может подтвердить личность передающего радиста или усомниться в ней. Большинство передающих агентов были хорошо знакомы Москве, их бывшие учителя отлично помнили особенности работы каждого из них. Вот почему арестованных советских агентов надо было убедить или вынудить продолжать работу в пользу немцев, пока, разумеется, они не попытаются обмануть своих новых хозяев, послав в Москву секретное предупреждение о своем провале.

Несмотря на то что перевербованные советские агенты во время передачи находились под строгим контролем, у них все же оставались разные способы предупредить Москву о настоящем положении дел, например применить старый код, сделать абсурдные ошибки, опустить или, наоборот, вставить какую-то букву или знак препинания. В конечном счете все зависело от того, работает ли агент по собственному желанию или нет. Чтобы защитить себя от возможного обмана, немцы применили магнитофонную запись. Радиограмму, передаваемую совет-

---

[1] H.J. Gishes, Spione überspielen Spione, Hamburg, 1949; J. Sueider, Das War das Euglandspiel, Münich, 1950.

ским агентом, записывали на пленку, и прежде, чем передать в эфир, ее внимательно изучали немецкие специалисты.

Со стороны немцев было бы не очень умно снабжать врага одной только фальшивой информацией. Это скоро привело бы к краху всей операции. Гораздо разумнее было подкармливать его реальными и интересными новостями, не затрагивая при этом хорошо охраняемые секреты, и готовить, таким образом, основу для большой лжи.

Одно из наиболее ответственных сообщений в радиоигре было послано через несколько недель после окончания совещания в Тегеране. В этот критический момент войны, накануне вторжения союзников на континент, Мартин Борман получил задание провести работу по дезинформации. Ему предстояло подготовить серию сообщений в Москву о международной обстановке. Эти сообщения предполагалось передать через передатчик, на котором теперь работал «малый шеф» под контролем «Команды». В первой радиограмме из этой серии Сукулов должен был информировать Директора в Москве, что официальное лицо из министерства иностранных дел готово сотрудничать с советской разведкой. Директор, конечно, спросил имя этого официального лица, потому что советские дипломаты, покинувшие Берлин в 1941 году, были знакомы с персоналом германского министерства иностранных дел. «Малый шеф» дал имя человека, известного по работе в Португалии, критически настроенного по отношению к нацистам. Директор дал согласие, после чего в Москву пошла информация, якобы полученная от нелояльного к режиму чиновника министерства иностранных дел.

Детали этой операции в общих чертах характерны для любой радиоигры. Составленные в Берлине сообщения содержали точную и важную информацию, иногда включающие секретные сведения не слишком большой важности. В этих докладах не было заведомой лжи. Москва, несомненно, проверяла и перепроверяла информацию и была склонна верить ей. В одном случае сообщение даже содержало подлинный доклад британского дипломата своему правительству, который каким-то образом попал в руки германской разведки. Дипломат сообщал своему министру, что западные державы обеспокоены быстрым наступлением Красной Армии и что где-то в нейтральной стране (предположительно в Испании) намечается секретная встреча между британским и германским представителем. При передаче этого доклада в Москву было изменено всего лишь несколько слов и добавлено несколько фраз. Одновременно Министерство иностранных дел сделало некоторые намеки иностранной прессе, которые могли бы послужить подтверждением сенсационной новости.

Семнадцатого января 1944 года «Правда» поместила следующую телеграмму под заголовком «Слухи из Каира». В ней сообщалось, что собственный корреспондент газеты узнал из греческих и югославских источников, будто недавно в одном из прибрежных городов Иберийского полуострова состоялась секретная встреча двух ведущих британских политиков с Риббентропом и якобы речь шла об условиях сепаратного мира с Германией.

Британское министерство иностранных дел немедленно опровергло «новости из Каира». Больше того, Лондон заявил, что в Египте нет корреспондента «Правды», а подобное сообщение из Египта не могло миновать британскую цензуру. Эта телеграмма попала в Москву, в сталинское пресс-бюро, по неизвестным каналам и вряд ли пришла из Каира. ТАСС передало по радио это опровержение, добавив некоторые туманные намеки на активность Франца фон Папена в Турции. Истинная суть этого дела так никогда и не была вскрыта.

Самыми важными радиостанциями в игре против Советского Союза были: две в Бельгии, две во Франции и одна в Голландии.

Иоганн Венцель работал на передатчике в Вейде, в Бельгии, Константин Ефремов — в Бордо, с группой Буше—Паскаля, Антон Винтеринк передавал с радиостанции в Танне, в Голландии. Не доверяя русским, немцы сначала пытались передавать радиограммы сами, используя пленных только для помощи в составлении текстов. Но Центр что-то заподозрил и перестал отвечать. Видимо, Москву смутил период долгого молчания, когда шли допросы и никто из агентов не выходил в эфир. «Команда» снова и снова пыталась вызвать Москву, но прошло несколько недель, прежде чем она отозвалась. Все еще подозревая что-то, Москва требовала объяснений. Ответы и оправдания были, конечно, под рукой. Контакты возобновились.

Советские операторы опять сели за передатчики. Многие месяцы эта система работала успешно для немцев. Радиограммы побуждали Москву проявить большую активность, посылать новых агентов, давать адреса. Чтобы проверить, не осталось ли у Москвы подозрений, Венцель попросил денег. Сто фунтов стерлингов, хитроумно упакованные в банку с бобами, были пересланы через Болгарию.

Но в январе 1943 года Венцель сбежал. Несмотря на внешне дружеское отношение персонала «Команды», он прекрасно понимал, что его жизнь в опасности, и выбрал свободу. Работая в своем кабинете под постоянной охраной, он однажды заметил, что ключ от двери был оставлен в замке с наружной стороны. Он вскочил на ноги и, прежде чем его охранники смогли прийти в себя, выбежал за дверь, запер ее, бросился вниз по лестнице и исчез. По некоторым сведениям, он какое-то время скрывался в Бельгии и Голландии, а после окончания войны переехал в Англию. Похоже, что в Англии он вошел в контакт с советской разведкой, но ему было отказано в продолжении службы. С этого момента следы Венцеля были утеряны.

Но его радиостанция продолжала работать еще целый год, до февраля 1944 года, и Центр так и не догадывался о том, что его обманывают. В январе 1944 года радиостанция в Вейде запросила денег, и Москва ответила, что им будет направлено 5 тысяч долларов. «Команда» приняла все меры, чтобы арестовать советского курьера, но тот сбежал в последний момент. Через месяц «Команда» прекратила работу в Вейде. Тогда Центр дал инструкции группе Буше—Паскаля узнать, что случилось в Вейде. Радиостанция этой группы, которая уже год находилась в руках немцев, ответила, что «Вейде не подает признаков жизни».

Винтеринк продолжал работать на передатчике Танне до марта 1944 года, когда он неожиданно получил приказ из Центра уйти в подполье и связаться с группами Сопротивления. Он так и сделал, сбежав из сети «Команды».

Чтобы проникнуть во французское движение Сопротивления, «Команда», при помощи Треппера, пошла на такой трюк. В начале 1943 года один из передатчиков Треппера вышел из строя. Он мог быть легко исправлен силами технической службы «Команды», но один изобретательный офицер абвера предложил запросить помощь из Москвы. Совет был весьма хитроумным: чинить русскую шпионскую станцию могли послать только верного коммуниста-радиомастера. Москва сообщила имя и адрес товарища Жожо, руководителя специальной радиомастерской, которая собирала и ремонтировала коротковолновые передатчики для нужд коммунистической партии. Жожо был арестован вместе с шифровальщиками, радиооператорами и другими специалистами. На допросах «Команда» получила ценные сведения о коротковолновой радиосети коммунистической партии. Это был тяжелый удар для всего французского подполья.

Треппер жил в частном доме на авеню Фош в Париже под постоянным наблюдением, но иногда ему позволяли ходить по улицам в сопровождении двух человек из «Команды». С Георгией де Винтер, его любовницей, ему не позволяли встречаться.

Постепенно Треппер завоевал доверие своих хозяев, и строгости при сопровождении были ослаблены. В июне 1943 года его вывел на прогулку только один человек — криминал-обер-секретарь Вилли Берг. Он разрешил Трепперу зайти в аптеку у станции «Сент-Лазар», чтобы купить лекарства, а тот умудрился исчезнуть из аптеки и скрыться. Все попытки снова схватить его были напрасны. Вилли Берга наказали, но немцы Треппера так больше никогда и не увидели.

Уже через несколько минут после своего исчезновения Треппер был у Георгии де Винтер и строил с ней планы побега. Через короткое время они нашли убежище у Клода Спаака. Потом они расстались. Георгия была арестована в октябре 1943 года, содержалась в концентрационном лагере Равенсбрюк и вернулась в Париж после войны. После освобождения Франции Треппер часто приезжал в Париж, но, опасаясь французов, не выходил из подполья. В 1945 году его отозвали в Москву, и он больше никогда не возвращался.

После побега из Бельгии в 1941 году «малый шеф», Виктор Сукулов, стал главой сети с радиостанцией в Марселе. Арестованный абвером в ноябре 1942 года, он стойко отказывался отвечать на вопросы, заявляя только одно: «Я русский офицер, я не отрицаю, что работал против Германии, но я выполнял приказ, можете меня расстрелять». Все усилия убедить его были напрасны, и жесткий тюремный режим не сломил его.

Так как его роль в берлинской группе была ясна из радиограмм, найденных в Брюсселе, его переправили в Берлин, где в то время готовили процесс против организации Шульце-Бойзена, и заточили в подвалы гестапо. Опознанный как Кент членами берлинской сети, он все еще отказывался давать хоть какую-то существенную информацию о советской шпионской организации.

Через несколько дней после того, как его привезли в Берлин, туда же была доставлена для допросов Маргарита Барша, которую арестовали в Марселе. Был отдан приказ, запрещающий ей видеться с Сукуловым.

К удивлению ведущего допрос офицера, Барша появилась у него в кабинете, когда там еще находился Кент.

Кент повел себя как лунатик. В присутствии всех официальных лиц он обнял ее с такой страстью и преданностью, на которые способны только русские. Потом он обернулся к офицеру и заявил, что готов рассказать все. «Только освободите ее, — умолял он. — Что вы знаете насчет Робинсона, Джима, Радо, Люци, Сиси? Я все расскажу вам. Только освободите ее!» Он упал на колени и заплакал, как ребенок.

Через несколько недель Сукулов вместе с Маргаритой вернулись под конвоем во Францию, где он начал работать под руководством «Команды» на радиостанции в Марселе. Он представлял большую ценность для немцев, потому что Москва продолжала снабжать его важной секретной информацией. Сначала Сукулова и Маргариту поселили в квартире при тюрьме, но это жилье не подходило Сукулову, который снова играл роль советского шпиона, поэтому в марте 1943 года пара перебралась в частный дом, где жила под наблюдением, наслаждаясь частичной свободой.

Сукулов доказал свою преданность новым хозяевам и участвовал во многих операциях, в том числе и в радиоигре. Весной 1943 года Сукулов предложил немцам план проникновения в советскую агентурную сеть в Швейцарии. В июне того же года Директор сообщил Сукулову и Александру Футу, который находился в Лозанне, что из Франции прибудет курьер за деньгами для французского аппарата. Курьер прибыл. Фут заметил, что тот ведет себя как-то странно. Он вспоминал: «Директор приказал мне не вступать в разговоры с курьером, а только передать деньги и уйти. Но курьер вдруг сунул мне книгу, завернутую в оранжевую бумагу, и сказал, что между ее страницами спрятаны три зашифрованных сообщения, которые я должен немедленно отправить по радио в Центр. Он также добавил, что имеет ценную информацию, которую хочет передать мне как можно скорее, и назначил место встречи недалеко от Женевы, у французской границы, которая охранялась германскими войсками.

Все это меня очень насторожило, потому что такая вольность при выполнении строгих приказов необычна для советского агента. Я начал подозревать, что настоящий курьер арестован и его подменили агентом абвера, а оранжевая обертка книги служит маяком для того, кто последует за мной, когда я пойду домой. К тому же назначенное мне место встречи отвечало лучшим традициям гестапо. Что касается зашифрованных сообщений, то вряд ли можно придумать лучшее средство, чтобы идентифицировать мой передатчик. Я не сомневался в том, что немцы уже давно прослушивают нашу сеть и с помощью сфабрикованных шифровок сразу вычислят, откуда идут передачи.

Я, как только мог, пытался скрыть возникшие у меня подозрения и ответил, что не смогу явиться на встречу, потому что очень занят и расписал все дела на неделю вперед. Уходя, я спрятал книгу под пальто и пошел домой кружным путем, соблюдая все меры предосторожности. В следующем радиосеансе я доложил обо всем Директору, и тот согласился, что мне не следовало ходить на неожиданно назначенную встречу. Что касается тех сообщений, о которых говорил курьер, то они оказались вклеенными между страницами и написанными на неизвестном мне шифре. Директор приказал передать их, но исказить, вставив немые группы цифр и перекодировав моим личным кодом, чтобы их нельзя было узнать».

Когда курьер возвратился, Сукулов понял, что неопытный немец допустил ошибку, и, чтобы отвести от себя подозрения, сообщил в Центр, будто бы настоящий связной провалился.

«Двумя неделями позже Центр информировал меня, — продолжает Фут, — что мои подозрения были справедливыми, что курьер был немецким агентом и меня видел по меньшей мере один сотрудник абвера, поэтому я должен быть осторожен».

Среди главных услуг Сукулова германской контрразведке была выдача большой французско-советской шпионской группы, руководимой советским «генералом» Вальдемаром Озолсом и французским членом движения Сопротивления Полем Лежандром.

Вальдемар Озолс, латыш по происхождению, воевал в Испании и приехал во Францию в 1939 году. В 1940 году военно-воздушный атташе в Виши Волосюк поручил Озолсу создать разведывательную сеть, которая должна была работать самостоятельно и докладывать результаты прямо военному атташе в посольстве. С помощью своих французских друзей Озолс завербовал пять или шесть субагентов и вскоре уже мог доложить атташе в Виши о результатах. В 1941 году, прежде чем посольство покинуло Францию, Озолс получил радиостанцию, коды и инструкции для прямой связи с Москвой.

Однако группа Озолса не добилась существенных успехов. Лишенная главной поддержки — посольства — и не имеющая опыта в нелегальной разведывательной работе, она так и не сумела наладить эффективную работу. Недоставало радиооператоров, два полезных члена группы были арестованы в 1941—1942 годах. Наконец, в 1943 году, с целью оживить эту группу, Центр решил установить контакт между Озолсом и «малым шефом».

Когда они встретились в августе 1943 года, Сукулов попросил Озолса найти ему источники информации по военным и политическим вопросам, чтобы он мог передавать ее в Центр. Связи Озолса вывели на французское антифашистское, преимущественно коммунистическое подполье, которое по размерам было сопоставимо с марсельской группой «Митридат». Шеф этой группы, Полковник Фернан (на самом деле — капитан Поль Лежандр), переехал в Париж, создал там новую шпионскую группу и к концу 1943 года начал работать как агент «305». Не совсем ясно, когда Озолс и Лежандр поняли, что участвуют в спектакле, но в 1943—1944 годах Озолс работал уже прямо на «Команду», а Лежандр сотрудничал с отелем «Лютеция» (штаб-квартира абвера в Париже). Главной ценностью этих групп была их связь с движением Сопротивления. Германская полиция, получая информацию от этих групп, не арестовывала бойцов Сопротивления, а вербовала среди них своих агентов и поэтому знала о радиостанциях и даже управляла их работой. Даже после того, как союзники вторглись на континент, некоторые радиостанции все еще связывались с германскими штабами через линию фронта.

Группа Озолса—Лежандра, как писал полковник германской контрразведки Ведель, контролировалась РСХА и позволяла обманывать Москву. С их помощью немцам удалось проникнуть в организацию Французской коммунистической партии и узнать о том, что прежде всего интересовало Москву.

Когда летом 1944 года германские армии отступили, французские власти арестовали сотни коллаборационистов, в том числе «генерала» Озолса и капитана Лежандра. Как мы увидим ниже, по советским указаниям оба они были вскоре освобождены.

Виктор Сукулов появился вскоре после окончания войны. Когда германская армия отступила из Франции, он вместе с «Командой» ушел на север, скрываясь одновременно как от русских, так и от союзников. Маргарита Барша, однако, поехала в Париж, а потом в Брюссель, чтобы там ждать Сукулова. Он изредка навещал ее, а потом снова исчезал из виду. Потом он, возможно, поехал на Балканы и погиб там от руки мстителя или агента ГБ.

Среди других перевербованных агентов была и пара Райхман—Грубер, которая выдала большое число своих друзей. Они с таким пылом сотрудничали с врагом, что это удивляло немецких офицеров и даже внушало им отвращение. Они выжили не столько из-за своих заслуг, сколько благодаря офицеру гестапо Рудольфу Радке, который допрашивал их и благоволил к Мальвине Грубер. Он докладывал, что их допросы еще не закончены, и это спасло их от смерти.

Когда немцев прогнали из Франции, Райхман был арестован. Его судили в Бельгии за сотрудничество с немцами и приговорили к тюремному заключению сроком на семнадцать лет. Мальвина Грубер попала в советские руки и провела четыре года в тюрьме. Ее выпустили в 1950 году.

Глава 5

ШВЕЙЦАРСКАЯ СЕТЬ ВО ВРЕМЯ ВОЙНЫ

АЛЕКСАНДР РАДО И ЕГО АППАРАТ

До начала советско-германской войны роль Швейцарии в царстве советского шпионажа была весьма скромной. Разумеется, военная разведка и агенты ГБ были в Швейцарии и до 1941 года, но по сравнению с их коллегами в соседних Германии, Италии и Франции они вели относительно спокойную жизнь. Швейцария никогда не вступала в международные коалиции, ее нейтралитет не был лицемерным, он являлся подлинным принципом ее внешней политики.

В Швейцарии не было официальных советских агентов или атташе, потому что дипломатические отношения между Берном и Москвой, разорванные в 1923 году, так и не были восстановлены до конца войны. Связь советской разведки в Швейцарии с Центром обычно шла через столицу соседнего государства, например Париж. Зависимость от внешних условий была еще одной причиной, по которой Швейцария занимала провинциальное положение и играла второстепенную роль в советской иностранной разведке. Первый советский коротковолновый передатчик был установлен в Швейцарии в конце тридцатых годов, но он не был перегружен передачей сообщений для Москвы.

До 1936—1937 годов немногочисленная сеть советской военной разведки в Швейцарии возглавлялась интеллигентной, приятной на вид женщиной, примерно тридцати лет, известной аппарату под именем Вера. Хотя ее деятельность и не казалась особенно важной, она была полезна хотя бы потому, что знала условия жизни и работы в стране и имела друзей, которые впоследствии тоже стали агентами. После Швейцарии она занимала другие посты и часто приезжала в Москву. Она встретила свой трагический конец вместе со многими другими во время ужасной чистки, которая последовала за провалом канадской шпионской сети после войны.

Веру заменили в Швейцарии несколько доверенных агентов, самой заметной среди них была Урсула Мария Гамбургер, которая первой начала вести радиопередачи из Швейцарии. Она и ее муж Рудольф, немецкий коммунист и старый советский агент, имели большой опыт работы на Дальнем Востоке, в Польше и других странах. Рудольф продолжил работу в Китае (где он в конечном счете был арестован), а Марии было приказано отправиться в Швейцарию, чтобы помочь восстановить сеть разведки после большой чистки. Александр Фут описывает Марию как «привлекательную, с хорошей фигурой и стройными ногами, с красиво, но скромно причесанными темными волосами». Она была из тех интеллигентных и преданных людей, которые пришли на службу в советскую разведку в тридцатых годах. Играя роль женщины независимых взглядов (ее реальное жалованье составляло 2 тысячи швейцарских франков в месяц), Мария (Соня) снимала виллу около Монтре, где жила с двумя дочерью и горничной. Отсюда она по коротковолновому радио посылала сообщения в Москву.

Время от времени новые неподготовленные участники прибывали в Швейцарию без определенных заданий, чтобы пройти проверку. Из Англии приехал Александр Фут, чья единственная подготовка в секретной работе сводилась к его службе в интернациональной бригаде в Испании. Другим вновь прибывшим был Уильям Филлипс, британский коммунист-нелегал. Потом появился Франц Оберманс, немецкий коммунист с финским паспортом, который вскоре был арестован за поддельные документы и интернирован. В это время началась война на Западе, и активность группы снизилась даже по сравнению с предыдущим скромным уровнем. Урсула Мария Гамбургер получила инструкции из Москвы убрать всех своих агентов из Германии, а самой вести себя тихо в Швейцарии и готовить Фута и Филлипса к работе на радиопередатчике.

Облако неуверенности нависло над сетью Марии. Радиообмен с Москвой, незначительный и прежде, теперь сократился до одного сообщения в месяц, и то общего характера. Деньги поступали нерегулярно. Фут вспоминает, что в 1940 году Центр даже намеревался переместить группу в Румынию, но потом отказался от этой идеи.

В декабре 1940 года, перед тем как наступил бум для швейцарской сети, Мария Гамбургер была переведена в Англию, чтобы присоединиться там к советскому аппарату разведки, где потом служила, по крайней мере некоторое время, каналом для передачи атомных секретов от Клауса Фукса в Москву. Она сумела избежать ареста и скрыться в восточной зоне Германии, когда провал стал неминуемым.

Военная разведка в Швейцарии широко развернулась несколько позже, под руководством Александра Радо[1]. Его настоящее имя Шандор Рудольфи, он был одним из молодых участников венгерской коммунистической группы, лидерами которой были Бела Кун и Матиас Ракоши, вожди неудавшейся революции 1918 года. Хотя во время тех событий в Будапеште ему было всего девятнадцать лет, в годы эмиграции в Москве он считался бойцом «старой гвардии», пользовался доверием коллег и вошел в высшие сферы Коммунистического Интернационала. Он, в частности, пользовался покровительством председателя Коминтерна Зиновьева. В 1919 году, когда все отношения между Россией и внешним миром

---

[1] Псевдонимы Альберт, Дора, Кулихер.

были прерваны, этот очень молодой человек был послан из Москвы организовывать отделение РОСТА, первого российского телеграфного агентства, в Хапаранде на шведской границе. Журнализм сочетался с разведывательной работой, которая после этого первого назначения стала второй натурой Радо.

С севера Радо был переведен в Вену, где он тоже открыл отделение РОСТА, потом он поехал в Берлин изучать географию, которая стала его профессией прикрытия. Как ученый-географ, он позже даже публиковал географические статьи и стал членом-корреспондентом Королевского географического общества Великобритании. В 1933 году он переехал в Париж, где основал издательство «Геопресс».

В 1936 году Радо направили в Швейцарию в качестве резидента небольшой разведывательной сети. Он принес с собой идею «Геопресса» и основал такое же предприятие в Женеве, которое приобрело широкую известность, так как мир шел к войне и карты фронтов и границ сделались ходовым товаром.

Во время войны Радо стал обладателем обильной секретной информации, и его карты, свидетельствующие о хорошем знании географии, были очень точными. Его репутация росла, и он стал вхож в лучшее женевское общество. Позже, когда ему пришлось бежать, раздавались раздраженные голоса в его защиту. «Самые разные лица, — писали газеты, — энергично протестовали против оскорбления широко известного географа, чье присутствие делало честь Швейцарии».

В Швейцарии Радо вел тихую жизнь со своей женой Элен и двумя сыновьями. Небольшого роста, полноватый, он скорее походил на профессора или журналиста, чем на революционера или шпиона. И в самом деле, Радо мало напоминал секретного агента, более того, в мягком политическом климате Швейцарии он обрел вкус к частной жизни и ее удовольствиям. «Радо не был героем, — вспоминал бывший агент его сети. — Он едва ли был материалом для хорошего шпиона. В критические моменты он мог потерять самообладание. Швейцарская полиция, как я часто говорил жене, ни на что не способна, если не могла его схватить». Элен Радо казалась более хладнокровной, твердой и больше подходила для такой специфической деятельности, чем ее муж.

Отношения Радо с Москвой становились все более двусмысленными по мере того, как возрастал объем работы в Швейцарии. Радо не раз нарушал строгие советские правила. Через его руки проходили большие суммы денег. Согласно установленному порядку, агенты за рубежом должны были получать разрешения Центра на все расходы и регулярно отчитываться в них. Эта система была вполне приемлемой для небольших агентств в обычные времена, но для швейцарской расширяющейся сети, которая охватывала всю страну и имела множество субагентов и источников информации, такие расчеты были невозможны. Радо вынужден был идти на нарушение инструкций и брать на себя больше, чем ему разрешалось. С другой стороны, для возможного отчета в будущем он вел некоторые записи, что тоже было против установленных правил. Позже, в 1943 году, когда полиция обыскала дом одного из радиооператоров, она нашла бумаги Радо, которые открыли властям финансовую сторону работы сети.

Ближайшие помощники Радо думали, что он по собственному усмотрению расходует большие суммы московских денег. Они даже подозревали, будто он откладывает много денег на «личные нужды». Радо не был особенно осторожен ни в подборе агентов, ни в отношениях с ними. Его любовные дела с одной из молодых женщин-радисток и их совместное появление в ресторанах было вопиющим нарушением первого правила конспирации.

Но, несмотря на все недостатки Радо, период его работы ознаменовался выдающимися успехами советской разведки в Швейцарии, что объяснялось рвением его людей и прекрасными источниками информации. С началом советско-германской войны сеть советского шпионажа в Швейцарии начала быстро расширяться. Хорошо снабжаемая средствами и не стесненная указаниями сверху, не ослабляемая арестами ее членов, которые начались гораздо позже, она превзошла по размерам другие русские и иностранные шпионские сети, в том числе в Бельгии, Соединенных Штатах, Канаде и даже в Германии. В среднем в месяц в Россию передавались по эфиру от двух до трех сотен сообщений. Большая их часть была посвящена решениям германского правительства, военным операциям, экономической ситуации в оккупированной Европе и т. д.

В сети работало около пятидесяти агентов, каждый поставлял информацию в определенной области. Агенты и источники информации указывались в сообщениях в Москву под своими псевдонимами, но в отличие от мирного времени настоящее имя агента хранилось в тайне. И в самом деле, лучшие агенты Радо оставались неизвестными для Директора в течение длительного времени. Так, Вертер сообщал о германской армии, Агнесса — Эрнст Леммер — был немецким журналистом, который служил во многих иностранных шпионских сетях, Луиза сообщала о разведывательном отделе швейцарского генерального штаба, Фельд — о группе агентов из Фельдкирха. Два или три британских агента тоже поставляли информацию советской сети. Два агента «Свободной Франции» тоже вошли в сеть Радо.

Расходы швейцарского агентства были скромными по сравнению с его размерами и важностью. Главной причиной этому было то, что многие агенты, за исключением одного или двух, работали как убежденные коммунисты, а не профессиональные шпионы и ничего не хотели брать за свои услуги или довольствовались совсем малыми заработками. Найденные полицией записи Радо проливали свет на то, как росла сеть, и на ее финансовое состояние. Ниже приведены осредненные расходы в разные периоды времени:

3 тысячи швейцарских франков за 1940 год
3 тысячи 500 в первую половину 1941 года

11 тысяч во вторую половину 1941 года
12 тысяч за 1942 год
20 тысяч за 1943 год.

За период с апреля 1941 года по август 1943 года расходы Радо, судя по его записям, составили всего 320 тысяч швейцарских франков.

Казалось, что, имея в своем распоряжении такую великолепную сеть, Центр должен был бы снабжать ее неограниченными средствами, тем более что Соединенные Штаты открыли советскому правительству неограниченные кредиты. Как ни странно, в течение долгого времени в группу Радо не поступало денег, и она могла продолжать работу только благодаря изобретательности своих членов, которые ухитрились создать «золотые» связи между Нью-Йорком и Женевой.

В конце концов, Александр Фут взял на себя, в дополнение к своим прямым обязанностям, заботу о переводе денег из Соединенных Штатов в Швейцарию. Некоторые торговые фирмы, которые имели отделения в обеих странах, принимали деньги в Нью-Йорке, чтобы выплатить их за определенные комиссионные через свои представительства в Швейцарии. (Во время войны перевод денег в зарубежные страны без специального разрешения был запрещен в Соединенных Штатах.) Таким способом для разведывательной сети в Швейцарии за период с 1941-го по 1943 год было переведено более 100 тысяч долларов. При таких переводах использовался самый низкий неофициальный курс доллара.

Некоторое время перевод денег шел более или менее удовлетворительно, но в середине 1943 года цепочка внезапно оборвалась. Фут, разыгрывая роль крупного британского банкира и желая улучшить ситуацию, посетил адвоката в Лозанне, чтобы попросить его помощи в переводе значительной суммы из Соединенных Штатов в Швейцарию. Чтобы подчеркнуть законность просьбы, он привел с собой секретного британского агента. Но случилось так, что адвокат, некто Роже Корбаз, был в это время по совместительству председательствующим судьей в военном трибунале. Почуяв что-то подозрительное в просьбе Фута, адвокат ответил своему новому клиенту: «Я устрою этот перевод, если вы принесете доказательство, что деньги, положенные вами в американский банк, ваши и что это дело чистое и честное». Фут больше так никогда и не появился. А Корбаз позже был судьей на процессе, где обвиняемыми были Фут и некоторые его коллеги.

Москва не пришла на помощь даже тогда, когда ситуация еще больше ухудшилась, и Радо пришлось скрываться. Рахель Дубендорфер заняла его место руководителя сети. В отчаянии от отсутствия средств она пошла на опасный шаг, послав открытую телеграмму советскому агенту в Канаде, с почти буквальным требованием денег. Эта телеграмма, как мы увидим ниже, возможно, стоила ей жизни.

Кроме бездействующей станции «Поль», в течение войны в Швейцарии находилось еще три коротковолновых передатчика. Один из них (станция «Джим») находился в квартире Александра Фута. На другом работали Эдмон и Ольга Хамель, которые были завербованы по рекомендации Леона Николя, швейцарского коммунистического лидера. Выпускник радиошколы в Париже, Эдмон Хамель открыл в Женеве в 1933 году магазин, дела которого шли весьма успешно. В 1939 году по предложению Радо Хамель собрал коротковолновую радиостанцию, поставил ее в комнате над магазином и получил от Фута инструкции по связи с Москвой. Позже Радо арендовал для четы Хамель комфортабельную виллу. Женевская полиция в 1941 году обнаружила работающую без лицензии коротковолновую радиостанцию в квартире Хамелей. Не подозревая Хамелей в шпионаже, она сочла это мелким нарушением закона и наказала их десятью сутками заключения условно. Если бы Радо следовал строгим правилам советской разведки, Хамеля следовало немедленно исключить из аппарата. Но вместо этого начала работу сделанная Хамелем новая радиостанция, установленная на их вилле. Она передавала в Москву бо́льшую часть сообщений Радо и выполняла свою задачу до октября 1943 года. Центр, довольный работой Хамеля, в ноябре 1942 года наградил его орденом.

На третьей радиостанции работала Маргарет Болли (Роза). Это был еще один пример недостаточно осторожного поведения Радо. Когда он в первый раз встретил ее в 1941 году, Маргарет был двадцать один год и она состояла членом партии Николя. Ее дружба с Радо стала очень тесной, и он уговорил ее сначала поехать в Лозанну, чтобы изучить технику радиодела под руководством Фута, а потом переехать в Женеву, чтобы работать с ним самим. Начиная с 1942 года мадемуазель Болли передавала кодированные радиограммы в Россию три раза в неделю, между полуночью и часом ночи.

Главными фигурами в швейцарской сети, помимо Радо и Александра Фута, были Рудольф Ресслер и Пакбо.

ПОЛУЛЕГАЛЬНАЯ РАЗВЕДКА

После аннексии Саара, Австрии, Судетской области, Данцига и Силезии нацистской Германией северная часть Швейцарии осталась единственной независимой частью Европы со значительным населением, говорящим понемецки. В Берлине не было сомнений в том, что рано или поздно «Восточная марка» будет присоединена к Великой Германии. Штутгарт, ближайший к Швейцарии крупный германский город, стал местом размещения большого числа официальных и неофициальных немецких учреждений, которые были предназначены для работы в «Восточной марке»: вести пропаганду, руководить шпионажем и проводить акты саботажа. Швейцарцы с нацистским уклоном основали «Национальный фронт» и другие организации, все они управлялись и финансировались из Берлина.

В декабре 1945 года швейцарское правительство опубликовало доклад о германских планах и тайных операциях в Швейцарии во времена нацизма. Доклад рисовал картину огромной германской машины, которая была предназначена для проникновения, шпионажа и подготовки к оккупации. Служащие германского посольства в Берне, равно как и сотрудники миссий, занимались шпионажем. Из Германии доставили много материала для бомб замедленного действия и динамита. Согласно докладу, общее число людей, арестованных в Швейцарии за шпионаж и саботаж (большинство из них работало на Германию и Италию), составляло: девяносто девять в 1939 году, триста десять в 1942 году и двести девяносто четыре в 1944 году. За семь лет, с 1939-го по 1943 год, были арестованы 1389 человек.

Более чем один раз Германия стояла на грани нападения на Швейцарию, и судьба маленькой страны висела буквально на волоске.

Из всех немецкоговорящих стран и территорий Европы Швейцария меньше всех симпатизировала нацистской Германии, и большинство немцев, живших в Швейцарии, были настроены против нацизма. Все усилия основать движение, аналогичное тому, что возглавил Хенлейн в Судетской области, оказались бесплодными. Такое состояние общественного мнения и стало причиной, по которой Германия откладывала нападение из года в год. И это спасло Швейцарию от вторжения и опустошения.

Такое странное положение вещей в стране сделало Швейцарию реальным союзником Британии и Франции. Между ними не было заключено никаких соглашений, не делалось также заявлений о сотрудничестве, потому что Швейцария никогда не отказывалась от принципа нейтралитета. Однако политическая реальность сильнее, чем пакты, и более красноречива, чем торжественные декларации. Швейцарское общество почти единодушно поддерживало антигитлеровскую коалицию, и правительство, не выказывая этого явно, было настроено против Гитлера. Генеральный штаб, внимательно следя за приготовлениями германской армии, был готов помогать всякому, кто мог бы сдержать бросок немецких армий на юг.

Главой швейцарского генерального штаба был Генерал, как его называли в Швейцарии, — генерал Анри Гизан, авторитет в военных делах, чье влияние простиралось далеко за пределы военной сферы. Его ND (Информационная служба армии), созданная в 1939 году, установила хорошие связи с западными странами и стала одной из самых информированных разведок в это критическое десятилетие. Во время войны ND размещалась в Люцерне, а британская разведка и «Свободная Франция» де Голля имели своих представителей в соседнем Цюрихе. В службе ND появился даже полковник для связи с разведками западных стран. Может быть, это означало нарушение нейтралитета, но генерал Гизан посчитал это необходимым, потому что разведывательное агентство должно получать информацию откуда только сможет.

Скоро и Советский Союз, хотя и не признанный официально, сделался другим естественным союзником Швейцарии. В самом деле, в это время судьба маленькой страны больше зависела от сопротивления Красной Армии, чем от успеха или неуспеха западных стран. Победа Германии в России неминуемо привела бы к немедленному вторжению на швейцарскую землю. Швейцария была заинтересована в том, чтобы оказать России посильную помощь, и единственным способом помочь было снабжение информацией и создание условий для работы советской разведки.

Швейцарские военные власти отлично знали, что советские агенты работают в Швейцарии, но, в отличие от полиции, снисходительно относились к этому, и в некоторых случаях, хотя и не напрямую, снабжали советскую разведку информацией. Они делились секретами не только с Цюрихом, то есть с западными странами, но и с Женевой, а это было все равно что передать их советской разведке.

Среди каналов, по которым важная информация из Германии достигала советской разведки в Швейцарии, самым важным — и самым таинственным — был Рудольф Ресслер.

РУДОЛЬФ РЕССЛЕР

Ресслер был сыном лесника из Баварии, невозмутимым и спокойным. В год начала войны ему было чуть больше сорока лет. Некоторое время он издавал антинацистскую газету у себя дома, в Аусбурге, затем сотрудничал с театральным обществом левой ориентации в Берлине. Когда в 1933 году нацисты захватили власть, он эмигрировал в Швейцарию, стал главой издательства «Vita Nova» в Люцерне и занимался этим делом двадцать лет. Политическое направление издательства, по крайней мере в первые годы, было скорее христианско-антинацистским, чем коммунистическим. С захватом нацистами Центральной Европы тиражи книг подобной направленности быстро сокращались, и издательство Ресслера «Vita Nova» в Швейцарии становилось все более прибыльным. Сам Ресслер вступил в католическую организацию левого толка «Решимость». В 1937 году рейх лишил Ресслера германского гражданства.

Ресслер начал шпионскую работу после того, как прожил в Швейцарии шесть лет, подружившись с Ксавье Шнипером, сыном министра кантона Люцерн, на двенадцать лет моложе Ресслера. Шнипер учился в Германии, встретил там Ресслера в 1933 году и уговорил его переехать в Люцерн. Там Ресслер, как издатель, и Шнипер, как молодой журналист, стали работать вместе. Как и Ресслер, Шнипер вступил в группу «Решимость», которая послужила им обоим духовным мостом к коммунизму.

Весной 1939 года, когда над Европой начали сгущаться облака войны, Шнипера призвали на военную службу и взяли в ND. Офицер разведки майор Хаусман, один из руководителей этой организации, спросил Шнипера, кого можно было бы использовать в качестве сотрудника и источника информации. Шнипер рекомендовал своего друга Ресслера.

Ресслер (он же Люци) поступил в разведывательную службу швейцарского генерального штаба осенью 1939 года. Он работал в интересах всего западного блока, используя знакомства в высоких кругах Германии, о которых он никогда не рассказывал ни своим швейцарским хозяевам, ни какой-либо другой разведывательной службе. Офицеры связи поддерживали контакт между швейцарской службой и британской и французской разведками. Чехословацкий военный атташе Седлачек (Дядя Том) служил своему правительству, которое находилось в эмиграции в Лондоне, и был частым гостем в ND.

До весны 1941 года только агенты западных разведок обменивались информацией со швейцарской ND, советские разведчики, связанные с Берлином, не участвовали в этом процессе. Более того, для Берна Советский Союз как бы вообще не существовал, так как в стране не было ни официальных представителей, ни военного атташе, с которыми можно было бы обмениваться информацией. Обстановка начала изменяться в мае—июне 1941 года, когда стало ясно, что Германия нападет на Россию. В марте этого года Самнер Уэллс, заместитель государственного секретаря США, предупредил советского посла в Вашингтоне о готовящемся германском вторжении, в апреле Уинстон Черчилль сделал то же самое публично. Информация того же свойства дошла до Москвы из Японии. Все детали неминуемого нападения были хорошо известны в Люцерне. С разрешения своих руководителей из ND Ресслер связался с советским агентом в швейцарском подполье.

Кристиан Шнайдер, бывший работник Международной организации труда (МОТ) и друг Ресслера, нашел выход на Рахель Дубендорфер, которая работала в МОТ и одновременно была агентом советской разведки. Рахель (Сиси, как ее звали в аппарате) связалась с Радо, и Шнайдер стал курьером между Радо и Ресслером. Кроме того, офицеры ND были связаны с голлистами в Цюрихе, а те, в свою очередь, поддерживали контакт с коммунистами.

Отто Пюнтер вспоминает: «Примерно за месяц до начала войны на Востоке один голлист, связанный со швейцарской ND, пришел ко мне и сказал, что германское нападение на Советскую Россию назначено на пятнадцатое июня и необходимо найти способ сообщить об этом Москве. Я встретился с Александром Радо и передал ему то, что узнал о германских планах. Однако Радо отнесся к известию скептически и в свою очередь попросил меня проверить источник информации. Я сделал запрос, и мне было сказано, что источником информации является серьезный и хорошо информированный человек».

Позже тот же источник (это был Ресслер) сообщил, что Берлин перенес день нападения на двадцать второе июня.

Так, с молчаливого согласия швейцарского генерального штаба, началась карьера Ресслера как советского агента. Без сомнения, об этом знали и шефы британской разведки в Швейцарии.

Техника сотрудничества Ресслера с аппаратом Радо сводилась к следующему: Ресслер писал свои сообщения открытым текстом и отсылал их Радо в Женеву через связного. Радо зашифровывал их и через одного из трех своих радиооператоров передавал в Москву. Иногда шифровкой занимался Фут. Московские сообщения для Люци шли обратным путем.

Сначала Москва с большим недоверием относилась к точной и полной информации, получаемой от Люци. Там подозревали, что он агент абвера, внедренный в Швейцарии, и поставляет подлинную информацию, чтобы потом, в решающий час, дезориентировать советское Верховное командование. Однако постепенно Центр становился менее подозрительным, потом заинтересовался им и, наконец, пришел в восхищение от необычной работы Люци. Это был единственный случай, когда Москва согласилась работать с агентом, о котором, как и об его источниках информации, знала так мало. Но скоро он начал получать очень высокую плату за свою работу — 1700 долларов в месяц. Москва не раз задавала Ресслеру щекотливые вопросы, но он неизменно отказывался на них отвечать.

Ресслер и на самом деле великолепно работал. Едва началась война на восточном фронте, как он начал регулярно, почти ежедневно, передавать точные и в высшей степени важные данные: о гитлеровских стратегических планах, о силе и составе германских сухопутных, воздушных и военно-морских сил и разных видах вооружения. Он давал даже информацию о том, что известно германской разведке о предполагаемых советских ответных действиях. Он имел возможность отвечать на вопросы Центра об отдельных германских военных частях, генералах, штаб-квартирах Гитлера и на многие другие, которые имели решающее значение во время войны.

Фут писал: «Информация Ресслера, по крайней мере та, что проходила через мой передатчик, имела кодовую группу цифр, которая означала: «Расшифровать немедленно». В сущности, Москва во многом выиграла войну из-за сообщений Люци — как и всякое верховное командование, которое получает непрерывным потоком точную информацию о намерениях верховного командования врага...

Я вспоминаю, как в 1941 году он передал информацию о производстве самолетов-снарядов и планах разработки десятитонных ракет. Кремль был убежден, что иметь в своем распоряжении такого агента, каким был Люци, все равно что располагать хорошо внедренными агентами в трех разведывательных группах и иметь доступ в генеральный штаб.

Люци каждый день снабжал Москву последними сведениями о потерях немецких сил на Востоке. Такая информация могла исходить только от верховного командования вермахта, ни одно другое учреждение в Германии ею не располагало, а Люци передавал ее ежедневно.

Он не только передавал информацию о диспозиции войск, которая могла исходить только от верховного командования германской армии на Бендлерштрассе, но давал также одинаково ценные сведения из главного штаба люфтваффе и германского адмиралтейства.

Обычно, чтобы получить такую информацию, требуется значительное время. Но Люци получал ее без каких-либо задержек. В большинстве случаев она уже поступала к нему в пределах двадцати четырех часов после того, как она становилась известной в соответствующих штабах в Берлине. Оставалось только зашифровать сообщение».

Москва, оценивая работу Ресслера, находила несвойственные ей выражения похвалы:

(16 января 1943) Передать без задержек, раньше всех других сообщений, информацию Вертера и Люци о кавказском фронте и о важных событиях на восточном фронте, так же как и об отправке новых дивизий на восточный фронт. Последняя информация Вертера очень важна. *Директор.*

(18 января 1943) Передайте Тейлору или Люци нашу благодарность. *Директор.*

(22 февраля 1943) Передайте Люци нашу благодарность за хорошую работу. Последняя информация от ее группы очень важна и ценна. *Директор.*

(4 июня 1943) Передайте Люци и Лонгу нашу благодарность за хорошую работу. *Директор.*

(24 ноября 1943) Пожалуйста, скажите Люци от нашего имени, чтобы он не беспокоился. Передача информации для нас должна продолжаться, и его группа будет получать плату без задержек. Мы готовы хорошо платить за его информацию в соответствии с его запросами. *Директор.*

(9 декабря 1943) Передайте Люци, чтобы он не беспокоился об оплате, мы определенно погасим наш долг не позже января. Мы просим его продолжать давать нам наиболее важную информацию. *Директор.*

(8 января 1944) Пожалуйста, передайте Люци, что он и его группа получат значительную сумму так быстро, как это возможно. Он должен терпеливо ждать, не терять времени и работать в этот важный час последней битвы против нашего общего врага. *Директор.*

В этих сообщениях Люци часто упоминается в женском роде, что делалось намеренно, из соображений секретности, а иногда и в мужском, потому что Центр, перегруженный военной работой, некоторые детали упускал из виду. Деньги поступали нерегулярно, и Центр просил Ресслера продолжать работу. И все же в 1944 году Ресслер прервал свою деятельность, но причиной тому была и неповоротливость советской стороны, как будет показано ниже.

АЛЕКСАНДР ФУТ И ЕГО СЕТЬ

Александр Фут, второе лицо в руководстве швейцарской сети, должен был занять место Радо, если с тем что-нибудь случится. Во многих отношениях Фут был автономен и мог работать самостоятельно, он имел прямую связь с Директором, он был шифровальщиком, радиооператором и наставником молодых членов группы в части конспирации. В период самой активной его работы, с июня 1941-го по октябрь 1943 года, через его радиостанцию прошло более шести тысяч сообщений в Москву и обратно. Фут[1] обладал всеми качествами, необходимыми для профессионального шпиона. Его работоспособность изумляла. Он выполнял работу, для которой обычно требуется целая команда, и часто спал не раздеваясь. Он работал по ночам, а дни проводил с друзьями. Среднего роста, со спокойными манерами поведения, немного полноватый, он был необычайно хладнокровен, его никогда нельзя было застать врасплох вопросами. Полиции

---

[1] Клички Алан, Джим, Джон, Лапидус, Майор Гранатов, Димов.

он казался безобидным англичанином со средствами, достаточными для того, чтобы жить в покое в Лозанне, подальше от превратностей войны.

Как и многие другие, Фут, не будучи коммунистом, воевал в интербригадах в Испании. В 1938 году он вернулся домой тридцатитрехлетним ветераном, и по рекомендации Британской коммунистической партии Фут поступил на службу в советскую разведку и был направлен в Швейцарию, где обучался Урсулой Марией Гамбургер. Сначала он выполнял задачи второстепенной важности. Постепенно он изучил коды, работу «на ключе», фальшивые паспорта и другие операции. К моменту начала советско-германской войны, когда швейцарская сеть приобрела особое значение, он был уже хорошо подготовленным агентом. В многоквартирном доме на рю Лангере в Лозанне он открыл свой «офис», установил там рацию и постарался остаться незаметным среди тысяч праздных иностранцев, ищущих в Швейцарии покоя и отдыха. Среди небольшого круга знакомых в Лозанне никто не мог заподозрить его в шпионской активности. Много лет спустя «Газет де Лозан» опубликовала о нем серию статей, написанных его бывшими друзьями. Вот выдержки из некоторых из них.

«Мы подшучивали над ним, будто он британский шпион. Ему нравились эти шутки, и он вступал в игру с сухим юмором. Как-то раз его спросили: «В самом деле, как ты зарабатываешь себе на жизнь?» Он спокойно ответил: «А вы разве не знаете? Я шпион». Так же он ответил молодой леди, которая сказала ему: «Алан, вы и в самом деле выглядите как шпион». Он ответил: «О, моя дорогая, это просто ужасно. От вас ничего нельзя скрыть».

«Как-то мы услышали, что швейцарская полиция задержала англичанина, они взяли его, когда тот работал на радиопередатчике. Им оказался Фут. И этот замкнутый человек — советский шпион? Гурман и любитель выпить, с которыми мы обедали, — любитель опасных приключений? Это было большой неожиданностью».

В отличие от других операторов советской разведки Фут работал в одиночку. Связники — мужчины и женщины — приносили ему сообщения для Москвы от Радо или других агентов. Сообщения, которые часто были написаны открытым текстом, надо было шифровать, и эта задача занимала у Фута больше всего времени. Передатчик Фута был встроен в пишущую машинку, которая внешне выглядела так же, как тысячи других. Он же устанавливал передатчики для других членов группы. Передатчик Эдмона Хамеля был спрятан за настенной панелью, у Маргарет Болли — в патефоне обычных размеров.

Хамель и Болли получали сообщения (которые в оригинале были написаны по-немецки) в уже зашифрованном виде, готовыми для передачи. Фут, напротив, писал их по-английски и шифровал сам. Часы для передачи всегда выбирались между полуночью и рассветом, они изменялись в зависимости от атмосферных условий и так, чтобы запутать контрразведку. Регулярно менялись длины волн и начальная группа знаков, которая указывает на имя передающего агента. В один день это было FRG, в другой EMX, потом ZSK и т. д.

Москва была полностью удовлетворена работой Фута, часто принимала его предложения и одобряла его «распорядок дня». В течение войны он был четыре раза награжден, ему присвоили звание капитана Красной Армии. В эти годы через руки Фута в среднем проходило восемь сообщений, многие из них достаточно длинные. В его монотонной работе заслуживает внимания один курьезный инцидент.

В августе 1941 года из Москвы пришло длинное сообщение, которое начиналось пометкой «vy RDO», что означало «очень важно». От обычных радиограмм оно отличалось уже тем, что было написано на плохом английском. Более того, его содержание совсем не соответствовало пометке «очень важно», там перечислялись правила разведывательной работы, хорошо известные каждому члену аппарата, например, никогда не передавать информацию, полученную «из наших источников», другим лицам, соблюдать правила конспирации и т. д.

«После утомительной ночной передачи, — вспоминал Фут, — я дважды просил Москву отложить часть этого сообщения на следующий день, но Центр отказался, и мне пришлось принять всю радиограмму целиком. В ту же ночь такое же сообщение пришло к Радо, и мы никак не могли понять его истинного значения, пока четыре года спустя, когда я был в Москве, мне все не рассказали. Оказалось, что оно было написано лично Сталиным после совещания в Генеральном штабе, которое проходило под его председательством. На нем обсуждали нашего Люци и его отличную работу. Было решено считать Люци надежным источником и использовать его информацию, хотя и с некоторыми предосторожностями. Так как Сталин лично диктовал это пространное сообщение, никто не осмелился сделать его вольный перевод, поэтому оно и было написано на ломаном английском, пометку «очень важно» тоже поставил сам Сталин».

Фут легко заводил друзей, но не был популярен среди советских агентов, а Радо и вовсе считал, что он британский агент, который получил задание внедриться в советский разведывательный аппарат. Радо и другим членам его группы казалось, что в продолжение всей его карьеры в Испании, Швейцарии и потом в Москве Фут находился на службе его величества. «У меня нет документов, чтобы доказать это, — говорил бывший член сети Радо, — но я уверен, что он английский агент».

Радо пытался отделаться от Фута и предложил устранить его. Однако Москва не согласилась, она хвалила Фута и продвигала его по службе. Почти все руководители швейцарской разведки были хорошо знакомы со всеми деталями его работы и не сомневались в том, что Фут — талантливый советский, а не английский агент. Тот факт, что после войны Фут оказался на маловажной и низкооплачиваемой работе, не связанной с британской разведкой, возможно, указывает на то, что швейцарская точка зрения была правильной.

В автономную группу Фута в военные годы входили еще две интересные личности — Макс Хабиянич и Анна Мюллер, оба ветераны коминтерновского подполья. Они тихо жили в Базеле, на германской границе, занимаясь своими делами, «сапожник» Макс подделывал паспорта, а Анна была связным агентом с Анри Робинсоном, Радо и другими.

В 1926 году Франц Вельти открыл в Базеле Хабиянича, полицейского служащего, который имел доступ к паспортам и другим документам. Хабиянич согласился поставлять «настоящие» швейцарские паспорта коммунистическому аппарату и делал это целых двадцать два года, до ареста в 1948 году. В сороковые годы его заработок составлял 150 швейцарских франков в месяц плюс 100 франков за каждый паспорт.

Хабиянич, проведший всю войну в нейтральной Швейцарии, так бы и не был разоблачен, если бы летом 1948 года в карманах таинственного человека, который скончался в Берлине «по неизвестной причине», полиция не обнаружила швейцарский паспорт на имя Робинсона. Расследование вскоре показало, как и кому был выдан в Базеле этот паспорт. Другие похожие паспорта были найдены в Париже и Берлине. Хабиянича арестовали, но в это время он был серьезно болен. Поэтому его скоро освободили, и судебное преследование против него было прекращено.

Никому из аппарата не разрешалось устанавливать прямые контакты с Хабияничем. Сообщения и документы шли через Анну Мюллер, ей также переводили деньги для Франции, Германии и прибывающих агентов. Никто не мог заподозрить эту тихую женщину, которой было уже за шестьдесят, в том, что она занимается нелегальной деятельностью и поддерживает тесный контакт с Анри Робинсоном в Париже, с другими агентами Коминтерна и с Футом в Лозанне. При финансовой поддержке Москвы она открыла для прикрытия частное агентство по найму рабочей силы.

Во Фрайбурге, по ту сторону границы, жил ее брат Генрих с женой, оба они активно работали в коммунистическом подполье. Зимой 1942/43 года, когда ее невестка заболела, Анна приехала во Фрайбург, чтобы ухаживать за нею, а потом благополучно вернулась в Базель. Через некоторое время после своего возвращения брат сообщил ей, что его жена снова нездорова.

Что произошло там за это время, Анна так и не узнала. Дом Генриха считался в Москве надежной явкой, паролем была стандартная фраза: «Я приехал от старой тетушки из Базеля». Настоящее имя «старой тетушки» и ее настоящий адрес давали советским парашютистам на случай несчастья с Генрихом Мюллером. Почтовая открытка с условным текстом, направленная Анне, помогла бы установить контакт.

Два советских агента, Эльза Ноффке и Вилли Бейтке, снабженные адресом Генриха Мюллера во Фрайбурге, в феврале были сброшены над Германией на парашютах. Директор радировал Футу, чтобы тот сообщил Генриху через его сестру Анну, что скоро прибудут Инга и еще один агент и привезут с собой коротковолновый передатчик. Ноффке и Бейтке были схвачены, и через них гестапо вышло на Генриха Мюллера и его жену, которые были арестованы и казнены.

В июне 1943 года Анна была вызвана во Фрайбург телеграммой, будто бы посланной ее братом. Ее схватили, переправили в Берлин и приговорили к смертной казни. Однако вмешалось швейцарское правительство, и приговор не был приведен в исполнение. После двух лет заключения Анна Мюллер вернулась в Швейцарию.

В редких случаях, когда руководство Коминтерна хотело что-то сохранить в секрете от коммунистических партий, использовались радиосредства военной разведки. Некоторые такие сообщения, подписанные Георгием Димитровым, председателем Коминтерна, и полученные через лозаннскую радиосеть в июне 1942 года, касались известного швейцарского «уклониста» Жюля Юмбера-Дро.

В молодые годы Юмбер-Дро был священником и вступил в социалистическую группу левого толка в конце Первой мировой войны. В 1921 году он присутствовал на третьем конгрессе Коммунистического Интернационала в качестве швейцарского делегата, был избран в рабочий секретариат и остался на десять лет в Москве как глава романского отдела, который курировал страны Европы и Америки, где говорили на французском, итальянском или испанском языках. В конце двадцатых, когда начал оформляться «правый уклонизм», Юмбер-Дро принял сторону Бухарина и Рыкова против Сталина, после чего, естественно, работа Юмберта-Дро в Москве пришла к концу. Понимая свое невыгодное положение, он вернулся в Швейцарию в 1931 году, и это решение спасло ему жизнь. Так как его правый курс в руководстве швейцарской партии вызывал недовольство Москвы, он был заменен с ее благословения Карлом Гофмайером. В декабре 1941 года Юмбера-Дро убрали из высшего руководства партией, а в 1943-м исключили из ее членов. Однако Гофмайер не совсем подходил для своего нового поста. Во время войны он пустился в финансовые махинации вместе с богатым швейцарским промышленником Шаувеккером, который поставлял в Германию желатин и чьи деловые интересы определили прогерманское направление в работе коммунистической партии. Через несколько лет это вызвало скандал, который до основания потряс коммунистическую партию.

Руководство Коминтерна начало собирать информацию о Гофмайере, и у него возникла идея поручить Юмберу-Дро (это было еще до исключения его из партии) следить за Гофмайером и тайно доносить на него. Чтобы связаться с Юмбером-Дро и обойти Гофмайера, Димитров послал радиограмму Футу через аппарат военной разведки. Фут получил указание встретиться с Юмбером-Дро лично и передать просьбу Коминтерна собрать информацию о политическом курсе партии.

«На следующий день, — писал Юмбер-Дро, — я снова встретился с Футом и передал ему телеграмму для Димитрова. В ней я писал, что, заменив меня в руководстве партии на Гофмайера, за подобной информацией ему следует обращаться к самому Гофмайеру. Я предупредил Фута, что обязан сообщить Гофмайеру о телеграмме. Фут посоветовал мне не делать этого, сказав, что послание Димитрова носит личный характер».

Приняв Фута за русского, Юмбер-Дро сделал ему в свою очередь интересное предложение, которое могло оказаться важным для советской разведки. Юмбер-Дро поддерживал связь со многими политическими друзьями, которые жили в городах у германской границы — Шаффхаузене, Роршахе, Крейцлингене, Констанце, Зингене. В некоторых случаях граница проходила по городу, одна часть которого принадлежала Германии, а другая — Швейцарии, и люди из швейцарской части каждый день пересекают границу по пути на работу. В тех местах, по словам Юмбера-Дро, Фут мог найти швейцарских рабочих и инженеров, которые согласились бы собирать информацию о германской военной промышленности, передвижениях войск и вообще о немецких внутренних делах.

Фут сообщил об этом предложении Москве. Советские органы действовали быстро и решительно, но здесь они задумались на четыре месяца. Сначала от него отказались только потому, что оно исходило от Юмбера-Дро. Потом дело представили на рассмотрение Сталину, который утвердил его.

Однако предложение не было осуществлено. На следующий день после встречи с Футом Юмбера-Дро арестовала швейцарская полиция, хотя и по другой причине. Он провел в заключении шесть месяцев и был освобожден в декабре 1942 года. В начале 1943 года его исключили из коммунистической партии. Через несколько месяцев он присоединился к социалистам.

ГРУППА ПАКБО

Под именем Пакбо скрывался Отто Пюнтер. Его служба была высоко оценена руководством в Москве, не раз Директор называл Пакбо одним из лучших агентов в Швейцарии и выражал ему свою благодарность. Однако, в отличие от Радо, Дубендорфер или Хамелей, Пюнтер никогда не был членом коммунистической организации. В юности он принадлежал к швейцарской социалистической партии и стал журналистом-социалистом, когда в Швейцарии, как и повсюду в мире, разгорелась борьба между социалистами и коммунистами.

Пюнтер принадлежал к поколению, для которого фашизм, нацизм и франкизм представлялись большим злом, чем коммунизм. Не будучи коммунистом, он был готов принять сталинизм и пойти на службу к советскому правительству, лишь бы только это помогло поколебать диктатуру реакционных сил. Швейцария, которая была соседкой Италии и имела значительное итальянское население, внимательно следила за возвышением Муссолини. В середине двадцатых годов большое число итальянцев эмигрировало в Швейцарию, чтобы бороться с ним из-за границы. Среди них был Рандольфо Пачарди, член послевоенного кабинета Гаспери, присоединившийся к Пюнтеру в его широкой кампании в прессе, которая была успешной, особенно на первых порах.

На этой стадии активности Пюнтера возникла организация, которая стала известной в системе советского шпионажа под именем «группы Пакбо». Она состояла из пяти или шести товарищей Пюнтера, которые жили в стратегически важных городах вдоль границы и были готовы собирать для него информацию, используя свои контакты за рубежом.

За несколько недель до съезда нацистов в Нюрнберге в 1938 году из Германии приехал человек, чтобы установить контакты с местными антифашистскими кругами, и предложил план — бросить бомбу на съезд и таким образом уничтожить все нацистское руководство. Он вошел в контакт с группой Пакбо, но членам группы показалось, что это агент гестапо, и они передали его швейцарской полиции. После десятичасового допроса он сознался и выдал все детали своего замысла.

Испанская война стала еще одним испытанием для антифашистов. Как и Пачарди, Пюнтер поехал в Испанию и присоединился к республиканцам и некоторое время работал с Альваресом дель Вайо, тоже антифашистом, даже более убежденным, чем он сам. Чтобы помочь республиканской Испании, Пюнтер совершил несколько рискованных поездок в Геную, Рим и Неаполь за информацией об отправке итальянских войск и военного снаряжения в помощь Франко. Агентам советской разведки, которые работали в окружении Пачарди в Испании, Пюнтер, спокойный и похожий на буржуа, казался очень подходящим человеком для вербовки. С его прочной репутацией социал-демократа в Швейцарии и хороших связях в дипломатических, военных и правительственных кругах, Пюнтер был бы полезнее дюжины преданных коммунистов, изолированных от политического мира, всеми подозреваемых и не имеющих доступа к информации.

К концу гражданской войны в Испании, когда руководство советской разведки приступило к восстановлению и обновлению шпионской сети в Западной Европе, Пюнтер вернулся в Берн. В начале 1940 года из Гренобля приехал советский агент, который назвался Карло и попытался уговорить его. Пюнтер вспоминает:

«Мужчина, который представился как Карло, но не назвал своего настоящего имени, знал все о моей деятельности в Испании, потому что сам работал там на советскую разведку. Он предложил мне сотрудничать. Я ответил: «Я социал-демократ и осуждаю советское нападение на Финляндию, я также осуждаю советско-германский пакт». Но мой отказ, однако, не был окончательным, потому что я видел нарастающую мощь нацистской Германии.

В течение того же года Карло дважды приезжал ко мне, и оба раза я избегал давать ему определенный ответ.

В январе или феврале 1941 года я узнал от членов голлистской группы Сопротивления, что немецкая дивизия, расквартированная в Бресте, переводится на Восток. Это был явный признак того, что готовится наступление на Россию, и я сказал об этом Карло. В это же время я дал согласие работать на советскую военную разведку, добавив, что буду также продолжать сотрудничество с французским Сопротивлением и с мистером Солтером из британской разведки».

Карло познакомил Пюнтера с Радо, и, с согласия Москвы, Пюнтер вступил в его группу и активизировал свои источники информации и связи. Он увеличил число своих агентов за счет швейцарцев, живших в городах, расположенных вблизи германской и австрийской границ. (Группа получила название «Пакбо», по первым буквам названий городов: Понтрезина, Арт Голдау, Крейцлинген, Берн, Орселина.) И он сам тоже называл себя Пакбо как внутри аппарата, так и в корреспонденции с Москвой. В интересах своей новой службы Пюнтер поддерживал широкие связи со швейцарским генеральным штабом, особенно с его разведывательной службой, от которой получал ценную информацию о военных делах за границей. Понимая, что Пюнтер работает на советскую разведку, ND старалась помочь ему, так как это соответствовало политике генерала Гизана во время войны.

Кроме того, он использовал «католические связи» с Германией. От одного священника из католического монастыря во Фрейбурге Пюнтер получил в сентябре 1942 года пространный документ, содержащий данные о предстоящем германском наступлении на Сталинград. Он зашифровал его и переслал для передачи в Москву по радио. Другая «католическая линия», которую называли «Лилли из Ватикана», была связана с Италией, и Пакбо, как гражданин нейтральной Швейцарии, сделал несколько рискованных поездок в Рим, чтобы наладить связи.

В те времена в Швейцарии работало два французских органа: один, официальный, представлял прогерманское правительство Виши, а вторым была голлистская миссия, связанная с западными союзниками. Однако голлисты в Цюрихе поддерживали контакт с официальной французской миссией в Берне, и обильная информация шла из Германии в Виши, потом в Берн, из Берна к голлистам и, в конце концов, в Лондон. Некоторые французские коммунисты из голлистской группы, конечно, скорее предпочли бы работать на Москву, чем на Лондон. Наиболее активным из них был Жорж Блюн (Длинный), делившийся многими сведениями с Пюнтером. В то же время Джон Солтер использовал Пюнтера для связи с Алленом Даллесом, руководителем разведки Соединенных Штатов в Швейцарии, так же как и со швейцарскими операторами британской разведывательной службы. Дипломатический мир в Берне также служил для Пюнтера источником информации. Однажды он даже использовал для нужд советского аппарата китайские радиосредства. Это случилось примерно в конце 1943 года, когда Радо пришлось скрываться, а члены его группы были арестованы, и очень важно было сообщить Директору об этих событиях. Пюнтер уговорил пресс-атташе чанкайшистского представительства в Берне передать по радио сообщение в Чунцин. Зашифрованное сначала Пюнтером в советском коде, оно было перешифровано в китайском коде и благополучно достигло кабинета Директора.

Примерно в конце апреля 1941 года Пюнтер узнал, что в соответствии с информацией швейцарского генерального штаба нападение Германии на Россию назначено на пятнадцатое июня. Он доложил об этом Радо. Тот недоверчиво отнесся к сообщению и спросил, из какого источника получены сведения, на что Пюнтер ответил просто: Рудольф Ресслер, беженец из Германии. Немного позже Ресслер сообщил, что ввиду задержки с подготовкой нападение отложено до двадцать второго июня.

За три месяца до Сталинградской битвы Пюнтер сообщал в Москву о сомнениях и колебаниях германских генералов:

«*Директору*. Через Пакбо из Берлина. Серьезные расхождения в верховном командовании рейхсвера в отношении операций на южном участке восточного фронта. Превалирует мнение, что наступление в направлении Сталинграда бесполезно и что успех кавказской операции сомнителен. Гитлер настоял на наступлении на Сталинград, его поддержал Геринг. *Дора*. 12 августа, 1942».

Как всегда, Москва долго переваривала информацию, и только двадцатого октября от руководства разведкой пришло требование дать дополнительную информацию:

«*Доре*. Доклад Пакбо о расхождениях в Генеральном штабе по поводу операций на восточном фронте представляет интерес. Он должен дать детальную информацию, насколько ухудшились отношения между отдельными группами и кто туда входит. На чем основывается вывод о возможности открытого конфликта? *Директор*».

Когда Фут и его группа почувствовали опасность, Директор приказал принять меры, которые обеспечивали бы непрерывную работу аппарата, и среди наиболее важных агентов назвал Пюнтера.

«*Доре*. Приготовьте резервные места для тайных встреч с Розой, Пакбо, Джимом и Сиси на случай, если они не смогут продолжить работу в группе. Сообщите Джиму о том, что случилось с вами, попросите его быть очень осторожным при встречах, сами проявляйте осмотрительность при передаче ему сообщений. Имейте в виду, что работа вашей группы в настоящее время для нас важнее всех других, вы должны делать все, чтобы продолжить работу. 31 октября 1942. *Директор*».

В июне 1943 года Директор начал готовить Пюнтера к новому, более высокому посту, ему в помощники дадут радистку с псевдонимом Роджер.

«*Доре*. Радиооператор наиболее важная фигура для организации. С нашей точки зрения, если Роджер подходящая кандидатура, то он должен быть подготовлен только для группы Пакбо. Подумайте, как это лучше сделать, и дайте нам знать ваше мнение и предложения. *Директор*. 20 июня 1943 года».

Одно время группа Пакбо безошибочно узнавала, где Гитлер проводит ночь, — место его ночлега не всегда совпадало с местом дислокации его штаб-квартиры. Сын одного консервативно настроенного австрийца, который жил недалеко от швейцарской границы, был призван в германскую армию и прикреплен к передвижному штабу Гитлера в качестве радиотехника. Не понимая всего значения того, что он делает, молодой человек почти каждую ночь вызывал по радио свою семью на волне определенной длины, чтобы сообщить, где находится. Его отец, у которого накопилось много таких радиограмм, не мог перенести их через границу из Фельдкирхена, поэтому он или кто-то из его друзей закопал их в условленном месте близ Дорнбирна. Один из людей Пюнтера откопал их и на их место положил продукты и деньги для австрийцев. В течение некоторого времени Москва имела информацию о всех передвижениях Гитлера.

Когда в 1943 году швейцарская сеть оказалась на грани краха из-за отсутствия средств, Пюнтер при помощи Александра Абрамсона из Международной организации труда и некоторых друзей связался с несколькими богатыми швейцарскими промышленниками, которые либо симпатизировали России, либо надеялись получить крупные заказы после окончания войны. Им туманно намекали, что нужны деньги, «чтобы помочь Москве», и все долги, естественно, будут возвращены. Эти операции принесли значительные суммы. Радо получил около 30 тысяч франков, на которые выдал расписки, подписанные вымышленным именем. Часть этой суммы была собрана Абрамсоном в Женеве, 85 тысяч франков пришли от Пюнтера.

Ни одного франка из этих денег не было возвращено после окончания войны, а индустриальные магнаты не получили ни одного русского заказа. Некоторые из кредиторов просто списали долги разведывательных агентств, однако другие настаивали на возврате денег, обвиняя Пюнтера в своих потерях. Как только в октябре 1946 года советско-швейцарские отношения были установлены, Пюнтер встретился с советским представителем Анатолием Кулаченковым и понял, что тот хорошо информирован о состоянии этого дела. Кулаченков не отрицал, что деньги, собранные группой Пакбо, были одолжены советскому аппарату. Однако он сказал: «Официально я ничего не знаю. Если об этом деле мне будет говорить кто-то другой, а не вы, я буду все решительно отрицать».

Пюнтер пытался снова и снова. Прижатый одним из кредиторов, он заключил с ним сделку: долг, но в меньшем размере, будет выплачен лично Пюнтером ежемесячно мелкими суммами.

Через несколько лет после войны, когда советская разведка попыталась воскресить свой аппарат в Швейцарии, один из членов семьи Карла Гофмайера предложил Пюнтеру возобновить сотрудничество. Пюнтер, очень раздраженный, ответил, что не желает иметь никаких контактов с советской разведкой.

В 1948 году на конференции социалистических издателей Пюнтер рассказал о своей работе в качестве советского шпиона. И что было характерно для того времени в Швейцарии, большинство присутствующих издателей отказались поверить этой «фантастической истории».

КОНЕЦ ШВЕЙЦАРСКОЙ СЕТИ

Как и в большинстве других стран, между военной контрразведкой и федеральной полицией существовали антагонизм и соперничество, и иногда они мешали друг другу. В то время как военные власти под руководством генерала Гизана поощряли сотрудничество с агентствами Советского Союза, полиция старалась подавить всякую нелегальную деятельность в Швейцарии, особенно секретную радиосвязь с зарубежными странами.

Москва не была склонна ограничивать свою деятельность только разведкой за рубежами Швейцарии, хотя и понимала, что швейцарские власти терпят советский шпионаж до поры до времени, да и то поневоле.

В сентябре 1941 года в сообщении Директору от Радо говорилось о швейцарской зенитной артиллерии. Тринадцатого сентября 1942 года Москва потребовала от Радо детального доклада о швейцарской армии — о ее численности, оснащении и т. д. Через некоторое время такой доклад был послан. Десятого мая 1943 года Директор передал Радо: «Ваше сообщение об орудии системы Керна очень важно. Узнайте, поставлено ли это орудие на вооружение швейцарской армии. Какие заводы изготовляют его и в каких количествах?» Было еще много запросов и ответов по поводу швейцарских военных дел.

Используя радиопеленгацию, но действуя раздельно, немецкие и швейцарские органы контрразведки пытались определить места расположения радиопередатчиков. Они перехватывали радиограммы, но в большинстве случаев не умели расшифровать их и поэтому не могли узнать, от какого агента исходит этот длинный ряд цифр: советского, британского или какого-то другого.

Немцы работали также через Германа Генселера, бывшего служащего Международной организации труда в Женеве, который вместе со многими другими был уволен в 1939 году по сокращению штатов. Когда швейцарская полиция приказала Генселеру покинуть страну (у него не было видимых источников дохода, поэтому он вызывал подозрение), германский консул взял его на работу, и ему было позволено остаться. Тем временем абвер нашел некоторые ниточки, которые вели к передатчику Маргарет Болли, и Генселеру было поручено заняться этим делом. В октябре 1942 года Генселер приказал юному парикмахеру из Женевы Гансу Петерсу сблизиться с Болли, и вскоре тот занял место стареющего Радо. Обо всем, что Петерс узнавал от Болли, он докладывал Генселеру. После войны в германском консульстве была найдена книга, которую Радо использовал как основу для шифровки, но Болли утверждала, что никогда не знала о настоящих намерениях Петерса и Генселера.

Швейцарская полиция перехватила зашифрованные радиопередачи и открыла передатчики Болли и Хамеля, посчитав, что это работают немецкие шпионы. Так как борьба с германским шпионажем во время войны считалась первостепенной задачей, полиция приступила к арестам членов группы Радо без консультаций с руководством армии.

Члены советского аппарата не подозревали о надвигающейся буре. В домах операторов на короткое время отключали электрический ток — это было составной частью метода поиска передатчиков. Маргарет Болли заметила нескольких полицейских, которые лезли на крышу дома, чтобы проверить, есть ли там антенна. Встревоженный, Радо послал десятого октября 1943 года радиограмму Директору:

«Судя по наблюдениям Розы, дом, где находится ее квартира, взят под наблюдение политической полицией. Хотя я не думаю, что эти меры приняты в связи с Розой, в качестве предосторожности я временно запретил ей работать. Если мы не заметим ничего другого, то возобновим ее работу ночью 16 октября».

Тремя днями позже, тринадцатого октября, во время радиопередачи был арестован Эдмон Хамель. Маргарет Болли схватили в то же время на квартире у Ганса Петерса. Стараясь сделать работу как можно лучше, полиция задержала заодно полковника Мейера из контрразведки, который служил офицером связи с британской и французской разведками. Возмущенный генерал Гизан потребовал немедленного освобождения задержанных.

И в самом деле, полковник Мейер был освобожден через три дня. Но это было все, чего мог добиться генерал.

После ареста Хамеля и Болли стало ясно, что скоро будут задержаны и другие члены группы. Радо запросил через Солтера, дадут ли англичане ему политическое убежище, и положительный ответ был быстро получен. Двадцать шестого октября 1943 года Радо через Лондон направил в Москву с помощью Фута радиограмму следующего содержания:

«Так как ситуация становится все больше и больше неблагоприятной и существует опасность развала сети из-за действий полиции, я предлагаю войти в контакт с англичанами и продолжать работу под их прикрытием.

Второго ноября пришел ответ, весьма характерный для руководства советской разведки:

«1. Ваше предложение найти убежище у англичан и работать оттуда совершенно неприемлемо. В этом случае вы и ваша организация утратите самостоятельность.

2. Мы обеспокоены вашей тревожной ситуацией и собираемся привлечь известного американского адвоката со связями в Швейцарии. Этот человек может оказать вам помощь. Немедленно сообщите, можете ли вы как-то продержаться два-три месяца или где-то укрыться. Получив ваш ответ, мы устроим поездку адвоката.

3. Кто, кроме вас, в организации находится в опасности? Как ситуация с Сиси и Пакбо? Получили ли радисты обвинительное заключение?

Сейчас мы больше всего нуждаемся в сотрудничестве с группой Люци, и надеемся, что это станет возможным, как только ваша личная ситуация, так же как и Джима, прояснится.

4. Мы просим вас успокоиться и делать все, что необходимо для вашей безопасности, восстанавливая свою способность к работе».

В то же время Директору стало известно, что Радо связался без его разрешения с англичанами и получил их согласие. Он сделал Радо строгий выговор, что говорило о том, как мало Москва понимала обстановку в Швейцарии:

«*5 ноября. Директор Доре:*

1. Ваш контакт с Картрайтом без нашего разрешения является беспрецедентным нарушением дисциплины. Наша оценка ситуации в вашей организации и перспективы продолжения работы с Люци приводят нас к выводу о том, что контакты с англичанами не являются необходимыми. Мы повторяем: это невозможно для нас.

2. Вы должны немедленно отменить это неприятное дело и все переиграть. Одновременно позаботьтесь о безопасности Джима, чтобы часть важной информации от Люци могла пройти через него. Немедленно пришлите объяснения по поводу ваших непонятных действий и дайте свои предложения».

Через несколько дней Радо возобновил свои просьбы, настаивая на переходе «под крышу» англичан: таким образом он вел бы работу из здания, обладающего статусом экстерриториальности и решил бы финансовые проблемы группы Люци.

Ответ Москвы сводился, в сущности, к одному: ваши доклады об опасной ситуации в Швейцарии инспирированы британской разведкой, а сами вы не что иное, как их послушный инструмент в их руках:

«*14 ноября 1943. Директор Доре.* После тщательного изучения ваших сообщений мы склонны думать, что вся эта история выдумана — по причинам, которых мы не понимаем до конца, — некоторыми агентами британской разведки в Швейцарии. Они, очевидно, не понимают всей серьезности современных событий для союзников. Поэтому мы считаем, что ни вы сами, ни другие не подвергаются сейчас серьезной опасности. Нам известно ваше умение быстро и правильно оценивать политическую обстановку, и мы уверены, что вам удастся найти выход из сложной ситуации и удержаться на боевом посту в этот исторический момент последних дней войны...

Работа с группой Люци должна быть продолжена во что бы то ни стало. Вы должны собрать для немедленной передачи информацию от Люци через Джима. Кроме того, необходимо без задержки установить новые радиостанции».

Ответная радиограмма была послана семнадцатого ноября:

«Лучший способ помочь нам — отпустить меня и Марию в посольство союзников, пока не стало слишком поздно. До сих пор нет адреса для получения денег. Мы совсем без средств.

Ваш упрек в том, что я нарушил дисциплину, явился для меня тяжелым ударом. Но обстановка такова, что мне приходится оставаться в укрытии. Делаю такое предложение: дальнейшая работа в настоящее время возможна только в том случае, если вы пойдете на риск, чтобы Джим продолжал свою деятельность».

«Ваши предложения верны», — ответил ему Директор двадцать восьмого ноября. Он еще не знал, что за восемь дней до этого Джим, последний из радиооператоров, был арестован, и связь с Москвой окончательно прервалась.

Радо жил, скрываясь у своих друзей-коммунистов. Москва ничего не делала для того, чтобы подключить к работе новых радистов. Директор прекрасно понимал, что работа остановится, если не будут поступать деньги, но ровным счетом ничем не помог самой ценной своей агентурной сети.

Ночью двадцатого ноября 1943 года полиция арестовала Фута в тот момент, когда он передавал радиограмму в Москву. Захватив передатчик Фута и располагая кодом Радо, швейцарская полиция в течение короткого времени пыталась провести радиоигру с Москвой. Лейтенант Морис А. Трейер сделал первую передачу в этой игре. Уже потом, когда Фут был в Москве, ему сообщили, что сразу же разгадали трюк, потому что сообщения, посланные будто бы Футом, были написаны по-немецки шифром Радо, в то время как предыдущие радиограммы Фута всегда шли на английском языке его личным кодом. Швейцарские офицеры не могли знать советских правил изменения кодов, в соответствии с которыми оператор старым кодом предупреждает Центр о том, что переходит на новый. Но этого оказалось мало, и, чтобы проверить радиооператора, Москва девятого декабря 1943 года задала несколько вопросов:

«Сообщите, когда вы в последний раз видели Поля и как часто вы с ним встречались с начала октября».

В радиограмме от восьмого января 1944 года:

«Насколько нам известно, Пакбо никогда не слышал о Поле. Как он тогда мог узнать об его аресте?»

В то же время Директор проявляет удивительную неосторожность и в этих же радиограммах обсуждает с Люци денежные дела и другие вопросы. Его послания фиктивному Футу представляли большой интерес для швейцарской полиции, но радиоигра скоро закончилась.

С исчезновением со сцены обоих — Радо и Фута — настало время Пауля Бетхера и Рахели Дубендорфер (Сиси) взять на себя швейцарскую сеть. Но все обернулось неудачно, и эра Сиси не была отмечена успехом.

Пауль Бетхер в начале тридцатых годов был известным германским коммунистом, прошел через старую социал-демократическую партию и через «Союз Спартака», но находился в оппозиции к КПГ.

Его гражданская жена, полька по национальности, Рахель Гаспари, разделяла с ним все превратности судьбы. Убежав вместе с Бетхером из нацистской Германии в Швейцарию, Рахель вступила в фиктивный брак со швейцарским гражданином по имени Дубендорфер. Скоро она смогла снабдить Бетхера паспортом своего законного мужа.

Бетхер и Рахель поступили на службу в советскую разведку в 1937 году. До этого они жили в бедности. Теперь их положение, как известных оппозиционеров, открывало им доступ к источникам информации, закрытым для коммунистов, полиция также считала их безвредными. Другими членами ее семьи, которые тоже стали агентами, был ее зять, французский капитан Жан-Пьер Вижье, и ее кузен Вальтер Флюкигер.

В тридцатые годы Сиси была членом коммунистической ячейки в Международном отделе труда Лиги Наций, что предоставляло известную дипломатическую защиту, например право пересечения границы без таможенного досмотра.

Сначала Пауль и Сиси работали на Радо в качестве источников информации, но в конце 1942 года были приняты в аппарат, когда оккупация Швейцарии казалась неминуемой и потребовалась запасная группа агентов. Восьмого октября 1942 года от Директора поступила радиограмма, написанная высоким стилем:

«Дорогая Сиси. В этот трудный час мы напоминаем вам о вашей службе старого бойца. Во время нашей борьбы со злейшим врагом человечества каждый должен прилагать все усилия, чтобы делать для общего дела все, что в его силах. В случае германского вторжения вам придется выполнять особую задачу. Вы должны выучить код и получить все инструкции от Альберта (Радо). Вам часто придется выполнять нелегкую работу, но мы уверены, что вы приложите всю свою энергию для выполнения этой задачи».

Прошло более года, прежде чем Рахель дали настоящее задание. Однако, когда настало это время, она уже знала главные источники информации. У нее был налажен контакт с Ресслером, Пакбо тоже был готов помочь ей, и ее передатчик, еще не использованный и неизвестный полиции, был в полном порядке. Больше того, множество источников информации, работающих под разными условными именами — Курц, Диана, Герцог, Любовь и другие, — еще не были разоблачены. Они жили в Швейцарии и за рубежом и могли помочь Сиси создать внушительную агентурную сеть.

Однако у Сиси не было средств. Швейцарская коммунистическая партия выделила 75 тысяч франков, но больше не могла оказывать помощь. Возможности получить деньги из частных фондов были исчерпаны, а промышленников, которые уже одолжили денег, спрашивать во второй раз было бесполезно.

Энергичные полугодовые действия Сиси с целью возобновить работу швейцарской сети кончились неудачей. Главной причиной ее неудачи были не полиция и не нацистские шпионы, а советский бюрократизм и личная враждебность среди руководства советской разведки.

Среди коллег Рахели по МОТ были сорокалетние Александр Абрамсон (Исаак) и Гермина Рабинович, они были двоюродными братом и сестрой и политическими единомышленниками, то есть коммунистами. Они выполняли разовые поручения для сети Радо, но не были ее постоянными агентами. В 1940 году Гермина Рабинович эмигрировала в Монреаль, где работала в отделении МОТ до начала войны. Хромая и вынужденная передвигаться с костылем, она не подходила для конспиративной работы, как и ее кузен Абрамсон, который оставался в Женеве.

Стремясь отыскать способ связаться с главным штабом советской разведки, Рахель не могла найти ничего лучшего, как использовать кружной канал Женева—Монреаль—Оттава—Москва.

Случай с Дубендорфер очень характерен для работы советского разведывательного аппарата — швейцарская сеть, которая имела особо важное значение, не знала ни имен, ни адресов французских коммунистов, которые могли бы связаться с советским посольством в Лондоне, не знала имен надежных людей, которых можно было бы послать курьерами в Стокгольм. У нее не было резервных радиопередатчиков или каких-либо других средств для восстановления связи. Сама Москва не брала на себя инициативу и не спешила налаживать новые каналы.

Рахель попросила Гермину обратиться в советское посольство в Оттаве и найти способ запросить денег для швейцарской группы. Письма Рахель, подписанные во избежание подозрений именем Абрамсон, были посланы по почте МОТ, которая не подвергалась цензуре. Но нетерпеливая Сиси послала Гермине еще и телеграммы весьма странного содержания, которые швейцарские и канадские цензоры наверняка прочитали и, возможно, скопировали. Первая телеграмма Рахели пришла Гермине в декабре 1943 года, через несколько недель после того, как в Швейцарии прошла первая серия арестов.

Не являясь штатным агентом, Гермина не могла знать правил установления контактов с персоналом военной разведки в посольстве, она ни с кем не была знакома и не знала пароля. Вместо всего этого, она просто спросила «советника». Принятая советником Тункиным, она рассказала ему о Сиси и о том, что та просит средств. Ее слова звучали странно и вызывали подозрения. Какие были действительные намерения у этой говорящей по-русски женщины, которая явилась без предварительной договоренности с такими поручениями шпионского толка? «Это был очень неприятный разговор, — вспоминала потом Гермина, — и я, разозленная, ушла прочь».

Но за этим ничего не последовало. О сообщении Гермины не было даже доложено в ГРУ в Москве.

Тем временем Рахель послала Гермине письмо по каналам МОТ. Используя по-детски прозрачный код, она повторяла свою просьбу денег:

«Около двух недель назад Сиси послала тебе телеграмму. Сообщи нам, как ты сходила к родителям Гизель (ГРУ в Оттаве). Мое здоровье прекрасно (я могу продолжать). Альберт (Радо) болен (скрывается) и, может быть, оставит свою профессию (разведку) на долгое время, он прикован к постели. Отношения с Люци (Ресслером) хорошие, она очень милая женщина. Семья Гизель (ГРУ) по некоторым причинам больше ею не интересуется (не посылает средств), хотя до этого времени оказывала ей поддержку. Ситуация у Люци улучшилась (он имеет новую информацию). Положение Сиси печально. Пожалуйста, сообщи родителям Гизель (ГРУ в Москве), что они должны отправить ей 6700 долларов».

Гермина получила это письмо в марте 1944 года и переслала его Тункину в посольство в Оттаве. А Тункин передал его Виталию Павлову, шефу ГБ в Канаде, второму секретарю посольства. Теперь возникло новое препятствие на пути между Женевой и Москвой — соперничество между ГБ и военной разведкой. Павлов и Заботин, шефы этих двух агентств, были, разумеется, смертельными врагами, и вместо того, чтобы обратиться к расположенному рядом органу, Павлов запросил Москву, что ему делать с Рахель—Герминой. Московская ГБ ответила, что она не «их человек», а агент военной разведки. Павлов даже не потрудился поставить своего коллегу в известность об этом обмене информацией с Центром.

Между тем Гермина телеграммой сообщила Рахели о своей неудаче в посольстве. Рахель ответила письмом, которому потребовался целый месяц, чтобы попасть в Канаду:

«Я получила твою телеграмму от 23 января 1945 года. Пожалуйста, сообщи родителям Гизель (ГРУ в Канаде), что она просит передать на Знаменку, 19 (адрес ГРУ), что Сиси жива (на свободе) и работает, как и прежде, с Люци. Люци хочет сменить персонал (радиооператоров), но кончились средства. Альберт (Радо) болен и не интересуется бизнесом (не может принимать участия в разведывательной работе). Для работы Сиси семья Гизель должна перевести 10 000 долларов. Перевод может быть сделан самой Герминой через Нью-Йорк с помощью мистера Хельмарса (Уильям Хелбейн, владелец часовой компании в Нью-Йорке)».

Гермина снова послала письмо Тункину, и снова тот передал его Павлову в ГБ. Это было в середине апреля.

Только теперь Павлов посоветовал помощнику Заботина Мотинову подумать о Рабинович. С ней связались по телефону и предупредили, что она не должна больше ни писать, ни звонить и что через пару недель человек от Гизели найдет ее сам. Она была удовлетворена и этим.

Но даже когда Директор выделил фонды, он не нашел лучшего способа перевести деньги, как использовать Гермину, которая работала на любительском уровне. И только в июле 1944 года Гермина наконец получила 10 тысяч долларов, которые она вручила Уильяму Хелбейну. И лишь в ноябре отделение Хелбейна в Женеве выплатило советской сети 28 тысяч швейцарских марок.

Все это время разведывательная работа постепенно свертывалась. Весной 1944 года Рахель Дубендорфер, Пауль Бетхер и Рудольф Ресслер были арестованы. Хотя Рахель была скоро отпущена, а Ресслер освобожден через три месяца, сеть оказалась почти парализованной.

«Британские шпионы» стали навязчивой идеей советских разведывательных служб во время войны с Германией. Это было частью нездоровой ментальности, исходящей из Кремля и присущей не только ГБ и ГРУ, но и всем более мелким службам. Ни один из агентов не мог быть застрахован от подозрений в том, что он тайно работает на Лондон.

Рахель Дубендорфер не была исключением. Даже если бы не было никаких других доказательств, ее полупрозрачных писем в Канаду было бы достаточно, чтобы Москва заподозрила ее. Но в 1945 году, когда дело Рахель расследовалось советскими властями в Женеве, на письменный стол к Директору попал другой документ. В то время ее истинная роль еще не была известна швейцарцам, как и ее связи с Рудольфом Ресслером. Ее особый интерес к политической информации о Германии не мог для них служить доказательством ее просоветской активности. Она с таким же успехом могла работать и на западную разведку, и швейцарцы едва ли стали бы ее преследовать в этом случае. И то обстоятельство, что они этого не делали, бросало на нее подозрение в связях с британской разведкой.

Рассказывая эту историю офицерам, проводившим дознание, Рахель не могла предвидеть всех ее роковых последствий. Случилось так, что ее защитник, адвокат, симпатизирующий Советскому Союзу, как-то забыл портфель в офисе своего друга. Ночью документы из портфеля были сфотографированы Пьером Николем, и фотографии были пересланы в Москву. Теперь дознаватели в штабе Директора имели в руках «признания» Сиси и сказали Александру Футу, что та призналась в работе на англичан.

На процессе швейцарского военного трибунала, который состоялся двадцать второго — двадцать третьего октября 1945 года, присутствовали только двое из четырех обвиняемых. Пауль Бетхер бежал в Восточную Германию и обосновался в Лейпциге, Рахель Дубендорфер, которую обвиняли только в том, что она передала Бетхеру паспорт мужа, тоже предпочла не явиться лично. Бетхер и Рахель были заочно приговорены к двум годам заключения. Рудольф Ресслер, наиболее интересный из обвиняемых, не мог отрицать своей активности, но старался произвести впечатление, что он вовсе не коммунистический, а профессиональный наемный шпион. Он был признан виновным, но суд учел его заслуги перед Швейцарией и отпустил без наказания.

Сиси некоторое время жила за границей, оттягивая поездку в Москву для «доклада». Летом 1947 года она исчезла из виду, ее друзья и родственники так и не смогли отыскать ее. Нет никаких сомнений в том, что она была арестована и тайно осуждена в России.

В августе 1944 года, когда немцы ушли из Парижа, появились русские представители, и с ними подполковник Новиков. Была восстановлена радиосвязь с Москвой. Из швейцарского подполья вышли Александр Радо и его жена, они появились в Париже и рассказали о несчастной судьбе их группы в Швейцарии. Радо доложил, что каждый член их группы теперь известен полиции, служба контрразведки находится в состоянии тревоги и всякая попытка возобновить активность обречена на провал. Новиков тут же направил этот документ Директору.

Прежде чем Москва приняла решение по делам швейцарской сети, Александр Фут, освобожденный из заключения в сентябре 1944 года, тоже появился в Париже, чтобы установить контакт с советской военной миссией.

Не зная о том, что Радо присутствует в Париже, Фут встретился с Новиковым и передал ему оптимистическое сообщение для Директора: почти все источники информации сохранены. Люци настроен хорошо, и, так как тайные радиостанции не могут больше работать со швейцарской территории, он имеет план разместить их во французском городе Анмасс, около швейцарской границы.

Директор, одобряющий в целом этот оптимистический проект, решил, однако, разобраться, почему возникло такое разногласие между двумя агентами. Были ли они по-настоящему преданы делу или ими руководили какие-то антисоветские побуждения? Возникли подозрения, и московские власти решили провести следствие. Новиков в Париже приказал отправить обоих агентов в Москву разными самолетами, чтобы не дать им возможности договориться между собой. Однако, когда это распоряжение пришло в Париж, Новикова там уже не было, и его преемник, не зная об этих разногласиях, поместил обоих в один и тот же самолет, запретив по пути обсуждать там существо дела.

Это было в январе 1945 года, война все еще продолжалась, и маршрут из Парижа в Москву проходил через Египет и Иран. Прибыв в Каир, Радо и Фут остановились в одном отеле. И здесь впервые они встретились с глазу на глаз. Фут рассказал своему коллеге о своих докладах в Москву, о работе в Швейцарии, о финансовых трудностях. Радо сразу стало ясно, в какое положение он попал. Он понял, что не сможет противостоять серьезным обвинениям против него и его «финансовой политики». Его отношения с англичанами и архивы, попавшие в руки полиции, могут быть обращены против него. Он понял, что Москва может предъявить ему серьезные обвинения. И он ушел из номера отеля и исчез. Фут в одиночку продолжил путь в Москву.

Чтобы использовать в своих целях возвращение Радо, советское правительство информировало британцев в Египте, что дезертир Красной Армии Игнатий Куличер (паспорт на такое имя был выдан ему военным атташе во Франции для поездки в Москву) скрывается в Египте и должен быть насильно выдан в соответствии с существующей договоренностью. Англичане согласились с этим требованием, но когда Радо был найден и арестован, он отказался вернуться в Россию. Он сказал, что он венгр. Из Москвы был командирован офицер, чтобы добиться выдачи дезертира. В конце концов Радо был переправлен в Москву помимо его воли. Он прибыл в Москву летом 1945 года.

Несмотря на то что Фута неоднократно допрашивали по поводу Радо, он так его и не видел в Москве. И ему даже не сообщили, чем закончилось для Радо закрытое судебное заседание. Ни Фут, ни те, кто работал вместе с Радо, не сомневались, что он был приговорен к смерти и казнен. Было военное время, и военная коллегия, которая судила агентов ГБ и военной разведки, выносила особо строгие приговоры. В 1947 году Элен Радо, которая все еще считалась лояльной сталинисткой, написала Юджину Варге, известному московскому экономисту и тоже венгру, интересуясь судьбой мужа. Через некоторое время ей официально сообщили, что Радо заключен в «исправительный трудовой лагерь» в России. Но, судя по тому, что до нее никогда не доходили письма от мужа, можно было понять, что ответ советских властей был только попыткой заставить замолчать жену Радо и предотвратить всякие откровения с ее стороны. Если в этом заключались намерения Москвы, то она добилась успеха. Чтобы не усугублять положения Радо, его жена, разочарованная и уволенная из просоветской Международной федерации профсоюзов, отказалась от всяких публичных заявлений.

Фут оставался в Москве более двух лет. Сначала он был под подозрением и, хотя жил в хорошей квартире, постоянно подвергался допросам, как своего начальника Веры, так и самого Директора. Их вопросы часто говорили о том, что они плохо разбираются в иностранных делах. Суждения этих интеллектуальных вождей советской разведки и их оценка работы швейцарских агентов часто были попросту абсурдны. Шефы были уверены, что все болезни швейцарской группы объяснялись интригами британской разведки. Они считали, что англичане всеми доступными методами старались снабдить Красную Армию фальшивой информацией.

Положение Фута стало более благоприятным из-за бегства Радо и продолжало улучшаться в ходе расследования. И в самом деле, доказательств его связей с британской разведкой не было, и его финансовые отчеты тоже были приняты. Но когда, наконец, прибыл Радо, в истории этих двух агентов началась самая мрачная глава, борьба не на жизнь, а на смерть. Они не встречались лицом к лицу, но сопоставлялись их заявления и взаимные обвинения, проверялись факты и счета, анализировались их сообщения за последние два года. Каждый из них знал цену ставки, и оба они были беспощадны в своих высказываниях.

«Меня никуда не вызывали, — вспоминал Фут, — но ко мне приходили многие люди, чтобы задать вопросы и обсудить политические проблемы. Казалось, что их целью было составить мнение о моей личности. Скоро я понял, как следует отвечать на их вопросы, каждый ход союзников следовало расценивать как враждебный по отношению к Советскому Союзу. Например, когда англичане подарили Сталину автомобиль, я говорил, что они сделали его таким, чтобы его можно было легко отличить от других и в случае необходимости взорвать на мелкие куски».

В конце концов Фут был оправдан. Ему не сказали, что произошло с Радо. После того как с него было снято подозрение в том, что он являлся британским шпионом, к нему вдруг потеряли интерес. «Стало очевидным, — говорил он, — что раньше, когда во мне видели секретного агента Лондона, они испытывали ко мне большее уважение».

Увидев все это своими глазами и пройдя через горнило жесткого расследования, Фут был измождён и охладел к советскому делу. Однако он понимал, что ему нелегко будет выйти из игры и одного неосторожного вопроса будет достаточно, чтобы навсегда закрыть для него все границы. Только просоветское рвение и особая преданность могли освободить его из плена. Он предложил, чтобы его снова послали агентом на Запад. Хотя это выглядело естественным, главным препятствием было то, что Фут «засветился» и его личность, отпечатки пальцев и весь облик были хорошо знакомы контрразведкам разных стран. Согласно советским правилам, такой агент не может быть использован за границей, пока не пройдет пяти лет.

Именно в это время (конец 1945-го и начало 1946 года) разразился канадский скандал. Последовали массовые аресты, обвинения и отзывы агентов из-за границы. Директор и Вера были убраны в мае 1948 года. Когда пыль немного улеглась, пришлось использовать каждого подходящего человека, чтобы закрыть брешь. Футу, которого переподготовили для разведывательной службы за границей, сказали, что он поедет в Мексику. У него были все основания полагать, что его объектом станут Соединенные Штаты.

Попав в Берлин по пути в Западное полушарие в марте 1947 года, Фут основал временную резиденцию в советском секторе города. В августе 1947 года, после почти десятилетней службы в советской разведке, Фут перешел из Восточного в Западный Берлин и явился к англичанам.

Руководители британской разведки сначала проявили недоверие. Более двух месяцев Фута держали в одиночном заключении в Англии. Это был парадокс. Подозреваемый своими русскими коллегами в том, что он являлся британским шпионом, Фут многие годы подвергался различным проверкам и был вынужден доказывать свою искреннюю преданность советскому делу. Теперь он попал под подозрение в том, что будто бы является агентом советской разведки, действия которой направлены против Британии.

В октябре 1947 года был проведен судебный процесс над советскими шпионами военных лет в Швейцарии, на котором в качестве подсудимых были чета Радо, Фут, оба Хамеля и Болли. Ни чета Радо, ни Фут не появились в зале суда, и на скамье подсудимых сидели только второстепенные агенты. Эдмон Хамель, который собрал передатчик и тайно работал на нем, заявил судье, что даже не знал, что именно передавал. Его спросили, с какой целью он построил коротковолновую радиостанцию. «Я страдаю синуситом, — ответил он без тени улыбки, — и построил радиоаппаратуру, чтобы вылечиться». — «Зачем же вы тогда прятали ее под полом в вашей комнате?» — «Я должен был подчиняться законам, запрещающим коротковолновые станции в Швейцарии», — последовал его ответ.

Подсудимые, присутствовавшие на суде, получили короткие сроки. Эдмон Хамель — один год, его жена Ольга — семь месяцев и Маргарет Болли — десять месяцев. Радо и Фут, главные фигуры, получили заочно по пять лет.

Глава 6
«КРАСНАЯ КАПЕЛЛА» В ГЕРМАНИИ

ГРУППА ШУЛЬЦЕ-БОЙЗЕНА—ХАРНАКА

Двадцать второго июня 1941 года, когда все официальные советские учреждения готовились к отбытию, не оказалось никого, кто в достаточной мере мог бы заменить существовавшие в Германии органы советской разведки. В отличие от советских нелегальных органов в Бельгии, Голландии, Франции и Швейцарии, секретная сеть в Германии была плохо организована. Там не было ни одного опытного резидента, который мог бы взять руководство на себя, когда Кобулов, Эрдберг и Шаханов выключили свои коротковолновые радиостанции, сожгли бумаги и покинули столицу, возбужденную ожиданием «эпохальных побед».

То, что Кобулов и Шаханов оставили после себя, напоминало скорее эмбрион, чем налаженную сеть. В своих лихорадочных поисках преемников они смогли отыскать лишь небольшое число старых коммунистов, которые жили в условиях полуизоляции, некоторых разбросанных по стране пассивных и потому неизвестных полиции советских агентов и немногих юных энтузиастов, которые были бы счастливы войти в существующее подполье. Советские дипломаты в течение последних месяцев имели достаточно времени для того, чтобы представить своих ближайших друзей друг другу и распределить между ними несколько радиостанций. Но когда они уехали, это дело так и не было доведено до конца. После их отъезда осталась наскоро сформированная группа, которую абвер позже назвал «Красной капеллой». Иногда ее также называют группой Шульце-Бойзена—Харнака.

Арвиду Харнаку, когда началась война с русскими, было сорок лет. Его дядя, Адольф Харнак, являлся известным христианским историком, а отец, профессор Отто Харнак, был крупным авторитетом в области истории литературы. Другие члены семьи занимали важные правительственные посты.

Вскоре после окончания Первой мировой войны, когда в Германии возникли сильные националистические настроения, молодой Харнак вступил в одну из крайне правых группировок. Спустя несколько лет он отвернулся от националистических тенденций и к середине двадцатых годов стал марксистом и остался верным своим новым взглядам до конца жизни. Склонность к наиболее экстремальным программам и партиям была характерна для личности Харнака. Образование не изменило взгляды этого прямого и скромного человека.

В 1927 году Харнак на два года ездил в Соединенные Штаты, в корпорацию Рокфеллера, чтобы изучать экономику и историю социалистических и коммунистических движений в Америке.

В 1931 году, при поддержке советского посольства в Берлине, несколько молодых немецких интеллектуалов, среди которых был и Харнак, основали просоветское пропагандистское общество «Изучение плановой экономики» (сокращенно «Арплан»). Духовным наставником этого общества являлся Сергей Бессонов, который сначала был сотрудником торгового представительства, а потом стал советником советского посольства в Берлине.

Советские интересы в основании и поддержке «Арплана» были теми же самыми, что и обычно в таких случаях — привлечь на свою сторону группу влиятельных молодых людей. Шпионаж не являлся главной целью, хотя сбор информации для Москвы и вербовка агентов никогда не исключались. Среди примерно тридцати пяти членов общества всего пять или шесть человек были коммунистами, остальные проявляли известную симпатию к левым движениям, приветствовали сотрудничество Германии с Россией, некоторые из них считали, что следует идти за Лениным, а не за «космополитом» Марксом. Среди коммунистических членов было несколько выдающихся личностей в дополнение к самому Харнаку. Это социолог и китаист Карл Август Виттфогель, философ Георг фон Лукач, экономист Рихард Оринг и некоторые другие. Председателем был профессор Фридрих Денц, а секретарь — Арвид Харнак.

Поворотной точкой в жизни Харнака стала «ознакомительная поездка» двадцати четырех членов «Арплана» в Россию в 1932 году, организованная Бессоновым. В контактах с официальными советскими лицами в Москве были отмечены его преданность и способности, и перед его возвращением в Берлин он был принят коммунистическими лидерами Отто Куусиненом и Иосифом Пятницким. У Харнака прямо спросили, готов ли он работать для советского правительства. Он дал согласие.

«Тайная работа для коммунизма стала смыслом жизни для этого фанатика», — говорил Рейнгольд Шенбрунн, один из друзей Харнака. Когда Гитлер пришел к власти и «Арплан» прекратил свое существование, возможность продолжать секретную службу для Советов была единственной причиной того, что Харнак остался на родине.

В 1933 году Арвид поступил на работу в министерство финансов. Для этого было несколько причин. По своей работе в качестве эксперта по советской и американской экономике ему приходилось поддерживать постоянные контакты с советским посольством, поэтому никто не задавал ему лишних вопросов. Престиж Харнака в министерстве экономики был высок, никто не сомневался в его лояльности, он достиг высокого положения старшего советника. После заключения советско-германского пакта в 1939 году он был послан в Москву в качестве члена германской торговой комиссии.

Выдающимися качествами Харнака были осторожность и неукоснительное соблюдение правил конспирации. В отличие от своих будущих сподвижников, он никогда не совершал необдуманных поступков, никогда не шел на ненужный риск и никогда не изменял себе. Своим сослуживцам так же, как и всем знакомым, Харнак казался солидным, добросовестным и верноподданным немецким чиновником. Позже его судьи и даже гестаповские следователи хорошо отзывались о нем. Однако его кузен Аксель, хотя и высоко ценил его, рисовал более реалистическую картину, в которой немалое место занимали его коммунистический пыл и боевой дух: «Арвид отличался острым умом, он много думал, любил дискуссии и умело вел их. Его отличительной чертой была твердость, больше того, он был склонен к сарказму, особенно когда вел спор с человеком, стоящим ниже его по своему положению. Он был очень честолюбив, хотя его самоуверенность основывалась на общепризнанных успехах».

Милдред Фиш, американка, преподаватель литературы, на которой Арвид женился, когда был в Соединенных Штатах, была его верной спутницей. Политически пассивная, она интересовалась только литературой и языками, переводила американские романы на немецкий язык и читала курс американской литературы в Берлинском университете. Позже, в тюрьме, она перевела на английский язык поэмы Гете. Литература была ее истинным призванием, и только под влиянием мужа она вошла в контакт с коммунизмом и советской разведкой. Она восхищалась мужем, его умом, его профессиональными и научными достижениями. Аксель фон Харнак писал о ней: «У Милдред был ясный, светящийся взгляд, густые светлые волосы обрамляли ее лицо, своей привлекательностью она завоевывала все сердца. В ней все говорило об ее благородстве. Ее открытость сочеталась с особой простотой одежды и всем образом жизни».

Харро Шульце-Бойзен, второй руководитель этой группы, отличался от Харнака во многих отношениях, но происхождением он не уступал своему ученому коллеге. Он вырос и получил воспитание в крайне консервативном монархическом кругу, среди людей, которые нравственно и политически были враждебны всяким проявлениям нацизма. Одним из его предков был адмирал фон Тирпиц. Отец Харро, Эрих Шульце, был офицером флота в годы Первой мировой войны, а во время Второй мировой войны служил начальником штаба германского командования в Голландии. В семнадцать лет Харро стал членом антинацистской молодежной организации «Юнгдойчер Орден», потом стал склоняться к левым движениям. В свои университетские годы в Берлине, когда шла жестокая борьба между враждебными крайними движениями, он отказался примкнуть и к коммунистам, и к нацистам. Эту позицию Шульце-Бойзен сохранил и в будущем.

Газета «Гегнер», с которой был связан молодой Харро, была закрыта в начале 1933 года. Сам Харро был арестован и пострадал, попав в руки гестапо. Освобожденный через три месяца стараниями матери и знакомых, он стал ярым врагом нацизма. Сначала он поступил в авиационную школу, потом изучал иностранные языки и наконец стал офицером разведки в министерстве военной авиации Геринга.

В 1936 году Харро женился на Либертас Хаас-Хейе, внучке принца Филиппа Эйленбергского. В числе многочисленных друзей ее семьи был сам Герман Геринг.

Либертас играла важную роль в деятельности «Красной капеллы» в годы войны и была одной из тех, кто принял ее тяжелый конец. Живая, очаровательная, склонная к приключениям, она помогала Харро в его политической и разведывательной деятельности, не совсем понимая грозившую им опасность. В глубине души она свято веровала, что они выйдут невредимыми из этой битвы. «Она была не просто красавицей, — вспоминал ее адвокат Рудольф Безе, — она была настолько неотразима, что после ее ареста был издан приказ, чтобы на ее допросах всегда присутствовали два офицера».

Шульце-Бойзен примкнул к коммунистическому движению, хотя и не объединялся с остатками КПГ. Он начал разведывательную работу в пользу Советов в 1936 году, когда передал информацию о деятельности германской разведки в испанской войне[1]. Очень показательно, что первый акт сотрудничества Шульце-Бойзена с советским правительством был связан с интернациональным делом, в котором коммунизм якобы объединился с западными державами.

В предвоенные годы Шубо (как называли Шульце-Бойзена) был окружен группой из пяти или шести друзей, которые позже активно работали в «Красной капелле», а сам Харро стал их духовным вождем. «Я предсказываю, что не позже 1940—1941, — писал он родителям одиннадцатого октября 1938 года, — а может быть, даже следующей весной начнется мировая война, за которой последуют классовые бои в Европе. И я уверен, что первыми в новой войне пострадают Австрия и Чехословакия».

Как политический лидер, Шульце-Бойзен был внутренне противоречив. Очень сильный человек, неразборчивый в выборе средств борьбы, фанатический противник Гитлера, готовый сотрудничать с любым антинацистским деятелем или группой, он едва ли мог вместиться в железные рамки коммунистической партии. Он обладал пытливым умом и был слишком эмоционален и непостоянен для того, чтобы стать послушным «аппаратчиком». Харнаку, уравновешенному марксисту, для которого идеологические проблемы были решены раз и навсегда, Шульце-Бойзен представлялся большим путаником. Сравнивая Шульце-Бойзена с другими членами «Красной капеллы», Александр Крелль, председатель трибунала 1942 года, так выразил свое впечатление: «Шульце-Бойзен — открытый авантюрист, умный и изобрета-

---

[1] Из доклада гестапо 21 декабря 1942 года: «Как офицер министерства военно-воздушных сил, он имел доступ к информации о деятельности, направленной против республиканского правительства. С помощью своей жены он передал через Гизелу фон Пельниц предупреждающее письмо в советское посольство в Берлине. В результате под Барселоной были приняты меры против действий, планируемых правительством Франко».

тельный, но импульсивный, не признающий запретов, безжалостный, стремящийся к превосходству над своими друзьями, честолюбивый фанатик и врожденный революционер».

С началом войны 1939 года Шульце-Бойзен, теперь полностью сложившийся в политическом отношении, вступил в последний и наиболее активный период своей жизни. Он видел в войне не только катастрофу, но и начало конца нацизма. Несмотря на пакт, заключенный между Берлином и Москвой, он все свои надежды возлагал на Россию.

В роковой день первого сентября 1939 года группа германских интеллектуалов, среди них и Шульце-Бойзен, встретилась в частном доме в Грюневальде. Другой участник встречи, Гуго Бушман, оставил нам следующее описание:

«Стройный офицер военно-воздушных сил (Шульце-Бойзен), возрастом чуть больше тридцати, с худым лицом и полными жизни и энергии голубыми глазами, был самой интересной персоной в этом грюневальдском кружке писателей, артистов и художников. Они отмечали не какой-то праздник, а начало войны. Что за иллюзии были у этих людей! Все они были уверены, что надвигается конец Третьего рейха, многие из них верили, что он очень близок, — в любой момент они ожидали воздушного налета англичан на Берлин. Только офицер люфтваффе, чья челюсть дрожала при одном упоминании о нацистах, не был согласен, однако не хотел подрывать их веру. Мелкий буржуа Гитлер неизбежно обречен на падение, но этого будет не так легко добиться.

В целом Шульце-Бойзен не питал большого доверия к Англии, и политика Чемберлена отвратила его от этой страны. Он не считал, что Англия способна противостоять Гитлеру, и обратил все свое внимание на Восток. «Не ожидайте британских бомбардировщиков на первой стадии войны, — говорил он, — их страна слишком слаба, освобождение — это работа для русских, а не для англичан. Я выразил свое неодобрение по поводу пакта Гитлера со Сталиным, но Шульце-Бойзен не согласился со мной. Для него пакт казался умным маневром — когда настанет время, русские ударят и окажутся победителями».

В течение первой стадии войны (1939—1941 годы) Шульце-Бойзен расширил круг своих друзей. Он вошел в контакт со старыми коммунистами и офицерами разведки в советском посольстве. Тогда-то и сформировалась «группа сопротивления», которая впоследствии получила название «Красная капелла». Вокруг Шульце-Бойзена собралась группа людей, готовых пойти гораздо дальше чисто политической оппозиции. Он встретил преданного и послушного рабочего-металлиста Ганса Коппи, Иоганна Грауденца, старого бойца КПГ, бывшего редактора газеты «Роте фане» Иоганна Зига и некоторых других. Одним из наиболее известных людей в этой группе был знаменитый писатель и театральный режиссер Адам Кукхоф, близкий друг Арвида Харнака. Человеку другого поколения, Кукхофу в то время было за пятьдесят лет. Как и многие люди из мира искусства, он был неустойчив в своих политических симпатиях, и некоторые из его ранних романов отражали настроения германского национализма. Теперь, однако, он писал для «Красной капеллы» листовки прокоммунистического духа. Его жена Маргарита, которая служила в расовом управлении и переводила «Майн Кампф» на английский язык, была коммунисткой и помогала Кукхофу в его антинацистской работе.

Незадолго до начала войны против Советской России Шульце-Бойзен был представлен Александру Эрдбергу в советском посольстве в Берлине. Шульце-Бойзен был одним из трех человек, отобранных и утвержденных для того, чтобы возглавить разведывательный центр в Берлине на случай войны. Двое других были Арвид Харнак и Адам Кукхоф. Показательно — и фатально, — что ни один из них не был настоящим аппаратчиком с опытом подпольной работы, не был знаком с секретной радиотехникой и кодами или реальными партийными делами, всякого рода отклонениями, взглядами и чистками. В этом отношении немецкая разведывательная сеть существенно отличалась от аналогичных групп за рубежом, которыми руководили прошедшие прекрасную школу Леопольд Треппер, Сукулов и Александр Радо. Эту группу характеризовали любительство, наивность и «салонный коммунизм». С другой стороны, им был присущ горячий энтузиазм и фанатизм и бо́льшая преданность делу, чем у их зарубежных коллег.

Александр Эрдберг вручил Харнаку кодовую книгу и обучил его искусству шифровки. Шульце-Бойзен и Коппи получили уроки передачи и приема радиосообщений. В мае и июне 1941 года Эрдберг передал несколько раций Коппи и Кукхофу и перед отбытием оставил своим берлинским операторам 15 тысяч марок.

Однако установить регулярную связь с советской столицей не удалось, но несколько сообщений, составленных и зашифрованных Харнаком, все же попало в Москву. Одно из них касалось германских военных воздушных сил, другое — передвижения немецких армий вдоль Днепра, в третьем были данные о размещении ремонтных заводов в Финляндии. Но в целом новый разведывательный аппарат не был удовлетворительным в техническом отношении. В июле 1941 года, когда немцы наступали почти беспрепятственно, частые перерывы в связи между Москвой и Берлином имели катастрофические последствия.

В то время, когда эти сообщения попали в Москву, Эрдберг был уже в московском разведывательном центре. Там были приняты два важных решения. Первое — направить из Брюсселя в Берлин опытного Виктора Сукулова, «малого шефа». Второе — срочно подготовить группу агентов, обучив их разведывательной деятельности и работе на радиостанциях, и сбросить их на парашютах в Германию. Сукулову было приказано: 1) встретиться с Кукхофом, используя имя Эрдберг в качестве пароля; 2) через Кукхофа войти в контакт с Арвидом, Харро (Шульце-Бойзеном) и Либертас; 3) передать информацию о четырех других членах берлинской группы[1]; 4) направить курьера в советское посольство в Стокгольме и советское торговое представительство в Турции; 5) сделать необходимые приготовления для приема советских парашютистов; 6) позаботиться о неисправных рациях группы Харро и наладить нормальный обмен сообщениями.

Путешествуя как уругваец Висенте Сьерра, Сукулов пересек границу с группой иностранных рабочих, направляющихся в Германию. Приехав в Берлин, он вошел в контакт с Шульце-Бойзеном и Харнаком. Их встреча в Тиргартене, состоявшаяся в конце октября 1941 года и «прикрытая» двумя женами, Либертас и Милдред, стала началом тесного сотрудничества. Сукулов получил пачку сообщений, которые не могли быть переданы из Берлина. Он отремонтировал рации и передал им еще одну. Сукулов согласился с тем, что если снова случится перебой в передачах, то сообщения можно переправлять в Брюссель, откуда их передадут в Москву. Адам Кукхоф, у которого были родственники в Ахене, мог бы в этом случае действовать как курьер.

Перед отъездом из Берлина Сукулов встретился со скульптором Куртом Шумахером и его женой Элизабет, чтобы наладить прямую связь с Москвой через голову берлинской группы. (Хотя Шумахер много лет оставался в бездействии, он, как убежденный коммунист, перед войной сам предложил советским органам свои услуги.) Наконец, Сукулов нашел Курта Шульце, который закончил московскую школу радистов и был ветераном коммунистического подполья, и передал ему код для связи с Москвой. Он предназначался исключительно для передачи сообщений Рудольфа фон Шелиа из германского министерства иностранных дел.

---

[1] Итальянец (лейтенант Вольфганг Хавеман, племянник Харнака), Штральман (Ганс Коппи), Лео (Скрипжинский) и Карл (Беренс).

Теперь дела пошли лучше. Связь наладилась, и большинство сообщений шло прямо из Берлина в Москву, но объем информации сильно возрос, и некоторую ее часть приходилось передавать через другие сети. Радиооператор Ганс Коппи улучшил свою работу после того, как Курт Шульце, эксперт в области радио, дал ему несколько уроков. Сначала передатчик был установлен дома у Коппи, а потом на квартире у танцовщицы Оды Шотмюллер. Потом графиня (по браку) Эрика фон Брокдорф предоставила в распоряжение радистов свои апартаменты.

С самого начала возможности сбора информации намного превышали технические мощности группы. Занимая должность офицера разведки в министерстве военной авиации, Шульце-Бойзен сам находился вблизи источника важной информации. Его друг, полковник Эрвин Герц, служил в том же министерстве, в отделе, который, кроме других дел, занимался «секретными миссиями» в России. Старший советник Харнак добился высокого положения и доверия в министерстве экономики. Молодой студент Хорст Хайльман, бывший нацист, а теперь большой поклонник Шульце-Бойзена, работал в дешифровальном отделе вермахта. Герберт Голльнов, лейтенант контрразведки военно-воздушных сил, регулярно получал информацию о мерах против шпионажа, которые принимало верховное командование армии. Он мог также вовремя предупреждать о заброске парашютных десантов за линию советских войск. Иоганн Грауденц, достигший шестидесятилетнего возраста и ранее работавший корреспондентом «Юнайтед пресс» в Берлине и Москве, теперь стал продавать автомобильные запасные части. Через свои связи с инженерами министерства авиации, которые были клиентам его фирмы, он получал данные о выпуске самолетов в Германии и передавал их своему другу Шульце-Бойзену. Драматург Гюнтер Вайзенборн пошел на работу в радиовещательную компанию с намерением вести разведывательную деятельность. Он бывал на секретных совещаниях и получал регулярную информацию о всевозможных событиях из правительственных источников. Анна Краузе, предсказательница судьбы, имела большое влияние на некоторых своих клиентов — Эрвина Герца, Иоганна Грауденца и других. От своих не причастных к политике посетителей — офицеров и бизнесменов — она узнавала интересные факты. Другие информаторы этой разведывательной группы добывали сведения из министерства пропаганды Геббельса, министерства иностранных дел, министерства труда, администрации Берлина, Берлинского университета и большого числа других официальных и неофициальных учреждений.

На основе информации, собранной из разных источников, берлинский аппарат, который стал самой выдающейся шпионской группой всех времен, передавал сотни сообщений прямо в Москву или туда же через Брюссель. Согласно германским властям, двадцать наиболее важных сообщений содержали такую информацию:

Стратегические планы германского высшего командования в конце 1941 года отложить наступление на Кавказ на весну.

Передвижение и переброска войск и авиационных частей и решение высшего командования только окружить Ленинград, но не оккупировать его.

Предполагаемые парашютные десанты, с указанием точного времени и места.

Предполагаемые атаки на морские конвои, направляющиеся из Британии в Россию.

Изменения в германской внешней политике, основанные на докладах из министерства внешних дел.

Политическая оппозиция нацизму в Германии.

Напряженность в германском высшем командовании.

Размеры германских воздушных сил в момент нападения на Советский Союз.

Ежемесячный выпуск самолетов.

Обстановка с сырьем в Германии.

Расположение германских штабов.

Серийное производство самолетов в оккупированных странах.

Концентрация химического оружия в Германии.

Потери германских парашютных войск на Крите.

Диспозиция воздушных германских сил на Восточном фронте.

Потери в воздушных силах (периодические доклады).

Передвижения германских войск вдоль Днепра.

Технические данные нового «мессершмитта».

Независимо от «Красной капеллы» на советскую разведку работали несколько человек, они посылали сообщения, используя свои возможности. Наиболее важными из этих одиночных агентов были Ганс Куммеров и Рудольф фон Шелиа.

Ганс Генрих Куммеров, известный инженер и изобретатель, с конца двадцатых годов принимал участие в движении рабочих корреспондентов, когда промышленный шпионаж в Германии был главной задачей советской разведки. Работая в немецкой авиационной и военной промышленности, он часто передавал советским агентам описания своих изобретений и патентов, особенно в области радарной техники и химического оружия. Однако Куммеров не имел рации и не мог самостоятельно передавать сообщения. До войны это делали для него официальные советские лица, а когда началась война, Москва решила прислать ему радиста. Тот был выброшен с парашютом с русского бомбардировщика над Германией и был арестован при приземлении. Он выдал Куммерова и его жену. Оба они были казнены в 1943 году.

Другим важным источником информации был Рудольф фон Шелиа из министерства иностранных дел. Он держался в стороне от коммунистических и полукоммунистических группировок, не поддерживал никаких контактов с организацией Шульце-Бойзена и Харнака, чтобы обеспечить себе безопасность, если это только вообще возможно для шпиона. Если бы не возникала потребность в радисте, Шелиа и его жена, Ильза Штебе, могли бы работать долгое время, может быть, даже до окончания войны. Однако летом 1941 года Сукулов получил из Москвы приказ установить контакт с Ильзой в Берлине. Он передал группе радиооператора, Курта Шульце, ветерана КПГ и лучшего радиоспециалиста в коммунистическом подполье Берлина, и, как говорили, снабдил его особым кодом для передачи сообщений Шелиа.

Как много материала передал Шелиа с этого момента, так и осталось неизвестным. «Размеры предательства Шелиа, — отмечало гестапо после его ареста, — не могут быть установлены». Похоже, что со временем пожилой дипломатический советник начал бояться и работал с неохотой. Уже не было ни советского посольства в Берлине, ни советских разведчиков, которые могли бы побудить его к деятельности. Сообщения Шелиа после июня 1941 года были неудовлетворительными. Вот почему было решено применить такие меры убеждения, которые в обычных условиях можно было бы назвать шантажом. Чтобы решить дело с Шелиа, в Берлин был послан специальный курьер. Это был Генрих Кенен, сын известного коммунистического лидера и члена рейхстага, человек, которому Москва полностью доверяла. Кенен был сброшен с парашютом. Его главным аргументом была расписка Шелиа в том, что он получил в феврале 1938 года в швейцарском банке 6 тысяч 500 долларов.

Но ни главный штаб разведки в Москве, ни Кенен, не знали, что сообщение Сукулова 1941 года, в котором шла речь о Штебе и Шелиа, было расшифровано абвером из-за предательства радиооператора Германа Венцеля. Ильза Штебе была арестована гестапо, а в ее квартире курьера ждала засада. Кенена схватили, и он оказался более сговорчивым, чем Ильза. Шелиа и Штебе предстали перед судом и были приговорены к смерти. Их обоих казнили двадцать второго декабря 1942 года.

Вместе с разведкой «Красная капелла» вела широкую политическую работу. В нескольких учебных группах, которыми руководили Иоганн Зиг, профессор Вернер

Краус, доктор Иоганн Риттмейстер, Вильгельм Гуддорф и сами Шульце-Бойзен и Харнак, обсуждали вопросы войны и международные дела, говорили о неизбежности поражения нацистской Германии. Листовки, которые писали лидеры группы и размножали ее участники, подкладывали в поезда, телефонные будки или отправляли по почте по избранным адресам. Кукхоф адресовал свои листовки «людям умственного труда и рабочим», призывая их не сражаться против России.

Иногда листовки наклеивали на стены домов в Берлине. Одна из них называлась «Нацистский рай» как бы в ответ на выставку, которая в то время проходила в Берлине и называлась «Советский рай». Другая носила название «Как долго еще?». Во всех таких пропагандистских материалах содержался призыв защищать Советский Союз. Верная иностранная политика выражалась лозунгом «Понимание с Соединенными Штатами, альянс с Советским Союзом!».

С советской точки зрения одновременное занятие коммунистической пропагандой и шпионской деятельностью было крупной ошибкой берлинской группы. Это оказалось фатальным для многих десятков людей и в первую очередь для самого Шульце-Бойзена, который был совершенно непригоден ни для какого вида подпольной деятельности. Было почти чудом, что его не схватили раньше. Одетый в военную форму, с револьвером в руке, он «прикрывал» молодых людей, которые по ночам расклеивали листовки, а через несколько часов он составлял сообщение в Москву о передвижении германской армии, потом шел встречать советских парашютистов и т. д.

«Как-то ночью, — рассказывал друг и сосед Шульце-Бойзена доктор Бушман, — Харро вломился в нашу квартиру в состоянии крайнего возбуждения. Он только что узнал и сообщил об этом в Москву, что на британский морской конвой, идущий в Россию, готовится нападение. Шульце-Бойзен имел возможность предупредить Москву и сделал это, теперь волновался, придет ли его сообщение вовремя.

Иногда я пытался урезонить Харро, он был очень неосторожен. На вечеринках, которые устраивали в Берлине, он появлялся в военной форме и рассказывал потрясающие новости о своем министерстве, военных операциях, расстрелах военнопленных и тому подобное. Эти элегантные дамы и словоохотливые господа болтали до рассвета, не понимая, насколько опасно поддерживать с ним отношения».

Но тогда, в 1941—1942 годах, было не до того, чтобы строго соблюдать дисциплину.

КОНЕЦ ГРУППЫ ШУЛЬЦЕ-БОЙЗЕНА—ХАРНАКА

Война достигла кульминации под Сталинградом, когда большая берлинская организация «Красной капеллы» была раскрыта и разгромлена после четырнадцати месяцев энергичной деятельности. То, что ей удалось работать так долго в военное время буквально на глазах у беспрецедентно сильной полиции да еще постоянно нарушая правила конспирации, граничило с чудом. Ее падение, которое было следствием многих случаев, стало неотвратимым. Гестапо и абвер шли с разных направлений к одной и той же точке.

Поиск таинственных агентов с коротковолновыми передатчиками начался почти за год до арестов. С июля 1941 года станции радиоперехвата в Германии принимали радиограммы, которые дешифровальные отделы так и не смогли прочитать. В декабре 1941 года, когда в Брюсселе были арестованы первые советские агенты, в руках немцев оказалось более ста двадцати закодированных сообщений, но так как все арестованные, кроме Риты Арнольд, отказывались давать показания, а она не знала кодов, то никакого прогресса не было достигнуто. Весной 1942 года абверу удалось расшифровать часть записанных радиограмм, и его тревога усилилась. Москве сообщали о предстоящем германском наступлении на Кавказе, приводились данные о потреблении горючего армией, о размерах военно-воздушних сил, о германских потерях и т. д. Наконец в одном из расшифрованных сообщений встретились три имени и адреса.

В это же время была схвачена вторая группа в Брюсселе. Ее радиооператор, «профессор» Герман Венцель, в конце концов сломался, выдал код и вдобавок к этому много других сведений. Теперь власти смогли прочитать радиограмму от 29 августа 1941 года, адресованную Виктору Сукулову в Брюссель: «Пройдите по трем адресам в Берлине и выясните, почему так часто прерываются радиопередачи». Далее следовали адрес Адама Кукхофа и указание на то, кто такой Харро и Арвид Харнак.

Поначалу опытные полицейские проявили недоверие, расследование гестапо заняло несколько недель. Тридцатого августа 1942 года Шульце-Бойзен был тихо арестован у ворот здания министерства военной авиации. Либертас взяли двумя днями позже. Харнака схватили третьего сентября на летнем курорте и доставили в Берлин.

Полицейская операция велась в условиях строжайшей секретности. Коллегам Харро в министерстве сказали, что он уехал на место нового назначения. Министерство экономики, где работал Харнак, продолжало еще несколько месяцев начислять ему жалованье. Министр Функ так ничего и не знал до того дня, когда казнили Харнака. До самого конца нацистского рейха ни в прессе, ни по радио не было сделано ни единого намека на это дело. Дальнейшие аресты последовали с большой быстротой. Еще до ареста Шульце-Бойзена полиция подслушивала его телефонные разговоры и смогла в начале сентября схватить всю руководящую группу, равно как и ее участников с меньшим статусом. Хорст Хайльман из шифровального отдела был арестован пятого сентября, Коппи, Грауденц и Кукхофы — двенадцатого. Скоро число арестованных перевалило за сотню.

Расследование вели следователи гестапо Панцингер и Коппков, специалисты по коммунистическому подполью. Группенфюрер Мюллер лично докладывал Гиммлеру о ходе следствия. Гестапо применяло разные методы, чтобы получить признание арестованных. В некоторых случаях было достаточно угрозы, что возьмут его жену и детей, в других случаях задержанному давали ложное обещание, что сохранят ему жизнь. Продолжительные допросы, яркий свет, кандалы — все это помогало подавить обвиняемого и парализовать его волю. В некоторых случаях применялись пытки[1].

Среди других членов группы Шульце-Бойзена—Харнака, которые согласились назвать гестапо имена и факты, была Либертас. Эта аристократическая молодая женщина, по-детски оптимистичная и наивная, поверила, что ей сохранят жизнь, если она согласится быть свидетелем обвинения на процессе против всех остальных. Обещание, разумеется, было чистым обманом, в немецких законах и судопроизводстве нет такого понятия, как свидетель обвинения. Либертас заговорила и предала как себя, так и своих друзей. В своих показаниях в сентябре 1948 года Адельхейд Эйденбенц, бывшая секретарь доктора Редера, отмечала, что «обвиняемые были осуждены главным образом на основе показаний Либертас Шульце-Бойзен. Фрау Шульце-Бойзен и на самом деле считала себя «свидетельницей обвинения» на процессе и верила, что спасает себе жизнь, предавая остальных. Насколько я помню, обвиняемые в первый раз на этом процессе вошли в конфронтацию друг с другом, когда поняли, что фрау Шульце-Бойзен разоблачила их».

Либертас стала жертвой и другого обмана. Разыгрывая роль заключенной и притворясь, что испытывает глубокую симпатию к Либертас, сотрудник гестапо Гертруда Брайтер получила от нее обильную информацию. Она передавала письма Либертас к ее матери, и копии этих писем, конечно, попадали в гестапо. «Все эти фак-

---

[1] «Я видел своими собственными глазами рубцы на теле Кукхофа после допроса. Потом, когда нас везли в тюремном фургоне с Альбрехтштрассе в Шпандау, Грауденц на ухо шепнул мне о том, как плохо с ним обращались». *Показания Адольфа Гримме на процессе доктора Редера.*

ты не были известны Либертас, — писал тюремный священник, преподобный Харальд Пельшау, — почти до самой ее смерти. Она горько раскаивалась, что доверилась шпионке. Брайтер была единственной женщиной в тюрьме, которая обняла ее и по-дружески поговорила с ней».

Либертас поняла всю иронию своего положения. Она предала своих друзей, а теперь предали и ее. В послании матери она писала перед казнью:

«Мне пришлось выпить горькую чашу, потому что эта женщина, которой я полностью доверяла, Гертруда Брайтер, предала меня и вас. Из эгоизма я предала друзей, я хотела стать свободной и прийти к тебе, но поверь мне, меня теперь терзает чувство вины».

Однако Либертас была не единственным членом группы, которые признались и все рассказали. Иоганн Грауденц и Генрих Кенен говорили, хотя, может быть, и под пытками. В своем секретном докладе гестапо ссылалось и на другие показания. После двух месяцев допросов более сотни арестованных и большого числа других свидетелей гестапо получило детально проработанную картину деятельности сети. Позже Сукулов, которого арестовали в Марселе, тоже начал говорить, и его доставили в Берлин, чтобы окончательно прояснить картину.

От Харро Шульце-Бойзена, однако, было мало пользы. Все, что касалось его деятельности, гестапо узнавало от других членов его группы. Но когда расследование зашло слишком далеко, Харро решил пойти на уловку, чтобы получить годовую отсрочку для себя и своих товарищей. Он сделал заявление, что за долгое время службы в министерстве военной авиации собрал большое количество секретных документов высочайшей политической и военной важности, которые он передал друзьям в Швеции. «Если я нажму кнопку, — пугал Шульце-Бойзен гестаповцев, — эти документы будут переданы врагам — Британии или России — для опубликования». Он отказался сообщить, где именно находятся бумаги, и не согласился распорядиться, чтобы их вернули в Германию, потому что они являются «единственной гарантией безопасности для него самого и его друзей».

«Шведские документы» произвели переполох в правительственных кругах. Геринг инструктировал гестапо, что к Шульце-Бойзену должны быть применены «все меры», чтобы он во всем признался, а Гиммлер распорядился подвергнуть его «особому обращению». Приказ был исполнен, и лейтенанта военно-воздушных сил пытали, что было официально зафиксировано. Что касается «шведских документов», то Харро предложил сделку: он все расскажет об этих документах при условии, что смертный приговор, который ожидает его и других обвиняемых, не будет приведен в исполнение до конца 1943 года. И гестапо должно обещать это в присутствии его отца, командора Эриха Шульце. «Не было никаких сомнений, — писала потом в своих мемуарах его тетка Эльза Бойзен, — Харро был уверен, что к этому моменту война закончится и режим Гитлера будет свергнут». Предложение Харро было принято, в присутствии его отца гестапо подтвердило, что договор останется в силе, даже если документы найдутся где-то в Швеции, главное, чтобы они не были преданы гласности. Получив такое ручательство от гестапо, Харро заявил, что никаких документов из секретных хранилищ министерства военной авиации он не брал и все это было придумано только для того, чтобы хотя бы временно спасти жизни его самого и его друзей. Ввиду того, что это необычное дело было завершено с согласия очень высокопоставленных особ (скорее всего, Геринга или Гиммлера, а может быть, даже самого Гитлера), два «джентльмена» из гестапо — Панцингер и Коппков — любезно подтвердили его юридическую силу и то, что смертная казнь будет отложена[1].

---

[1] Было бы излишним добавлять, что гестапо не имело ни малейшего намерения выполнять свои обязательства, осужденные были преданы смерти через несколько дней после процесса.

К октябрю 1942 года следствие было практически завершено, и тридцатитомное дело «Красной капеллы» передано обвинению.

«Раскрытие шпионской сети столь беспрецедентных размеров, — показывал Александр Крелль в августе 1948 года, — в которой работники разных министерств играли ведущую роль, было подобно взрыву бомбы. Гитлер настаивал на быстром и суровом наказании. Из-за своего старого недоверия к военной юстиции он хотел передать дело в особый трибунал, позже, после двадцатого июля 1944 года, он так и сделал. Но в этот раз благодаря Герингу было решено не отклоняться от обычной процедуры, и Гитлер поручил ему наблюдать за этим процессом над шпионами».

Главным аргументом в пользу «нормального» военного суда и против скорой расправы послужило то обстоятельство, что поспешная казнь двух или трех десятков подсудимых могла помешать расследованию текущих дел о государственной измене. Кроме всего прочего, Геринг был министром авиации, чье министерство оказалось главным полем деятельности шпионов, многие обвиняемые носили военную форму, и поэтому военный суд логически лучше всего подходил для рассмотрения дела «Красной капеллы». Гитлер согласился, но при условии, что он будет лично утверждать приговор и может его аннулировать.

По политическим соображениям и для того, чтобы избежать большого числа процессов в разных судах, было решено связать все разнородные дела в одно и предъявить обвинения в участии в коммунистическом подполье, в шпионаже в пользу Советского Союза, в вербовке помощников и т. д. Кроме того, из-за большого числа обвиняемых их надо было разбить на группы от пяти до пятнадцати человек. Обвинение было поручено доктору Манфреду Редеру.

Итак, на последней стадии «Красная капелла» была представлена как смесь самых разных групп и людей, которых объединяло только то, что они работали совместно или по отдельности, зная или не зная об этом, в пользу Советского Союза в военное время. Наряду с лидерами, которые отдавали себе отчет в значении и опасности того, что они делали, были многие такие, чье участие в разведывательной работе было ничтожным. А другие даже не знали, что они помогают шпионской организации.

Первое судебное заседание состоялось пятнадцатого декабря, на скамье подсудимых было тринадцать человек[1]. Обильный материал, который был в распоряжении обвинителей, делал тщетными всякие попытки обвиняемых отрицать свою вину. Они понимали, что их положение безнадежно.

Суд вынес смертный приговор одиннадцати обвиняемым. Две женщины — Милдред Харнак и Эрика фон Брокдорф — были приговорены к шести и десяти годам тюремного заключения соответственно. Либертас Шульце-Бойзен стало дурно.

«Когда приговор был объявлен, — вспоминал ее адвокат доктор Безе, — Либертас пронзительно вскрикнула и потеряла сознание. Хотя я много раз говорил ей, что она должна понимать свое положение и готовиться к худшему, она оставалась оптимистически настроенной до последней минуты. Теперь она объяснила мне, что гестапо обещало ей мягкое наказание или даже свободу в обмен на ее признания. Я подал прошение о пересмотре приговора, но суд, опираясь на прочность обвинений, отказал мне».

Никто не сомневался, что смертные приговоры будут утверждены Гитлером, но судьба Милдред Харнак и Эрики фон Брокдорф оставалась нерешенной, потому что в случаях государственной измены Гитлер никогда не признавал смягчающих обстоятельств. Кейтель говорил, что

---

[1] А именно: чета Шульце-Бойзен, чета Харнак и чета Шумахер, Ганс Коппи, Хорст Хайльман, Эрвин Герц, Курт Шульце, Иоганн Грауденц, Герберт Голльнов и Эрика фон Брокдорф. Обвиняемые Рудольф фон Шелиа и Ильза Штебе были уже осуждены на смерть на предыдущем суде.

Гитлер часто повторял фразу: «Тот, на кого ляжет хоть тень государственной измены, поплатится своей жизнью». Когда Герингу доложили о приговоре, он просто взорвался, услышав слова «сроки заключения», и сказал, что фюрер никогда не даст своего согласия. И в самом деле, когда адмирал Путткаммер, помощник Гитлера, доложил об этом фюреру, тот отказался утвердить приговор этим двум женщинам и потребовал повторного суда. Смертные приговоры остальным обвиняемым были утверждены.

Первая казнь состоялась через три дня после вынесения приговора. Еще до начала процесса в тюрьме Плетцензе начали готовиться к экзекуции особого рода. Вместо гильотины, которая была признана слишком гуманным орудием казни, потому что смерть наступала через одиннадцать секунд, к потолку камеры, где проходили казни, прикрепили металлическую балку с крюками. (Топор, который применялся для казни с начала нацистской эры, в 1934 году был заменен гильотиной, потому что она работала быстрее.) Для мужчин была выбрана более мучительная и унизительная смерть на виселице. Двадцать второго декабря 1942 года девять членов «Красной капеллы» были казнены[1].

Другие группы из «Красной капеллы» судили одну за другой в течение 1943 года. Для тех, кто был осужден на смерть, снова применяли гильотину. На повторном процессе Милдред Харнак и Эрики фон Брокдорф новым судьям недостало смелости снова приговорить их к тюремному заключению, и они были казнены — Милдред Харнак в феврале, а Эрика фон Брокдорф в мае 1943 года. Третьего—пятого февраля 1943 года судили Кукхофов вместе с бывшим министром, социал-демократом Адольфом Гримме, его женой и другими. Кукхоф был приговорен к смерти и казнен пятого августа, смер-

---

[1] Казнь Герберта Голльнова и Эрвина Герца была отложена в связи с повторным судом над Милдред Харнак. Они были казнены чуть позже.

тный приговор его жене Маргарет был потом отменен. В череде казней, которые последовали после суда над участниками «Красной капеллы», было две особые даты: тринадцатого мая, когда было казнено тринадцать человек, и пятого августа, когда смерти были преданы шестнадцать человек. Всего по делу «Красной капеллы» было казнено около пятидесяти пяти человек.

ОПЕРАЦИЯ «ПАРАШЮТ»

Еще в августе 1941 года Москва сообщила берлинской сети (через Брюссель), что скоро в Германию прибудут новые агенты и следует подготовиться к их приему.

Приготовления к приему агентов-парашютистов стали главной задачей по обе стороны фронта. С советской стороны это означало подбор подходящих людей, обучение их кодам, прыжкам с парашютом, снабжение радиостанциями и, наконец, последнее, но самое важное — изготовление паспортов и других документов для агента. С германской стороны фронта необходимо было подыскать помещение для гостей и их передатчиков, позаботиться о провизии, потому что в условиях рационирования продуктов обойтись без продовольственных карточек было невозможно. Потребовалось несколько месяцев, чтобы закончить все приготовления. Первые парашютисты приземлились в мае 1942 года.

Задача парашютистов была двоякой, первое — докладывать о германских политических и военных делах, вторая — в ожидании открытия второго фронта западными союзниками обосноваться в оккупированных Германией странах, чтобы работать за линией англо-американских войск и помогать советским агентам в зоне союзников. Каждому парашютисту давали сухой армейский паек. Каждый из них должен был запомнить легенду, соответствующую его документам. И каждый, разумеется, имел рацию в своем заплечном мешке.

В целях предосторожности советская разведка никогда не посылала агентов в Германию поодиночке, так как нет гарантии, что одиночный агент, спустившись на парашюте, не пойдет в ближайший полицейский участок и не сдастся. Поэтому агенты посылались парами, и формирование этих двоек было первейшей задачей Александра Эрдберга, который работал в тесном контакте с немецкими эмигрантами, — именно из них отбирались подходящие кандидатуры для заброски в Европу. Первыми парашютистами, которые были сброшены в Германии, были Эрна Эйфлер и Вильгельм Генрих Феллендорф. Эрна Эйфлер (Росита, Герда Зоммер) работала в аппарате рабочих корреспондентов, а потом была послана в Китай и Голландию как советский агент. Феллендорф (Гельмут, Вилли Махвуров), водитель грузовика, служил офицером в интернациональной бригаде в Испании. Несмотря на то что оба они были коммунистическими ветеранами, предыдущий опыт этой пары был недостаточен для нового назначения, и им пришлось провести четыре месяца в разведывательной школе, обучаясь радиосвязи, диверсиям, саботажу и прыжкам с парашютом. Они получили дополнительные инструкции как от штаба советской разведки, так и от руководства КПГ. В мае 1942 года Эйфлер и Феллендорф приземлились в Восточной Пруссии и поехали в Гамбург, где они жили до нацистской эры.

Второй парой были Альберт Хесслер и Роберт Барт, тоже старые коммунисты. Хесслер (Гельмут Вигнер, Франц, Вальтер Штайн) воевал в Испании, где был ранен. С 1939 года он работал на металлургическом заводе в Челябинске. Барт (Вальтер Керстен), бывший сотрудник газеты «Роте фане», провел некоторое время в России как военнопленный, а потом в качестве эмигранта. Эта пара тоже обучалась искусству разведки в специальной школе. Их сбросили на парашюте возле Гомеля, на территории, оккупированной немецкими войсками, пятого августа 1942 года. Через несколько дней они приехали в Берлин.

Следующим, кто попал в Германию, был Генрих Кенен, о чьем назначении говорилось выше. Он спустился на парашюте двадцать третьего октября 1942 года.

Первые пять парашютистов, как мы знаем, прибыли между маем и октябрем 1942 года. И еще до того, как следующая группа спустилась на германскую землю, все пятеро были арестованы. Эрна Эйфлер и Вильгельм Феллендорф установили контакт с местным подпольем в Гамбурге. Они хотели перебазироваться в Берлин, где Гуддорф делал необходимые приготовления для этого. Но прежде чем эти приготовления были закончены, сам Гуддорф и пятнадцать человек из гамбургской группы были схвачены. Эйфлер и Феллендорф попали в тюрьму в октябре того же года.

Пять месяцев свободы в Германии — это самый большой срок, которым могли воспользоваться наиболее удачливые агенты. Группа Хесслера—Барта приступила к работе в Берлине. Хесслер встретился с Шульце-Бойзеном и начал пользоваться его передатчиком, который был установлен в квартире Эрики фон Брокдорф. Барту даже удалось передать три сообщения в Москву, где он описывал все невзгоды и проблемы агентов в германской столице. Но уже через два месяца после приземления Хесслер и Барт были арестованы — первый девятого октября и второй — двумя-тремя днями позже.

Генрих Кенен оставался на свободе всего шесть дней. Он приземлился на парашюте близ Остероде, в Восточной Пруссии, и добрался до Берлина со своим коротковолновым передатчиком. Двадцать девятого октября он появился на квартире Ильзы Штебе, где и был немедленно арестован. Какими способами Кенена заставили говорить, так и осталось неизвестным, но он признался и все выдал. Сначала он говорил с неохотой, но потом заходил все дальше и дальше, потому что остановиться было трудно, а гестапо знало методы, как вытянуть из пленника как можно больше. В конце концов Кенен превратился в ценного человека для гестапо — у него были обширные знания советской разведки, ему были известны имена и адреса советских агентов в Германии. Однако Кенену не удалось убедить полицию в том, что он и впредь будет полезным, — когда он рассказал все, что знал, его казнили.

В то же время операция «Парашют» в Москве развивалась. Подбирались и готовились для заброски в Германию новые и новые германские эмигранты. Это были бывшие коммунисты, выявленные среди немецких военнопленных, услугами которых решили воспользоваться секретные службы. Когда началось немецкое отступление, стали брать и некоммунистов, из числа тех пленных, которые были настроены антинацистски. Скоро эта операция приобрела большой размах. Британия, географически более близкая к Германии и лучше подготовленная, дала согласие помочь советской разведке в ее парашютных операциях. Советские агенты переправлялись в Британию морем, там экипировались и сбрасывались в местах, указанных советской разведкой. Эра советско-британского сотрудничества началась в 1943 году.

Следующей парой парашютистов были Эльза Ноффке и Вилли Бетке, о которых мы уже упоминали и которым предстояло работать на юге Германии, у швейцарской границы. Ведущая этой группы, фрау Ноффке, была бывшей женой редактора «Роте фане» начала тридцатых годов, ее партнер был коммунистом из Берлина. После обычной подготовки в России они были переправлены в Шотландию, где их взяла под свою опеку британская разведка. Потом эта пара, которая имела связи с советским посольством, жила неподалеку от Лондона. От англичан они получили оборудование, в том числе две прекрасные радиостанции (британская коротковолновая аппаратура была гораздо совершеннее, чем советские рации «Север» и им подобные). В ночь с двадцать второго на двадцать третье февраля 1943 года эта пара была сброшена с парашютами в горах Шварцвальда, недалеко от Фрейбурга. У них была инструкция связаться с ветераном КПГ Мюллером во Фрейбурге.

Немецкая полиция перехватила распоряжения, переданные Москвой по радио другим агентам, и абвер поджидал обоих парашютистов под Фрейбургом. Ноффке и Бетке удалось скрыться, но им пришлось бросить парашюты, рации и другое оборудование и бежать к Генриху Мюллеру.

«Мы нашли парашюты и вещи агентов, — докладывал следователь абвера Генрих Кальтхоф, — и начали систематические поиски. Их мясные продовольственные карточки были наверняка поддельными, и мы очень хотели найти того мясника во Фрейбурге, который получит эти фальшивые талоны, чтобы он передал их властям. Наконец нам удалось выследить их обладателя, это была женщина, которая жила на квартире Генриха Мюллера, напротив университета. Наблюдая за квартирой в бинокль из здания университета, мы ясно различили две части коротковолнового передатчика, сделанного в Британии.

После ареста Ноффке и Бетке сразу же заговорили. Они рассказали нам все о своем задании, их работе в Москве, поездке в Британию и обо всех известных им адресах в Германии. Им не было смысла лгать или отпираться, потому что в наших руках были все их записи и документы».

Эти агенты, так же как и Генрих Мюллер с женой, были казнены.

Потом последовала длинная череда других парашютистов: Йозеф Баумгартен, родом из Баварии и много лет прослуживший агентом в Японии, Теодор Винтер, зять Вильгельма Пика, и еще длинный ряд как коммунистов, так и людей с иным мировоззрением.

Лагеря военнопленных в России находились под ведением ГБ, и ее информаторы, завербованные из немецких военнопленных, доносили из каждой группы и барака о политических настроениях каждого офицера или рядового, об их ориентации, обо всех разговорах и спорах. Тем, кто был антинацистом и особенно коммунистом или социалистом, иногда предлагали «принять активное участие в антифашистской борьбе».

Таким путем рекрутировались крупные группы парашютистов. Они переправлялись в пункты, приближенные к фронту, получали минимально необходимую подготовку, военную форму и парами забрасывались через линию фронта в Германию. Операция получила особенно большой размах после высадки союзников в Нормандии в 1944 году.

Советские руководители исходили из предположения, что Германия, после жестоких поражений, находится в состоянии хаоса и тайный агент с любыми документами сможет работать и выжить. Это было абсолютно неправильное представление, но советская разведка стала уделять гораздо меньше внимания экипировке агентов — документам, униформе и прочим деталям, чем до этого. Операция приняла характер «массового мероприятия» в советском стиле.

Оказавшись на германской почве, агент начинал сомневаться, стоит ли советское дело того ужасного риска, которому он себя подвергает. И на самом деле большинство немецких военнопленных, сброшенных на парашютах в течение 1944—1945 годов, тут же сдавались немецким властям прежде, чем кто-то из их коллег смог бы донести на них. Советская разведка прекрасно понимала это, но надеялась на то, что хотя бы один из сотни парашютистов окажется полезным, сумев преодолеть все опасности и препятствия.

Город Пенемюнде привлекал особое внимание как советской разведки, так и спецслужб союзников. Этот небольшой город на Балтийском море был выбран германским правительством для экспериментов в области ракетной техники и других новых вооружений. Примерно в середине 1944 года советские самолеты начали сбрасывать с парашютами вблизи Пенемюнде большое число агентов, набранных среди немецких военнопленных. Снабженные коротковолновыми рациями, германскими деньгами и фальшивыми документами, они получали команду раз в неделю сообщать о том, что им удалось разузнать. Они не подчинялись этим инструк-

Михаил Трилиссер, один из первых руководителей ИНО ВЧК – советской внешней разведки

Ян Берзин, начальник Разведывательного управления Красной Армии

Советский нелегальный разведчик Александр (Шандор) Радо, «небольшого роста, полноватый, он скорее походил на профессора или журналиста, чем на шпиона»

Эрнст Вольвебер, «человек, который не знал страха». В 1953–1957 годах – министр государственной безопасности ГДР

Рудольф Ресслер (Люци), один из наиболее ценных агентов советской разведки

Борис Базаров, руководитель нелегальной резидентуры в США в 1934–1937 годах

Советский нелегал Леопольд Треппер, «волевой, авантюрный, он верил в неизбежность жертв»

Обер-лейтенант
Харро Шульце-Бойзен

Его жена Либертас, внучка принца
Филиппа Эйленбергского

Супруги Харнак,
Арвид и Милдред

 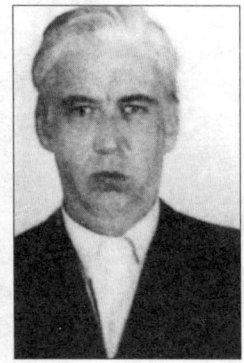 

Рудольф фон Шелиа. Досье гестапо, 1942 год

Адам Кукхоф (Старик). Досье гестапо, 1942 год

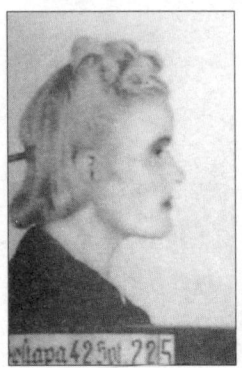  

Графиня Эрика фон Брокдорф. Досье гестапо, 1942 год

Курт Шумахер (Тенор). Досье гестапо, 1942 год

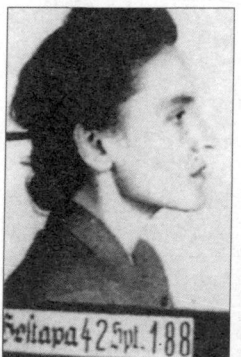

Ильза Штебе. Досье гестапо, 1942 год

«Дом смерти» берлинской тюрьмы Плетцензе, в котором по делу «Красной капеллы» были казнены 55 человек

Виталий Павлов во время войны руководил легальной резидентурой внешней разведки в Канаде

На террасе посольства СССР в Оттаве. Крайний справа – Виталий Павлов

Василий Зарубин. В 1930-х годах – нелегальный резидент в Германии и Франции, во время войны – руководитель легальной резидентуры в США

Елизавета Зарубина, жена и соратница

Один из офисов «Амторга» – официального прикрытия шпионской деятельности советской разведки в США (конец 1920-х годов)

Советский нелегальный разведчик Яков Голос

Элизабет Бентли работала секретаршей Якова Голоса и выполняла задания советской разведки

После получения политического убежища на Западе Игорь Гузенко дал интервью с колпаком на голове

Урсула (Соня) Кучинская, связник ГРУ, передавала секретную информацию от Клауса Фукса

Алан Нун Мэй, ученый-атомщик, передал ГРУ образцы урана-235. Разоблачен Игорем Гузенко

Гарри Голд (в центре), участник «атомной» шпионской группы, использовался советской разведкой в качестве курьера

Выдающийся ученый Клаус Фукс тайно сотрудничал с советской разведкой в 1942–1949 годах по программе создания атомной бомбы.
На правом снимке он незадолго до своей смерти (1988 год)

Клаус Фукс в момент освобождения из британской тюрьмы и депортации в Восточную Германию (июнь, 1959 год)

Алджер Хисс, чиновник американского госдепа, подозревавшийся в сотрудничестве с советской разведкой

Уиттейкер Чэмберс, американский коммунист, который в 1948 году выступил с разоблачениями тайных операций советской разведки в США

Уиттейкер Чэмберс дает показания против Алджера Хисса на заседании Комитета по антиамериканской деятельности Палаты представителей Конгресса США

Юлиус и Этель Розенберг – единственные участники «атомной» шпионской группы, казненные на электрическом стуле в 1953 году

Дэвид Грингласс передал советской разведке через своих родственников Розенберг план лос-аламосской лаборатории и чертежи плутониевой бомбы

Профессор Бруно Понтекорво в Москве после побега из Великобритании

Супруги Губичевы в США

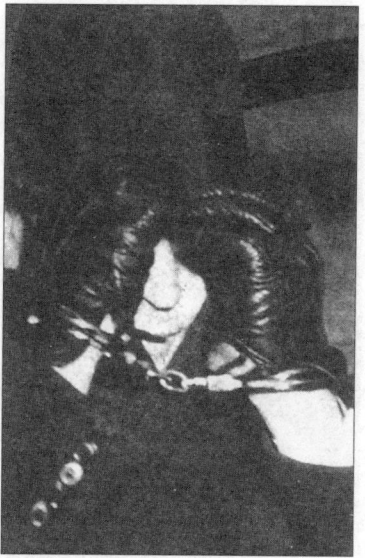
Валентин Губичев после ареста

Присяжные, обвинившие Валентина Губичева и Джудит Коплон в шпионаже

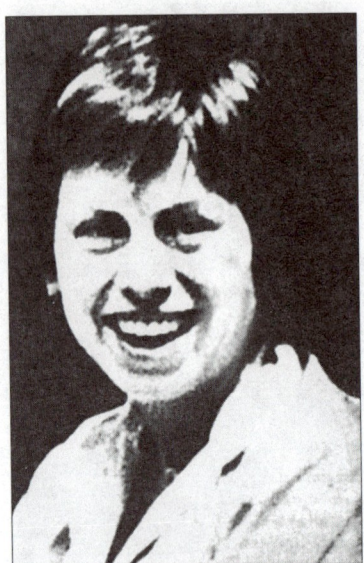

Чиновник министерства юстиции
США Джудит Коплон

Джудит Коплон вышла замуж за своего адвоката Альберта Соколова.
На руках у Соколова их первый ребенок

циям, а некоторые из них начали под руководством гестапо радиоигру с Москвой. Чтобы ввести ее в заблуждение, их сообщения часто заканчивались требованием денег. Единственным агентом из всей многочисленной пенемюндской группы, который посылал в Москву подлинные сообщения, был лейтенант Брандт. Ему удалось переслать шесть или семь донесений, а потом радиослужба немцев засекла его, он был арестован и казнен.

Одним из советских агентов, завербованных из числа военнопленных, был Генрих Мельхиор. Ниже приведена часть его показаний:

«В октябре 1944 года, через шесть месяцев после того, как я был взят в плен, русский начальник лагеря спросил, готов ли я бороться против нацизма. Мне пришлось согласиться, потому что лагерная система делала отказ невозможным. Кроме того, появился шанс выжить в этом рискованном деле, вместо того чтобы заживо сгнить.

Меня отвезли в маленький польский город недалеко от линии фронта, где я встретил двадцать шесть немецких пленных, которые попали в ту же ситуацию. Нам было запрещено обсуждать нашу задачу, но на Рождество для нас была устроена небольшая вечеринка, и я сказал небольшую речь. После этого, когда пришло время формировать группы из двух человек, многие из моих товарищей захотели присоединиться ко мне или дать мне свои адреса в Германии, настолько я смог завоевать их доверие.

Моим напарником оказался фельдфебель, который теперь должен стать радистом в нашей маленькой команде. На самом деле нас совсем ничему не обучали. Как-то раз меня попросили изложить свой план по обеспечению собственной безопасности, но, когда я высказал свои предложения, они не согласились ни с одним из них. Вместо этого нам сказали: «Хаос в Германии сегодня сопоставим с тем, который царил в России в 1941 году, и вы можете свободно перемещаться по стране и в безопасности добраться до любого места».

Потом мне дали старую и потрепанную немецкую униформу и документы, но солдатская книжка и другие бумаги были на разные имена. В мое снаряжение входили: немецкая форменная одежда, русские сапоги, немецкая кобура с русским револьвером, русский заплечный мешок с американскими консервами, на которые были наклеены русские этикетки, русские карты района, где мне предстояло работать, и русский компас. Не было смысла спорить или протестовать. Но я был знаком с местностью, куда меня посылали, и надеялся найти какое-то укрытие.

Пятого февраля 1945 года мы были сброшены в пятидесяти километрах от того места, где нам предстояло работать. Мы прыгнули с высоты трех километров. Я попал в болото и никак не мог освободиться от парашюта. Я подал сигнал свистком, появился мой напарник, и мы выбрались вместе.

Из двадцати семи человек, сброшенных на парашютах, насколько я знаю, по меньшей мере двадцать немедленно явились к властям. Я не сдавался, но и не работал на Москву, друзья и родственники помогли мне, и вот я остался в живых».

Шокирующий, но, несомненно, честный материал о миссии секретного агента в Германии был опубликован рабочим-коммунистом Фридрихом Шлоттербеком в Цюрихе в 1945 году. Как член КПГ, он провел десять лет в нацистском концентрационном лагере, был освобожден в 1943 году, после чего жил с семьей в Штутгарте. В январе 1944 года его друг Евген Наспер (Ноллер), тоже член КПГ, пришел проведать его и рассказал ему свою историю. Он был радистом в германской армии и попал в плен к русским. С ним хорошо обращались и предложили ему поехать в Германию со шпионским заданием. Его главной задачей было информировать Москву по радио о всех существенных событиях и войти в связь с подпольными коммунистическими организациями немецких или иностранных рабочих. Дом Шлоттербека был избран Москвой в качестве явки для секретных агентов[1].

После ухода Наспера Шлоттербек и его братья задумались — они понимали, что рискуют жизнью. Они вспомнили, что знали о Наспере прежде, потом посоветовались с друзьями. Все отзывы были благоприятными, и они не видели причин подозревать Наспера. А Наспер, который снова зашел к Шлоттербеку через пару недель, сказал, что радиосвязь с Москвой работает нормально. У него никогда не было недостатка ни в средствах, ни в продовольственных карточках.

Но однажды Наспер не выдержал и признался Шлоттербеку, что работает на гестапо. Его арестовали при приземлении с парашютом, и с тех пор он служил немецкой полиции. В гестапо ему сказали: «Мы ведем большую игру с Москвой», и для него единственным шансом выжить — это принять участие в этой игре. Он согласил-

---

[1] Разговор между братьями Шлоттербек и Наспером красноречиво свидетельствуют о крайне негативном отношении к британцам:
«— Кто послал вас к нам?
— Партия.
— Какая партия? Кто в этой партии?
— Я не знаю никаких имен.
— Ну а как вы попали сюда?
— С парашютом.
— Из России? Не говорите ерунды. Ни один русский самолет не может залететь так далеко.
— Я прилетел на британском бомбардировщике.
— Так вы из Англии, а не из Москвы?
— Нет, я ничего не имею общего с англичанами. Все, что они сделали, это сбросили меня по просьбе Москвы.
— Уж не хотите ли вы сказать, что англичане сделали это просто так? Только не англичане!
Он рассказал нам о приготовлениях англичан для вторжения на континент.
— И когда же это произойдет?
— В этом году. Мое прибытие сюда скоординировано с этим.
— Хм... Они много говорят о вторжении, но дальше слов дело не идет.
— Мое мнение об англичанах не отличается от ва-шего, но все же они сражаются против Гитлера, и это главное.
— Так вы сказали, что не имеете ничего общего с англичанами?
— Ничего. Единственным их делом было сбросить нас. Они даже не знали наших имен».
(Фридрих Шлоттербек. *Чем темнее ночь, тем ярче звезды.*)

ся, надеясь при первой же возможности уклониться от этого. Сначала гестапо не доверяло ему полностью, и полицейский офицер повсюду следовал за ним. Постепенно он завоевал их доверие, починил свой поврежденный передатчик и вступил в связь с Москвой под наблюдением гестапо. Все сведения, которые он получал от Шлоттербека, он передавал с ведома полиции в Москву. «Однако, когда я получал сообщения из Москвы, я старался сделать их непонятными. Больше того, когда я передавал свои сообщения, то старался, чтобы они звучали не совсем обычно. Вместо тридцати минут передачи, как было мне приказано, я тратил на нее целый час, завершал свои сообщения словами «Доброй ночи» или «Приятных сновидений». В Москве, разумеется, поняли обстановку и прекратили со мной связь».

Поняв, что ему грозит, Шлоттербек немедленно скрылся в Швейцарию. Он предупредил Москву обо всем уже оттуда. Но он узнал, однако, что Наспер предал многих других мужчин и женщин из антинацистских кругов. Все члены семьи Шлоттербека были арестованы и казнены в Германии.

Глава 7

КАНАДСКАЯ СЕТЬ

ЗАРОЖДЕНИЕ СОВЕТСКОЙ СЕТИ

Среди достижений советской разведки в военное время в Западном полушарии следует считать зарождение и развитие сети в Канаде.

До конца тридцатых годов у Москвы не было ни персонала, ни средств для того, чтобы содержать достаточно большой аппарат в этой не слишком важной в военном отношении стране. Вдобавок к этому до 1942 года между двумя странами не было ни дипломатических отношений, ни существенных торговых связей. Там не было ни посольства, ни военного атташе, ни легальных коротковолновых станций, ни узаконенных кодов. Два лидера канадской коммунистической партии, Фред Роуз и Сэм Карр, были представителями советской разведки в Канаде, из них Карр был главным. Оба родились в дореволюционной России, оба уже длительное время были коммунистами, лояльными Сталину, и оба служили ГБ с конца двадцатых годов, получая за это плату. Их донесения касались канадских коммунистических групп, фракционной борьбы, троцкистов и бухаринцев и политических пристрастий многочисленных русских эмигрантов в Канаде.

Как и в Соединенных Штатах, в Канаде в тридцатых годах наблюдался некоторый подъем, в общем, слабого коммунистического движения. Но после пакта Сталина—Гитлера наступил спад, и престиж коммунистической партии упал в глазах общественного мнения. Запрещенная законом, она продолжала существовать только в подполье и рудиментарных формах. Когда германские армии вторглись в Россию, обстановка снова начала быстро изменяться. Политическая атмосфера становилась все более благоприятной для Советского Союза, полицейские акции против коммунистической партии прекратились, и ее лидеры снова смогли появиться на сцене, выступая в поддержку великого восточного союзника.

И именно в этот момент Москва решила перестроить свой аппарат в Соединенных Штатах и Канаде. Когда в 1942 году в Канаду прибыла первая торговая миссия (до того, как было сделано официальное признание стран), майор Соколов под видом ее сотрудника, отвечающего за связи с канадскими фабриками, приступил к созданию первичных ячеек военной разведки. Вскоре к нему присоединился Сергей Кудрявцев в ранге первого секретаря торгового представительства.

На первой стадии Соколов часто встречался с коммунистическим лидером Фредом Роузом. Тот занимал особо важный пост руководителя центральной контрольной комиссии канадской партии, которая выполняла полицейские функции, главным образом в «борьбе со шпионами и предателями» в рядах самой партии. Но так как Роуз в течение длительного времени был связан с ГБ, а не с военной разведкой, Москва заинтересовалась его возможностями в этой новой для него области. Соколов, у которого не было ни раций, ни кодов, обратился в Нью-Йорк, и его коллега Павел Михайлов (настоящее имя Шиников), официально советский вице-консул, а на самом деле офицер ГРУ, получил указание помочь в формировании канадского аппарата. Через Михайлова Соколов запросил у Москвы разрешение использовать Фреда Роуза. Между запросом и ответом прошло много времени, но разрешение было получено, и Роуз стал важным помощником руководителя советской военной разведки.

Однако прошло почти два года, прежде чем новый аппарат эффективно заработал. Для успешной работы советская разведывательная сеть соорудила вокруг посольства и резиденции военного атташе ряд вспомогательных помещений. Это были тайные комнаты со стальными дверями, звуковой сигнализацией, печами для сжигания ненужной бумаги, фотолаборатории. Потребовались сотрудники с опытом работы в столицах других стран, шифровальщики, одна или несколько групп субагентов, некоторое количество связников, чтобы избежать прямых контактов людей из посольства со своими источниками информации. Советские правила требовали, чтобы каждый агент, независимо от его важности, был утвержден Москвой, что существенно задерживало создание сети в Западном полушарии. Нередко проходило несколько месяцев, прежде чем Центр получал возможность ответить на запрос по поводу того или иного агента. Каждый раз, когда предлагался новый человек, в Москве надо было проделать большую работу. Дело обстояло проще, когда кандидат был уже известен и в офисе военной разведки было его досье. А если его не знали, то приходилось делать запрос в другие агентства, среди которых самым главным являлся Коминтерн. Даже после «расформирования» Коминтерна в 1943 году его картотеки и личные дела продолжали считаться лучшим средством информации о потенциальных тайных агентах, которых набирали из коммунистических и прокоммунистических рядов. Если Центр утверждал предлагаемого агента, он снабжал его псевдонимом, который должен был без изменений использоваться при последующей переписке.

Группа, завербованная Соколовым, Кудрявцевым и канадскими партийными лидерами в течение первого года, была небольшой. Три или четыре агента в Оттаве и Торонто и два или три в Монреале.

Летом 1943 года военный атташе, полковник Николай Заботин, прибыл в Оттаву со своим штабом и шифровальщиками. Заботин, получивший задание стать во главе расширяющейся сети, был незаурядным человеком. Закончив Красинскую артиллерийскую школу, он стал командиром батареи, в тридцатых годах был направлен в Монголию, где сражался с японцами на Халхин-Голе. Его шифровальщик Игорь Гузенко, чье предательство потом оказалось роковым для военного атташе, в то время еще преданно служил ему. Вот как потом Гузенко описывал Заботина:

«У него были отличная военная выправка и седеющие вьющиеся волосы. Он наверняка был хорошо образованным человеком, и слушать его правильную русскую речь было одно удовольствие. Его яркие, веселые рассказы перемежались воспоминаниями о родных местах на Урале, о его собаках и лошадях. Мы полагали, что он принадлежал к привилегированному классу, так как он тут же менял тему разговора, когда мы пытались узнать что-то о его семье.

Он любил говорить о службе в Красной Армии, где стал отличным артиллерийским офицером. Он постоянно вспоминал имена своих командиров и нередко после паузы добавлял: «Потом, во время чистки, его расстреляли». Часто после подобных комментариев он восклицал: «Когда я думаю об этом, то не понимаю, почему меня тоже не расстреляли?»

Когда Заботин покидал Москву, его принимал не кто иной, как сам Георгий Маленков. Тот факт, что член Политбюро, перегруженный в то время военными проблемами, нашел время, чтобы принять скромного партийного функционера, который отправлялся в Канаду, можно считать знаменательным. Маленков, хотя и не являлся прямым начальником Заботина, дал ему указания, как он должен действовать: разведывательная работа должна оставаться тайной для посла; переписка с Москвой должна идти мимо посла, чтобы он не узнал имен шпионов; в некоторых случаях, когда агенты Заботина получат информацию о канадских делах, он может информировать посла, но не раскрывая источника.

В первые годы работы аппарат атташе был занят вербовкой нужных людей, проверкой их в Канаде и связью с Москвой по вопросам утверждения. К концу 1944 года была собрана группа канадских агентов численностью примерно в двадцать человек. Сеть, включающая как агентов ГБ, так и агентов военной разведки, достигла пика в

1945 году, к концу войны она состояла из семнадцати официальных советских лиц и около двадцати канадцев. Двое выдавали себя за работников торгового представительства, один — за корреспондента ТАСС, один — за переводчика, двое других — за привратников, а еще двое — за шоферов. Заботин, однако, думал, что аппарат таких размеров слишком мал для поставленных задач. У него были планы существенного расширения аппарата под прикрытием торгового представительства. Но прежде чем эти планы начали воплощаться в жизнь, случилась катастрофа.

ГЛАВНЫЕ АГЕНТЫ

Среди двух десятков агентов и субагентов сети Заботина Алан Нун Мэй занимал особое положение. Опытный физик-экспериментатор и британский государственный служащий, он побывал в 1936 году в России и слыл человеком левой ориентации. Однако он не участвовал в политической борьбе и его статьи никогда не появлялись в прессе. Когда главной задачей британской контрразведки была охота на немецких шпионов, Скотленд-Ярд не усомнился в лояльности Мэя, и его послали в Канаду в составе исследовательской группы, работавшей в области атомной энергии.

Следуя инструкции Москвы, Заботин вошел в контакт с Мэем в 1943 году и после этого получал от него время от времени информацию, главным образом, о прогрессе в атомных исследованиях. В 1945 году по требованию аппарата Заботина Мэй сделал несколько обширных и исчерпывающих сообщений. В июле 1945 года он передал лабораторные образцы урана-235 и урана-225, которые полковник Мотинов, помощник Заботина, немедленно отослал в Москву. Уже на следующий день после бомбардировки Хиросимы Заботин отправил в Москву закодированную телеграмму с полученными от Мэя сведениями об атомной бомбе, которые в то время были еще строго засекреченными:

«Директору. Факты, приведенные Алеком: 1) Испытания атомной бомбы были проведены в Нью-Мексико. Бомба, сброшенная на Японию, была из урана-235. Известно, что дневной выпуск урана-235 на магнитной обогатительной установке в Клинтоне составляет 400 граммов. Выход «49», очевидно, в два раза больше (некоторые графитовые установки рассчитаны на 250 мегаватт, то есть на выпуск 250 граммов каждый день). Научные достижения в этой области решено опубликовать, но без технических деталей. Американцы уже выпустили книгу на эту тему;

2) Алек передал нам платиновую пластинку, покрытую тонким слоем урана-233 в виде окиси, вес которого 163 микрограмма».

Политическая информация поступала к Заботину от двух женщин: Кэтлин Мери Уиллшер и Эммы Войкин. Коммунистка с десятилетним стажем, Кэтлин Уиллшер начала поставлять информацию Фреду Роузу еще в 1935 году. Она работала в офисе высокопоставленного представителя Соединенного королевства в Оттаве и имела доступ к многим документам, в том числе и к секретной корреспонденции. Через ее руки также проходили письма, которыми обменивались канадский посол в Москве и премьер-министр Канады.

Эмма Войкин имела возможность передавать документы из канадского департамента иностранных дел. Дочь русских эмигрантов, Эмма Войкин была несчастной молодой вдовой, когда майор Соколов из русского посольства и его жена начали разрабатывать ее. Она потеряла не только мужа, но и ребенка и долгое время жила в бедности. Для Эммы Войкин Советский Союз представлялся страной счастья, где заботились о бедных. Вошедшие с ней в контакт Соколовы старались поддержать ее восторженное отношение к России. Из паспортного отдела департамента иностранных дел, где она работала, в феврале 1944 года она была переведена в особо секретный отдел шифровки. В октябре того же года она согласилась снабжать Соколова секретными материалами департамента иностранных дел, и, когда Москва дала зеленый свет, она принялась за дело. Она хотела эмигрировать в Россию, но Соколов удержал ее от этого. Когда она все-таки наконец появилась в советском посольстве с просьбой о советском гражданстве, был уже январь 1946 года, и прежде чем ее просьба была рассмотрена, ее арестовали.

Типичная группа информаторов была сформирована майором Роговым, другим помощником Заботина. Четыре канадских государственных служащих — Дэвид Гордон Лунан, Дарнфорд Смит, Нед Мазералл и Исидор Гальперин — образовали единую группу, и по указанию Москвы все их псевдонимы начинались с буквы Б. В целях конспирации Рогов старался ограничить контакты между ними, чтобы они знали только лидера группы, Лунана (Бака). Лунан, в свою очередь, поддерживал контакты со Смитом, Мазераллом и Гальпериным (Бадо, Бэгли, Бэконом). Приведенный здесь документ, отпечатанный на пишущей машинке на английском языке, был передан Лунану майором Роговым. На схеме указано, что Ян (майор Рогов из посольства) был главным руководителем сети. Лунан должен был стать центром группы, состоящей из четырех его сограждан.

Схема группы должна выглядеть примерно так, как показано ниже.

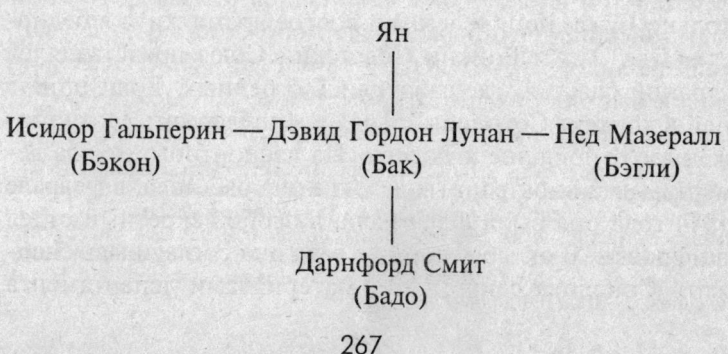

Главной задачей Лунана было собирать факты и информацию от остальных трех.

Дарнфорд Смит, инженер Национального исследовательского совета, поставлял информацию из области радиотехники и оптики и о работах секретного совета по исследовательским проблемам. Точное описание задач Смита хранилось в офисе Заботина, на некоторых стояла пометка «выполнено», на других — «частично выполнено» или «обещал сделать»[1].

Нед Мазералл, второй субагент Лунана, тоже работал в Национальном исследовательском совете, в самом секретном отделе, который занимался радарами, техническими аспектами радиосвязи и воздушной навигации. Мазералл был боязливым и нерешительным шпионом, и его вклад был незначительным.

Исидор Гальперин, профессор математики и эксперт в области артиллерии, имел обширные знания о новом оружии, взрывчатых веществах и других изобретениях. «Он проницателен, — писал Лунан, — и может быть полезным». Гальперин предоставил Рогову обширный отчет о работе Канадского института военных исследований и развития, о его заводах и лабораториях, включая опытный завод по выпуску взрывчатки, баллистическую лабораторию, исследовательскую часть и т. д.

На основе информации, полученной от его основных агентов, Лунан, в свою очередь, составлял обобщенные отчеты для майора Зубова, который переправлял их в Москву. Отчеты Лунана начинались словами «Дорогие мама и папа», что было предосторожностью от случайных взглядов его коллег по работе, но текст этих докладов был достаточно откровенным:

---

[1] Одна пометка на этом списке свидетельствовала о тщательно разработанной системе дисциплины. Она относится к встрече 15 августа 1945 года, которая была назначена на углу улицы и гласила: «Был проливной ливень, но он (Смит) все же пришел. Я дал ему инструкции больше не являться в такую погоду, потому что это выглядит неестественно». (Тот, кто увидит такую встречу, может запомнить ее.) Потом следовало: «Дал 100 долларов».

«Если не считать Бэкона, который полон энтузиазма и обладает политическим опытом, остальным было бы нецелесообразно раскрывать сущность поставленных перед ними задач. Они уже ощущают необходимость выполнения строгих правил безопасности и предпринимают особые меры предосторожности при своих обычных встречах (примерно один раз в две недели). Так же в настоящее время было бы разумно не объяснять им истинный характер их работы, а просто дать им понять, что она требует высокой степени конспирации, без упоминания моей связи с вами».

С точки зрения канадско-советских руководителей Раймонд Бойер, по кличке Профессор, был одним из самых выдающихся агентов. Знаменитый химик и состоятельный человек, он начал работать на советскую разведку еще до того, как был открыт новый офис в посольстве. В то время его начальником был Фред Роуз. Советский военный атташе так характеризовал Бойера: «Самый лучший специалист по ВВ на американском континенте. Дает полную информацию о взрывчатых веществах и химических заводах. Очень богат. Боится работать».

На основе докладов Бойера Заботин посылал в Москву отчеты о работах по созданию атомной бомбы, многие из них были построены на слухах и не отличались особой точностью. Эти сообщения могли показаться Москве наивными, потому что там располагали информацией из более надежных источников. В одной из телеграмм Заботина говорилось:

«Этот завод будет производить уран. В результате экспериментов, проведенных с ураном, установлено, что им можно наполнять бомбы, что уже практически делается. Американцы провели большую исследовательскую работу, вложив в это дело 660 миллионов долларов».

Несмотря на устаревшую и неточную информацию, Заботин высоко ценил Бойера. Его помощники, Соколов и его жена, получили разрешение поддерживать дружеские связи с Профессором, что было серьезным отклонением от строгих правил поведения.

Двое советских агентов работали в канадском департаменте вооружений. Один из них, Джеймс Беннинг, отвечал за подготовку особо секретного «Прогноза военного производства в Канаде», наиболее полного исследования экономической ситуации и перспектив развития канадской военной промышленности. Второй, Гарольд Сэмюэль Герсон, был зятем Беннинга. Сын русского эмигранта и инженер-геолог по профессии, Герсон во время войны работал в Компании объединенных военных поставок, которая занималась производством химических и взрывчатых веществ, а по окончании войны, не без помощи Бойера, был переведен в отдел производства боеприпасов. Бойер также представил Герсона аппарату и рекомендовал его.

Герсон активно работал на советскую разведку три года. Он предоставил большое число секретных документов, главным образом относящихся к техническим аспектам артиллерии. Один из его докладов вместе с документами содержал сто шестьдесят страниц.

В августе 1945 года Герсон предложил план продолжения своей работы, который позволил бы повысить эффективность аппарата после того, как ему придется уйти с государственной службы. Советский военный атташе по его инициативе послал телеграмму в Москву, в которой спрашивал, даст ли Директор согласие на такой план: Герсон основывает в Оттаве Геологический инженерный исследовательский офис (что соответствовало его довоенной профессии), который финансировался бы Москвой в размере 7 тысяч долларов в год и, разумеется, служил бы прикрытием для советской разведки. Ответ на это предложение не успел прийти из Москвы — шестого сентября разразилась катастрофа, когда Игорь Гузенко передал документы канадским властям.

Еще одним агентом был Эрик Адамс, особо доверенный работник Банка Канады. Среди его обязанностей в банке был анализ промышленных планов при выдаче кредитов, поэтому он был хорошо информирован о положении в военной промышленности. Он передал советскому аппарату «Сводку отправки военных материалов в Англию», которая попала к нему в банке. В результате усилий Адамса в Москву также был отправлен другой конфиденциальный доклад о секретных переговорах, которые вели в 1944 году лорд Кейнс и канадское правительство.

В число агентов входил и Дэвид Шугар, русский, выходец из довоенной Польши, который работал в исследовательской компании «Краун лимитед» в окрестностях Торонто. Он стал экспертом в области радарной техники и занимался в основном способами обнаружения подводных лодок. Шугар носил громкую кличку — Прометей. «Он согласился работать на нас, — отмечал майор Рогов, — но при особых мерах предосторожности, потому что был под наблюдением». Однако это «наблюдение» не стало препятствием для шпионской работы Шугара и не дало канадским властям возможности узнать что-либо о шпионском аппарате.

Инженер Мэтьюз С. Найтингейл служил командиром эскадрильи во время войны, поэтому в советском шпионском аппарате был известен под псевдонимом Лидер. Он хорошо знал канадские аэродромы и побережье. Найтингейла хотели завербовать, и его кандидатуру предложили Москве в 1945 году. Он еще только готовился к шпионской карьере, когда рухнула вся канадская структура. Разумеется, непреложным требованием для канадцев, поступающих на советскую службу, был разрыв всех связей с коммунистической партией. И этот разрыв должен быть сделан заблаговременно, а не перед самым поступлением на секретную службу. Майор Рогов в феврале 1945 года сделал в одном из своих документов характерную пометку: «Найтингейл был отделен от коммунистов, потому что зарезервирован на перспективу. Он не работал на партию, и его контакты с нею, которые происходили дважды в год, носили только контрольный характер».

Но даже в этот подготовительный период Найтингейл сумел передать майору Рогову карты, составленные канадскими военно-воздушными силами, где были сведения о проекте аэропорта в Гандере, на Ньюфаундленде, о канадских аэродромах и другие данные. Но, без сомнения, наибольший интерес представлял доклад Найтингейла о новых системах подслушивания телефонных разговоров, применяемых в Америке.

Было также много менее значимых агентов, которые выполняли вспомогательную работу. Агата Чепмен, работавшая в Банке Канады, являлась помощником более крупных агентов. Фреда Линтон, работавшая в годы войны в МОТ, выполняла сходные функции. Командира эскадрильи Ф.В. Поланда, который не мог быть полезен военной разведке, Заботин передал в другой советский аппарат в Канаде, в ГБ.

В дополнение к этой бригаде «секретных работников», если использовать этот русский термин, были организованы специальные группы, которые изготавливали фальшивые паспорта и визы. В советском посольстве были секретные фотолаборатории, существовали и многие другие, замаскированные, например, под безобидные аптечные магазины. Были намечены места встреч и передачи почты и т. д. В Торонто использовали кабинет врача-оптометриста Генри Харриса для контактов между Сэмом Карром и его агентами, подобно тому как это делалось в Нью-Йорке на «явке» у дантиста Розенблитта.

ПАСПОРТНЫЙ АППАРАТ В КАНАДЕ

Очень часто Москва давала Заботину и его помощникам задание доставать фальшивые канадские паспорта для своих агентов в Соединенных Штатах. Вот один из примеров. Важный советский агент в Калифорнии путешествовал по Соединенным Штатам под именем Игнатия Витчака. В Москве полагали, что настоящий Витчак, канадский гражданин, погиб в гражданской войне в Испании. Фото советского агента было искусно приклеено к старому паспорту Витчака. Однако настоящий Витчак вернулся в Канаду из Испании в феврале 1939 года, ему было разрешено въехать без паспорта, и он обосновался в родных краях под Лимингтоном, где работал на ферме. Фальшивый Витчак, человек «с гладким, невыразительным лицом, напоминающим восковую маску, близко посаженными глазами и чопорно надутыми губами, более похожий на суетливого школьного учителя, чем на советского агента», поступил в университет Южной Калифорнии, где изучал общественные науки.

После десяти лет шпионской работы фальшивому Витчаку потребовалось заменить паспорт, и военная разведка в Москве приготовилась дать взятку в 3 тысячи долларов продажному канадскому чиновнику за новый документ. По настоянию военного атташе, действуя против своих правил, Сэм Карр заплатил требуемую сумму, и в августе 1945 года паспорт фальшивого Витчака был обновлен. Однако его владелец недолго наслаждался своим легальным положением. Через шесть дней после того, как паспорт был доставлен, Игорь Гузенко начал делать признания канадским властям, и ФБР установило слежку за фальшивым Витчаком в Калифорнии. Но все же однажды шпион исчез вместе с женой и ребенком, а потом секретная служба Соединенных Штатов выяснила, что он благополучно прибыл в Польшу.

Паспортные дела Витчака и переговоры между советскими агентами в Канаде и Сэмом Карром совпали с прибытием в эту страну очень важных персон из Москвы, чей инспекторский визит наделал большой переполох в кругах советской разведки. Одним из этих лиц был Михаил Мильский (Мильштейн), заместитель Федора Кузнецова, главного шефа советской военной разведки (Директора), другим — Григорий Косарев, который занимал такое же положение, как и Мильский, но в аппарате ГБ. Разъезжая под видом скромных дипломатических курьеров, они совершили в военное время очень интересное путешествие через Соединенные Штаты, Мексику и Канаду. Сначала они приехали в Нью-Йорк, оттуда — в Мексику, из Мексики — в Калифорнию (где агенты военной разведки и ГБ занимались «атомными исследованиями») и оттуда — в Канаду. Так случилось, что они попали в Нью-Йорк как раз в тот день, когда Гузенко «выбрал свободу» и опубликовал свое вызывающее письмо советскому правительству. Не обратив на это внимания, оба шефа, судя по информации, которой располагали американские власти, были очень недовольны операциями в Соединенных Штатах. Многим официальным советским лицам было приказано вернуться в Россию, чтобы понести наказание за «потерю бдительности».

В Канаде инспектора были полностью удовлетворены работой сети под руководством Заботина и Павлова, человека из ГБ. Их обнадеживали большие перспективы, которые открывались для советской разведки в этой стране. Не подозревая о том, что этим накликает на себя гибель, Мильский послал в Москву телеграмму, в которой высоко оценивал работу Заботина и его штаба. Это случилось всего за несколько месяцев до того, как Заботин был отозван в Москву и весь его аппарат разогнан.

Честь встретиться с высокими советскими представителями выпала далеко не всем канадским агентам. Только Сэм Карр был вызван для обсуждения с Мильским вопроса о фальшивых паспортах. В конце июля инспектора возвратились в Россию.

На следующий год в Канаду приехали двое других инспекторов. Один из них был Григорий Косарев, а второй член этой команды, Сергей Фомичев, занял место своего несчастного коллеги по военной разведке Мильского. Но теперь обстановка изменилась — в Канаде все советские агенты были встревожены и каждый день ожидали ареста.

КОНЕЦ БУМА

К концу войны армия советских шпионов и информаторов достигла невероятных размеров. «В Соединенных Штатах есть тысячи агентов, — говорил Игорь Гузенко, — тысячи в Великобритании, и многие тысячи других разбросаны по всему миру». Но во время войны ни один советский агент не был арестован в Соединенных Штатах, Канаде или Великобритании. Москва объясняла этот успех вовсе не взвешенной политикой американского государственного департамента или британского министерства иностранных дел, но относила его на счет своей ловкости и находчивости.

Казалось, что и в будущем расширение сети будет продолжаться. Например, всего за несколько дней до победы над Японией Центр собирался направить в Западное полушарие новую команду агентов под видом расширения торговых связей. Двадцать восьмого августа 1945 года советский посол Георгий Зарубин повторил свою просьбу в министерство иностранных дел о том, чтобы открыть в Монреале торговое представительство, которое пользовалось бы привилегиями дипломатического иммунитета. Штат торгового представительства в Канаде уже насчитывал пятьдесят человек, Зарубин же предлагал увеличить его до девяноста семи служащих. Новые торговые миссии в Монреале и Оттаве должны были служить прикрытием для разведывательного органа численностью до двадцати человек.

Этот и другие планы могли быть претворены в жизнь, если бы не катастрофа, которая разразилась из-за поступка Игоря Гузенко и эхо от которой прокатилось далеко за пределами Канады.

Шифровальщик в офисе Заботина, невысокий блондин двадцати шести лет, Игорь Гузенко был одаренным молодым человеком, чьи способности лежали вовсе не в сфере международного шпионажа. Но полное драматических событий десятилетие наступило прежде, чем он смог найти свое истинное призвание.

Гузенко родился в бедной семье в 1919 году, в разгар Гражданской войны. Несмотря на то что все его родные были приверженцами старой России, Гузенко вступил в комсомол и искренне воспринял идеи ленинизма. Три года он изучал архитектуру, но война, которая прервала так много карьер, разрушила его планы. В 1941 году его направили в московскую школу военной разведки, где он изучал шифровальное дело и коды. Его тщательным образом проверили и признали годным к работе.

В 1943 году его послали шифровальщиком в только что основанное разведывательное агентство в Канаде.

Для Гузенко и его жены Анны Канада была не просто новая страна, это был новый мир. Когда подошел к концу двухгодичный срок службы в Канаде, Гузенко попытался отдалить неминуемое возвращение. Когда из Москвы приехал его преемник, Кулаков, Гузенко понял, что через несколько дней обязан вернуться в Россию.

Решение об измене, о том, что ему придется порвать все связи со своей страной, друзьями, семьей и постоянно жить среди людей с другим языком и культурой, было нелегким. Однако при одобрении и поддержке Анны Гузенко решился на этот шаг и начал тщательно готовиться. Он взял домой из офиса военного атташе красноречивые письма, адресованные Фреду Роузу и его шпионской службе, секретную корреспонденцию между канадским министерством иностранных дел и послом Канады в Москве, полученную через Эмму Войкин, и другие документы. Гузенко был уверен, что в критический момент при помощи этих бумаг он сможет доказать, что является настоящим перебежчиком, а не провокатором. Пятого сентября 1945 года он пронес домой сотни документов, спрятав их в карманах и под рубашкой. Эти бумаги вскрывали серьезные шпионские дела, как и документы известного Уиттейкера Чэмберса. Гузенко, как и Чэмберсу, не повезло на первых порах, с той лишь разницей, что у Чэмберса эта первая стадия длилась одиннадцать лет, а у Гузенко всего лишь тридцать шесть ужасных часов.

Гузенко сначала встретился с серьезным сопротивлением некоторой части канадского правительства и прессы. Газеты отказались иметь с ним дело, и он обратился в министерство юстиции, а потом через министерство иностранных дел попал к премьер-министру. Мистер Маккензи Кинг оказался перед выбором: с одной стороны, он не верил в подлинность документов и в правдивость слов неизвестного ему Гузенко и подозревал, что некоторые антисоветские силы просто хотят раздуть скандал и скомпрометировать правительство; с другой стороны, документы подтверждали факт похищения атомных секретов и других государственных тайн, и соображения национальной безопасности требовали тщательного расследования этот дела. Для политического климата того периода было показательным то обстоятельство, что мистер Кинг не только отказался принять самого Гузенко и его бумаги, но посоветовал этому молодому человеку вернуться в свое посольство. «Я полагал, — говорил потом мистер Кинг в палате общин, — что ему следует возвратиться в посольство вместе с бумагами, которые находились в его распоряжении. Мне казалось более важным сделать все, чтобы исключить возможность недоразумений и не дать советскому посольству повод утверждать, что Канада подозревает русских в шпионаже...»

Гузенко не последовал совету премьер-министра. Он потратил целый день, обивая пороги других учреждений, но безуспешно. Казалось, перед ним были закрыты все двери. Чета Гузенко в отчаянии вернулась к себе на квартиру.

Тем временем в офисе Заботина поняли, что исчез не только Гузенко, но и некоторые из недавно полученных сообщений. Стало ясно, что его отсутствие вызвано не болезнью или другой уважительной причиной.

Прежде всего дело Гузенко было передано из военной разведки в ГБ. Военная разведка ведала вопросами, связанными с должностью Гузенко, его заработком, продвижением по службе, перемещениями, но как только возникали сомнения в преданности, за дело принималась ГБ. Виталий Павлов, второй секретарь посольства, но на самом деле шеф ГБ в Канаде, приказал двум охранникам следить за домом четы Гузенко и немедленно доложить, когда она появится там. Когда Гузенко вернулись из своего бесплодного хождения по правительственным учреждениям, небольшая группа под командованием самого Павлова явилась в их дом. У них была деликатная задача: проникнуть в закрытую квартиру, сделать там обыск, не имея на это ордера, и убедить Гузенко поехать с ними или похитить его, а в случае необходимости принять более крутые меры. Но чета Гузенко спряталась в квартире соседа.

Стиль поведения советских органов в подобных ситуациях всегда отличался наступательностью и высокомерным поведением. Группа Павлова вскрыла замок и вошла в квартиру Гузенко, приготовясь ждать виновника всех бед. Гузенко наблюдал за группой Павлова и вызвал полицию. Павлов не только не попытался оправдаться за сломанный замок, но потребовал, чтобы полиция немедленно удалилась. Он сказал, что Гузенко разрешил ему войти в квартиру в его отсутствие, что он ищет некоторые документы из посольства и что его дипломатический статус исключает вмешательство полиции. Но полиция не была удовлетворена и отказалась уехать, пока Павлов со своей группой не покинет квартиру. Эта была бессонная ночь не только для четы Гузенко, но, несомненно, для Заботина и Павлова тоже.

Именно этот ночной налет Павлова спас Гузенко. Теперь полиция имела законное основание защищать его и его семью. Кроме того, полиция удивилась, почему эти люди проявляют повышенный интерес к пропавшим документам. Следующим утром полиция взяла под стражу чету Гузенко. Теперь они были недосягаемы для Павлова и ГБ.

Павлов и Заботин были озабочены одним и тем же вопросом: как много знал перебежчик о шпионских делах? Сколько документов, писем, записных книжек и памятных записок он похитил? Был шанс, что в страхе за свою жизнь он промолчит и не расскажет о наиболее неблаговидных делах аппарата.

В этой затруднительной ситуации посольство предприняло обычные в таких случаях дипломатические шаги. Еще до получения инструкций из Москвы посол Зарубин послал ноту протеста в канадское министерство иностранных дел. Игорь Гузенко, по его словам, растратил казенные деньги и канадское правительство обязано передать его советским властям, а канадские полисмены, которые проявили «неуважение» во время событий на квартире Гузенко, должны быть наказаны.

Разумеется, никакого ответа не последовало. Через неделю, получив к тому времени инструкции из Москвы, посол направил вторую ноту, в которой были выставлены те же требования, с важным добавлением, что Гузенко должен быть выдан без суда.

Тем временем в условиях строжайшей секретности были исследованы бумаги Гузенко. Премьер-министр Кинг все еще колебался, не зная, какой курс ему избрать, поскольку дело имело международное значение. Не делая никаких сообщений в прессу, Кинг решил согласовать свои действия с президентом Трумэном и премьер-министром Эттли. Он прибыл в Вашингтон десятого ноября, и ему удалось скрыть от прессы вопросы, которые он собирался обсудить с президентом. Потом он поехал в Лондон, и здесь тоже строили догадки о целях его визита. У Кинга была наивная идея отправиться в Москву и рассказать все Сталину. Через несколько месяцев Кинг заявил в канадской палате общин: «Судя по тому, что я знал и слышал о Сталине, я уверен, что русский лидер не одобрил и не простил бы такие действия в одном из посольств его страны». Все-таки Кинга как-то сумели отговорить от поездки в Москву, и он вернулся в Оттаву, чтобы подождать результатов интенсивно ведущегося расследования.

Прошло более месяца после исчезновения Гузенко из посольства, но за это время не было сделано ни одного ареста. Аппарат в Канаде и Директор в Москве могли предположить, что Гузенко не заговорил и что худшее позади и вот-вот снова установятся «нормальные» условия. Пятнадцатого октября Зарубин со всей беспечностью снова приехал в министерство иностранных дел, чтобы повторить просьбу об открытии нового советского торгового представительства в Монреале. Но тем не менее советским аппаратом были все же приняты меры предосторожности. Таинственный Игнатий Витчак, о существовании которого хорошо знал Гузенко, поспешно покинул Соединенные Штаты. Фред Роуз, Сэм Карр и другие наиболее важные члены сети Заботина стали более осмотрительными. Им были даны инструкции в случае допросов отрицать всякую связь с советским посольством.

Многие люди в министерствах Оттавы, Вашингтона и Лондона знали об этом деле, а ФБР и Скотленд-Ярд начали проявлять активность. Слухи об этом наконец достигли Москвы. Неожиданно, тринадцатого декабря, Заботин покинул Канаду, не поставив в известность министерство иностранных дел, что было несвойственной ему оплошностью. Очевидно, он боялся за свою собственную безопасность (было мнение, что, несмотря на дипломатическую неприкосновенность, он все же может быть арестован). Он бежал в Нью-Йорк и поднялся на борт советского корабля «Александр Суворов», который ушел тайно, ночью, пренебрегая портовыми правилами. По существу, он уже находился под арестом, так как в Москве оказался в тюрьме и стал козлом отпущения за все канадские дела. ГБ обвинила его в том, что он стал причиной измены шифровальщика из-за его «плохого отношения к Гузенко». Его приговорили к десяти годам тюремного заключения.

Через несколько недель после бегства Заботина посол Зарубин тоже отбыл, но уже открыто. Канадское правительство не обвиняло его в том, что он был вовлечен в шпионские дела, однако после публикации документов и возможного взрыва общественного недовольства, которого можно было ожидать в любой момент, положение Зарубина могло стать неприемлемым. О том, что он совсем оставляет свой пост в Канаде, не было объявлено, но он так и не вернулся. Через девять месяцев Британия дала согласие принять Зарубина в качестве посла. Очевидно, репутация Зарубина была восстановлена. В 1952 году Соединенные Штаты последовали примеру Британии.

Менее чем через два месяца после отъезда Зарубина Оттава сделала первые официальные заявления о шпионском центре. Прошло целых пять месяцев, прежде чем начались первые аресты. Причиной тому была международная обстановка. В сентябре, когда Гузенко впервые появился со своими документами, конференция премьер-министров в Лондоне закончилась разногласием, и Маккензи Кинг не хотел, чтобы сложилось впечатление, будто он мстит Молотову за его непреклонность. Вскоре после этого в Москве состоялась еще одна конференция, и Канада не хотела нарушать ее работу антисоветским заявлением. Потом в Лондоне должна была состояться важная сессия ООН, и опять обстоятельства препятствовали огласке дела. Никогда еще шпионская группа и «пятая колонна» не пользовались таким уважительным отношением, как тогда в Канаде.

Когда наконец пятнадцатого февраля 1946 года было опубликовано официальное заявление канадского правительства, то в нем содержались только голые факты, касающиеся раскрытия шпионской организации, которая работала в пользу иностранной державы, без упоминания названия этой страны. Премьер-министр Кинг пригласил советского поверенного в делах и объявил ему, что в заявлении имелся в виду Советский Союз.

Заключительный отчет королевской комиссии тоже продемонстрировал большое уважение к советской точке зрения. Чтобы поддержать положение Зарубина, в отчет был включен специальный раздел, озаглавленный «Непричастность советского посла», в котором отмечалось, что он ничего не знал о шпионской деятельности, а Заботин с Павловым держали его в полном неведении. Это было явным нарушением установленного порядка, так как посол отвечает за все, что происходит в посольстве.

Советские газеты привели почти полностью текст заявления канадского правительства — и это был уникальный случай в истории советской прессы. Было ясно, что какая-то доля вины будет признана, некоторые люди будут наказаны, но правительство постарается остаться в стороне. Действительно, двадцатого февраля 1946 года в советской прессе появилось красноречивое заявление, важное в каждой своей детали. Козлами отпущения стали военный атташе и «некоторые другие работники посольства». Их действия были названы «недопустимыми», но в то же время значимость их шпионских рапортов была преуменьшена. (Москва еще не знала того, что скоро будет предано гласности множество документов, из которых станет ясно, что Директор лично побуждал военного атташе в Канаде добывать необходимые для России секретные данные, включая даже образцы урана-235.)

Затем последовала кампания в прессе, в которой Канаду обвиняли в антисоветской истерии и в раздувании пустячного инцидента до размеров международного скандала.

Атаки советской прессы были поддержаны определенными голосами в Соединенных Штатах. Некоторые общественные деятели открыто заговорили о «праве на шпионаж». Джозеф Дэйвис, который был когда-то послом Соединенных Штатов в СССР, заявил, что «Россия в интересах самообороны имеет полное моральное право узнавать атомные секреты с помощью военного шпионажа, если она лишена такой информации от своих бывших боевых союзников».

В Британии тоже мало понимали суть дела. Когда новости об этом появились в прессе, знаменитый физик Д. Берналл заявил, что шпионские тайны являются прямым результатом нежелания «делиться атомными секретами». Лейборист и член парламента Л.Д. Соллей сказал, что канадское расследование по поводу шпионажа является угрозой для научного прогресса.

Одного из подсудимых, Алана Нуна Мэя, судили в Англии, а остальных в Канаде. Процесс в Канаде начался в мае 1946 года, дело каждого подсудимого рассматривалось отдельно, и суд продолжался до 1948 года. Игорь Гузенко предстал на процессе под охраной полиции в качестве главного свидетеля. Прессе и присутствующим было запрещено делать снимки или зарисовывать его и даже описывать его внешность.

Так же, как и на шпионских процессах во Франции, Японии, Швеции и Финляндии, члены канадской шпионской организации нарушили жесткие правила советской разведки, когда агенты, в случае их ареста, никогда не должны сознаваться в своей деятельности, признавать свою вину и выдавать свои связи. Во время следствия, а потом и на судебном процессе многие из обвиняемых предпочли признать свою вину, во всем сознаться и выдать своих товарищей. Дэвид Лунан, одна из ключевых фигур аппарата, был, судя по официальным отчетам, «очень искренним» и «сотрудничал» после ареста и во время допросов. Он не только во всем признался, но и дал информацию о майоре Рогове и о других членах его маленькой группы. Раймонд Бойер, богатый профессор и специалист по взрывчатым веществам, рассказал все о своих подпольных контактах, включая Сэма Карра, Фреда Роуза и советского майора Соколова. Кэтлин Уолшер из офиса высокопоставленного британского представителя тоже призналась в шпионской деятельности. Эмма Войкин из канадского министерства иностранных дел поступила точно так же. Алан Нун Мэй сделал письменное заявление о своей шпионской активности, где признавал, что передавал образцы урана советским агентам и получал от них деньги.

Мэй был приговорен к десяти годам каторжных работ. Общественное мнение в Англии, еще не созревшее в тот момент для полного понимания значения советского шпионажа, по-разному отнеслось к его осуждению. Особенно не уверены были в справедливости приговора члены лейбористской партии. Раздавались протесты против «излишней суровости», и депутация под руководством лейбористского члена парламента Гарольда Ласки пыталась войти в правительство с ходатайством в пользу Мэя. Они потерпели неудачу, и Мэй отбыл срок наказания, который ему сократили на одну треть из-за хорошего поведения. Он был освобожден тридцатого декабря 1952 года.

Канадский суд был снисходителен в своем первом послевоенном шпионском процессе. Шесть из двадцати подсудимых были оправданы, хотя их вина казалась очевидной. Тринадцать были приговорены к разным срокам заключения. Двое партийных лидеров, которые были организаторами и душой аппарата, получили по шесть лет заключения каждый. Фред Роуз оставался в тюрьме до августа 1951 года. Через два года он навсегда покинул Канаду и переехал в Польшу. Его товарищ Сэм Карр бежал на Кубу, а потом вернулся в Нью-Йорк, где жил, скрываясь от властей. Два года спустя он был арестован ФБР. Его передали канадским властям, отдали под суд и приговорили в апреле 1949 года. Коммунистическая партия Канады расценила это как «заговор против мира» и в то же время объявила, что Карр «больше не имеет никакого отношения» к партии.

На ранних стадиях расследования Гузенко и его семья жили в домике в полицейском лагере, как лица, состоящие на попечении канадского правительства. Допросы и показания перед королевской комиссией и судом оставляли ему слишком мало времени, чтобы устроить свои собственные дела. Когда его услуги Канаде стали известными и были оценены, начала поступать помощь от общественности, как бы в качестве компенсации за первоначально холодный прием. Его первая книга «Это мой выбор» (в Соединенных Штатах она вышла под названием «Железный занавес») имела успех, и на ее основе был снят фильм. Бывший советский клерк-шифровальщик теперь обладал состоянием более 150 тысяч долларов. Финансовые трудности отступили, по крайней мере, на некоторое время.

Однако с того момента, как Гузенко сделал свои признания, их начали преследовать другие трудности. Им пришлось скрывать свою личность от публики, от прессы и даже от собственных детей. Об их местонахождении знали не более двенадцати человек, полиция сочинила для них «легенду» — фиктивную биографию, хорошо продуманную, правдоподобную и принятую соседями Гузенко, школьными учителями их детей и местными властями. Они меняли дома, автомобили, имена, чтобы замести все следы своего прошлого. Вокруг дома четы Гузенко постоянно дежурила охрана, одетая так, чтобы их нельзя было принять за полисменов. Эти меры оказались на удивление успешными, некоторые из советских агентов, перешедших на другую сторону, бесследно исчезали из виду и жили где-то тайно в относительной безопасности. Другие пытались открыто выступать на политической арене, и многие из них дорого заплатили за свою смелость. Гузенко был единственным среди них, кто жил и работал сразу на этих двух уровнях.

В конце своих приключений со шпионажем и контрразведкой Гузенко начал писать. Его первый роман «Падение титана» был достаточно хорош и имел финансовый успех. Казалось, что Гузенко обрел истинное призвание в литературе.

В международном масштабе дело Гузенко обозначило конец процветания советской разведки военного времени. Число арестованных в связи с признаниями Гузенко было невелико по сравнению с армией советских информаторов, но удар, нанесенный в Канаде, посеял страх во многих других. Трудно привести точные цифры, но, по крайней мере, в Соединенных Штатах и Канаде многие агенты 1944—1945 годов бросили все и постарались, чтобы о них забыли. Легенда о безопасности рассеялась, многие, ранее преданные люди, начали сомневаться в целях советского шпионажа, как составной части общего советского наступления. Возросшая жесткость органов национальной безопасности и ужесточение наказаний за шпионаж обозначили новый период депрессии советской разведки.

Но Москва не могла допустить существование постоянных помех в ее разведывательной деятельности. Было сделано многое, чтобы преодолеть новые барьеры, и нельзя сказать, что это было всегда безуспешно.

Глава 8
ЕВРОПА ПОСЛЕ ВОЙНЫ

НОВЫЕ УСЛОВИЯ

Чрезвычайные военные обстоятельства неизбежно вызывали послабления в строгих правилах конспирации. Мы видели, как в 1941—1945 годах эти законы конспирации нарушались в Соединенных Штатах, Германии и Швейцарии, как шпионская деятельность тесно переплеталась с работой коммунистических партий, как в своей частной жизни рядовые агенты разведки вели себя вопреки установленным правилам. Теперь военная напряженность прошла, и настало время, когда нарушители правил должны были расплачиваться за свои прегрешения. В каждом случае крупного провала некоторые лица или даже группы лиц обвинялись в этом и подвергались наказанию, независимо от того, виновны они или нет, потому что нужен был пример на будущее. «Слабина» должна быть устранена, «предательство» — наказано.

Козлом отпущения номер один в канадском деле стал полковник Николай Заботин, советский военный атташе в Канаде. Но этого показалось недостаточно строгим судьям в Москве. Центр начал тщательно рассматривать все зарубежные дела. В западные страны были посланы следователи с заданием допросить всех агентов, которые работали там в военное время, а также их друзей и знакомых, не раскрывая при этом, разумеется, тех изменений, которые происходили в штаб-квартире, и ничего не говоря об идущей чистке. Их расследование распространялось на всех агентов и касалось всех инцидентов, даже самых незначительных. «Нам нужна ваша информация, — объясняли они, — чтобы выяснить, какие ошибки мы допустили в военное время и как мы должны улучшить работу в будущем». А в конце беседы они требовали: «Никогда и никому не рассказывайте о нашем разговоре».

Но не только расследования и чистки потребовались для того, чтобы обновить советский разведывательный механизм. Обстоятельства теперь изменились. Война закончилась, Германия капитулировала, и остатки тайной сети вышли из подполья, люди постарели и устали и уже не могли продолжать изматывающую работу. Требовалось новое поколение разведчиков, и почти повсюду в Европе надо было создавать новый шпионский аппарат.

Масштаб ценностей тоже стал другим. Многие страны раньше делили между собой честь быть объектом советской разведки номер один — Польша, Франция, Япония, Германия. Однако Соединенные Штаты в тот период не являлись целью номер один, успехи, достигнутые советской разведкой в Вашингтоне и Нью-Йорке в тридцатых годах, объяснялись скорее рвением американских друзей, чем советским давлением. И в самом деле, лучшие мозги ГБ и ГРУ были привлечены к работе в других местах. Но в 1946—1947 годах Соединенные Штаты стали главной целью, оставив далеко позади Францию и Германию, не говоря уже о небольших странах. При операциях в Соединенных Штатах перестали считаться с риском и расходами.

Западная Германия вскоре заняла второе место. С 1948 года значение Западной Германии в представлении советской разведки стало быстро возрастать, и в послевоенный период там работала густая шпионская сеть.

С другой стороны, по окончании войны стало возможным ликвидировать некоторые отделы советской военной разведки, а именно те, которые ранее работали в странах, которые теперь превратились в сателлиты. Там уже не было необходимости в военной разведке, потому что не было ни военных, ни политических, ни экономических секретов от страны-покровителя.

Балтийские страны, Польша и Румыния, столь важные в двадцатые и тридцатые годы, теперь оказались внутри границ советской империи. И только Югославия с 1944-го по 1947 год, когда Тито порвал с Москвой, служила объектом для шпионажа

Страны-сателлиты сами включились в разведывательную работу в пользу Советского Союза. Теперь уже не было нужды заставлять советских офицеров делать грязную и опасную работу, для этих задач можно было использовать людей из «дружественных государств». Миссии и посольства стран-сателлитов за рубежом не так привлекают внимание полиции, как советские представители.

Доминирование советской разведки над спецслужбами стран-сателлитов было безоговорочным, однако они тесно сотрудничали между собой, и работа была разделена на основе весьма простых и разумных соглашений. Польша и Чехословакия были активны в соседней Германии, а Румыния и Болгария работали на Балканах. Кроме этого, Польша имела сеть во Франции, где базой для активности были люди польской национальности, число которых превышало 40 тысяч. Чехословакия также работала и в Бельгии.

В послевоенное время определенный интерес стали представлять такие страны, как Япония, Швеция, Норвегия и Греция. Устранив Германию как балтийскую державу и разрушив все ее сооружения на побережье, Москва видела в Швеции единственное препятствие своему господству на этом море. После войны шпионаж в Швеции существенно увеличился. На афинском судебном процессе в феврале 1952 года были вскрыты шпионские группы, оснащенные радиостанциями, имеющие в своем распоряжении курьеров и сумевшие проникнуть в военные секреты.

ФРАНЦИЯ

В первые годы после войны ситуация во Франции была более благоприятной для советской разведки, чем когда-либо раньше. Как и повсюду на Западе, здесь дипломатические связи и другие отношения с Советским Союзом переросли рамки необходимой целесообразности, и то, что начиналось на основе холодного расчета, превратилось в сердечную привязанность. Во Франции были открыты все двери для представителей дипломатических, военных и разведывательных служб. Когда такие коммунистические лидеры, как Шарль Тийон и Франсуа Бийу, стояли во главе военных министерств, а Поль Марсель и Огюст Лекьер контролировали промышленное производство, едва ли были нужны подпольные средства вроде тайных агентов, радиостанций и фальшивых паспортов. Наконец осенью 1945 года сам Морис Торез стал вице-премьером. Ни один из этих людей или их помощников не смог бы отказать требованиям советских представителей. Все они были готовы снабжать Москву информацией, включая конфиденциальные, секретные и особо секретные сведения, касающиеся Соединенных Штатов, Великобритании и самой Франции. Франция никогда не входила в советский блок, но с августа 1944-го по май 1947 года была настоящим земным раем для советской разведки.

В дополнение к этим кругам официальных коммунистов было множество сочувствующих, которые оказывали советской разведке более важные услуги, чем эфемерные министерства Четвертой республики. Целые толпы бывших правых, социалистов, людей, сотрудничавших с нацистами, хлынули в широко открытые двери правительственной службы, чтобы замолить свои старые грехи ревностной службой Москве. Некоторые из них открыто вступили в коммунистическую партию, другие сделали это тайно, а третьи остались в стороне, играя роль «объективных наблюдателей», постоянно находясь на стороне Советского Союза. Их связи с советским посольством были тесными и органичными, а служба — многосторонней и полезной. В эту категорию входили люди с известными именами.

Фредерик Жолио, внук второго повара Наполеона III и сын виртуоза игры на охотничьем роге, был учителем физики до того, как женился на Ирен Кюри, дочери Марии и Пьера Кюри. Он стал известным ученым в области атомной физики и руководителем крупной атомной лаборатории. Он не был коммунистом до войны и даже протестовал против пакта Сталина с Гитлером в 1939 году. Когда германские армии оккупировали Париж, Жолио-Кюри провел конференцию по физике, в которой принимали участие нацистские офицеры. В интервью репортеру пронацистской газеты «Нуво тамп» он высказал позицию французских коллаборационистов: «Мы, французские ученые, страстно преданные своей стране, должны иметь смелость, чтобы извлечь урок из нашего поражения».

После освобождения страны Жолио-Кюри, ставший коммунистом, быстро рос в политическом смысле и возглавил многие организации, основанные на советские деньги, управляемые советскими агентами и полностью поддерживающие советскую политику. Как глава французской комиссии по атомной энергии, он ратовал, в полном согласии с желаниями Москвы, за «раскрытие атомных секретов». Однако он не стал ожидать решения французского правительства по этому вопросу и немедленно начал шпионаж в пользу Москвы. Кроме Жолио-Кюри, много других, менее известных ученых работали во французском атомном агентстве. Шефом персонала этого агентства был Жан-Пьер Вижье (Бро), который входил в швейцарский аппарат и был мужем Тамары Гаспари и зятем Рахели Дубендорфер.

Жолио-Кюри оставался на этом посту еще долгое время после того, как коммунисты вынуждены были покинуть правительство, его не смещали до августа 1950 года. Если когда-то масштабы атомного шпионажа в пользу Москвы будут раскрыты, то будет хорошо видно, что услуги таких открытых «друзей Советского Союза», как Фредерик Жолио-Кюри, по меньшей мере столь же важны, как тайные сообщения Клауса Фукса, Алана Нуна Мэя, Гарри Голда или Юлиуса Розенберга.

Среди официальных лиц, занимающих высокое положение, был известный социалист, бывший секретарь Леона Блюма, Андре Блюмель, который занимал важный пост при министре внутренних дел Адриене Тиксье. Но до 1948 года, когда он занял сторону коммунистов на процессе Кравченко, он не раскрывал свою истинную политическую позицию.

Другим таким официальным лицом был Пьер Кот, бывший политик правого толка и секретарь Раймона Пуанкаре. Перед войной Кот вдруг стал левым. Во время испанской войны он был министром авиации, пресса обвиняла его в том, что он выдал Москве некоторые военные технические секреты, и он не стал преследовать газетчиков за клевету. После войны он снова стал министром авиации и в 1953 году получил Сталинскую премию.

Первая послевоенная советская дипломатическая миссия прибыла в Париж в октябре 1944 года. Одновременно приехала и военная миссия, которая устроила себе офисы, сначала в бывшем литовском, а потом и в эстонском посольствах. Военная миссия была оснащена обычным образом (радио, кодами и тому подобным) и возглавлялась подполковником Новиковым, чья должность должна была прикрывать его шпионскую деятельность. Военная миссия постаралась наладить контакты с уцелевшими работниками старой советской сети в Европе и начала собирать рассеянные остатки старого аппарата. Теперь Париж стал Меккой для оказавшихся в затруднительном положении и никому не нужных осколков советской разведки.

Среди первых из бывших подпольных лидеров, приехавших в Париж в это время, был Александр Радо, физически измотанный и уставший от нелегального положения. После короткого пребывания в Париже он был отослан в Москву вместе с Александром Футом.

В Париже во время его освобождения находился также «генерал» Вальдемар Озолс, который был помощником Сукулова в 1943—1944 годах, а теперь обвинялся в сотрудничестве с врагом. Процесс во французском суде мог бы принести неприятности Москве. Следуя своей практике не допускать публичного осуждения своих агентов в зарубежных странах, советское правительство попыталось предотвратить процесс Озолса. После вмешательства Новикова он был освобожден и выслан в Россию. Если бы его судил французский суд, то смертный приговор был бы неминуем.

Гермина Рабинович, которая приобрела международную известность в 1946 году из-за ее участия в швейцарских и канадских шпионских делах, покинула Канаду и приехала в Париж, где легко нашла работу в эмиграционном бюро. (Через два года, когда политическая обстановка изменилась и французские власти решили положить конец своему великодушию, она была вынуждена покинуть Париж и эмигрировать в Израиль.)

Кузен Гермины, Александр Абрамсон, тоже приехал во Францию. Несмотря на то что его участие в шпионской деятельности было хорошо известно, он получил поддержку профсоюзного лидера и председателя Экономического совета Леона Жуо, который взял Абрамсона на работу в свой «личный отдел». Офис Жуо, который тесно сотрудничал с французскими, американскими и британскими некоммунистическими профсоюзными организациями, был хорошим наблюдательным пунктом и источником обильной информации.

Другим «погоревшим», по французскому выражению, советским агентом была Элен Радо, жена Александра. В Женеве она была заочно приговорена к году заключения и высылке из Швейцарии, но сумела скрыться и в конце 1944 года появилась во Франции. Советское правительство продолжало платить ей за прошлую службу до конца 1945 года. Потом она нашла работу во Всемирной федерации профсоюзов.

В феврале 1950 года эта уставшая, разочарованная и тяжелобольная женщина позволила корреспонденту лондонской «Дейли телеграф» просмотреть секретный отчет, который попал на ее стол и был посвящен встрече дальневосточной группы Всемирной федерации профсоюзов. Отчет вскрывал роль этой «профсоюзной организации» как прикрытия для политической и военной кампаний. Три русских «профсоюзных делегата» — Соловьев, Яковлев и Ростовский — играли первую скрипку в этом заговоре, их распоряжения касались нарушения морского сообщения, организации саботажа, вооружения местного населения, подстрекательства к забастовкам во всей Юго-Восточной Азии и особенно в Индии и Индокитае. План предполагал всеобщую революцию на Дальнем Востоке, которая должна произойти одновременно с корейской войной.

В результате раскрытия этого документа Элен Радо потеряла место во Всемирной федерации профсоюзов и лишилась доверия своих бывших покровителей.

По сравнению с другими западными державами Франция считалась лучшим местом для размещения таких спонсированных Советским Союзом формирований, как Всемирная федерация профсоюзов, Всемирная федерация демократической молодежи и Международная демократическая федерация женщин. Все эти организации открыли свои офисы в Париже. Они развили потрясающую активность, проводили съезды, публиковали множество материалов и вели пропаганду из самого сердца западного мира. Но гораздо более важной, чем их открытая деятельность, была работа по подготовке двух военных авантюр на Дальнем Востоке. И только в январе 1951 года французское правительство изгнало три организации, которые потом перевели свои офисы на Восток. Общество Франция—СССР было другой активной организацией, которая получала средства из-за границы и выполняла самые разные задачи. Журнал «Франс д'абор» собирал секретную информацию от офицеров и гражданских лиц, равно как и из других источников.

Старая рабкоровская система почти одновременно начала возрождаться во Франции и Германии. Руководящая рука, стоявшая за этим совпадением, была очевидной. Два десятилетия назад рабочие корреспонденты появились в «Юманите», так же как и в провинциальных газетах коммунистической партии. Как и в случаях Пьера Прово и Исайи Бира двадцать лет назад, сотни местных коммунистических лидеров поощрялись к выступлениям в газетах. Из всех заметок, присланных таким образом, только малая часть была опубликована, остальные служили нуждам советской разведки. В ноябре 1951 года Этьен Фажон, фактический редактор этой газеты, утверждал, что около 650 рабочих корреспондентов в Париже и примерно 300 в других частях страны писали в его газету.

Франция столкнулась после войны с той же проблемой, что и другие западные страны. Во время военного союза с Москвой множество друзей Советского Союза и агентов, проводивших его политику, наводнили правительственные сферы. И теперь возникала трудная и неблагодарная задача избавиться от них. Каждая из западных стран старалась решить ее своим собственным путем, но ни один из них не оказался достаточно удовлетворительным. В Соединенных Штатах следственные комиссии конгресса с их долгими дискуссиями только вызывали раздражение общественного мнения. Великобритания попыталась применить свой собственный способ, но тоже потерпела неудачу. Дела Клауса Фукса, Гая Берджесса, Дональда Маклина и Бруно Понтекорво показали, насколько трудно демократическому обществу избавиться от своих врагов.

Во Франции эта задача оказалась труднее, чем где бы то ни было. Французская коммунистическая партия по численному составу была одной из самых крупных в мире, ее пресса, пропаганда и средства давления были гораздо сильнее, чем у ее родственных партий в Соединенных Штатах и Великобритании. Антагонизм к Германии, более живучий во Франции, чем в Великобритании или в Соединенных Штатах, все еще управлял чувствами людей. Советский Союз, с его агрессивностью, проникновением во все системы, шпионажем, в глазах многих простых французов представлялся всего лишь пугалом, а волна антиамериканских настроений хорошо послужила советскому делу. Некоторые из действительных или потенциальных советских агентов все еще оставались на своих постах в юстиции, полиции и службе безопасности.

Франция так и не смогла восстановить своих позиций, которые она занимала в 1927—1933 годах, потому что после войны французское влияние в международных и даже в европейских делах стало ограниченным. Технический прогресс во французской военной промышленности был несравним с тем, который имел место в Соединенных Штатах. В области атомных исследований Франция находилась позади двух англосаксонских держав. Однако военные объекты НАТО, размещенные во Франции, представляли интерес для Москвы. Кроме того, большое внимание советских агентств привлекал вновь построенный военно-морской флот и в особенности подводные лодки.

Одним из наиболее крупных шпионских дел, в котором фигурировали французские военные, был процесс над Андре Телери из министерства авиации. Профессор технической школы, расположенной близ Парижа, бывший морской офицер, Телери вступил в подпольную антифашистскую организацию во время войны, а в 1942 году — в коммунистическую партию. Он быстро продвинулся и стал помощником Шарля Тийона, члена французского политбюро. После войны Тийон, теперь министр авиации, взял Телери в свое министерство. В 1946—1947 годах Телери стал главой отдела безопасности министерства авиации. Официальной задачей этого отдела было пресечение утечки секретной информации. Через руки Телери проходила масса такой информации, и он взаимодействовал как с Советским Союзом, так и с французским коммунистическим руководством.

В 1947 году Телери получил приказание от своего шефа передать всю информацию, предназначенную для Советского Союза, югославской миссии в Париже. Он выполнил эти инструкции. Югославия все еще считалась лояльным сателлитом, и это изменение процедуры было частью плана перестройки советской разведки, согласно которому советские агенты уходят на второй план, а на видные места выдвигаются агенты стран-сателлитов. В случае Телери связь с Москвой через Белград считалась более предпочтительной, чем прямые контакты с советскими агентами в Париже. Когда стало известно о «бунте» Тито, Французская коммунистическая партия по требованию Москвы приказала Телери прекратить сотрудничество с югославами. Но Телери так сблизился с титоистами, что продолжал встречаться с ними и передавать информацию югославскому военному атташе.

В феврале 1949 года Андре Телери был взят с поличным. (Во Франции намекали, что он был выдан контрразведке французскими коммунистами.) Перед трибуналом Андре Телери признался, что «вошел в контакт с военными атташе стран народной демократии, которые сражались на стороне союзников», и снабжал их некоторыми документами. В марте 1951 года он был приговорен к пятилетнему заключению. Его освободили в 1952 году.

В других случаях, в которых Москва была замешана больше, чем страны-сателлиты, дело принимало другой оборот. Иностранных агентов поддерживали невидимые покровители, приводились в движение закулисные силы, при помощи хитрых уловок удавалось избежать наказания. Одновременно с арестом Телери несколько других военных были обвинены в разглашении секретов через каналы двух органов печати: «Франс д'абор» и «Регард». Дело оказалось настолько серьезным и секретным, что о нем был сделан подробный доклад на заседании кабинета первого марта 1949 года. Было сказано, что капитан

Рене Азема, преподаватель школы воздушно-десантных войск в По, передал редактору «Франс д'абор» секретные документы, которые содержали, помимо других данных, описание вооружения и численности одной из военно-десантных дивизий. Четыре человека, авторы двух публикаций, были арестованы, среди них — Жак Фридланд, редактор «Регард», Бернар Жуенн, автор статей, и Ив Моро, редактор «Франс д'абор». Ожидались сенсационные разоблачения, когда пресса упомянула в этой связи двух отставных генералов, коммунистов, Пти и Жуанвилля. Но арестованные вскоре были освобождены, и к тому времени, когда через два года, тринадцатого января 1951 года, обвиняемые были оправданы военным судом, об этом деле почти забыли.

В послевоенной Франции к советскому шпионажу относились по-разному, то с интересом, то с безразличием.

В октябре 1951 года французские власти арестовали известного ранее редактора пронацистской газеты «Матен» Анри де Кораба (выходца из Польши Генрика Кучарского), который перед войной был ярым антикоммунистом, а теперь стал председателем общества «Одер-Нейсе». Причиной его ареста послужила «разведывательная деятельность в пользу иностранного государства и действия, наносящие вред военной и дипломатической ситуации во Франции». Однако скоро его отпустили и дело было закрыто.

То же самое произошло и с группой агентов, работавшей на юге страны в районе военного порта Тулон. Здесь, как и повсюду в послевоенной Франции, советская разведка держалась за сценой, действуя через французских активистов и «верных профсоюзных деятелей». С 1946-го по 1952 год масса секретных документов прошла через руки работников тулонского арсенала — Эдмона Бертрана, Эмиля Дегри и Фернана Реве. Все они, особенно Реве, снабжали своих партийных шефов материалами из Научного экспериментального центра в Бресте. Другие секретные сведения поступали из Исследовательского центра подводных лодок и об экспериментах с радиоуправляемыми ракетами на острове Левант. Дом другого профсоюзного деятеля, Леклера, использовался как место хранения документов. Когда эта сеть была раскрыта, в процессе обысков в Тулоне в курятнике у Эдмона Бертрана были найдены документы, имеющие отношение к национальной обороне. Последовали аресты в Тулузе, Париже, Лорие и Бордо. Делами, которые завершились этими арестами, занималось французское министерство внутренних дел.

Потом министр обороны объявил, что он ознакомился с большей частью материалов, связанных со вскрытием шпионской сети. По его словам, документы, обнаруженные в Тулоне, были датированы 1947 годом и устарели, другие вообще не представляли интереса. Общественное мнение, наблюдая полемику двух министров, было смущено. Парламентская комиссия, разбиравшая тулонское дело, не смогла прийти к однозначному решению.

Отправка французских войск в Индокитай представляла интерес как для команды Хо Ши Мина, так и для советского Генерального штаба. Генеральный секретарь профсоюза военного департамента Андре Туртен наладил непрерывный поток информации об отправке французских войск. Одним из его помощников был Марсель Майен, секретарь союза железнодорожников в Сен-Рафаэле. Эти два человека следили за военными частями, отбывающими в Индокитай, и за моральным состоянием войск.

Бывшая «белая русская баронесса» Мария Эрика де Бер вступила в шпионский аппарат на юге Франции, как только получила в 1949 году французское гражданство. Пятидесятилетняя уроженка Прибалтики, всюду заметная из-за своего высокого роста, жила во Франции на положении иностранки двадцать лет. После войны она стала активно участвовать в политике и ездила в Югославию и Италию на всемирные конгрессы движения «Женщины за мир». Получить гражданство всегда было нелегко во Франции, и прошения о нем отклонялись чаще, чем удовлетворялись, но баронесса сумела преодолеть все препятствия.

У своей виллы на берегу Средиземного моря, которая располагалась как раз напротив острова Левант, она под видом «художницы» сидела с этюдником и наблюдала испытания радиоуправляемых ракет, которые проводились на этом острове. Ее арестовали в июне 1952 года и предъявили в качестве улик документы, написанные ее собственной рукой. Она призналась, что работала на коммунистическую организацию военного департамента, но не признала того, что была связана с иностранной державой, хотя существовали некоторые указания на ее связи с польской разведкой.

В конце первого послевоенного десятилетия постоянно использовался один и тот же прием: все следы агентурной деятельности вели к коммунистической партии и исчезали там, а советские резиденты были так хорошо укрыты, что никогда не появлялись на виду. А ФКП, большая, влиятельная, проникшая в некоммунистическую прессу, была в состоянии энергично защищать своих людей. Расследовать большинство шпионских дел в то время было все равно что пахать песок — много пыли и никаких осязаемых результатов.

Одним из наиболее заметных шпионских процессов того времени было дело Диде—Баране. Летом 1954 года французская контрразведка получила доказательства того, что сверхсекретные материалы совещания Национального комитета обороны от двадцать восьмого июня были прочитаны Жаком Дюкло на политбюро Французской коммунистической партии. Национальный комитет обороны, аналог американского Национального совета безопасности, состоял из узкого круга правительственных чиновников и заседал под председательством президента в его дворце. На своем заседании двадцать восьмого июня комитет обороны рассматривал вопросы стратегии и политики в Индокитае. Материалы, прочитанные на политбюро партии, содержали данные о вооружении и воинских частях, и в данном случае, по крайней мере в отношении того, что касалось Индокитая, партия действовала как враждебное агентство. Никто не сомневался в том, что этот материал был тут же переправлен в Москву и Пекин.

Расследование показало, что Жак Дюкло имел более чем один канал, по которому получал информацию из кабинетов Комитета обороны. Маленькая и не имеющая веса политическая группа, субсидируемая коммунистами, так называемая «партия прогрессистов», стала основой их агентуры. Работающие в офисах Комитета обороны «прогрессисты» Роже Лабрюс и Рене Тюрпен, тщательно проверенные французской контрразведкой, снабжали журналиста Андре Баране конфиденциальными записями «для того, чтобы положить конец войне в Индокитае». Баране передавал эти данные Дюкло.

Однако Баране одновременно служил и в антикоммунистическом полицейском подразделении и раскрыл секреты своих контактов полицейскому инспектору Жану Диде. Когда началось расследование, Жак Дюкло свидетельствовал, что материалы, о которых идет речь, были получены политбюро от одного «высокопоставленного лица» (явно не Баране). Рене Тюрпен подтвердил, что для коммунистов были доступны и другие источники.

Кроме того, что шла утечка информации из самых высоких правительственных учреждений, ситуацию осложняла постоянная борьба между правыми и левыми. Когда правительство Ланье, под руководством которого началось расследование дела, пало и на его место восемнадцатого июня пришел кабинет Менде-Франса, уходящие министры не позаботились информировать своих преемников о шпионском деле. Некоторые документы этого дела вообще исчезли из папок. Впоследствии оказалось, что материалы и другого совещания Комитета обороны тоже нашли свой путь к коммунистам.

Задачи советского шпионажа во Франции облегчались тем, что, кроме их собственных официальных представителей, в стране присутствовали военные атташе и агентства стран-сателлитов. Независимо от степени их самостоятельности в других областях деятельности, в военном и разведывательном делах они работали как филиалы официального советского посольства и нелегального советского аппарата. Когда поставленная задача представлялась слишком деликатной или опасной для советского агента, использовались тот или иной представитель страны-сателлита и его штат. В этой части официальный польский представитель во Франции был гораздо полезнее, чем все другие. В течение десятилетий польские крестьяне и рабочие эмигрировали во Францию. В преддверии войны около 400 тысяч поляков, которые все еще не были гражданами Франции, проживали там, в основном в северных департаментах, а также в районе Парижа.

Мишковский, секретарь военного атташе в Париже, Йозеф Щербинский, вице-консул в Лилле, и Александр Скрыня, вице-консул в Тулузе, были официальными польскими представителями, которые выполняли разведывательную работу. Несмотря на то что их деятельность в течение долгого времени была известна французским властям, правительство, желая избежать конфликтов с Польшей, так же как и с Москвой, не хотело принимать мер против них. Однако позже оно все же приступило к действиям. Двадцатого октября 1949 года в разгар кампании против шпионажа западных стран был арестован советник консульства в Штеттине Андре Робине, как раз в тот момент, когда садился в самолет, чтобы отбыть в Париж. На следующий же день французская полиция арестовала Мишковского, а через три дня — Йозефа Щербинского. Одновременно она провела обыски в польских просоветских организациях и на квартирах их лидеров. Двадцать пять польских «активистов», большинство из которых были коммунистами, приехавшими после войны, были высланы из Франции. Некоторое количество польских организаций было распущено.

Польское правительство ответило на это многочисленными арестами и высылкой из страны французских граждан. «Шпионский процесс», где в качестве обвиняемых фигурировала группа французов и поляков, был проведен в Польше в декабре и закончился суровыми приговорами, вплоть до двадцати двух лет заключения. В ответ на арест в Париже польского вице-консула Щербинского в Варшаве был взят под стражу французский вице-консул Антуан Бутте. Польское правительство заявило, что он предстанет перед судом, если Щербинского тоже будут судить. Оба вице-консула провели в тюрьме по восемь месяцев и были освобождены в июле 1950 года.

Тайная война между польской разведкой и французской и тулузской контрразведками с ее любовными историями, ревностью и дипломатическими нотами стала известной всем в октябре 1950 года. Главными действующими лицами были польский вице-консул Александр Скрыня, его вероломный слуга Тадеуш Лукович, его юная девушка-секретарь и французская супружеская пара Дебаров. Разведывательная деятельность вице-консула была известна французской полиции с 1949 года.

Пьер Дебар, офицер французской контрразведки, которому было поручено расследовать секретные дела Скрыни, подружился с его семнадцатилетней секретаршей и через нее получил некоторые документы и донесения Скрыни. Некоторые из этих конфиденциальных докладов Дебар держал у себя дома. Его ревнивая жена Матильда передала их прямо в польское консульство. Чувствуя приближение катастрофы, Скрыня вместе со своим слугой и шофером Луковичем поспешил в Париж. У станции Обре они были арестованы. Лукович тайно сотрудничал с французской контрразведкой, и поляки подозревали его в этом. Ему было приказано отправиться в Варшаву в сопровождении польского офицера. Он ухитрился избавиться от своего конвоира, попросил политического убежища и был освобожден.

Однако Скрыня остался в заключении. Польское правительство ответило на это испытанным способом — оно арестовало Жоржа Эстрада, французского вице-консула в Штеттине. Оба вице-консула были освобождены через неделю.

Так закончился этот конфликт, по крайней мере в его дипломатической фазе.

Чехословацкая разведка во Франции имела меньшие масштабы по сравнению с польской. Особое место в ее работе занимает чешский коммунист Байза, который в 1947 году был направлен в Бельгию и Францию, чтобы вести там военный шпионаж. В декабре 1949 года военный трибунал приговорил Байзу к четырем годам тюрьмы. Стефан Кубик (Фридман Борнат), ветеран коммунистического движения и второй секретарь чехословацкого посольства в Париже с 1948 года, занимался вербовкой агентов среди чешских студентов и эмигрантов. Когда он организовал политическое убийство чехословацкого беженца, его выслали из страны.

Эти дела, разумеется, не послужили причиной для прекращения шпионажа стран-сателлитов во Франции.

КОНЕЦ ЛЮЦИ В ШВЕЙЦАРИИ

Одним из наиболее существенных и продолжительных шпионских дел советского шпионажа в послевоенное время было своеобразное интернациональное сотрудничество. Два советских агента, работа которых была ориентирована на Германию, жили в Швейцарии и посылали свои сообщения через Чехословакию. Рудольф Ресслер, выдающийся и продуктивный тайный агент военных лет, имевший кличку Люци, и его молодой партнер Ксавье Шнипер возобновили свою работу, когда буря, вызванная канадским шпионским скандалом, улеглась и возникла новая советско-сателлитская структура. Ресслер и Шнипер оказались среди старых бойцов, которые возобновили шпионскую работу по окончании войны.

С 1944 года Ресслер не занимался шпионской работой, ни швейцарской, ни русской, и постоянно отказывался от предложений западных разведок. Большая часть его заработков военного времени была вложена в издательство, но оно пришло в упадок. Швейцария уже не была единственной антинацистски настроенной страной, издатели в Германии тоже получили возможность печатать все, что угодно, и фирмаРесслера несла убытки. Чтобы она могла устоять, требовались регулярные субсидии.

Хотя Ресслер никогда не имел членский билет коммунистической партии, он принимал так называемую «антикапиталистическую» идеологию. Теперь он стал менее скрытным в своих политических взглядах, чем во время войны, когда служил в швейцарском генеральном штабе и поставлял информацию англичанам. Для Ресслера Запад представлялся упадническим, в то время как Россия открывала новые горизонты для человечества.

Вернувшись к своей роли шпиона против Германии, Ресслер снова привлек к работе своего друга Ксавье Шнипера. В 1945 году Шнипер вошел в редколлегию коммунистической газеты «Форвартс» и стал председателем люцернского отделения рабочей (коммунистической) партии. В конце 1946 года, когда коммунистическую партию потряс финансовый скандал, Шнипера исключили из ее рядов. Это исключение совпало с его возвращением к шпионской работе и помогло связаться с некоммунистическими и антикоммунистическими организациями. Как работник швейцарских библиотек, он не раз ездил в Прагу, теперь ставшую важным центром советского шпионажа, под предлогом закупки изданий для Швейцарии. В 1948 году Шнипер примкнул к швейцарским социал-демократам. Но его амбиции и образ жизни требовали гораздо более высоких заработков, чем те, которые он мог получить, шпионя всего лишь за небольшой социал-демократической организацией. Шнипер был направлен в Бонн, как единственный представитель швейцарской социалистической прессы, и аккредитован при крупной и влиятельной социал-демократической партии Курта Шумахера.

В новой германской столице Шнипер установил дружеские отношения с социалистическими и несоциалистическими лидерами, членами бундестага и многими хорошо информированными людьми. Его повсюду хорошо принимали. В особенности социалистам в Бонне нравились его статьи в швейцарской прессе, которые всегда были благожелательны к Шумахеру. Они и не подозревали, что полные отчеты о том, что он узнавал в их офисах, направлялись прямым путем в Москву.

Таинственный Дядя Том из чешской разведки тем временем был назначен на пост чехословацкого военного атташе в Швейцарии и теперь жил в Берне под своим настоящим именем: Седлачек. В 1947 году, когда в Москве и Праге было принято решение восстановить ветеранскую разведывательную группу в Люцерне, Седлачек связался со своим старым другом Шнипером и представил его кругу чехословацких офицеров-разведчиков и агентов в Швейцарии, из которых наиболее активным был полковник Вольф. Шпионская группа Вольф—Ресслер—Шнипер начала активно работать.

Эта команда работала с перерывами с лета 1947-го по конец 1952 года и передала всего от 110 до 160 сообщений, написанных лаконичным языком и объемом до десяти страниц. (Среди всего прочего Ресслер и Шнипер попросили сумму в 6 тысяч франков, чтобы основать субагентство в Соединенных Штатах. Совещание для обсуждения их предложения было проведено в конце марта 1953 года в Вене. Но за три недели до назначенного срока эти двое, как мы увидим, были арестованы.)

Руководящая роль, так же, как и наивысшие гонорары, принадлежала Ресслеру, он был мозговым центром группы. Он использовал известные ему по военным временам источники информации в Германии. Эти германские агенты не находились под наблюдением, Ресслер их никогда не выдавал, и теперь они ездили к нему в Швейцарию. Его сообщения чехословацкому военному атташе содержали ценную секретную информацию о военном и политическом развитии в пяти странах — Западной Германии, Соединенных Штатах, Британии, Франции и Дании. Однако основное внимание он уделял Германии — ее политическому и военному восстановлению, ее подготовке к созданию новых военных сил в Германии.

Шнипер, напротив, сосредоточился на технической стороне дела. Он устанавливал контакты, ездил в Прагу, Вену, Берлин и Бонн, перепечатывал на машинке написанные от руки сообщения Ресслера. Сначала информация поступала в Берн в форме машинописного текста, но когда в Праге усовершенствовали свою шпионскую технику, Шнипер научился изготовлять копии документов на микрофильмах. Микрофотографии потом помещались в продовольственных посылках, которые отправлялись по условленному адресу в Дюссельдорф. В то время эта процедура представлялась вполне безопасной, потому что из Швейцарии в Германию шли тысячи продовольственных посылок.

В Праге Шнипер встретился с высокопоставленными лицами в области военного шпионажа, которые скрывали свои истинные имена под псевдонимами. Как-то раз, в 1952 году, приехав в Вену, чтобы встретиться с чешским агентом, и пропустив его, Шнипер попытался установить контакт через друзей. Его с циничной усмешкой привели прямо в советскую комендатуру. Когда контакт все же был установлен, Шнипера научили, как прятать микрофильмы в банках с ягодами и медом и пересылать их в адрес прикрытия в Германии, откуда они уже шли в нужное место.

В декабре 1952 года Ресслер отослал очередную «продовольственную посылку» в Дюссельдорф, указав имя вымышленного отправителя — Генрих Шварц из Цюриха. По каким-то причинам получатель не явился за посылкой, и в январе 1953 года она вернулась в Швейцарию. Так как получателя найти не удалось, в почтовом отделении вскрыли посылку, нашли там микрофильмы и передали их властям. На микрофильмах были данные о британских аэродромах в Западной Германии, об американских офицерах-инструкторах, имевших опыт войны в Корее, результатах маневров армии Соединенных Штатов, о структуре военно-воздушных сил Соединенных Штатов в Британии, о военном строительстве в Рейнской области, о французских оккупационных силах в Германии и т. д.

Ресслер и Шнипер были арестованы в марте 1953 года. Отрицая шпионский характер своей работы, оба друга тем не менее раскрыли властям многие детали своей деятельности. И все же они не выдали самое важное — знаменитые источники информации Ресслера в Германии. Одним из обстоятельств, которые смягчили их участь, было то, что они не шпионили против Швейцарии.

Как иностранца, Ресслера по меньшей мере должны были выслать из Швейцарии, но он возражал против депортации в Германию, где его обвинили бы в шпионаже. Так же не хотелось ему быть депортированным на Восток. Один из них был приговорен к году, а другой — к девяти месяцам тюрьмы. При этом суд определил, что Ресслера не следует депортировать «из-за его службы в пользу Швейцарии в военное время». Трудно было бы найти в огромной массе материалов о шпионах более снисходительного и великодушного приговора.

Дело Ресслера—Шнипера было не единственным шпионским процессом в Швейцарии. Доктор Ласло Тарр, венгерский журналист, был между 1940-м и 1948 годом главой венгерской агентурной сети в Швейцарии. Он был приговорен в июне 1948 года в Цюрихе к пяти месяцам заключения за политический шпионаж, суд высшей инстанции потом увеличил срок наказания до восемнадцати месяцев. В Винтертуре в июне 1949 года за шпионаж и вымогательство был осужден на восемнадцать месяцев тюремного заключения румынский гражданин Слован Витиану. В декабре 1954 года швейцарское правительство выслало из страны чешского военного атташе, майора Людвика Зохора, и двух его помощников «за деятельность на швейцарской территории, несовместимую с их дипломатическим статусом», — а на самом деле за пристальный интерес к швейцарским военным объектам. Шеф полиции Базеля Фриц Брехенбюль публично заявил, что страны Восточной Европы ведут интенсивную разведывательную работу в Швейцарии: «Политический и экономический шпионаж в нашей стране превосходит размеры шпионской работы, которую вели нацисты во время последней войны».

ГЕРМАНИЯ НА ФРОНТОВОЙ ЛИНИИ

Побежденная, разоруженная и разделенная на части Германия вскоре заняла позицию номер один в рамках советского шпионажа, и с 1949 года ее значение было сравнимо только со значением Соединенных Штатов. Американские и британские войска, стоящие против Советской Армии вдоль демаркационной линии, изучались самым внимательным образом. Другим объектом шпионажа была зарождающаяся новая германская полиция, а третьим — боннское правительство, политические партии, промышленность и внешняя торговля.

Советской разведке в Германии не приходилось скрываться в подполье, как это было в других странах, не было причин маскировать ее органы. Четыре года после окончания войны русские власти действовали открыто в пределах всей восточной зоны. Позже, когда было сформировано германское коммунистическое правительство, Красная Армия, так же как и другие контрольные органы, осталась на германской почве, и сеть ГБ продолжала покрывать всю Восточную Германию.

В два первых послевоенных года советское превосходство базировалось в основном на системе ГБ. Генерал-полковник Иван Серов, правая рука Лаврентия Берии, который стал широко известным как мастер массовых депортаций, прибыл в Берлин для организации службы «внутренней безопасности» в советской зоне. Вместе с ним в качестве политического советника приехали Владимир Семенов, который на самом деле был представителем Политбюро, имевшим прямой выход на Георгия Маленкова в Кремле, и полковник Тюльпанов, шеф отдела информации.

Официальным шефом аппарата ГБ в Восточной Германии был утвержден генерал-майор Мельников. Советская зона была разбита на области, в каждой из которых было основано агентство ГБ, область делилась на более мелкие районы с «операционной группой» ГБ в каждом из них. Главной задачей этого большого аппарата была денацификация. Другие обязанности состояли в генеральной проверке партий, лидеров, профсоюзов, советизации организаций, расположенных в зоне, и, наконец, в сборе информации с Запада — шпионаже в самом прямом смысле этого слова.

Во время первой фазы послевоенной эры (1945—1947 годы) интенсивную деятельность, напоминающую по содержанию разведку, вели так называемые «технические комиссии», которые в военной униформе свободно разъезжали по Германии. Их задачей было выявить все технические достижения как в Германии, так и на Западе вообще. Именно в этот период ТАСС и его корреспонденты начали использоваться в Германии как прикрытие для шпионской деятельности.

Операции по репатриации советских военнопленных тоже стали средством сбора обильной информации. Руководители органов репатриационной сети под началом генерала Драгуна поддерживали связь по коротковолновому радио и при помощи курьеров со всеми «миссиями» в Центральной Европе, а также в Париже и Брюсселе. Разведывательные достижения этой сети, особенно в части информации об американских, британских и французских силах в Европе, нельзя было назвать несущественными. Москва приказала им оставаться там, где они были, как можно дольше и продолжать их работу в западной зоне до последней возможности. Но в 1945—1949 годах репатриационные операции были закончены, и комиссии возвратились домой.

Вторая послевоенная фаза продолжалась тоже два года. Она началась шестнадцатого августа 1947 года, когда советская военная администрация издала приказ № 201, создающий германскую политическую полицию. Это был

Комиссариат-5, зародыш будущего Министерства государственной безопасности. К его работе привлекались только заслуживающие доверия коммунисты, многие из которых возвратились из России или из нацистских концентрационных лагерей, и только после проверки советской ГБ, которая выдавала им свидетельства о благонадежности. Русские органы медленно и с неохотой, но все же передавали свои функции немцам, последние же должны были доказать, что они достойны считаться настоящими чекистами. Наконец в феврале 1950 года возникло восточногерманское Министерство государственной безопасности.

Это стало началом третьей фазы послевоенной истории советской разведки в Германии. Советская администрация получила указание все больше и больше отступать на задний план, передавая свои функции и задачи Министерству государственной безопасности. Тем не менее контрольные функции в зоне оставались за ГБ, которая размещалась в Карлсхорсте, потому что Министерство государственной безопасности пусть не формально, но фактически было подчинено ГБ.

Начиная с 1947—1948 годов ГБ развернула разведывательные операции против своих бывших союзников. Это была задача, которую советская администрация сначала с неохотой доверяла немцам. Зачастую шпионаж велся совместными силами. Но ГБ имела своих собственных секретных агентов как в зоне, так и вне ее и свои разведывательные сети в Западной Германии, собственных курьеров и свою радиосвязь.

Тип секретного советского агента существенно изменился в послевоенное время, по крайней мере, в Центральной Европе, в Германии и в странах, которые были оккупированы Германией во время войны. Исчезла фигура коммунистического шпиона, который изучал труды Маркса и Энгельса, горячо обсуждал труды Троцкого и Бухарина, мечтал о мировой революции и готов был отдать жизнь за общее дело. Теперь люди шли на сотрудничество по другим причинам, и их надежность определялась не верой и преданностью.

Среди послевоенных агентов попадались коммунисты нового типа с забитыми негодной идеологией головами и пустотой в сердцах. Для большинства из них главным было денежное вознаграждение, пусть даже весьма скромное. Кроме того, в каждой германской провинции были тысячи перемещенных лиц восточноевропейских национальностей, которые, в общем, считались антисоветски настроенными, а потому особо высоко ценились советской разведкой, если их удавалось завербовать. Наконец, были жители восточной зоны, которых особыми методами можно было заставить работать на Западе в пользу советских разведывательных агентств.

Заработки агентов обычно начинались с 10—15 долларов в месяц, и оплата повышалась через несколько месяцев. Наиболее удачливые агенты могли зарабатывать от 100 до 120 долларов в месяц. За особую службу, например за доставку человека, которого разыскивала разведка, платили от 200 до 500 долларов.

Люди с пятном в биографии тоже составляли человеческий материал для послевоенной советской разведки и разведки стран-сателлитов. В Германии говорили, но, разумеется, этот факт проверить невозможно, что по меньшей мере семнадцать бывших видных эсэсовцев служили в советском аппарате, так же, как и руководители команды, которая занималась делом «Красной капеллы». Знания и возможности этих людей позволяли им работать в разных ролях в советском аппарате. В общем, многочисленные «рядовые» нацисты представляли обильный источник агентов. Родственников бывших нацистов и военных преступников, сидящих в советских тюрьмах, было гораздо проще «убедить», чем простых граждан.

Фаворитами среди возможных рекрутов для советского аппарата были активные агенты американской и британской разведки и контрразведки. Добиться этого было довольно трудно, но в немногих случаях, когда усилия увенчивались успехом, дело того стоило. Один посредственный американский шпион стоил сотни обычных рядовых агентов. Вновь завербованным из этого источника, разумеется, советовали не оставлять старую службу (и одновременно поставлять сообщения своим новым хозяевам). Такая служба удваивала доходы агента, но все это, разумеется, не могло долго продолжаться.

В дополнение к таким типам послевоенных агентов в Германии систематически набирались кадры для разведывательной работы из числа молодых коммунистов. Сеть школ СЕПГ и образовательные кружки при университетах работали строго по советскому образцу, готовя людей для тайной работы на Западе, в первую очередь в Западной Германии. Выпускники школ работали как в советской, так и в новой германской разведке.

Несмотря на обильные источники человеческого материала для шпионской работы и несмотря на все усилия разведывательных агентств исполнить приказ, вербовка новых секретных агентов не отвечала поставленным требованиям и высокие цели не были достигнуты.

ЧЕТЫРЕ РАЗВЕДЫВАТЕЛЬНЫЕ МАШИНЫ В ГЕРМАНИИ

После окончания войны в Западной Германии под советским руководством активно работали четыре разведывательные машины:

Первая — старая советская разведывательная служба, главный штаб которой располагался в Потсдаме и Карлсхорсте.

Вторая — новая польская военная разведка, работающая под прикрытием официальных представителей в Восточном Берлине.

Третья — чехословацкая разведка, работающая прямо из Праги.

Четвертая — новая разведывательная машина, которая создавалась постепенно в рамках правительства Германской Демократической Республики в Берлине.

Действия этих четырех служб были хорошо скоординированы (по крайней мере, они никогда не пытались соперничать и вмешиваться в дела друг друга). Было ясно наличие сильной направляющей руки. Начиная с 1946—1947 годов сами агентства и сфера их деятельности быстро расширялись, уже через несколько лет число агентов измерялось сотнями. Пресса начала обращать внимание на этот рост. Первый серьезный шпионский процесс был проведен американскими оккупационными войсками в феврале—марте 1949 года. Было учреждено несколько региональных американских судов и апелляционный суд. Британцы и французы тоже основали суды в своих зонах, а с 1951 года шпионские дела рассматривали также и германские суды во все больших и больших количествах. Менее чем через два года, рассматривая дело о шпионаже, американский апелляционный суд в Германии отмечал: «Это уже четырнадцатое дело...» И всего через десять месяцев тот же суд сообщал: «Мы рассматриваем уже двадцать девятое дело...» Следует отметить, что только часть шпионских дел, которые рассматривалась региональными судами, доходила до апелляционного суда.

Между серединой 1949-го и 1955 годом было проведено 86 шпионских процессов, на которых в качестве обвиняемых предстали 174 человека.

Почти все они были признаны виновными. Приговоры были в пределах от нескольких месяцев до пятнадцати лет, а в среднем — от пяти до шести лет. В отличие от других криминальных дел приговоры по поводу шпионажа редко смягчались. Осужденных содержали в охраняемой американцами тюрьме Ландсберг, где отбывали наказание и немецкие военные преступники. Их число держалось в секрете, а пресса не допускалась в тюрьму. И все же наказания в этих процессах были гораздо более мягкими, чем по другую сторону «железного занавеса», американские суды не вынесли ни одного смертного приговора.

Советская разведка старалась держаться в тени и по возможности не привлекать к себе общественного внимания. Схема организации была прежней: советский офицер-разведчик руководит работой группы агентов на Западе из Берлина. Агенты и связные всегда набирались из немцев. Со стороны могло показаться, что это — разведывательная сеть ГДР, а на самом деле вся власть принадлежала советским шефам в Берлине, которые были неизвестны своим агентам, но чьи приказы должны были выполняться быстро и точно. В отличие от немцев, которые действительно работали на новую восточногерманскую разведку, немцы, которых вербовали советские службы, редко принадлежали к коммунистическим кругам, в основном их набирали из бывших офицеров и военнопленных.

Типичным является дело Рудольфа Петерсхагена, человека пятидесяти лет, бывшего немецкого офицера, председателя местной организации Национального фронта в городе Грейсвальде в советской зоне оккупации. Национальный фронт по замыслу должен был координировать работу всех общественных организаций в восточной зоне, но на самом деле подчинялся СЕПГ. Он помогал отыскивать способных людей, подходящих для разведывательной работы. После прохождения определенных тестов новичок получал назначение. Для отправки на Запад агентства предпочитали отбирать людей с нацистским прошлым.

Капитан Малиновский, местный шеф ГБ, оказал Петерсхагену несколько услуг, а потом подыскал ему работу на небольшой, но прилично оплачиваемой должности. Оказавшись в сети советского шпионажа, Петерсхаген начал под руководством Малиновского активно переписываться со своими товарищами по оружию, проживавшими на Западе. По содержанию это были письма личного характера, где просто высказывалась просьба о помощи в борьбе за «мир и демократию». Следующим предложением Малиновского, который теперь назывался доктор Франц, было отправить Петерсхагена на Запад, чтобы он склонил своих друзей к шпионской работе. Разумеется, во главе списка наиболее желаемых лиц стояли имена тех, кто был связан с контрразведкой Соединенных Штатов. Пользуясь такими дружескими связями, Петерсхаген вошел в контакт с Эрнстом Бэром в Мюнхене.

Бэр прошел через концлагерь и с 1936 года жил в Соединенных Штатах. Там он вступил в армию и до 1949 года служил в корпусе контрразведки (СИС). В 1951 году он стал офицером безопасности Международной организации беженцев во Франкфурте. Он был как раз тем человеком, который требовался Малиновскому и Петерсхагену.

Петерсхаген сказал Бэру, что его друзья рекомендовали его как человека, «на которого можно положиться». Он попросил Бэра дать ему сведения о СИС, его структуре, личном составе, об именах тайных сотрудников, об агентах в советской зоне оккупации и в Советском Союзе и о методах их работы. За это Бэру обещали найти для него «теплое местечко», когда «через год или два американцы покинут Германию». Для начала он должен был поехать в Берлин и встретиться с Малиновским-Францем в определенном кафе и в назначенное время.

Петерсхаген не был ни ловким, ни практичным человеком, и он вышел из того возраста, когда становятся шпионами или вербовщиками шпионов. Посылая Петерсхагена вербовать агентов на Западе и ставя перед ним задачи, с которыми он заведомо не мог справиться, советское руководство продемонстрировало полное равнодушие к его судьбе. И девятого ноября 1951 года он был арестован агентами СИС. Из тюрьмы он послал письмо жене в восточную зону, чтобы она немедленно уехала оттуда, и она благополучно перешла в зону Соединенных Штатов. Петерсхаген был приговорен судом Соединенных Штатов в Германии к шести годам заключения.

Такое же равнодушие к судьбе человека советские власти продемонстрировали на примере Андре Эрвина Андриса из Штеттина. В августе 1944 года семнадцатилетний студент, мечтавший о карьере журналиста, был призван в германскую армию. Вскоре он был взят в плен и провел пять лет в лагере для военнопленных. Он вернулся в Берлин в сентябре 1950 года, уже, очевидно, связанным каким-то образом с советскими спецслужбами. Он поступил в «лингвистическую школу», которая находилась в советском секторе, но жил во французской части города.

Через месяц после возвращения из России его вызвали и предложили начать тайную работу в пользу России. (Существовало правило, согласно которому военнопленный должен быть членом СЕПГ или пройти месячный «карантин» после возвращения из России, прежде чем он мог быть признан пригодным для тайной деятельности.) Начальник Андриса, майор Столяров из руководства советской разведкой в Потсдаме, дал ему указание обратиться в американское бюро по найму в Берлин-Далеме и устроиться на авиационную базу Соединенных Штатов в Темпельхофе. Андриса туда не взяли, и тогда Столяров решил использовать его, чтобы завербовать в советский аппарат Альфреда Крига, тайного агента американской сети.

Андрис получил фальшивый паспорт и тысячу марок, которые мог расходовать по собственному усмотрению с целью перевербовать Крига. Его также снабдили сведениями о прошлом Крига, включая и то, что он работал на американцев три года, уже побывал в Соединенных Штатах, но американцам не симпатизировал. В дополнение ему дали письмо для Крига, написанное на плохом немецком языке. Не будем приводить его полностью, его суть сводилась к одному: работайте на нас, мы заплатим больше.

В свой первый визит к Кригу Андрис передал ему письмо и 500 марок. Криг обещал дать определенный ответ позже. Через три дня Андрис снова пришел к Кригу и повторил свою просьбу, не подозревая о том, что их разговор записывается на пленку. Он хотел получить «имена, должности, распределение обязанностей и адреса американского персонала» в агентстве, где работал Криг, а также список немецких сотрудников и их адреса. Криг написал ответы, датировал и расписался данным ему псевдонимом — Гансфельд. Потом сделал для Андриса набросок плана офиса и получил от него 200 марок. У выхода из дома Андрис был арестован.

Андрис признал вину и был осужден на десять лет окружным судом Соединенных Штатов, потом апелляционный суд снизил этот срок до семи лет.

Особое внимание советской разведки из всех учреждений Соединенных Штатов привлекали разведывательные школы. Не очень заметным, но типичным случаем проникновения в них было дело Георга Эрнста Бозенхарда. Он был учителем в школе возле Лейпцига, когда-то восемь лет жил в Соединенных Штатах, хорошо владел английским, и советские разведывательные органы посчитали его подходящим человеком для внедрения в американские агентства. В 1951 году ему удалось составить отчет о разведывательной школе в Обераммергау. Его арестовали, судили и приговорили к заключению на четыре года и девять месяцев. Его апелляция была отклонена. Судья Уильям Кларк писал:

«В качестве причин для смягчения приговора указано, что подсудимый является гомосексуалистом и его могли послать в Сибирь, если бы он не подчинился приказу. Это не может служить оправданием. Мы даже таких должны отпугивать от шпионажа. Пусть поймет, что немецкая тюрьма не лучше, чем Сибирь. Школа в Обераммергау — это один из нервных центров нашей защиты.

Решение суда и приговор утверждаются».

Подоплека моральной и политической деградации, которые ведут к шпионажу, хорошо видна в деле доктора Артура Пильца. В 1951 году Пильцу было сорок три года. До конца двадцатых годов он был социал-демократом и провел в нацистских концентрационных лагерях шесть лет. После войны он вместе с другими неустойчивыми социалистами вступил в СЕПГ. Как жертва фашизма, он получал разнообразную помощь. Три советских офицера разведки — майор Никитин, майор Васильев и капитан

Волов — стали его близкими друзьями и покровителями. Полиция пристроила его к торговле запасными частями, что оправдывало его частые поездки в западные зоны.

«Ваше поручение — знак доверия партии», — так сказали Пильцу. Он после каждой поездки составлял отчет, в котором отмечал реконструкцию мостов, восстановление городов, движение военных машин и прочее. Он дважды арестовывался западными властями за нелегальный провоз валюты и продажу порнографической литературы, но не был отдан под суд. Когда его отпустили, то рекомендовали ему оставить торговлю и прекратить поездки на Запад.

Пильц был арестован американцами и отдан под суд в октябре 1951 года. Приговор — восемнадцать месяцев тюрьмы — был довольно мягок из-за того, что подсудимый являлся жертвой нацизма. Отклоняя апелляцию Пильца, судья сделал следующее заявление:

«Мы удивлены тем интересом, который проявляют русские и чехи ко всему, что происходит в зонах их недавних союзников. Так как мы, по характерной для нас доверчивости (или глупости), разрешаем ездить по нашей зоне кому угодно, то шпиону легко получить информацию, за которую ему платят. В Соединенных Штатах утверждены смертные приговоры двум «атомным шпионам», и даже ребенку ясно, что так и должно быть».

Самое крупное послевоенное шпионское дело в Германии было связано с Институтом научных экономических исследований, которому одно из западногерманских разведывательных агентств присвоило условное название «Вулкан». Несмотря на то что этот институт должен был заниматься проблемами экономических отношений между разными зонами, на самом деле он служил прикрытием для шпионажа.

Институт экономических исследований был основан в Восточном Берлине в 1951 году как научная организация. Среди его членов были хорошо известные фигуры советской зоны: Рихард Штальман, Антон Аккерман и другие. Институт проводил «исследования» на Западе. Во

Франкфурте было создано Восточное бюро по внутренней торговле Германии под руководством Людвига Вайса, официального лица высокого ранга в министерстве торговли ГДР. Его непосредственным руководителем была дочь президента Вильгельма Пика Лора Штаймер. В Гамбурге была создана «частная» торговая фирма «Восток—Запад». В берлинском институте два отдела были заняты сбором информации, а третий отдел должен был оценивать ее.

Шпионское дело «Вулкана», одно из первых раскрытых и проведенных без активной помощи оккупационных держав, продемонстрировало большое мастерство и эффективность работы нового немецкого бюро — аналога американского ФБР по политическим делам, а также судов. На ранней стадии работы «Вулкана» бюро внедрило в него своих сотрудников и снабжало его фальшивой информацией. Вильгельм Рушмайер, делая вид, будто он имеет связи в высоких правительственных кругах, снабжал Людвига Вайса документами, специально изготовленными на этот случай. Сначала эта игра развивалась успешно, но потом к Вайсу стала поступать другая, истинная информация о военном и политическом развитии ФРГ, и ее власти решили положить этому конец. Вайс был арестован в сентябре 1952 года, но сеть продолжала работать еще целых шесть месяцев, не подозревая о том, что находится под внимательным наблюдением боннских властей. Шестого апреля 1953 года были арестованы остальные тридцать пять человек.

Судебный процесс лидеров «Вулкана», который начался в январе 1954 года, был интересен в двух отношениях. Глава сети, Людвиг Вайс, будучи не в силах опровергнуть обвинения, повел себя вызывающе и заявил, что не признает Федеративной Республики, ее законов и судов, а только законы и суды ГДР: «Я не являюсь субъектом вашего государственного образования, которое, на мой взгляд, возникло по диктаторскому приказу союзных держав. Я признаю только одного легитимного представителя германской нации — Германскую Демократическую

Республику. Это мое правительство, и оно послало меня в Западную Германию с благородной миссией налаживать межзональную торговлю».

Верховный суд, который рассматривал дела группы «Вулкан», продемонстрировал понимание и снисходительное отношение к обвиняемым. Коммунисты из числа обвиняемых, которые были в заключении во времена нацизма, включая Вайса и некоторых его помощников, получили сокращенные сроки заключения, равные тому времени, которое они провели под арестом до начала суда. Приговор Вайса — четыре года каторжных работ — был сокращен до восемнадцати месяцев. А что касается Ганса Богенхагена, рабочего, который никогда не знал настоящего дома, был призван в армию в восемнадцать лет и за четыре года в лагере военнопленных принял сталинскую веру, то суд учел искренность обвиняемого, который «действительно верил, что служит правому делу», и приговорил его к двадцати одному месяцу заключения — это был меньший срок, чем тот, который он провел в тюрьме до начала суда.

Отношение суда к другому обвиняемому, Йозефу Гебхардту, было таким же. В приговоре подчеркивалось, что Гебхардт рос в трудных условиях, начал свою подпольную деятельность в семнадцать лет и «провел решающие годы своего духовного развития в тяжелом труде в концентрационных лагерях». Естественно, что после окончания войны «он начал искать своих старых товарищей» и встретил среди прочих и Людвига Вайса. Приговор Гебхардта — семнадцать месяцев — был тоже меньше срока его предварительного заключения.

Характерный тип послевоенного шпиона представлял Вильгельм Клейн, член СЕПГ, работавший на советскую разведку в британской зоне. В 1950 году, в возрасте тридцати трех лет, он уже имел за спиной ночные кражи со взломом, угоны автомобилей и торговлю на черном рынке. Когда англичане арестовали его в августе 1950 года, Клейн назвал советского капитана Грабовского (для немцев от был Виктор Шмитц) как своего шефа и духовного руководителя. Советское шпионское агентство Грабовского рассматривало уголовное прошлое Клейна под своим углом зрения и сочло его вполне подходящим. Клейну было приказано собирать информацию о британском аэродроме Гатов около Берлина, и его доклады скорее направлялись в центральный комитет СЕПГ, чем капитану Грабовскому. По-видимому, Грабовский потом отошел в тень, а роль СЕПГ в этом шпионском деле стала очевидной. В соответствии с советскими инструкциями Клейн направился в Кельн, чтобы собирать информацию о британских оккупационных войсках, мостах через Рейн, бывшем немецком Восточном вале и других объектах. После возвращения он передал фотографии советской разведке. Во время второй поездки на Запад он сделал фотографии британских казарм и других военных сооружений.

Однако советский шпионаж в британской зоне велся менее интенсивно, чем в американской, из-за меньшего количества британских войск и их сравнительно небольшого влияния. Но некоторые шпионские дела, раскрытые в британской зоне, были поучительными и важными.

Состоящая только из коммунистов и потому представляющая большой интерес группа Берга—Дончика включала шестерых немцев, среди которых были две женщины. Группой руководили из-за «железного занавеса» два русских офицера: Виктор и Борис. Немецким руководителем был Роберт Кох, коммивояжер, который часто пересекал демаркационную линию и приезжал в советскую зону. Группа активно работала у Люнеберга и Брауншвейга, где располагались самые большие военные полигоны в Германии. Здесь проводились испытания танков, артиллерии, бронебойных снарядов. Кроме того, поблизости располагалось несколько авиационных баз. Важным источником информации была Эрика Крюгер, телефонистка на коммутаторе в военном лагере Мюнстер. Фрейлейн Крюгер по своей работе имела возможность поставлять важную информацию и передавать фотографии казарм и военных сооружений русской разведке.

Группа была арестована девятого июня 1953 года, когда местный кузнец Генрих Бек сообщил англичанам, что Вернер Берг, член этой группы, пытался уговорить его давать секретную информацию за плату от 400 до 700 марок в месяц. А когда вдобавок к этому одна из арестованных членов группы, Эдит Зеефельд, невеста британского офицера, во всем созналась, деятельность группы была полностью разоблачена. Британский суд в августе 1953 года вынес приговоры, которые казались более суровыми по сравнению с теми, что давал американский суд: Берг был приговорен к пяти годам, Эрика Крюгер и курьер Эберхард Дончик — к четырем годам каждый. Обвинения с Эдит Зеефельд были сняты.

История советских шпионов Ганса Петера Фрама и Харальда Фрейданка, которые были арестованы в британской зоне, имела трагическое окончание. Советская разведка в этом случае была представлена человеком, носившем имя Морев. Ганс Петер Фрам, германский коммунист, журналист и агент советской разведки, сотрудничал с Моревым в добывании информации о британских агентствах в районе Киля.

Как германский шеф пресс-агентства в Киле, спонсируемого британцами, Харальд Фрейданк встречался со многими общественными деятелями, в том числе и с Фрамом. Когда Фрейданку сообщили, что его услуги в пресс-агенстстве больше не потребуются начиная с сентября 1952 года, Фрам пообещал подыскать ему другую работу в западном офисе Восточногерманского пресс-агентства. Фрам и Фрейданк поехали в Берлин, чтобы встретиться с тайным советским агентом Георгом. На их третьей встрече Георг предложил Фрейданку собирать информацию для советской разведки, и тот согласился.

Фрам и Фрейданк были арестованы, и была назначена дата рассмотрения их дела в Верховном суде ФРГ. Фрам покончил с собой в тюрьме еще до начала судебного процесса. Фрейданк, который еще не успел ничего совершить, не получил строгого наказания, несмотря на то что обвинитель отметил «угрожающий рост шпионской сети в Федеративной Республике». Его приговорили к одному году.

Советские спецслужбы с функциями тайной полиции сосредоточили свои усилия против целей двух типов — конкретных лиц и антисоветских организаций. В первые послевоенные годы официальные комиссии, занимающиеся репатриацией, посещали громадные лагеря перемещенных лиц, в которых были как русские военнопленные, так и остарбайтеры.

Репатриационные комиссии не добились особого успеха в решении их главной задачи — отправить домой не желающих возвращаться, но зато им удалось внедрить в массу голодных и отчаявшихся людей сеть информаторов. Временами то один, то другой узник этих лагерей бесследно исчезал, в других случаях люди говорили, что видели, как их похищали. Властям западной зоны пришлось много поработать, чтобы избавиться от этих «репатриационных комиссий».

Но сеть агентов, однако, осталась, и она информировала ГБ в Восточном Берлине о людях и событиях в мире беженцев и эмигрантов. Описание операций ГБ против эмигрантов не входит в задачу этой книги. Однако в некоторых случаях эти действия переплетались со шпионскими операциями против западных стран, особенно когда последние тем или иным способом помогали эмигрантам и их партиям.

Суд над Ольгой Робине, русской жены немецкого коммуниста из восточной зоны, стал сенсацией, когда после того как обвиняемая созналась, ее оправдали и разрешили вернуться в восточную зону. «Красная Ольга», учительница из Бранденбурга, привлекательная и умная женщина, нанесла три визита бывшему офицеру Красной Армии, а теперь сапожнику Николаю Солонарь-Фишеру, который жил в западной зоне в нескольких милях от границы с восточной зоной. Ее целью было завербовать его и сделать агентом ГБ. Чтобы добиться его расположения, Ольга применила стандартный метод: «письма от родственников», сфабрикованные ГБ. Солонарь доложил о ее посещениях западногерманской полиции. Во время третьего визита Ольгу арестовали.

Суд был назначен на двадцать второе июля 1953 года в Целле. А четвертого июля другой русский из перемещенных лиц, Семен Крючков, предложил Солонарю прокатиться на мотоцикле. Солонарь, главный свидетель, погиб в «дорожном происшествии» при столкновении с грузовиком. Крючков остался невредимым.

На суде Ольга Робине произвела хорошее впечатление. Она рассказала историю (которую было трудно проверить) о том, как была захвачена советскими агентами, сообщила имена офицеров ГБ, которые уговорили ее стать шпионкой, и пробудила сочувствие, рассказывая о своих детях. Суд, который в первый раз рассматривал подобное дело, не стал проверять правдивость ее слов, как и не стал расследовать смерть Солонаря. Никто не задался вопросом, почему Ольга не сбежала на Запад в 1945 году, когда массы перемещенных лиц пытались убежать от наступающей Красной Армии. Сразу же после своего оправдания Ольга скрылась в восточной зоне.

Похож на это и случай Нины Сем, тоже из русских перемещенных лиц, старой помощницы советской разведки, которой, однако, не так повезло, как Ольге Робине. В 1951 году Нине было поручено завербовать русского эмигранта Станкевича (псевдоним) на советскую службу, но ее усилия были напрасны. «Письма от родственников», которые она принесла, не произвели впечатления на Станкевича, который сообщил о ней американским властям. Ее арестовали и судили. Суд Соединенных Штатов приговорил ее к пяти годам заключения.

Были и другие случаи судов над женщинами-агентами, которых после ареста содержали в достойных условиях, потому что единственной причиной их вступления на путь шпионажа были угрозы и принуждения. Одной из них была машинистка Урсула Герлитц, которая прибыла в Западный Берлин в декабре 1952 года под видом политической беженки, а на самом деле со шпионскими целями. После того как ее выдали, она была арестована и приговорена к одному году заключения. Другой была Элли Эрхардт, которая собирала имена, адреса и другие данные о работниках германской полиции, а также информацию о советских беженцах. В целом советские органы предпочитали иметь дело с женщинами, когда дело шло о вербовке новых агентов.

Главное внимание советской контрразведки было обращено на эмигрантские организации, которые пытались посылать эмиссаров в Россию, создавать подпольные группы и снабжать их оружием, радиостанциями и пропагандистскими материалами. И если советскому агенту удавалось проникнуть в эти группы, он становился подстрекателем, заговорщиком и самым непреклонным «борцом» среди своих новых коллег.

ГБ следила за всеми эмигрантскими группировками, но две из них — Организация украинских националистов (ОУН) и Народно-трудовой союз (НТС) — привлекали ее особое внимание.

ОУН, больше известная по имени своего лидера Степана Бандеры, возникла в Галиции, в той части Западной Украины, которая до 1918 года принадлежала Австрии, а потом, до 1939 года, — Польше. Это была крайне националистическая, конспиративная террористическая организация, которая ставила перед собой цель унификации всех украинских земель и образование единого и суверенного украинского государства. В годы войны, с 1941-го по 1945 год, партия Бандеры расширила и углубила свои связи на Украине и создала вооруженные группы на оккупированной немецкими войсками территории. Когда вернулись Советы и ГБ начала чистку, многочисленные украинские партизанские группы остались, укрываясь в лесах и деревнях этой обширной страны, в то время как политическое руководство обосновалось за границей, по большей части в Германии.

Советские спецслужбы, используя свои обычные методы, пытались проникнуть в эмигрантские бандеровские группы. Они засылали своих агентов за границу под видом представителей подполья. Если ГБ удавалось арестовать «ныряльщика» (бандеровского курьера, которого посылали для быстрого проникновения на советскую территорию), она пыталась «обратить его в свою веру» и отправить обратно уже как своего шпиона. Бандеровцы, со своей стороны, жестоко наказывали советских агентов, если им удавалось их поймать. Развернулась тайная война, полная драматизма, предательств, крови и убийств.

Среди русских организаций в послевоенный период главным объектом внимания ГБ был НТС. Политическая программа этого союза представляла для ГБ меньший интерес, чем его методы работы, которые включали контакты с советскими офицерами и солдатами, расквартированными в Восточной Германии, распространение миллионов листовок, устройство радиостанций для вещания на советскую зону и, наконец, последнее, но отнюдь не самое маловажное — засылка нелегальных агентов в Советский Союз после их подготовки в специальных школах. НТС не делал секрета из своей деятельности, и дела шли хорошо, по крайней мере некоторое время, при существенной помощи со стороны определенных американских агентств.

Одно из громких дел советского шпионажа в Германии связано с именем сербского беженца Дарко Чирковича. Сын известного члена югославского парламента от Македонии, Дарко до войны был секретарем югославского сената, он также служил секретарем у премьер-министра Драго Цветковича. Во время войны он вступил в силы сопротивления и был взят в плен немцами. Его жена Татьяна, дочь русского эмигранта врача Истомина, вступила в НТС, лидеры которого до войны жили в Белграде. Арестованная немцами, Татьяна в 1944 году покончила жизнь самоубийством в тюрьме.

После войны Чиркович переехал в Мюнхен, где жил на правах «беженца от коммунизма» и поддерживал тесные связи с руководством НТС. Энтузиаст, антикоммунист, серб, близкий к русским, он был допущен к многим партийным секретам. В частности, он знал о подготовке агентов для работы на Востоке, о шпионских школах в Германии и о некоторых действиях американских спецслужб. Он совершил поездку в Восточную Германию, где встретился с шефами советской разведки и выдал им все секреты НТС, которые были ему известны.

В октябре 1952 года Чиркович был арестован властями Соединенных Штатов и во всем сознался. Он сделал полное заявление о своей работе, включая и то, что передавал информацию об американских вооруженных силах советской разведке. Пятнадцатого декабря 1952 года Чиркович был приговорен к десяти годам тюрьмы.

В это время новый агент советской разведки быстро продвигался по службе и завоевывал доверие в Западной Германии. Совмещая две разведывательной работы — одну против американской разведки и другую — против русских эмигрантских групп, он мог бы стать самым великим из русских шпионов, если бы не случай, который положил конец его более чем блестящей карьеры.

Капитан Никита Хорунжий до 1941 года работал учителем, потом воевал, в 1948 году вступил в КПСС. Находясь с Советской Армией в Восточной Германии, он пересек демаркационную линию в конце 1948 года и явился к американским властям, как делали многие дезертиры в те годы. Его мотивы не были политическими, для дезертирства у него была другая причина. Советское командование приказало ему вернуться домой, где он оставил жену и двоих детей, но он решил остаться с Элизабет, немкой, матерью двоих взрослых детей, на которой он решил жениться. Для этого он переехал с ней в западную зону. Американцы допросили Хорунжего и решили, что он на самом деле беженец, готовый служить американским оккупационным властям. Ему выдали паспорт, и он стал германским гражданином Георгом Мюллером.

Хорунжий-Мюллер получил работу на американских военных складах в Грисхайме, где он проработал два года, с ноября 1950 года он перешел на автомобильный завод. Советские органы, однако, не забыли беглого капитана и нашли простой путь добраться до него. Когда фрау Мюллер приехала во Франкфурт, чтобы присоединиться к Георгу, она оставила своего брата Вернера в восточной зоне. Его и решили использовать советские органы в качестве средства против Мюллеров. Весной 1951 года Вернер привез Хорунжему письмо, в котором говорилось, что если он немедленно не вернется, то его родственники в России, равно как и родственники его жены в Восточной Германии, будут строго наказаны за его измену. В ответном письме Хорунжий предлагал свои услуги в качестве шпиона, если его родственники останутся в неприкосновенности. Предложение было принято. Он мог оставаться в Западной Германии и выполнять поручения.

В этом деле все было типично для методов послевоенной советской разведки: неустойчивый перебежчик, чье предательство было обусловлено любовными делами, немецкий шурин, который выдал их местонахождение и был принужден выполнять роль посредника, шантаж, который позволил завербовать агента. Последующие события, хотя и были типичными, превратились в сенсацию. Руководство советской разведкой в Потсдаме поручило одному из своих немецких агентов, Хельмуту Глекнеру, который имел хорошее прикрытие, работая «поставщиком для Советской Армии», поддерживать постоянные связи с Хорунжим и передавать ему устные и письменные инструкции. У Хорунжего были три задачи: первая — завязать дружеские отношения с офицерами разведки Соединенных Штатов в штаб-квартире в Оберурселе и докладывать все об этом агентстве, вторая — вербовать других советских дезертиров и третья — проникнуть в русские эмигрантские группы, особенно в НТС.

И как раз в это время (август 1951 года) начался подъем Хорунжего. Прежде всего он установил контакт с правоэкстремистской группой эмигрантов, не представляющей особого интереса для советского шпионажа. Через нее он начал продвигаться к НТС, одновременно начав работать в американской разведке в качестве эксперта по советским делам. К осени 1951 года НТС начал покровительствовать новой русской эмигрантской организации, Центральному союзу послевоенных беженцев, которая объединяла дезертиров из Красной Армии. Под эгидой НТС Хорунжий появился на съезде послевоенных беженцев в Мюнхене, где произнес антисоветскую речь и был избран в руководящий орган новой организации. Этот орган составил список советских дезертиров. Адреса многих из них (которые держались в строжайшем секрете) стали известны Хорунжему, а через него и ГБ.

Для продвижения Хорунжего его руководители применили типичную процедуру, чтобы он снискал расположение и доверие разведки Соединенных Штатов. Был еще один советский агент, работающий в Западной Германии, сержант, дезертировавший из Советской Армии, чьи способности и перспективы были гораздо меньше, чем у Хорунжего. Тот факт, что этот человек был советским шпионом, естественно, держался в секрете, пока в один прекрасный день Хорунжий не получил приказ из Потсдама выдать его контрразведке Соединенных Штатов. Так приносился в жертву один шпион, чтобы проложить путь для восхождения другого. После этого Хорунжий стал быстро продвигаться. Он оставил работу на заводе и стал инструктором в школе контрразведки НТС в Бад-Хомбурге, где молодые люди обучались методам работы за «железным занавесом». Эта важная и малоизвестная часть подпольной войны в Европе была, конечно, длительное время объектом интересов советской разведки. Теперь это стало доступным для Хорунжего, который встречался с русскими и американскими инструкторами, знал имена перспективных агентов, их задачи и методы инфильтрации.

Двадцать седьмого мая советские пресса и радио объявили, что четверо иностранных агентов из числа дезертиров были выброшены над Украиной с американского четырехмоторного самолета и схвачены ГБ.

В официальном сообщении говорилось, что ночью двадцать шестого апреля 1953 года Министерство внутренних дел получило сообщение о нарушении советской границы иностранным самолетом неизвестной принадлежности, который пролетел над территорией Украины, и с него были сброшены агенты иностранной разведки. Два парашютиста, арестованные двадцать седьмого апреля, признались, что засланы в СССР американской разведкой для проведения диверсионных актов и выполнения шпионских заданий. Они показали, что вместе с ними с того же самолета были сброшены еще два американских агента с диверсионными заданиями. Вскоре они были найдены и арестованы. У парашютистов было при себе огнестрельное оружие, яд, четыре коротковолновые рации американского производства, радиомаяки для вывода самолетов на цель, принадлежности для криптографии, средства для изготовления фальшивых советских документов, крупные суммы советских денег, золотые изделия и матрицы для печатания антисоветских листовок...

Изменники Лахно, Маков, Горбунов и Ремига, уже предавшие один раз родину во время войны, поступили в американскую разведку и прошли курс обучения в специальной американской разведывательной школе в Бад-Висзее, недалеко от Мюнхена. Под руководством американских офицеров разведки, которые скрывались под кличками Билл, Боб, Капитан и Владимир, они обучались организации и проведению актов террора, саботажа и шпионажа на территории Советского Союза, применению огнестрельного оружия и взрывчатки. Их обучили также обращению с американскими радиостанциями, специально приспособленными для целей шпионажа.

Диверсанты Лахно, Маков, Горбунов и Ремига показали, что, когда они закончили тренировочный курс в Бад-Висзее, американская разведка снабдила их фальшивыми советскими паспортами, поддельными военными билетами, огнестрельным оружием, ядами, рациями, шифрами, кодами и другим шпионским снаряжением. Двадцать третьего апреля 1953 года они были доставлены на американском военном самолете из Мюнхена в афинский аэропорт в Греции.

Там их встретил американский разведчик майор Гарольд Ирвинг Фидлер, который три раза был в Советском Союзе под видом дипломатического курьера. Вечером двадцать пятого апреля диверсантам выдали парашюты и посадили их в четырехмоторный американский самолет без опознавательных знаков, который доставил их к тому месту советской территории, где они должны были быть сброшены.

Военная коллегия Верховного суда СССР, рассмотрев дело Александра Васильевича Лахно, Александра Николаевича Макова, Сергея Изосимовича Горбунова и Дмитрия Николаевича Ремиги, ввиду тяжести совершенных ими преступлений против Советского государства, на основе декрета Президиума Верховного Совета СССР от 12 декабря 1950 года «О применении смертной казни к изменникам Родины, шпионам и диверсантам», приговорила их к высшей мере наказания — расстрелу. Приговор был приведен в исполнение.

Было ясно, что их кто-то выдал.

Хорунжий не без некоторой тревоги решился последовать указанию явиться в Берлин для доклада. Как дезертир, да еще связанный с разведкой Соединенных Штатов, он заработал себе смертный приговор. Но в его положении не подчиниться приказу он не мог. Он поехал в штаб-квартиру разведки, но вернулся невредимым. Позже он ездил туда еще один раз. Для советской разведки Хорунжий как активный агент был гораздо ценнее, чем Хорунжий как заключенный концлагеря или как труп в неизвестной могиле на тюремном кладбище.

«Сосредоточьтесь на НТС, — приказал ему его начальник в Потсдаме двадцатого апреля 1952 года, — и постарайтесь завоевать доверие его лидеров. Постарайтесь также постепенно занять видное положение в этой организации и узнать, кто из американцев стоит за их спиной и финансирует их подпольную работу».

Стремясь выполнить предписание, Хорунжий сделал несколько удачных шагов. Среди его достижений было привлечение к шпионской работе семерых советских беженцев. Весной 1953 года он стал официальным членом НТС, через несколько месяцев он писал в своем донесении в Потсдам:

«Я хочу добиться такого положения, где смогу получать всю информацию: кто работает против нас на нашей территории, где и как долго. Когда я буду иметь информацию о всей сети агентов этой организации, тогда можно переходить к действиям. Однако теперь я должен быть очень осторожным. Самое главное то, что мои шансы улучшаются. Вы можете быть уверены, что ни риск и никакие другие соображения не остановят меня».

Хорунжему было приказано каждый месяц посылать письменные отчеты в Потсдам. Для этого применялась примитивная техника: он печатал донесение на шелковом платке и зарывал его в землю под деревом в определенном участке леса под Франкфуртом. В некоторых случаях жена проносила его бумаги через границу, спрятав их в плитки шоколада. Это характеризовало неэффективность работы советской разведки, сотрудники которой даже не захотели снабдить своего перспективного агента-провокатора коротковолновой радиостанцией. Характерным было и то, что Хорунжий не ощущал поддержки от некоторых своих руководителей.

Потом наступил логический конец. Преданный одним из своих субагентов, Хорунжий был арестован германской контрразведкой и передан американцам. На процессе перед военным судом Соединенных Штатов в декабре 1953 года одним из свидетелей обвинения был Глекнер-Хаммер, советский шпион, который первым установил контакт между Потсдамом и Хорунжим два года назад. За это время он перешел на другую сторону и теперь работал на разведку Соединенных Штатов. Глекнер раскрыл многое о работе советского аппарата и роль Хорунжего в нем. Хорунжего приговорили к четырнадцати годам заключения, а его жену — к двум.

В феврале 1953 года срок наказания был снижен до пяти лет.

ПОЛЬСКИЕ РАЗВЕДЫВАТЕЛЬНЫЕ ОПЕРАЦИИ

По своим целям, методам работы и отбору персонала польская разведка в Германии была почти идентична русской. Польские офицеры, жившие в Восточном Берлине под вымышленными именами, вербовали агентов и отдавали им приказы. Агенты, главным образом немцы, должны были следить за военными объектами союзников, а с 1950 года и за зародышем бундесвера. Особый интерес для них представляли политические процессы в Бонне и вокруг него, так же, как и политические партии. По советскому образцу дисциплина была очень строгой, каждый шаг должен был согласовываться с шефом. Обмен информацией происходил при помощи микрофотографий, радиообмена и курьеров. Агентам не обещали защиты в случае их ареста.

В 1947 году два польских офицера, Альберт и Грегор, начали из Восточного Берлина создавать шпионскую сеть в Западной Германии. Из-за «железного занавеса» они наняли некоторое число немцев в качестве агентов. «Историк искусства», Карл Кунце, был поставлен во главу одной из таких сетей. Ему помогала его любовница, Луиза Франкенберг, владелица художественного салона в Западном Берлине.

Личность Кунце была характерной для послевоенного советско-польского шпионского агента. «Историк искусства» на самом деле был бывшим полковником вермахта, его карьера рухнула, и будущее было неопределенным, на прихоти фрейлейн Франкенберг не хватало денег. Когда Кунце принял предложение польских офицеров организовать шпионскую группу в Западной Германии, то надел маску консервативного, гиперпатриотичного германского офицера. Он связался с немцами антисоюзнической ориентации и попросил у них информацию, которая, как он намекал, необходима для германских националистических целей.

Среди клиентов художественного салона Луизы Франкенберг была некая фрау Кнут. Скоро между парой Кунце—Франкенберг и Марией Кнут завязались дружеские связи. Мария была втянута в шпионскую сеть, сначала выполняя только случайные поручения.

Мария Кнут, умная и волевая женщина, которой было сорок четыре года, когда она присоединилась к группе, прожила тяжелую несчастливую жизнь. Она служила машинисткой в Берлине и вышла замуж за летчика Манфреда Кнута, но брак оказался бездетным. Через несколько лет эта пара рассталась. Мария попыталась стать актрисой, но шрам на лице после авиационного налета в 1943 году положил конец ее планам. Она болела туберкулезом, и в 1942 году у нее появились признаки ракового заболевания.

В 1948 году Кунце и мисс Франкенберг получили указание от польской разведки переехать во Франкфурт и основать там издательство «Берг-ферлаг». Мария Кнут осталась в Берлине, где служила этой паре «почтовым ящиком» для их связи с Востоком. В это время Мария, которой платили до 200 марок в месяц, не совсем понимала реальной сущности своей работы, ей казалось, что это своего рода контрабандная торговля.

Кунце также завербовал некоторых работников полиции Франкфурта для своего издательства, среди них были Герман Вестбельд и Марианна Опельт, оба типичные представители массы больных и несчастных людей послевоенной Германии. Вестбельд был незаконнорожденным ребенком и провел ранние годы жизни в бедной семье, к тому же он страдал болезнью позвоночника. Когда он принял предложение Кунце, у него были жена и двое детей, а зарабатывал он 248 марок. Его положение давало возможность сообщать о структуре полицейских подразделений, а позже — добывать паспорта. Марианна Опельт, происходящая из консервативной семьи, была привлечена патриотическими фразами Кунце. Она тоже была больна. После двадцати лет работы в полиции Франкфурта она зарабатывала 300 марок в месяц.

Кунце свободно распоряжался фондами, в основном тратя деньги на свою любовницу, и щедро платил агентам. Настал день, когда скрывать обман стало больше невозможно — бывший прусский офицер растратил все средства. Тридцатого июня 1949 года он покончил жизнь самоубийством.

Альберт назначил Марию Кнут на место Кунце. Повышение Марии в ранге совпало с периодом процветания сети. Она перебралась во Франкфурт, чтобы быть ближе к другим членам группы, и увеличила их вознаграждение. На следующий год она получила новую работу в Кельне, поближе к германскому правительству. По этому случаю Агнес (Мария) поклялась в верности польской разведке и обещала свято сохранять строжайшую секретность.

Техника совершенствовалась из месяца в месяц. Два новых «почтовых ящика» были основаны в Берлин-Вильмерсдорфе и еще один в Кельне. В первом сообщения перепечатывались в кодах, но вскоре этот устаревший метод был отвергнут и стали применять симпатические чернила. Потом они уступили место микрофотографии, и Герман Вестбельд сделался мастером фотодела. Будда высотой около двадцати дюймов — все, что осталось от художественного салона, — всегда сопровождал Марию в ее поездках в Берлин, в нем хранились секретные документы и другие вещи. Бумаги также пересылались в переплетах книг, в тортах, в банках с вареньем. Те же методы использовались для пересылки денег из Берлина в западные агентства. Среди задач, поставленных перед Марией, было составление подробного отчета о численности американских и британских войск в Германии, другой отчет, составленный Холлом (Вестбельдом), был посвящен техническим и персональным изменениям в полиции. Марианна Опельт выполняла работу, значение которой так и не понимала: она просто делала для Марии лишнюю копию документов, которые перепечатывала; не было сомнения, что среди сотен документов, которые польско-советская разведка получала таким образом, попадались и такие, которые представляли особый интерес.

Осенью 1950 года на Западе было принято решение о перевооружении Германии в рамках Европейского оборонительного союза. Москва подозревала, что перевооружение Германии уже проводится и перед советской разведкой и разведками стран-сателлитов была поставлена новая задача — проникнуть в военное ведомство в Бонне. Сама Мария Кнут пыталась устроиться туда машинисткой, но ее не приняли из-за недостаточного опыта в стенографии. Однако в январе 1952 года неожиданно возникли новые возможности. Один из агентов Марии по имени Хауэр, который не был ни умен, ни сообразителен, встретил некоего Петерсена, который работал в военном ведомстве. Из их разговора стало ясно, что Петерсен симпатизирует советской политике. Хауэр представил его Марии Кнут. Завербовать человека из военного ведомства было бы блестящим успехом. Мария запросила своих боссов в Берлине. Стреляным воробьям из советско-польской разведки Петерсен показался подозрительным, все это было слишком хорошо, чтобы быть правдой. Марию предупредили, но не запретили продолжать контакт. Сотрудничество началось, а потом переросло в личную дружбу между Петерсеном и Марией.

Петерсен, разумеется, не был сотрудником военного ведомства. Полиция ФРГ пошла на рискованное предприятие и снабдила его различными фальшивыми, но представляющими интерес документами об организации новой армии. Там были «письма к канцлеру», «большой план», «береговой план» и т. д. Все документы были переданы руководству польской разведки. Постепенно Альберт и Грегор начинали ощущать энтузиазм. В марте 1953 года они дали высокую оценку донесениям Петерсена, через месяц они повысили плату Эрнсту Больду (Петерсену) до 500 марок в месяц и обещали скорое повышение до тысячи марок, что было бы беспрецедентно высокой оплатой для вновь принятого агента.

К этому времени германские власти имели всю информацию, которую хотели получить, больше ничего нельзя было добиться, продолжая операцию «Петерсен». И во второй половине апреля 1952 года был положен конец трехлетней шпионской деятельности Марии Кнут. Все члены ее шпионской группы были арестованы. Суд был проведен в январе 1953 года. В тюремной больнице Мария перенесла две онкологические операции. На суд ее сопровождала медицинская сестра. Понимая, что ее конец близок, Мария рассказала все полностью и в деталях. Ее единственной попыткой оправдать себя было утверждение, что, беспокоясь о судьбе польской нации, она хотела предотвратить, если это возможно, воскрешение германской армии. Это, как заявила она суду, было главным мотивом ее деятельности. Не убежденный этими открытыми признаниями, суд приговорил ее к четырем годам исправительных работ. Наказание для Вестбельда было определено в два года, а для Марианны Опельт — в три месяца. По сравнению со шпионскими процессами в столицах стран-сателлитов, с их обязательными признаниями и суровыми наказаниями, эти первые после войны приговоры германского суда представляются мягкими и гуманными.

В новых условиях разведывательной работы, возникших в 1947—1948 годах, польское правительство попыталось реанимировать старых польских агентов, которые пережили войну, и теперь в изменившейся международной обстановке могут быть снова использованы. Капитан секретной службы в Варшаве Камиен в поисках опытных агентов обратился к ветерану польской разведки Теодору Шендзелоржу, человеку с беспрецедентно большим шпионским послужным списком.

Шендзелорж работал секретным польским агентом в Германии до войны и был в 1937 году приговорен нацистским «народным судом» к пожизненному заключению. Теперь, когда его пригласили снова возобновить свою деятельность, он дал согласие. Он отправился в Германию в 1948 году, чтобы работать там самому и набирать агентов из числа немцев, перемещенных из Польши в Германию. По приказу своего шефа они чертили карты и составляли доклады о расположении военных сил Соединенных Штатов, об их вооружении, складах горючего, железных дорогах и так далее. Сам Шендзелорж ездил из Польши в Западную Германию и обратно, собирая рапорты, оплачивая агентов (самая большая оплата составляла 50 марок в месяц), и возвращался со своими трофеями в Варшаву.

Как это часто бывает с восточными агентами, они, заинтересованные в деньгах, гнались за количеством рапортов в ущерб их качеству и снабжали Шендзелоржа, а через него и Варшаву, нелепыми материалами. В одном отчете был описан какой-то странный безмоторный самолет. В другом говорилось об атомном арсенале Соединенных Штатов, который насчитывал шесть сотен бомб, одна из которых «была где-то потеряна». Было сообщение о том, что американские войска начинают носить униформу зеленого цвета, чтобы сойти за русских. Следует признать, что помимо этого в руки Шендзелоржа попадала и достоверная информация в виде чертежей, карт и схем военных и промышленных установок, железнодорожных депо, газовых и водопроводных сетей.

Возвращаясь в Польшу из одной такой поездки, Шендзелорж был арестован около военного полигона Графенвор. Пытаясь убежать, он уронил хозяйственную сумку, набитую инкриминирующими его документами. Его арест и найденные при нем доказательства позволили вскрыть всю шпионскую сеть. Вместе с Шендзеложем были арестованы еще четверо — двое поляков и двое немцев. Перед американским судом обвиняемые во всем признались и рассказали о своей деятельности. Их способом защиты было принуждение (этот прием стал стандартным во всех шпионских делах): они якобы боялись за своих родственников в Польше, отказ от работы на спецслужбе означал их арест и высылку в Сибирь. В некоторых случаях репрессии по отношению к родственникам шпионов действительно могли служить угрозой, но этот прием часто использовался и теми шпионами, которые работали по убеждению, и суды в Германии не всегда могли отличить реальных жертв от фальшивых. Шендзелорж был во второй раз в своей жизни осужден на длительный срок — на тридцать лет, а его помощники — от двенадцати до двадцати. Генерал Люциус Д. Клей, военный комендант Германии, сократил эти сроки наполовину.

Шпионская техника восточноевропейских служб была существенно усовершенствована в послевоенный период. Всего несколько лет отделяло Марию Кнут с ее примитивным снаряжением от другого польского агента, Бруно Снеговского, «мастера шпионажа», который добился серьезных успехов. Прежде чем отправиться за границу, Снеговский два года учился в разведывательной школе, что само по себе было значительным шагом вперед по сравнению с прежними трех- или шестимесячными курсами. Учителями Снеговского были русские офицеры, и науки, которые он изучал, являлись просто польским изданием того, чему учили в Советском Союзе. Он сумел устроиться экспертом в военное ведомство и всего за три недели ухитрился сделать рекордное число фотографий — семьсот снимков людей и документов, он также снял работников контрразведки. Аккуратно упакованные фото он поместил в «мертвый» почтовый ящик в пригороде Бонна (ящик, которым давно не пользовались), и польский курьер забрал «почту», даже не встречаясь с отправителем. Эта процедура оказалась не столь блестящей, как считал ее изобретатель. При третьей попытке использовать почтовый ящик Снеговский был арестован. Его судили и приговорили к пяти годам исправительных работ.

Однако польская разведка в Германии была не столь активна, как разведки других восточноевропейских стран. У Варшавы было мало убежденных и преданных коммунистов, чтобы нести службу в Германии, а наемные люди, выбранные наугад или взятые из старого резерва, оказались неэффективными в новых условиях. Урожай оказался очень скромным.

ВОСТОЧНОГЕРМАНСКИЙ АППАРАТ

Восточногерманский аналог ГБ — МФС, или Штази, — появился в 1950 году после двух лет тщательной подготовки. А одной из главных задач этого органа был шпионаж. МФС переняла структуру, методы и технику работы скорее от советского прототипа, чем от своего предшественника — гестапо. В области шпионажа она использовала советскую технику и даже приняла на вооружение некоторую советскую терминологию. Советская система шпионажа, основанная на двадцатипятилетнем опыте, служила моделью, и германская разведка строго ей следовала.

Два человека, которые возглавляли МФС в течение первых пяти лет после его основания — Вильгельм Цайссер и Эрнст Вольвебер, — выдвинулись в бытность свою советскими шпионами, о чем мы уже рассказывали.

Вильгельм Цайссер достиг пика своей шпионской карьеры на Дальнем Востоке в середине тридцатых. Потом через несколько лет его послали в Испанию, где он, как генерал Гомес, завоевал известность в гражданской войне. Оттуда он вернулся в Москву как раз для того, чтобы попасть в советскую чистку. Цайссер был арестован и два года провел в тюрьме. Когда кровавое время миновало и Лаврентий Берия стал новым народным комиссаром внутренних дел, Цайссера освободили. Берия послал его учиться в военную академию и присвоил звание полковника. С этого времени между Берией и Цайссером завязались тесные политические связи, которые стали роковыми для последнего, когда в Москве пал Берия.

Цайссер начал свой быстрый взлет, когда звезда Берии еще ярко сияла. В 1945 году советские власти назначили его шефом полиции в Лейпциге, в том же году он возглавил полицию Саксонии и Ангальта, в 1949 году он занял пост министра внутренних дел Саксонии. В 1948 году он стал первым министром внутренних дел Германской Демократической Республики. В то же самое время фрау Цайссер была назначена на должность министра образования, а их дочь, фрау Беттхер, стала преподавателем русского языка в университете Галле.

Ни одна из стран-сателлитов не осмеливалась экономить на тайной полиции и шпионаже, и под руководством Цайссера МФС быстро расширялась. Главным советником Цайссера был майор Труханов из ГБ, а главным помощником — Эрих Мильке, немецкий коммунист, которому пришлось бежать в Россию после того, как он убил в Германии двух полицейских в 1931 году. Работая вместе, это трио расширило новое агентство, превратив его в большой департамент, к 1953 году там было пять тысяч сотрудников и пятьдесят тысяч информаторов.

Три года пребывания Цайссера во главе МФС ознаменовались возрастанием шпионской деятельности в западной зоне. В рамках министерства Цайссера был организован западный отдел, который работал даже под большим покровом секретности, чем все остальные. Там готовили агентов, обучая их радиоделу, кодам и другим делам. Имен сотрудников никогда не раскрывали даже их коллегам. Западный отдел уговаривал коммунистов «порвать» с СЕПГ, стать «вне политики» или даже вступить в антикоммунистические группы и посылал их на Запад, чтобы они поступили на государственную службу или заняли посты в промышленности.

Крупное агентство новостей, АДН, работавшее почти на легальных основах в Западной Германии со штатом в семьсот человек, стало еще одним органом секретной службы. Оно было организовано по образцу московского ТАСС, пресс-агентства советского правительства, которое тоже служило целям разведки. АДН было как пресс-агентством, так и секретной шпионской организацией. Некоторые из его шефов служили одновременно русской и германской разведкам, они обеспечивали контакт между агентами на Западе и СЕПГ, Коммунистической партией восточной зоны. Люди из АДН были членами Коммунистической партии Западной Германии или тайными членами так называемого Немецкого народного совета, другой просоветской организации.

Так называемые Свободные профсоюзы зоны имели свои аппараты на Западе, в задачи которых входил сбор данных об экономике западной зоны. Они также поддерживали связь с коммунистами и профсоюзными лидерами западной зоны, финансировали и руководили работой определенных замаскированных организаций. Для тщательно отобранных официальных профсоюзных работников восточной зоны регулярно проводились «курсы», на которых изучались вопросы сбора информации и работы в тылу врага. До своего смещения Рудольф Хернштадт часто выступал в роли начальника таких школ.

Под прикрытием профсоюзов возродилось движение рабочих корреспондентов. Снова пошли «сообщения для прессы», из которых наиболее важные тут же направлялись по каналам разведки. Шпионы в промышленной сфере часто маскировались под безобидных репортеров.

Анкета, которую должны были заполнять члены коммунистической партии, содержала довольно странные вопросы о предприятии, где они работали. Например, коммунистическая партия в Штутгарте требовала, чтобы ее члены ответили на такие вопросы:
Значение промышленного объекта?
Филиалы?
Снабжение?
Покупатели продукции?
Экономический отдел коммунистической партии в Вюртемберге-Бадене требовал ответа на такие вопросы:
Количество выпускаемой продукции. Если возможно, в прошлом, сейчас и в будущем?

Характер и количество выпускаемой сейчас продукции?

Какие причины вызывают затруднения с выпуском продукции?

Что думает руководство о будущем завода?

Коммунисты-шахтеры из Рура должны были заполнять анкету из 186 вопросов, относящихся к шахте, на которой они работают. Вопросы относились ко всем техническим характеристикам шахты[1].

Информация, содержащаяся в отдельной анкете, сама по себе могла быть и не столь важной, но, собранные вместе, эти сведения давали полную картину германской промышленности, ее военных возможностей и могли служить основой для диверсионных актов в случае перевооружения Германии или возникновения новой войны. Классифицированная и просуммированная, эта информация поступала в службу безопасности Германской Демократической Республики и в конечном счете в военную разведку в Москву.

Смерть Сталина в марте 1953 года вызвала кратковременное ослабление напряженности, которая царила повсюду в предыдущие годы. Это также открыло новые перспективы для Берии, который теперь стал членом триумвирата, который захватил власть в Москве. Может показаться парадоксальным, что советский министр внутренних дел направил острие борьбы против всемогущества секретных служб, и это немедленно ощутили в странах-сателлитах. В Восточной Германии проводником новых тенденций стал протеже Берии Вильгельм Цайссер.

Ослабление напряженности означает меньше террора и больше свободы. Это могло вызвать народное движение, а оно могло перерасти в опасное восстание. Та-

---

[1] Летом 1953 года на одной из шахт в Руре была установлена новая машина. Уже через две недели разведка советской зоны имела ее чертежи и подробное описание.

кое развитие событий могло привести к гибели диктаторского режима. В первые же месяцы после смерти Сталина весь мир стал свидетелем забастовок в Венгрии и Чехословакии, а в середине июня 1953 года — рабочего восстания в советской зоне Германии. В соответствии с новыми политическими тенденциями русские войска в Берлине не сразу получили приказ подавить мятеж силой оружия, и немецкая полиция тоже не имела такого распоряжения. В течение нескольких дней обстановка была крайне неопределенной, а престиж правительства падал с каждым днем.

Через неделю после берлинского восстания Берия был смещен со всех своих постов и объявлен врагом народа. Судьба его многочисленных ставленников в России и за рубежом была предрешена. Началась новая великая чистка среди назначенных Берией министров внутренних дел как в союзных республиках, так и в странах-сателлитах Советского Союза, многие высокие официальные лица были смещены с должности. С Востока подул резкий ветер, и жертвой новой волны террора оказался Вильгельм Цайссер. На сессии, проходившей двадцать четвертого—двадцать шестого июля 1953 года, центральный комитет СЕПГ исключил Цайссера и Хернштадта из партии и освободил их от занимаемых в правительстве постов.

Преемником Цайссера стал Эрнст Вольвебер. Кроме этого, он, как и Цайссер, являлся секретным агентом советской разведки. Бывший кочегар германского военно-морского флота ни в какой мере не напоминал аристократического, горделивого, с хорошими манерами лейтенанта Цайссера. Мы уже видели, как концу войны Вольвебер был спасен советским посольством в Швеции от выдачи в Германию и переправлен в Москву. Когда для немецких коммунистов пришло время послать в Германию кадры для новых должностей, Вольвебер попросил направить его в западную зону — он не хотел заниматься бумажной работой. Однако его просьба была отклонена, потому что там его могли узнать и арестовать. Его направили в Восточный Берлин, где он стал генеральным директором морских сообщений. Но он так и не погрузился в бумажную работу. Главная задача этого мастера диверсий и контрабанды лежала далеко от восстановления германских морских традиций.

И снова Вольвебер построил свой шпионский аппарат, который был лишь немного связан с московскими ГРУ и ГБ. Эта редкая привилегия была предоставлена ему еще в конце тридцатых годов, потому что природа его деятельности — антигерманский саботаж — требовала особой секретности. Похожая обстановка возникла и теперь. В 1947—1948 годах, когда отношения Москвы с союзниками стали быстро портиться и казалось, что новая война неизбежна и близка, Сталину план Маршалла представлялся замаскированной подготовкой для вооруженного конфликта и закамуфлированной поставкой военного снаряжения в Европу. С этим планом надлежало бороться не только словесно, на съездах и в прессе, но также и в портах и в открытом море.

В морской школе в Вустрове, где две сотни молодых людей учились, чтобы стать капитанами, инженерами и радистами, Вольвебер набрал группы студентов численностью примерно в двадцать пять человек, которых после окончания школы послали в Мекленбург для специальной подготовки к тайным операциям.

В Гамбурге, где была прежняя резиденция Вольвебера, возникла новая организация и начали происходить странные вещи. Случились взрывы в гаванях Бреста и Кадиса, в Гавре был найден груз взрывчатки. Другие диверсионные акты не принесли заметных повреждений, но они, без сомнения, могли приобрести совсем другие размеры, если бы план Маршалла развивался так, как это представлялось Кремлю[1].

---

[1] Позже несколько других таинственных событий власти связывали с организацией Вольвебера: пожар на «Императрице Канады» в январе 1953 года, пожары на британских «Куин Элизабет» и «Куин Мэри» примерно в то же самое время, взрыв на «Неукротимом», попытка диверсии на британском авианосце и т. д. — всего около тридцати случаев, которые до сих пор до конца не расследованы.

Второй задачей организации Вольвебера была контрабанда важных грузов, включая стратегические материалы, на Восток. В границе между двумя германскими государствами протяженностью в тысячу миль были найдены слабые места. Таможенные офицеры и пограничная полиция были подкуплены. В некоторых случаях организации удавались невероятные контрабандные операции (целые заводы, как говорили, постепенно переправлялись с Запада на Восток), но немецкие власти не соглашались с тем, что это представляло особую важность. После начала корейской войны в 1950 году эта организация со всей своей энергией взялась за контрабанду военного снаряжения на Дальний Восток.

Примерно семь лет, с 1946-го по 1953 год, Вольвебер оставался у руля этой организации, хотя официально с 1950 года числился государственным секретарем. Когда он в конце концов заменил Цайссера на посту министра государственной безопасности, его имя было уже хорошо известно в западном мире. Все иностранные политические ведомства внимательно следили за его перемещениями, целые книги и сотни журнальных статей были посвящены авантюрным подвигам этого крупного и неуклюжего мужчины, чей облик подходил бы к человеку любых занятий и профессии, но только не революционера. Возвышение Вольвебера было частью нового курса Москвы против «расхлябанности» и совпало с новой волной арестов, судебных процессов и наказаний за «преступную пассивность» начала постсталинской эры.

Шпионская активность в сотрудничестве с советскими агентствами в Германии продолжалась в прежнем стиле. Одной группой сетей руководили русские, другой — немцы. В некоторых операциях они объединяли усилия.

Главными целями оставались все те же: первая — военное ведомство, вторая — аппарат генерала Гелена и разведывательные органы союзников и Германии, работающие в Восточной Европе, третья — служба защиты конституции. Из года в год в течение последних пяти лет в каждое из этих агентств внедрялись люди из советской, восточногерманской разведки или разведки стран-сателлитов. В некоторые агентства они внедрялись по нескольку раз, и в результате последовало раскрытие их секретов и арест шпионов, которые работали подпольно на Востоке[1].

Одна из самых печальных шпионских операций, проведенных восточногерманским МФС, была связана с именем Роберта Б. Блевенса, американского коммуниста, служившего в оккупационных войсках в Берлине, который стал агентом восточной службы государственной безопасности. С помощью агентов МФС Блевенс и молодая немецкая девушка Ингрид Йонек попытались убедить американских солдат перейти на сторону Востока. Блевенс был отдан под военный суд, приговорен к тринадцати годам исправительных работ и с позором уволен из армии.

Йоханнес Нюккер, полицейский офицер из Западного Берлина, был человеком как раз такого типа, который использует новая германско-коммунистическая разведка. Квалифицированный инженер-автоспециалист, он был членом правой организации «Вервольф» во время веймарского периода. В 1934 году, когда «Вервольф» стал ядром нацистской армии, он вступил в СС, а позже получил звание группенфюрера. Попав в плен к англичанам, Нюккер, скрыв тот период жизни, когда он служил в СС, в 1951 году получил должность в автомобильной части полицайпрезидиума Берлина. В то время принимались усилия против похищений, шпионажа и всех мер вторжения из восточного сектора, и полицейские силы надо было реорганизовать в соответствии с новыми требованиями. Вместе с его ше-

---

[1] Самым тяжелым ударом для западногерманской контрразведки стала измена главы отдела безопасности Отто Джона летом 1954 года. Фактов, которые доказывали бы, что он состоял на службе восточного агентства, не было, но, попав в руки советской и германской полиции, этот слабый человек рассказал все, что ему было известно.
Кроме того, организация генерала Гелена серьезно пострадала, когда ее агент Ганс-Йоахим Гейер (Генри Толл) передал секретные документы МФС. Примерно в это же время (ноябрь 1953 года) начальник местного берлинского отделения ведомства Гелена перешел на сторону коммунистов.

фом, Рудольфом Леманом, Нюккер разработал секретный план моторизации полиции, этот документ хранился в сейфе, куда имели доступ только четыре человека.

В декабре 1951 года Нюккер приехал к матери в Бабельсберг, который находился в советской зоне. Там его и поймала в свои сети МФС. Его новая служба заключалась в том, что он должен был информировать власти ГДР о структуре и численности западной полиции, ее техническом оснащении и оружии.

Нюккер подготовил записку по требуемым данным и передал ее агенту МФС. Встречи с агентом планировались регулярно, раз в неделю, в автомобиле или в определенном месте в Восточном Берлине. При каждой встрече от Нюккера требовали все новые и новые сведения: имена полицейских высокого ранга, размещение полицейских тренировочных центров и разных секторов полицейского управления, номера кабинетов конкретных полицейских чинов. Нюккер передал эти сведения. В конце концов, даже мелкие и несущественные детали работы западной полиции стали известны МФС. При каждой встрече Нюккер получал свою плату.

Третьего ноября 1952 года Нюккер был арестован, и при нем обнаружили инкриминирующие его бумаги. На суде он рассказал ставшую стандартной историю об угрозах и принуждениях со стороны МФС. Он был приговорен к шести годам исправительных работ.

Какого качества человеческим материалом располагала восточная разведка, видно по Элли Эрхардт из Люнебурга, которой платили нейлоновыми чулками, и Альвину Розе, ветерану абвера, служившему во французском иностранном легионе.

ЧЕШСКИЙ АППАРАТ В ГЕРМАНИИ

Из четырех шпионских аппаратов, работавших в Германии, чехословацкий был крупнее всех. С 1948 года сотни чешских агентов работали в Германии, в то время как другие двинулись дальше на север и запад, их задача, как правило, состояла не только в разведке военных объектов, но и в слежке за чешскими беженцами в Германии.

Под советским руководством чешское правительство создало в Праге разведывательную школу для обучения агентов кодированию, работе на радиопередатчиках, применению невидимых чернил, микрофотографии и прочим делам. По обе стороны от границы в густо населенной местности были устроены опорные пункты, и десятки наскоро подготовленных агентов двинулись на Запад.

В 1945 году из Чехословакии вынужденно уехали судетские немцы. Как и везде, изгнанники стали источником для чешской агентуры в Германии. Узы дружбы связывали раньше этих людей, теперь разбросанных по всей Германии, с чехами, которые остались дома. Среди них были и те, кто соглашался служить новому режиму за соответствующее вознаграждение. Преимущество службы изгнанников состояло в том, что из-за всем известной неистовой ненависти к новым польскому и чешскому правительствам их не могли ни в чем заподозрить антикоммунистически настроенные органы. Обстоятельства их трагичного прошлого могли послужить для них дополнительным прикрытием в их подпольной работе. Можно считать, что от шестидесяти до семидесяти процентов рядовых агентов шпионской сети составляли люди, изгнанные из Чехословакии.

Среди наиболее интересных людей в чешском аппарате был Франтишек Клецка, чех, примерно тридцатилетнего возраста, бывший пианист и студент-филолог. Перед войной, спасаясь от венской полиции, Клецка уехал в Москву, где обучался в разведывательной школе для службы в советской разведке за границей.

К концу войны Клецка снова оказался в Чехословакии как тайный агент. Когда восстановилось международное железнодорожное сообщение, он получил работу официанта в экспрессе Прага—Мюнхен—Париж, очень удобную для того, чтобы выполнять функции курьера. Клецка получил также доступ к антикоммунистическим группам в Германии и поставлял чешской разведке материал для вербовки, вдобавок он сделал фотографии американских танков, военных объектов и железнодорожных зданий.

Его арест в 1948 году не был лишен некоторого иронического оттенка. Двое старших офицеров пражской военной разведки, капитаны Отокар Фейфар и Войтех Ярабек, сбежали в Германию, оставив в Праге дочь одного из них. Вскоре она села в Праге в экспресс Мюнхен—Париж. В подкладку ее сумочки был зашит список всех чешских шпионов, работающих на Западе, и среди них — сам Франтишек Клецка. На чешской границе молодая женщина занервничала и попросила Клецку подержать некоторое время ее сумочку. Он согласился и вернул ей сумку, когда поезд прибыл на германскую территорию. Через несколько часов Клецка был арестован железнодорожной полицией.

Фейфар и Ярабек были готовы рассказать властям Соединенных Штатов все о чешском шпионаже в Германии. Задачей Фейфара в Праге был сбор информации об американской зоне. Он набирал агентов в Германии из списков, которые передавали ему высшие чешские органы — политическая полиция и генеральный штаб. Несмотря на то что его служба носила военный характер и он был подчинен генеральному штабу, общее руководство шпионской работой было в руках чешского министерства внутренних дел.

Эти два офицера раскрыли имена многих чехов и немцев, которые работали в американской зоне как секретные агенты Праги. Тут же последовали аресты. В последующих за этим судах в Мюнхене подсудимые не отрицали факты, сообщенные свидетелями, двумя чешскими офицерами разведки. Первым судили Клецку. После некоторого запирательства он во всем признался и семнадцатого февраля 1949 года был приговорен к двадцати годам тюремного заключения. На четырех других процессах в феврале и марте рассматривались дела других девятнадцати подсудимых, преимущественно немцев по национальности. Большинство из них были чешскими шпионами и только некоторые — польскими.

Роберт Крузе, один из лучших чешских агентов, был приговорен к восемнадцати годам. Крузе наблюдал за приходом судов в Бремен и сообщал о прибытии танков армии Соединенных Штатов. Восемнадцатилетнее заключение было также определено Адольфу Франку, сорокалетнему чеху, который занимался шпионажем в полицейских формированиях. Гертруда Дерре, двадцатишестилетняя судетская немка, которая до поступления в 1948 году в чешскую разведку работала на гестапо в Норвегии и с американскими агентами в Хофе, на границе советской зоны, была осуждена на двенадцать лет. Мария Хаблич, тоже судетская немка, жена эксперта по вопросам беженцев в баварском правительстве, забирала важные документы из папок в офисе мужа и пересылала их в Чехословакию в официальных конвертах министерства внутренних дел Баварии. Она была приговорена к семи годам. Эдит Дитрих из Мюнхена, которая сказала, что стала шпионкой из-за любви к чешскому офицеру разведки, получила девятилетний срок заключения.

Пражское правительство реагировало на аресты и суды над его шпионами в Германии точно так же, как это делало советское правительство еще с начала двадцатых годов. Два американских солдата, которые служили в Германии, Кларендон Хилл и Джордж Джонс, были арестованы чешской полицией, когда они заблудились и оказались на чешской территории, их обвинили в шпионаже. Пятнадцатого марта 1949 года, когда были опубликованы приговоры чешских агентов в Мюнхене, пражское правительство информировало Соединенные Штаты, что Хилл и Джонс предстанут перед чешским судом. Представителю Соединенных Штатов не позволили увидеться с обвиняемыми, которые были жестоко избиты.

Двадцать третьего марта генерал Люциус Д. Клей сократил срок заключения Франтишеку Клецке с двадцати до пяти лет. Но эта акция опоздала для того, чтобы предотвратить суд над американскими солдатами в Праге, назначенный на двадцать девятое марта. На закрытом судебном процессе Хилл был приговорен к десяти, а Джонс — к двенадцати годам заключения. Однако двадцать третьего мая оба солдата были помилованы чешским правительством и им было позволено покинуть Чехословакию.

Деятельность чешской разведки в Германии не уменьшилась после этих арестов и судов, волнения возникли главным образом только среди мелких агентов.

Наиболее выдающимся, преданным и эффективным чешским агентом, работавшим в американской зоне, был человек, высоко оцениваемый коллегами, которые считали, что по своему уму он стоит пятерых обычных людей, был поляк по рождению Эмиль Швертня. Коммунист, отсидевший шесть лет в нацистской тюрьме и освобожденный в конце войны, Швертня был сначала послан в Лондон, из Англии был переведен в Швейцарию, но вскоре его выслали из страны как иностранного коммунистического агента. Швертня попал в Штутгарт и провел три года в упорной борьбе с контрразведкой Соединенных Штатов. Его задачей было узнать имена чехословацких лидеров, которые работали на американскую разведку, а также имена и адреса офицеров контрразведки Соединенных Штатов. Он должен был докладывать о работе контрразведки по проверке определенных лиц, узнавать имена тех, кого вербовала американская разведка, а также лидеров политических и других групп в лагерях перемещенных лиц и сотрудников радио «Свободная Европа», сообщать о перемещениях американских военнослужащих. Одновременно Швертня с успехом проводил операции по похищению политических противников и нелегальной переправке их через границу. Его положение позволяло ему узнать имена лидеров подпольных антикоммунистических групп и внутри Чехословакии.

Швертня был полностью предан своей работе, ничего кроме нее для него не имело значения. «Это просто здорово, я здесь чувствую себя в своей стихии, — писал он Гонзе, своему другу и начальнику в Праге. — Все это мне крайне интересно». Его жена, уставшая от кочевой жизни, готова была развестись с ним, но ему не было до этого дела. У него были «другие интересы», а вовсе не женщины. Он жил в бедности в неотапливаемой комнате, за которую платил всего 40 марок в месяц, стараясь создать впечатление, что принадлежит к массе беженцев-демократов. Иногда при нелегальном пересечении границы он попадал на допрос в германскую полицию. В таких ситуациях он вел себя дерзко, но осмотрительно, он старался создать впечатление, что он американский агент. Когда его спрашивали, что он делал у границы, Швертня убеждал полицию, что ждал с той стороны политического беженца. Однажды он позвонил высшему полицейскому офицеру и высказал протест против того, что подвергается допросу: он якобы журналист, работающий на американский орган, и ждет своего брата Пауля, который должен перейти границу.

В те времена, когда Швертня работал в Германии, чешская разведка применила новые технические приемы. Например, для обмена сообщениями между Прагой и ее многочисленными агентами вокруг Штутгарта, Мюнхена, Франкфурта и Людвигсбурга была создана сеть «тайников для писем». Это были сосуды, спрятанные в определенных местах. Каждый агент, который знал расположение только своего такого тайника, помещал туда письма и сообщения, а позже извлекал из него ответные сообщения и деньги, когда курьер из Праги примерно раз в месяц обходил тайники, помеченные на его плане, но общий план был известен только Праге. Один из таких тайников возле Штутгарта находился в почти недоступном месте «возле раздвоенного дерева», драгоценный сосуд был спрятан в яме под землей. Другой был скрыт в траве, под листом железа, у подножия бетонной стены на склоне крутого холма. Третий был спрятан под травой, у подножия большой деревянной скульптуры, ранее принадлежавшей какой-то религиозной секте, а теперь никому не нужной.

Преимущество такой системы связи состояло в полном отделении курьеров от тайных агентов, работающих в Германии. Даже если курьер оказывался предателем, он не мог выдать ни имен, ни адресов и не мог дать описание внешности агента. Эти предосторожности вполне оправдали себя, когда новый курьер Георг Пейнц начал делать круговые маршруты по югу Германии. Изгнанный из Судетов, Пейнц жил теперь в Моссбахе, на германской стороне границы, занимаясь контрабандной торговлей, что делало его очень привлекательным для чешской разведки, тем более что он старался показать себя «симпатизирующим». Пейнц стал «чистым курьером», то есть лицом, в чью задачу входил только сбор писем из определенных тайников, переправка их за границу и возвращение с новой порцией почты. Для опытного нарушителя границы это было нетрудной и прибыльной работой. Он не знал, кто писал донесения на германской стороне, а в Чехословакии он встречался только с двумя людьми для короткого разговора в нескольких милях от границы.

Но, несмотря на все предосторожности, предпринятые для обеспечения надежности этого курьера, его работа стала фатальной для всего аппарата. В июле 1950 года, когда были установлены все тайники, жена Пейнца убедила его признаться в своей работе контрразведке. После этого агент контрразведки сопровождал его в этих поездках и фотографировал письма и документы, которые затем шли по назначенным адресам. Но прошли месяцы, а контрразведка так и не узнала ни имен шпионов, ни где их искать.

Постепенно кольцо вокруг Швертни сужалось, наблюдение подходило все ближе и ближе. Швертня начал подозревать, что письма кем-то просматривались, и становился все более и более нервным. В письмах в Прагу он просил отозвать его. «Вы не должны играть моей жизнью», — с мольбой писал он Гонзе.

Швертня не был отозван, а для того, чтобы вернуться самовольно, у него не хватило смелости. А тем временем контрразведка, чтобы получить дополнительные доказательства, прежде чем арестовать его, послала телеграмму прямо Швертне с приглашением явиться к тайнику: «Наш друг прибудет сегодня с важными инструкциями. Ганс». Обман был столь очевиден, что Швертня удвоил свою осторожность. Никем не замеченный, он опустил в тайник такое сообщение для Праги: «Кто мне мог послать такую вонючую телеграмму, как эта? Похоже, они хотели скомпрометировать меня. Что мне делать? Они забирают нашу почту?»

Это было его последним сообщением. Швертня был арестован тринадцатого января 1951 года и в мае—апреле предстал перед американским судом в Штутгарте.

Он был осужден на двенадцать лет, его апелляцию отклонили. Но идея с почтовыми тайниками не была оставлена, хотя дело Швертни показало, что она все же сопряжена со многими опасностями.

Наиболее ценными тайными агентами были те, кому удавалось проникнуть в контрразведывательные органы противника. Внедренные на ответственные посты, они могут парализовать все вражеские усилия. «В течение двух часов русские могут узнать все, что делает американская контрразведка», — сказал Хайнц Силомон, секретный агент чешской разведки, работавший на майора Алоиза Барта из Праги. В его задачу входил шпионаж и сообщение об американской наступательной тактике и ночных операциях, получение копий инструкций, телефонных книг, названий новых военных частей, аббревиатур, применяемых в американской армии, частот полевых радиостанций и т. д.

Слежка за американскими разведчиками была главной обязанностью группы, которую возглавляли Петер Хорнунг и Хорст Баумгартен. Баумгартен, немецкий представитель в контрразведке Соединенных Штатов во Фрейюнге, близ Пассау, который в 1947 году приговаривался к тюремному заключению за похищение армейских документов, был логичной приманкой для чехословацкой разведки. Он представлял интерес еще и потому, что в качестве переводчика присутствовал при допросах беженцев из Чехословакии, читал и переводил документы и по своему положению мог многое знать о работе контрразведки. Брат Баумгартена в то время работал в полиции советской зоны. Будучи не очень одаренным человеком и понимая, что его служба не продлится долго, Баумгартен в 1949 году согласился работать на чешскую разведку. В октябре того же года он пересек границу, чтобы получить точное задание, которое сводилось к тому, чтобы поставлять информацию об агентах и офицерах американской контрразведки армии, о германской пограничной полиции, патрулях, оружии. Он должен был достать планы западногерманских городов. В дополнение он должен был докладывать о чешских беженцах в зоне оккупации Соединенных Штатов.

В январе 1950 года Баумгартен был уволен из СИС, но продолжал свои связи с Прагой, сделав пять поездок в Чехословакию для докладов чешской разведывательной службе. В работе Баумгартен пользовался помощью своих друзей Петера Хорнунга и Луизы Раушер. С помощью Хорнунга он купил у немецкого чиновника тридцать семь документов, заменяющих в то время немецкие паспорта, заплатив за всю партию 40 марок. Эти документы были переданы чехам. Группа также поставляла информацию о чешских беженцах, которые находились в лагерях перемещенных лиц в Валке. Хорнунг также сделал моментальные снимки офиса контрразведки в Мюнхене, дал информацию о баварском министерстве внутренних дел, о подготовке персонала Международной организации беженцев к работе в Корее и о других делах. При втором переходе границы в Чехословакию Баумгартен и двое его друзей были арестованы. Они были обвинены в контрабанде (стандартное, хотя и парадоксальное прикрытие для агентов, схваченных на границе). Первой во всем призналась фрейлейн Раушер — на суде она выступала в качестве свидетельницы обвинения. Приговоры были суровыми — по пятнадцати годам для Баумгартена и Хорнунга. Апелляционный суд потом сократил наказание до десяти лет.

Большая шпионская сеть с центром во Франкфурте-на-Майне, в которой главную роль играли две девушки, была очень характерна для послевоенного шпионажа. За всем этим стояли советские разведчики высокого ранга в Потсдаме и известный шеф чешского шпионажа Вилли Бергер. Эти люди остались на своих постах за «железным занавесом», отдавая приказы и получая информацию. Высший чин из Праги, который регулярно посещал Франкфурт, носил разные имена — капитан Бурда, Отто Венцель Леффлер, Отто Вагнер. Этот ловкий чех был директором фабрики, потом офицером в армии в чине капитана, а теперь стал многообещающим торговым атташе Чехословакии во Франкфурте. Он был вежливым, интеллигентным, привлекательным для женщин, что очень способствовало его роли вербовщика агентов, как мужчин, так и женщин. Офис капитана Бурды был в Карлсбаде, в нескольких милях от германской границы.

Капитан Бурда познакомился с Гансом Куртом Папе в Веймаре при довольно странных обстоятельствах. Папе, сын состоятельных родителей, хорошо образованный и сообразительный, не отличался особенной честностью. Перед войной он сменил много занятий. Во время войны он ухитрился провести много месяцев в госпиталях. Ганс Папе был взят в плен русскими, но его скоро отпустили, и в 1947 году он попал на работу в Западную Германию, на американскую военно-воздушную базу Рейн-Майн. В 1950 году он переехал в Веймар, в советскую зону, чтобы начать новую работу под прикрытием контрабандной торговли шарикоподшипниками в Восточной Германии. В этот период советский майор разведки поручил Папе собирать информацию о немцах, работающих на американцев в военной полиции и контрразведке, а также и об их родственниках. Доклады он должен был направлять в ГБ. В Веймаре Папе встретился с капитаном Бурдой из Карлсбада, с чего и началось их сотрудничество.

Теперь у Папе могло оказаться много денег. Капитан Бурда обещал ему тысячу марок в месяц — вполне разумная компенсация «для человека вашего интеллекта» — и взял его в Прагу, чтобы представить главному боссу. Скоро в Западной Германии должны были появиться новые рестораны и ночные клубы, и Папе начал играть заметную роль в этом деле.

Во Франкфурте Папе открыл своеобразную «фотостудию». Он помещал в прессе объявления, привлекающие девушек, стремящихся сделать карьеру в кино, и за пять марок делал им «фотопробу». Он также нанимал проституток, чтобы добывать информацию от американских солдат. Однако самым большим его достижением было то, что он сумел завербовать для чешской разведки свою бывшую подружку Элизабет Дерхофер.

Элизабет Дерхофер была замечательной личностью в этом круге. Служащая авиакомпании «Пан-Америкэн» во Франкфурте, красивая, с хорошей фигурой, дружелюбная, она как нельзя лучше подходила для работы в качестве секретного агента. Когда капитан Бурда приехал во Франкфурт, Папе представил его фрейлейн Дерхофер, и между ними быстро завязались тесные дружеские отношения. Она поехала вместе с ним в Чехословакию и через два дня вернулась оттуда уже полностью оформленным шпионом.

Фрейлейн Дерхофер старалась установить контакты с американскими офицерами и вместо визитных карточек носила в сумочке свои фотографии, где была снята обнаженной. За информацию об армии Соединенных Штатов она обещала своим приятелям солидное вознаграждение — до 10 тысяч марок.

Когда второй лейтенант армии Соединенных Штатов Томас Джонс, в доме которого она бывала не один раз, сообщил о ней британской контрразведке в СИС, то это был не первый рапорт об Элизабет Дерхофер, поступивший в это агентство. Когда Папе вербовал ее, он тоже доложил об этой шпионской группе в СИС — если уж стал шпионом, то почему не подумать о двойном заработке? Папе постучался в дверь СИС со своим доносом о капитане Бурде, но спецслужба Соединенных Штатов не спешила открыть для него свой кошелек. Тогда он пошел в британское агентство, потом — во французское, но без особого успеха. Тем не менее американская контрразведка встревожилась. Элизабет Дерхофер была арестована, когда она однажды появилась у чехословацкой границы, при ней нашли кальку с планом военного лагеря в Ханау, данные по штатному расписанию воинских частей, чертежи мортирных снарядов и банку от противогаза. Суд Соединенных Штатов приговорил ее к семи годам тюрьмы, ее партнеры-помощники — водитель Карл Хайнц Липперт и Хильда Климберг — были приговорены к трем и двум годам соответственно. Двойной агент Папе остался безнаказанным, как, разумеется, и действительные руководители этой сети, капитан Бурда и русские офицеры.

Эти привычные методы были применены и в случае с Маргаритой Пфайффер, которая работала на чехословацкую разведку в Баварии. Молодая и красивая модель, она предлагала деньги и любовь за военные секреты, например за инфракрасные прицелы для танков. Выданная одним из своих американских знакомых, рядовым Эйхером, она попала под суд. В Нюрнберге ее осудили на четыре года.

Суровое наказание в пятнадцать лет было определено Гюнтеру Шюнеману (Карлу Шуману), сравнительно молодому, но старательному и полезному немцу, которому в качестве чешского агента удалось проникнуть на службу Соединенных Штатов. Главной целью Шюнемана были военно-воздушные силы Соединенных Штатов. Он посетил аэродром в Мюнхене, осмотрел самолеты разных типов, стоящие там, сделал фотографии летного поля всех аэродромных устройств и передал все это в Прагу. Он также составил доклад о военно-воздушной базе в Нейбиберге; чтобы проникнуть туда, он сначала устроился рабочим, а потом помощником на кухне. Потом он поехал, чтобы обследовать военно-воздушную базу в Фюрстенфельдбрюке, и добыл данные о типах самолетов, освещении, полетах и взлетно-посадочных полосах. Шюнеман делал и устные доклады, для чего пересекал границу с фальшивым австрийским паспортом, или письменно, применяя невидимые чернила. Он иногда оставлял вещи на пограничной станции в Пассау, чтобы их забирал оттуда чешский курьер.

Вальтер Зиферт, бывший немецкий пилот, вместе с железнодорожником Паулем Вальтером сообщал чешской разведке об аэродромах Соединенных Штатов в Германии и о передвижениях американских войск. Самыми важными изо всех доставленных ими документов были планы эвакуации из американской зоны в случае срочной необходимости и графики движения поездов на этот период. Группа немцев, агентов Праги, собирала информацию о движении судов вдоль северного побережья Германии и их разгрузке, военных сооружениях и казармах союзных войск, а также о германской пограничной службе в районе Бремена. Зиферт и Вальтер были арестованы в Берлине в феврале 1953 года, и их сеть в Западной Германии была разгромлена.

Глава 9
СОЕДИНЕННЫЕ ШТАТЫ

ПЕРВЫЕ ШАГИ

Советский разведывательный аппарат появился в Соединенных Штатах позже, чем в других странах. Как последовательно и непрерывно действующая служба, учрежденная Москвой и руководимая ею, он не начинал работать в этой стране до конца двадцатых годов. До этого времени производились только отдельные единичные попытки получить секретную информацию об Америке через людей из Коминтерна, посещавших Соединенные Штаты, ревностных членов коммунистической партии и т. д. Все эти усилия не шли ни в какое сравнение с размерами и эффективностью советской разведывательной сети, которая к тому времени уже работала во Франции, Германии, Польше и других европейских странах.

Такая ситуация зависела от многих политических факторов. Соединенные Штаты отдалились от международных дел старого мира. «Русский вопрос», все еще актуальный на европейской сцене в двадцатые годы, имел некоторое военное звучание. В министерствах иностранных дел Старого Света и в их кулуарах возникало множество антисоветских проектов. Глухота Америки к этим проектам вызывала удовлетворение Москвы, и все это делало шпионские авантюры в Америке менее важными, чем где бы то ни было.

Коммунистическое движение в Америке тоже отличалось от коммунистического движения во всех других странах и никогда не достигало такого размера и значения, как его родственные партии в Европе. На первых стадиях, в двадцатых годах и начале тридцатых, оно получало главную поддержку от эмигрантов из провинций дореволюционной России — прибалтов, поляков, евреев, украинцев. Это было просто «рабочее движение», в ограниченных масштабах и очень специфического происхождения.

Выходцы из стран с сильными революционными традициями, пропитанные политическими сантиментами предреволюционной России, они были идеалистами, готовыми к самопожертвованию, с конспирацией в самой их крови. С советской точки зрения они превосходили новых «подпольных работников» в Германии, Франции и других западных странах, потому что знали все о тайных сходках, секретных складах оружия, побегах из тюрьмы, невидимых чернилах, фальшивых паспортах и чемоданах с двойным дном. Советская разведка при создании шпионской сети в этой стране могла положиться исключительно на своих американских друзей.

В годы депрессии тридцатых годов новые группы американцев, преимущественно интеллектуалов, примкнули к коммунистическому движению и стали оплотом партии. Привлеченные ее антифашизмом и возвышенными антикапиталистическими лозунгами, они наложили свой отпечаток на американский коммунизм. В результате американская партия стала меньше походить на рабочее движение, чем другие партии Коминтерна.

Официальные лица коммунистической партии Соединенных Штатов поддерживали обычные отношения с советским разведывательным аппаратом. Оказывать ему помощь всеми доступными средствами, помогать набирать новых агентов, проверять информацию и предоставлять технические возможности было долгом американских лидеров. Например, выходец из Швейцарии, Макс Бедахт, член американского политбюро, некоторое время выступал как связной и вербовщик, позже Эрл Браудер, чья звезда начала восходить в 1930 году, занял место своего более скромного коллеги.

Подпольный аппарат — нелегальная коммунистическая сеть — в Соединенных Штатах был организован по международному образцу. Его операции нередко проходили параллельно с операциями советского аппарата, например в части фальшивых паспортов, тайной связи, явок и других процедур. Важные фигуры американского подполья (Д. Петерс, Стив Нельсон, Яков Голос и другие, с которыми мы встретимся позже) часто служили связниками между американским аппаратом и советской шпионской сетью в этой стране.

Несколько сотен людей были вовлечены в работу двух советских разведывательных агентств в течение тридцатилетнего периода. Эта история включала успехи и провалы, напряженную борьбу против американской контрразведки, измены и предательства, чистки и казни, которые проводили в Москве, и смерть в Америке по естественным и другим причинам. Полное описание этой фазы американской истории заняло бы целый том. В этой книге, которая посвящена советскому шпионажу в разных странах, эта история изложена в сжатом виде.

Первой из двух советских спецслужб в Соединенных Штатах появилась ГБ, это было связано с основанием на американской почве первого большого советского коммерческого предприятия. В 1924 году Арманд Хаммер и Концессионная комиссия, за которой стоял Дзержинский, основали торговую организацию «Амторг» на вполне законных основаниях. Она действительно вела довольно активную торговлю, но в то же время служила хорошим прикрытием для нелегальной деятельности. Персонал «Амторга», большинство которого составляли американские граждане, должен был находиться под наблюдением, потому что включал большое число некоммунистических элементов. В обязанности ГБ входила также слежка за некоммунистическими русскими эмигрантскими группами и сбор информации о них.

До 1927—1928 годов ГБ работала в Соединенных Штатах в ограниченных масштабах и главным образом с местным американским персоналом. Первым резидентом был человек по фамилии Шацкий, чьей задачей было информировать об отношении Вашингтона к Советскому Союзу и обеспечить помощь в получении дипломатического признания. Шацкий работал как сотрудник «Амторга» и добился известных результатов, хотя признание к нему пришло лишь несколько лет спустя. Он вернулся в Россию в 1928 году и получил благодарность за работу. Некоторое время после возвращения Шацкого из Соединенных Штатов в Северную Америку не могли послать другого резидента.

ГРУ главным образом интересовалось американской авиацией, военно-морскими делами, вооружением и промышленными патентами. Альфред Тильтон[1], латыш и коммунист, и Лидия Шталь были в числе первых агентов в Соединенных Штатах. Они оба работали сначала во Франции, где сумели избежать ареста. Тильтон открыл офис при одной морской компании в деловой части Нью-Йорка и с помощью моряков-коммунистов и профсоюза моряков организовал курьерскую службу. Он также нашел для Лидии Шталь фотоателье, где опытный фотограф делал копии документов. Среди них были чертежи британского военного корабля «Роял Ок», которые пересылались британским агентством из Канады через Вашингтон, — они были похищены на одну ночь и за это время сфотографированы. Похититель так и остался неизвестным.

В 1930 году, после трех лет работы в аппарате в Соединенных Штатах, Тильтон был вызван в Москву. Лидия Шталь отправилась во Францию, где продолжала работать как агент советской военной разведки.

Преемник Тильтона Николас Дозенберг тоже был латвийским эмигрантом. Когда в Соединенных Штатах была создана коммунистическая партия, ему исполнилось око-

---

[1] Он же Джозеф Пекуит Паке и Мартин.

ло сорока лет. Он вступил в нее и в течение 1929 года работал в ее центральном комитете в качестве технического работника. Дозенберг не был ни писателем, ни теоретиком, ни политическим лидером, но зарекомендовал себя как ярый приверженец партии.

В 1927 году Дозенберг был завербован советской военной разведкой. Первые задания, полученные им от его новых боссов, не были трудными. В 1929 году его вызвали в Москву, где он был принят Яном Берзиным. В начале тридцатых годов он работал главным образом в Румынии. Новым прикрытием для советской разведки в Румынии стала Американо-румынская кинокорпорация, которую Дозенберг основал в Соединенных Штатах. Для придания себе престижа он хотел также открыть ее филиал в Бухаресте. Единственным препятствием были 100 тысяч долларов, которых ему не хватало. В период 1930—1932 годов московские резервы иностранной валюты уменьшились до критически низкой отметки, и только предприятия, имеющие высший приоритет, могли получить необходимые средства.

В своих усилиях решить проблему основания этой кинокомпании советская разведка пустилась в одну из самых рискованных и неразумных авантюр — подделку американской валюты. В отличие от множества историй об использовании Советами фальшивых денег, большинство из которых преувеличены или выдуманы, дело Дозенберга было доказано и задокументировано. На судебном процессе, который положил конец всему этому, многие свидетели говорили о деталях дела, что через десять лет подтвердил сам Дозенберг.

Революционное правительство не может быть стеснено в своих действиях соображениями морали, легальности или благопристойности. Но советское правительство пошло дальше и, отвергнув все соображения законности и приличия, стало на путь фальшивомонетчиков. Выпуск фальшивых денег правительством имеет смысл только в том случае, если это делается в больших размерах, когда выбрасываются на рынок сотни миллионов долларов, марок или иен. Но операции такого размера неизбежно будут вскрыты полицией, и фальшивомонетчикам грозит международный скандал, который принесет им непоправимый политический ущерб. С другой стороны, более скромная операция не покроет потребностей правительства крупной страны.

Однако в военное время, когда правительство не боится вызвать негодование вражеской стороны, ситуация меняется. Например, германское правительство во время Второй мировой войны печатало в значительных количествах британские и американские деньги, которые использовались для шпионских целей. Наиболее известным является случай с германским шпионом по кличке Цицерон, который служил камердинером в британском посольстве в Анкаре и систематически похищал оттуда секретные документы. И 300 тысяч фунтов стерлингов, уплаченные германским правительством Цицерону, оказались фальшивыми. ~~Немецкий~~ журналист Эберхард Фровейн сказал, что гестапо напечатало во время войны 140 миллионов фунтов стерлингов на специальной фабрике, построенной в концентрационном лагере недалеко от Берлина, но столкнулось с трудностями при попытке ввести их в оборот.

Дозенберг, который нуждался в американской валюте, получил приказ узнать секреты изготовления долларов и сообщить их аппарату. И производство американских денег началось. Первые стодолларовые купюры были посланы группой Дозенберга на Кубу и в Латинскую Америку, где и пошли в оборот. Некоторое количество было обменено и в самих Соединенных Штатах.

В конце концов Дозенбергу сообщили, что 100 тысяч долларов в фальшивых купюрах будет переправлено в Нью-Йорк. В то же время ему приказали сделать так, чтобы коммунистическая партия осталась в стороне.

Дозенберг обратился к своему другу Валентину Буртану. Русский по происхождению, доктор Буртан, процветающий нью-йоркский врач, общительный и приятный мужчина, любил приключения и рискованные предприятия. Буртан принадлежал к диссидентской коммунистической оппозиции, хотя и не пользовался ее полным доверием. Дозенберг назначил его вице-президентом своей Американо-румынской кинокорпорации.

Среди пациентов доктора Буртана был немецкий авантюрист, носивший громкую германскую фамилию фон Бюлов. Бывший германский офицер без постоянных занятий промышлял торговлей оружием в Латинской Америке. В политическом отношении он тяготел к нацистам, что в 1932 году не причиняло столько беспокойства, как потом. Доктор Буртан, который часто помогал фон Бюлову выходить из финансовых затруднений, уговорил его принять участие в операции с фальшивыми деньгами и обещал в случае удачи неплохую прибыль. Фон Бюлов знал легкий путь решения задачи — министр финансов Гватемалы был его другом и смог бы помочь, хотя и не без соответствующего вознаграждения. В банке Гватемалы, по словам фон Бюлова, всегда был некоторый резерв американской валюты, и министру надо только подменить их на фальшивые банкноты. А через некоторое время, может быть через много лет, когда гватемальское казначейство пустит фальшивые деньги в оборот, никто не докопается до их источника.

Последовал оживленный обмен телеграммами между Нью-Йорком и Гватемалой. И вдруг переговоры прекратились, гватемальский вариант не получился. Буртан и фон Бюлов попробовали другой способ. Частный детектив из Чикаго по имени Смайли, знакомый фон Бюлова, довольно сомнительный тип, дал согласие участвовать в этой авантюре и привлечь к ней несколько людей из преступного чикагского мира. Он выдал каждому некоторое количество фальшивых банкнотов и обещал им щедрое вознаграждение. Но через короткое время один из этих помощников был схвачен чикагской полицией и открыл имена других участников. Во время расследования фон Бюлов помогал обвинению и на судебном процессе в Чикаго, который проходил в мае 1934 года, выступал в качестве свидетеля против своего друга. Однако доктор

Буртан остался верен Дозенбергу и своему агентству и отказался назвать источник поступления фальшивых денег, более того, он не сказал, что они предназначены для шпионских целей. Таким образом, политическая сторона дела оказалась скрытой. Буртан был приговорен двадцать пятого мая 1934 года к пятнадцати годам заключения и штрафу в 10 тысяч долларов. Он провел в тюрьме десять лет.

Дозенбергу, которому так и не было предъявлено обвинений, удалось уехать в Германию и Румынию, где шла ожесточенная битва между агентурой и контрразведкой. Все это случилось в начале тридцатых годов. А позже он был послан в Тяньцзин с миссией военной разведки. К 1939 году он разочаровался в коммунизме и вернулся из Москвы в Соединенные Штаты. Там его обвинили в том, что он делал фальшивые пометки в паспорте, и он провел год в тюрьме. После освобождения он сменил имя и канул в безвестность.

ГЕНЕРАЛ КЛЕБЕР И ЭРА «АМТОРГА»

Советский шпионаж в Соединенных Штатах набирал силу с начала тридцатых годов. Примерно в это время ГБ и ГРУ основали свои сети, агенты Коминтерна приходили и уходили, фальшивые паспорта и работа для прикрытия были в изобилии, а значительное число американских коммунистов было готово вступить в святой для них аппарат русского коммунизма. Только немногие из резидентов военной разведки, посланных в Соединенные Штаты, были заметными фигурами, наиболее способные агенты, число которых всегда было ограничено, требовались в более ответственных местах. Одним из резидентов в Соединенных Штатах в 1930—1931 годах был бывший офицер-танкист Красной Армии Герберт, недалекий бюрократ. Другим был Александр Уланов (Вальтер), бывший эсер, который тоже не отличался большим умом.

Ведущим резидентом в начале тридцатых годов был Марк Зильберт[1], один из выдающихся шефов советской военной разведки в Соединенных Штатах, который достиг мировой известности во время испанской войны, где, приняв имя одного из наполеоновских генералов, Жан-Батиста Клебера, командовал армией республиканцев. В апреле 1937 года, в разгар террора, Зильберт был отозван в Москву, арестован и казнен вместе с большим числом других командиров Красной Армии.

Несмотря на свои способности и ум, Зильберт не добился особых успехов в Соединенных Штатах. Одним из его многочисленных помощников был бывший конструктор инженерной корпорации «Арма» Соломон Кантор. Корпорация «Арма» выполняла конфиденциальные заказы военно-морского флота, и ее работники давали подписку о сохранении секретности. Оставив работу в корпорации, Кантор обратился в поисках источника информации к своему старому другу Уильяму Дишу, который работал там проектировщиком, и установил контакт между ним и Зильбертом. В своих переговорах с Дишем Зильберт взял себе псевдоним Херб, который звучал так же по-немецки, как и Диш, чем он как бы намекал на свои правые взгляды по поводу германских политических дел. Зильберт-Херб сказал Дишу, что ему, разумеется, за вознаграждение требуется информация для частной промышленной фирмы — он якобы хотел обойти конкурентов. Мистер Херб и Диш регулярно встречались в течение полугода, и американский инженер снабжал советского агента секретными документами.

Перед своей второй встречей с Хербом Диш доложил своим руководителям о контактах с Зильбертом, и президент корпорации информировал военно-морскую контрразведку. Она посоветовала Дишу продолжать встречаться с Зильбертом и проинструктировала его, какие материалы он может передавать советскому шпиону — они были устаревшими или поддельными.

---

[1] Он же Мойша Штерн, Херб, Котасский, генерал Клебер.

Агенты контрразведки Соединенных Штатов следовали за Дишем, когда он шел на назначенное место встречи и сели в ресторане Шрафта поблизости от них. Диш никогда не передавал документы Зильберту напрямую, он оставлял конверт с ними на столе, и, когда оба уходили, Зильберт забирал его с собой. Каждый раз Диш получал сумму от 100 до 200 долларов.

После нескольких недель наблюдения военно-морская контрразведка передала дело Херба в ФБР. Прежде чем Диш отправился на встречу с Зильбертом, его пригласили в офис ФБР на Лексингтон-авеню, где обыскали. После встречи его снова обыскали, и не осталось никаких сомнений в количестве и качестве денег, которые передал ему советский агент. Деньги остались в ФБР. Перед ФБР теперь встала задача найти, для кого работает Херб. При следующей встрече Диш сказал Хербу, что документы, которые он принес сейчас, должны быть возвращены в тот же вечер, поэтому необходимо, чтобы Зильберт сфотографировал их немедленно. Агент ФБР, который следовал за ним, увидел, что он входит в здание «Амторга».

Прошли месяцы, и все будто бы шло как обычно. Документы, приносимые Дишем, поступали в кабинет генерала Берзина в Москве. У советских военно-морских экспертов не могли не возникнуть сомнения по поводу надежности и ценности информации, и у Зильберта зародились подозрения. И в один из дней он не явился на назначенную встречу. Он так никогда и не появился. Однако его не арестовали.

В других рискованных предприятиях Зильберту повезло больше, чем в шестимесячной тайной битве с американской контрразведкой по поводу морской артиллерии.

Другим членом шпионского аппарата Зильберта был Роберт Гордон Свитц (он же Гарри Дюрей и Авиатор). Обученный сначала на фотографа, чтобы заменить Лидию Шталь, он потом стал пилотом, занимался шпионажем, исследуя военные сооружения и вооруженные силы в Панаме. Достать секретные документы о зоне канала было задачей коммунистической ячейки, которая состояла из военнослужащих и гражданских лиц, работающих там. Авиатор должен был в безопасности доставить похищенные документы в Нью-Йорк.

Субагент Свитца, русская девушка Фрема Керри, представила его своему близкому другу, Роберту Осману. Осман, высокий, худой юноша с кожей лица землистого цвета и меланхоличным взглядом, член Лиги молодых коммунистов, был сыном бедного безработного сапожника, который эмигрировал из России. В то время, когда он встретился со Свитцем, Осман был капралом в армии Соединенных Штатов, размещенной в Панаме. Как клерк в армейском офисе, он должен был перепечатывать разные документы, в том числе и секретные. Таким образом, многие из них, включая планы форта Шерман и укреплений в зоне канала, нашли свой путь в сеть Зильберта в Нью-Йорке.

Письмо из Панамы, в котором были секретные документы, адресованное Герберту Мейерсу в Нью-Йорк, которое по каким-то причинам не могло быть доставлено, вернулось в Панаму, и там его вскрыли в почтовом отделении. Так как в письме были секретные сведения, началось следствие, в результате которого было определено, что письма напечатаны на машинке Османа. Выяснили также, что Осман получил из Нью-Йорка денежный перевод на 400 долларов. Ему предъявили обвинение. Военный суд в августе 1933 года объявил приговор: двадцать лет каторжных работ и штраф в 10 тысяч долларов, а также позорное увольнение из армии.

Однако приговор не был приведен в исполнение. В марте 1934 года по ходатайству адвоката Луиса Вальдмана президент Соединенных Штатов распорядился провести повторное судебное разбирательство. На новом процессе, который состоялся в мае 1934 года, было доказано, что секретные документы в Нью-Йорк послал кто-то другой. О Роберте Свитце, настоящем главе панамской сети, не упоминалось, также осталось неизвестным, кто был его почтовым агентом в Панаме. Оскар, типичная рядовая жертва советской разведки, был оправдан.

Этот новый приговор был победой для способного Вальдмана, но он одновременно явился доказательством того, как мало приспособлен контрразведывательный американский аппарат и американская публика к задаче разоблачения шпионов, которая стала столь актуальной несколько лет спустя.

Торговая корпорация «Амторг» в Нью-Йорке по размерам была сравнима с «Аркосом» в Лондоне и торговым представительством в Берлине. Его начальный капитал составлял 100 тысяч долларов и был предоставлен московским Банком внешней торговли, который стал совладельцем «Амторга». Как и другие родственные компании, «Амторг» был настоящим предприятием, а не просто прикрытием, его торговые операции стали источником его силы и влияния. В некоторые годы его оборот достигал сотен миллионов долларов. Многие американские промышленные, финансовые и торговые интересы зависели от стабильности и процветания этого советского предприятия. Тот факт, что «Амторг» был и в самом деле прибыльным торговым предприятием, делал его вдвойне ценным в качестве прикрытия для операций советской разведки, потому что шпионские связи «Амторга», если бы их раскрыли, составляли ничтожную долю по сравнению с его крупными делами в области экономики.

Иногда проникнуть в промышленные секреты было нелегко, особенно в тех областях производства, которые считались стратегическими. В таких случаях на помощь призывалась коммунистическая партия, и это часто помогало. Например, «Амторг» долгое время не мог найти выхода на химическую промышленность. Партия предприняла напряженные усилия, и за два или три года подыскала нужных людей и установила необходимые контакты.

Один из пятнадцати отделов «Амторга» занимался авиацией. Его глава, непременно офицер, выполнял обязанности военного атташе, что и определяло его интересы.

Но в общем «Амторг» был владением скорее ГБ, чем военной разведки. ГБ наблюдала за всем громадным аппаратом «Амторга», вела слежку за служащими и развивала бурную деятельность за стенами этого учреждения.

Время от времени «Амторг» сотрясали политические скандалы, в результате которых вскрывались политические и полицейские функции ГБ в этой стране. Бэзил В. Дедгасс, вице-президент «Амторга», по случаю ухода с работы сделал в июле 1930 года несколько сенсационных заявлений о методах работы этого учреждения. Обвиняя «Амторг» в ведении военной разведки в Соединенных Штатах, он сказал: «Я видел информацию, касающуюся военных и военно-морских сил Соединенных Штатов, которую собирали в «Амторге» и направляли в Россию».

Однако эти и другие шпионские инциденты, связанные с «Амторгом», не оказали глубокого и продолжительного влияния на общественное мнение Соединенных Штатов. Недоверчивые и скептически настроенные, пресса и интеллектуальные круги предпочитали не замечать органических связей между различными событиями.

ГРУ И ГБ В ТРИДЦАТЫЕ ГОДЫ

После инаугурации президента Франклина Д. Рузвельта в январе 1933 года поворот в советско-американских отношениях казался неминуемым. Проблема признания Советского Союза, значение которой несколько преувеличивали как в Соединенных Штатах, так и в Советском Союзе, была близка к решению. Вряд ли официальное признание правительства, которое существовало уже шестнадцать лет, могло что-либо кардинально изменить. В Москве такого признания желали с большим нетерпением, хотя по соображениям престижа советская пресса и официальные лица старались не очень афишировать это.

Но судьба оказалась немилостивой к Кремлю, и в Соединенных Штатах произошли важные события, каждое из которых выросло в серьезное антисоветское дело. Скандал с фальшивыми деньгами выплыл наружу вскоре после выборов и закончился лишь с арестом доктора Буртана в январе 1933 года. Вскоре после этого в Панаме был арестован Роберт Осман. Скандал с «Амторгом» еще был свеж в памяти людей. Однако, несмотря на все это, президент Рузвельт решил продолжать процесс сближения и пригласил в Вашингтон Максима Литвинова.

Для Москвы эти месяцы 1933 года были периодом неопределенности. Стоило ли продолжать шпионскую работу в такой жизненно важный момент? Валентин Маркин, представитель ГБ, способный и преданный коммунист, решился пойти на прием к Молотову и рассказать ему, какие ошибки в работе допустило ГРУ в Соединенных Штатах. И он выиграл битву ГБ против армии, по крайней мере в тех делах, которые касались Америки. Военной разведке приказали лечь на дно и временно заморозить свои операции.

Итак, советская военная разведка в Соединенных Штатах перешла в режим «ожидания». Многие опытные агенты были разосланы в другие части мира: Арвид Якобсон был послан в Финляндию, Джон Шерман — в Японию, Уиттейкер Чэмберс был готов отправиться в Англию, Николас Дозенберг, вместо того чтобы вернуться из Москвы в Соединенные Штаты, отправился в Китай, чета Свитц поехала во Францию, где быстро расширялся советский шпионский аппарат.

С 1933-го по 1935 год Москва воздерживалась от посылки видных работников, чтобы они возглавили военную разведку в Соединенных Штатах. Билл, офицер Красной Армии, приехал туда из России, но его главной задачей была подготовка в Соединенных Штатах «новобранцев» для работы в Англии. Он держался в стороне настолько, что, когда Уиттейкер Чэмберс предложил ему фотокопии документов, составленных Гарри Декстером Уайтом в казначействе Соединенных Штатов, Билл не проявил к ним интереса. Немного позже Генри Джулиан Уодли добыл документы из государственного департамента, Абель Гросс — из бюро стандартов. Чэмберс их сфотографировал, но Билл снова отказался от этих предложений. Как же трудно было принять такое решение офицеру разведки!

В замороженном состоянии находилась только военная разведка, а не ГБ, которая продолжала развиваться и расширяться. «Амторг», как база ГБ, не был заменен вновь открывшимся посольством.

Еще несколько лет после победы, одержанной Маркиным в 1933 году, все разведывательные операции в Соединенных Штатах вела ГБ, хотя Маркин недолго пользовался плодами своего триумфа. В 1934 году он был найден на 52-й улице в Нью-Йорке со страшной раной головы и на следующий день скончался. Потом шеф ИНО в Москве Слуцкий признал, что Маркин был ликвидирован его же аппаратом.

Таким образом, в период начиная с 1934—1935 годов роль ГБ была более важной по сравнению с военной разведкой. Успехи ГБ в этот период объяснялись скорее общим антифашистским климатом, чем талантами ее работников, которые были серыми личностями с низким интеллектуальным уровнем. Вальтеру Гринке (еще один Билл), сменившему Маркина в 1934 году, было около сорока лет. Геде Мессинг описывает его так: «У него был низкий лоб, на который спадали густые прямые рыжевато-светлые волосы. Его выпяченные губы покрывались слюной, когда он говорил. Он немного косил, у него были маленькие, вечно воспаленные глаза серого и постоянно испуганного маленького человека. Он был худым и узкоплечим». Другим резидентом был Борис Базаров, офицер Красной Армии с опытом работы в Берлине, совсем не выдающийся организатор, но с внешностью не столь отталкивающей по сравнению с Гринке. Базаров прибыл в мае 1935 года и оставался в стране до конца 1937 года, когда вернулся в Москву, как раз в то время, чтобы угодить в великую чистку. Под руководством Гринке и Базарова работали многие курьеры, тайные сотрудники, осведомители и фотографы. Другими агентами в этот период были Антон и Борис Берманы, оба русские. О последнем Геде Мессинг, в то время тоже работавший агентом, писал: «Мне очень хотелось понять, что происходит у него в мозгах, если они вообще были, но я так и не смог».

Другим представителем ГБ, работавшим в Соединенных Штатах с 1932 года, был человек с армянским псевдонимом — Гайк Бадалович Овакимян, который пробыл в этой стране необычно долго, почти десять лет. Под его руководством работало множество агентов и субагентов, среди них был Роберт Хаберман, который действовал в Мексике и Соединенных Штатах, Эда Уолланс и Фред Розе, работавшие в Канаде, Аарон Маркович и Адольф Старк, которые изготавливали паспорта, Симон Розенберг, промышленный шпион с 1932-го по 1938 год, Яков Голос, адвокат в департаменте юстиции, поставлявший информацию о документах ФБР, активно работавший в 1937—1938 годах.

В целом Овакимян добился более заметных успехов, чем его предшественники. Он был арестован весной 1941 года. Однако об этом мы расскажем ниже.

Среди высокопоставленных представителей с секретными функциями в Соединенных Штатах был Василий Зарубин, который работал в этой стране с начала тридцатых до середины сороковых годов и считался мастером своего дела. Его жена Елизавета (Элен) была тоже ветераном ГБ. Ее первым заданием в 1929 году была попытка, используя свои довольно сильные женские чары, войти в доверие к Якову Блюмкину в одном из первых дел троцкистов. В то время как подавляющее большинство советских офицеров разведки в 1936—1938 годах были отозваны из-за границы и никогда больше не возвращались на свои почты, чета Зарубиных избежала этого потопа. Активные работники ГБ, они принимали участие в расследовании «предательства» Игнатия Рейса и раскрыли тех участников советского подполья в Соединенных Штатах, кто симпатизировал ему. В качестве награды в январе 1942 года Василий Зарубин был послан в Вашингтон, где получил свой первый легальный «дипломатический» пост третьего секретаря посольства. Несколько позже он был назначен вторым секретарем. Защищенный дипломатическим иммунитетом, он руководил советскими разведывательными операциями в самом начале эры атомного шпионажа. Он вернулся в Москву в августе 1944 года.

Двое других руководителей ГБ были замаскированы под работников русского Красного Креста в Соединенных Штатах. Красный Крест был последним местом, где власти могли бы подозревать существование шпионажа. К несчастью для ГБ, ее дела, которые шли под прикрытием Красного Креста, были раскрыты во всех деталях.

С 1921 года русский Красный Крест возглавлял врач-эмигрант Давид Дубровский, он же Иванов. В 1933 году Яков Штернгласс, который до этого был шефом ГБ в Афганистане, приехал в Соединенные Штаты в качестве «помощника» Дубровского. Используя Красный Крест как прикрытие, Штернгласс, как резидент ИНО, отдавал все свое время работе, чья специфика состояла в похищении корреспонденции определенных лиц. Для этой цели он создал группу специальных агентов, которые следили за домом, дожидались, когда уйдет почтальон, и тут же доставали письма из ящика. Он наладил контакты с младшими служащими «Вестерн юнион», «Коммершиал кэблс» и американской радиокорпорации, чтобы перехватывать телеграммы и радиограммы, которые его интересовали.

Зная об операциях своего «помощника» и понимая, как это может сказаться на работе Красного Креста, летом 1934 года доктор Дубровский поехал в Москву, чтобы обсудить этот вопрос. Позже он передал работнику советского посольства в Вашингтоне Борису Свирскому ряд документов, посвященных деятельности Штернгласса, предлагал посольству посмотреть банковский счет Штернгласса и проверить его расходы, которые были непропорционально велики по сравнению с месячной заработной платой в 170 долларов. «Не стоит и говорить, — заявил Дубровский перед Комиссией по расследованию антиамериканской деятельности, — что ни русское посольство, ни генеральный консул ничего не сделали в этом вопросе. Полномочные представители советского правительства были бессильны и не могли вмешиваться в «специальную» деятельность агента ГРУ».

Более важным лицом по сравнению со Штернглассом был доктор Григорий Рабинович (он же Джон Рич), врач, который под видом работника Красного Креста был прислан в Соединенные Штаты в самый разгар чистки с заданием выявить троцкистов и организовать убийство самого Льва Троцкого. В помощь Рабиновичу Коммунистической партией Соединенных Штатов был назначен Луис Буденц. Признания Буденца в его книге «Моя история» и его показания на Комиссии по расследованию антиамериканской деятельности одиннадцатого ноября 1950 года вскрыли одну из самых трагических страниц в истории ГБ. Однако рассказ о Троцком выходит за рамки этой книги.

На более низком уровне по сравнению с официальными советскими лицами на ГБ и ГРУ в 1930 году работало несколько десятков американцев. Подчиняясь строгой дисциплине, они выполняли задания ограниченного характера в отдельных областях. Многие из них даже не знали, на какое агентство они работали, и часто все, что они знали о каком-то деле, ограничивалось только той его частью, которую им поручали.

В предвоенное время три агента из такой подчиненной группы сумели выделиться умом, энергией, преданностью и решительностью: Джордж Минк, Яков Голос и Дж. Петерс.

Джордж Минк (он же Сорменти и Джордж Хирш) был известен высокомерием, жестокостью и хвастливостью. Он родился в России, работал водителем такси в Филадельфии и никогда не имел ничего общего с морским делом, когда по совету Москвы Коммунистическая партия Соединенных Штатов помогла ему стать председателем профсоюза моряков. В середине двадцатых годов морские профсоюзы Европы, Америки и Дальнего Востока были объектом особого внимания Коминтерна.

Минк был рекомендован на этот пост своим близким родственником, Соломоном Лозовским, который в то время был руководителем Профинтерна. Это назначение, пришедшее прямо из России, сделало его независимым от американских коммунистических боссов, а его близкое сотрудничество с ГБ во многих подпольных операциях удовлетворяло его почти патологическую страсть играть важные роли.

С 1928-го по 1932 год Минк сочетал профсоюзную деятельность со службой на ГБ. Среди его подвигов было убийство в Гамбурге Ганса Виссингера, коммуниста, который не подчинился приказу отправиться в Россию. Ян Вальтин рассказывал:

«Позже в тот день я встретил Джорджа Минка — тот приехал на международный съезд моряков. Пьяный Минк сидел в ближайшем ресторане в окружении стайки девушек-стенографисток и пел. Я обратился к Минку с вопросом: «Вы знали Виссингера?» Он резко ответил: «А что?» — «Возможно, он не виноват, — сказал я, — возможно, вы совершили ошибку». Минк дал мне стандартный для ГПУ ответ: «Мы никогда не совершаем ошибок! Мы никогда не наказываем невиновных!»

ГБ оценила этого необычного гангстера, который не останавливался ни перед чем. Минк оставил профсоюз моряков и стал представителем ГБ за границей, он много разъезжал и не раз посещал Москву.

В 1934 году Минка послали в Копенгаген. В 1935 году его арестовали в отеле за попытку изнасиловать горничную. При нем нашли коды, адреса и фальшивые паспорта. В ходе расследования полиция арестовала также Леона

Джозефсона, американского коммуниста и агента ГБ и других. Все они были обвинены в шпионаже, подготовке покушения на Гитлера и тайных связях с немецкими коммунистами. Минк отсидел срок в восемнадцать месяцев и после освобождения уехал в Москву.

В Москве ему пришлось давать объяснения по поводу этого дела. И снова он сумел выкрутиться. Он сказал, что совершил ошибку, связавшись с женщиной, агентом гестапо, которая выдала всю шпионскую сеть датским и германским властям. Минк взял на себя вину и был помилован.

В 1936 году ГБ снова посылает Минка в Соединенные Штаты, разумеется, с фальшивыми документами. На этот раз он развернул широкую террористическую деятельность. В России полным ходом шла чистка, и следовало также наказать отщепенцев за рубежом. Этим и занимался Минк в Соединенных Штатах. В 1937 году его послали в Испанию вести наблюдение за бригадой Линкольна. «Я встретил Джорджа Минка, — писал Листон Лук, бывший коммунистический издатель, — он хвастался своим участием в создании испанской разведки и предлагал мне следить за ненадежными добровольцами, например такими, как члены Британской независимой трудовой партии и Американской социалистической партии». Вильям Маккуистион, близкий друг Минка до 1936 года, рассказывал после, что присутствовал при том, как два человека из ГБ, Джордж Минк и Тони Дельмайо, убили двух членов бригады, потому что те задумали сбежать из Испании или были замечены в уклонизме — свидетели не могли точно сказать.

Вскоре после этого Минк появился в Мексике, судя по некоторым слухам, в связи с подготовкой покушения на Льва Троцкого. По поводу активности Минка в Мексике другой бывший коммунист, Морис Малкин, говорил: «Мексиканский троцкист узнал его, и он исчез из виду. Я не знаю, что случилось. Но знаю, что многие добровольцы, которые вернулись из Испании, не прочь были бы посчитаться с Джорджем Минком. Он нес ответственность за то, что многие американцы там получили пулю в спину».

С конца 1930 года следы Минка оборвались. Умер ли он своей смертью? Или пал в бою? Вполне возможно, что ГБ сама избавилась от него.

В то время как Минк проявлял активность главным образом в карательной деятельности ГБ, другой выдающийся агент, Яков Голос (настоящая фамилия Разин), работал в области шпионажа. Голос был низеньким, непривлекательным мужчиной, с морщинистым лицом и бесцветными глазами, которые никогда не смотрели прямо на собеседника. Он вступил в Коммунистическую партию США прямо же после ее основания. Внутри партии он принадлежал к той влиятельной группе, которая, как и во всех коммунистических партиях, является близким окружением центральной контрольной комиссии.

В дополнение к этому Голос был доверенным лицом ГБ в США. Натурализованный американец, но русский по рождению, образованию и языку, он имел судимость в России, а значит, был «одним из наших» как для ГБ, так и для Коммунистической партии Соединенных Штатов. В тридцатых годах он руководил туристическим агентством, которое использовалось ГБ для прикрытия. Позже он — тоже для прикрытия — основал почтовую компанию, которая переправляла продовольственные посылки от американских граждан их родственникам в Советском Союзе. Непомерные русские таможенные сборы, доходящие до 100 и даже 150 процентов, приносили немалую выгоду агентству Голоса. Другие действия менее законного характера также прятались под официальной вывеской этой компании, и главным из них был шпионаж. Голос с конца тридцатых годов работал под руководством Овакимяна, собирая сведения из правительственных учреждений в Вашингтоне. Он продолжал эту работу и после ареста Овакимяна весной 1941 года. Он также принимал участие в подготовке ликвидации Льва Троцкого в Мексике. Среди его работников и учеников был Юлиус Розенберг, а также Абе Бротман, который, как и Розенберг, позже был обвинен в шпионаже.

Жизнь и работа Якова Голоса, умершего в 1943 году, описана Элизабет Бентли, его близкой подругой последних его лет, в книге «Из рабства». Несмотря на некоторые неточности автора, книга представляет интерес, потому что в ней представлена эволюция советского секретного агента, самой Элизабет Бентли, от школьных дней до подполья, разочарование, предательство и сенсационные разоблачения. В ней рассказывается, как молодая убежденная антифашистка пришла в коммунистическую партию, как она выполняла первое партийное задание, впервые встретилась с русской военной разведкой. В 1937 году Джульет Стюарт Пойнтц, тайный агент ГРУ в Соединенных Штатах, заметила мисс Бентли, и вскоре Джозеф Экхардт, тоже из ГРУ, установил с ней контакт. Однако в то время ей не давали задания. Потом Марсель, старый работник советского подполья, снова внимательно изучил ее, но и тогда не было сделано никаких решительных шагов. Наконец, Яков Голос взял ее к себе на службу.

Мисс Бентли стала важным курьером. Она регулярно приезжала в Вашингтон, чтобы забрать сообщения и микрофильмы документов для Голоса, который затем переправлял их в Москву. После смерти Голоса в 1943 году мисс Бентли взяла на себя часть его функций в советской сети шпионажа. Когда Анатолий Громов, новый первый секретарь советского посольства, принял на себя руководство разведкой, мисс Бентли была награждена орденом Красной Звезды за ее службу советскому делу.

Несмотря на многочисленные похвалы, которые она получала от своих советских хозяев, и свое особое положение, мисс Бентли все больше и больше разочаровывалась как в советском аппарате, так и в американском коммунистическом руководстве. После долгой внутренней борьбы она пошла в отделение ФБР в Нью-Хейвен, штат Коннектикут, и рассказала там всю свою историю. Это случилось в августе 1945 года, за несколько дней до перемирия в Тихом океане и раскрытия шпионской сети в Канаде. Более года она тайно сотрудничала с ФБР, помогая раскрыть советское подполье в Соединенных Штатах. Однако только в 1948 году ее история была предана гласности.

Третьим секретным советско-американским работником ГБ был неутомимый Дж. Петерс[1], выдающийся организатор, человек со многими вымышленными именами и многими тайными связями, который оставался на своем посту в Америке с 1933-го по 1941 год.

Венгр по рождению, издатель и писатель, преданный сторонник русского руководства и видная фигура в американском коммунистическом движении, он был правой рукой резидента Коминтерна Герхарда Эйслера. Если требовались люди, он находил их, изготовление фальшивых паспортов было для него вроде хобби, он знал множество способов добывания денег. Когда возникла необходимость проникнуть в атомные секреты, Петерс сумел с большим риском для себя добыть нужную информацию. Несмотря на то что он был лидером коммунистического подполья и не являлся агентом советской военной разведки, его услуги советскому шпионажу были подчас гораздо ценнее, чем работа десятков шпионов. Брат Петерса, Эммерих, был служащим советских учреждений в этой стране («Амторг» и комиссия по закупкам).

Уиттейкер Чэмберс, имея в виду только тех людей, которых он знал лично, определял число государственных служащих, вовлеченных в советский шпионаж, в 1936—1938 годах в семьдесят пять человек. Из них наиболее важными и известными были Алджер Хисс, Гарри Декстер Уайт, Лаучлин Карри, Френк Коэ, Лоуренс

---

[1] Он же Александр Стивенс, Гольдбергер, Сильвер, Исидор Бурштейн, Стив Лапин, Стив Миллер.

Дуган, Гарольд Уэйр и Натан Грегори Силвермастер. Особый интерес для советского аппарата представлял Абрахам Глассер, ответственный чиновник министерства юстиции в 1937—1939 годах.

БОЛЬШАЯ ЧИСТКА

Из-за особого интереса правительства Соединенных Штатов к тихоокеанским проблемам, в первую очередь к Китаю и Японии, Америка представлялась хорошим местом для наблюдения за ходом событий на Дальнем Востоке. Важность шпионажа в этой области возросла, когда ухудшились советско-японские отношения и пограничные инциденты достигли размеров необъявленной войны. Среди наиболее значимых источников информации для советской разведки на Дальнем Востоке был Институт исследования района Тихого океана, на первый взгляд беспристрастная и независимая организация. Институт получал существенную материальную поддержку от крупных американских фондов и от некоторых региональных правительств. В нем работали видные политические деятели и писатели, настроенные явно антияпонски, и это служило как бы мостом к просоветским убеждениям. Среди них были Эдвард Картер, Уильям Лью Холанд и Оуэн Леттимор. Среди этих ведущих сотрудников был только один видный коммунист — Фредерик Вандербильт Филд. Институт оказывал большое политическое влияние на американское общественное мнение, которое было плохо информировано об азиатских проблемах. Однако гораздо более важным было то, что институт имел тесные связи с дальневосточным отделом государственного департамента, и имевшаяся там информация попадала в советские разведывательные агентства и прежде всего в ГРУ.

Советский военный атташе и его помощники создали аппарат для сбора военной информации. Пользуясь легальными и техническими возможностями посольства и при поддержке развитого подполья, советская военная разведка могла бы достичь многого, если бы в 1936 году не началась большая чистка, которая поглотила большинство офицеров русской разведки, так же как и их американских помощников. (По данным государственного департамента, официальный штат советского военного атташе в Вашингтоне, состоящий в 1934—1936 годах из четырех офицеров, в 1937 году уменьшился до трех, в 1938 году — до двух, в первой половине 1939 года — до одного, а во второй половине того же года — ни одного.)

Одним из наиболее важных приобретений советской военной разведки в эти годы была Джульет Стюарт Пойнтц. Ее прямая служба на советскую разведку продолжалась менее трех лет. Высокая, полноватая и чем-то похожая на мужчину, хотя и интересная, приятная на вид женщина, она вступила в партию в середине тридцатых годов. В 1934 году ей предложили стать агентом советской военной разведки. Согласно установленному порядку, она вышла из партии и вскоре была отправлена в Москву для обучения. По возвращении в Соединенные Штаты она приобрела себе комфортабельный дом в Нью-Йорке, и ее первой задачей была вербовка новых агентов. Она принимала высокопоставленных людей, приезжающих из Москвы, предлагала им кандидатов, устраивала встречи. Разного рода контакты, ленчи, обеды в роскошных ресторанах — все это со стороны выглядело очень захватывающе, а по существу оказалось скучным делом.

Прошло немного времени, и Джульет Пойнтц со своим коммунистическим опытом, приобретенным как дома, так и в России, начала испытывать колебания в своей вере. Ее сомнения усилились, когда она узнала о судьбах уклонистов в России и о судебных процессах над «предателями». К концу 1936 года она полностью разочаровалась и начала писать книгу мемуаров. Этот факт не остался в секрете от ее друзей и руководителей.

В один из весенних дней 1937 года Джульет Пойнтц, не надев ни пальто, ни шляпы, вышла из своего дома и исчезла навсегда. Ни ее друзья, ни полиция не смогли узнать никаких подробностей ее исчезновения. Она была похищена и отправлена в Москву или убита и тайно похоронена. Некоторые подозревали Джорджа Минка, другие считали, что к этому делу приложил руку Шахно Эпштейн, человек ГБ и близкий друг Джульет Пойнтц. Но все это всего лишь догадки. Может быть, прибыла «мобильная бригада» из-за границы, ликвидировала мисс Пойнтц, а потом, согласно правилам ГБ, спешно покинула страну[1].

Джульет Пойнтц была одной из случайных жертв большой чистки, другие важные агенты, такие, как Быков, Экхардт и Марсель, были отозваны в Россию. Многие выбирали рискованный путь и оставляли советскую службу.

Измена Чэмберса в 1938 году, чьи идеологические расхождения с коммунизмом начались задолго до того, как он решил стать перебежчиком, стала большой потерей для аппарата. Чэмберс выполнял множество сложных заданий, он же вместе с Джоном Шерманом и Михаилом Либером основал Американский союз литераторов, который на самом деле был филиалом советской военной разведки и служил прикрытием для входящих в него «писателей».

Более важным шпионским делом Чэмберса, проведенным под наблюдением Бориса Быкова, была вербовка ряда правительственных чиновников, от которых он получал информацию. Когда Чэмберс после шести лет работы отошел от дел, он знал очень много секретов и понимал, какая опасность ему грозит в случае измены.

Как только агент переходит на другую сторону, встает несколько вопросов. Как будет вести себя противоположная сторона? Заговорит ли перебежчик или нет? А если заговорит, то как много он скажет? Чэмберс пре-

---

[1] Александр Орлов сообщает: «Решение о «наказании» за границей было рискованным делом и принималось лично Сталиным. Если он приказывал сделать это, то посылалась «мобильная бригада». Поручать акцию местным агентам было слишком опасно, потому что они могли заговорить».

красно понимал главный принцип: изменник не может быть спокоен за свою жизнь. Он знал об участи Игнатия Рейса, Джульет Стюарт Пойнтц и многих других, которые пытались стать перебежчиками. Но он знал и о других, которым удалось выйти из игры. Многие предпочитали молчание, но это редко спасало. Когда Игнатий Рейс был убит в Швейцарии в сентябре 1937 года, Лев Троцкий сделал ряд выводов, которые он представил в статье «Трагические уроки», общий смысл которой сводился к следующему: лучшей мерой предосторожности против наемных убийц Сталина является полная гласность.

Колеблющийся и неуверенный, Чэмберс пришел к Джею Лавстону за советом. Будучи убежденным, что публичное заявление обеспечит большую степень безопасности, чем просто исчезновение и молчание, Лавстон предложил устроить в своем офисе пресс-конференцию, на которой бывший советский агент рассказал бы всю историю советского шпионажа в Соединенных Штатах. Но Чэмберс ушел, так и не решившись, а потом упорно избегал встреч с Лавстоном.

Колебания преследовали Чэмберса десять лет. Целый год, как он признался потом, он жил, скрываясь, «спал днем, а ночью бодрствовал с винтовкой или револьвером в руках, отзываясь на каждый шорох». Он готов был рассказать все, но боялся за свою семью и самого себя. Потом он выбрал путь компромисса: открыть лишь часть своей истории, но не публично. В результате оказалось, что компромисс в подобных случаях не является лучшим решением.

Более года прошло после того, как Чэмберс оставил службу в советской разведке, прежде чем он смог увидеться с помощником государственного секретаря Адольфом Берлем. Чэмберс приехал в Вашингтон с намерением рассказать свою историю президенту Рузвельту, но его секретарь Мартин Макинтайр передал это дело Берлю, который отвечал за безопасность. Чэмберс не все рассказал Берлю. Он сделал упор на связях коммунистов с определенными официальными лицами, но не стал раскрывать советское участие в шпионской деятельности, за исключением нескольких попыток раздобыть данные о военных кораблях. Он назвал Берлю ряд имен и выделил среди них, как наиболее активных и важных агентов, Гарри Декстера Уиллоу и Абрахама Джорджа Силвермана, но просил, чтобы о них не сообщали в ФБР. В общем, Чэмберс сделал только намеки, в то время как люди, имена которых он назвал в качестве коммунистов и прокоммунистов, имели прекрасные послужные списки в правительстве.

Берль не стал докладывать о Чэмберсе президенту, но обсудил вопрос с Макинтайром, а тот сообщил о деле Рузвельту. Ни сам Берль, ни Рузвельт не предприняли никаких действий. Берль не обратился ни в ФБР, ни к офицерам службы безопасности государственного департамента. И дело было отложено на долгое время.

Прошло еще более двух лет, прежде чем Чэмберс рассказал половину своей истории ФБР. И снова ничего не произошло. Коммунисты в правительственных учреждениях так и остались на своих постах, некоторые из них продвинулись по службе, продолжая поставлять информацию советской разведке. И только когда закончилась война и обстановка полностью изменилась, органы безопасности Соединенных Штатов начали тщательное расследование.

Незадолго до измены Чэмберса Джон Шерман, второе лицо в подпольном трио Чэмберс—Шерман—Либер, недовольный и перепуганный, оставил при помощи Чэмберса советскую тайною службу и появился в Калифорнии как рядовой член легальной коммунистической партии. Советский аппарат молча и неохотно принял независимый поступок Шермана. Так закончилась карьера этого одаренного и многообещающего советского агента.

Последний член трио, Максим Либер, остался верен своим советским хозяевам и после чистки. Он был литературным агентом многих известных писателей, среди которых был Эрскин Колдуэлл. Одним из его клиентов был Лев Троцкий. Это выглядит парадоксально: когда Сталин заключал в тюрьмы и уничтожал троцкистов, один из его людей устраивал статьи Троцкого в наиболее популярные американские журналы. Ясно, что Либер делал все это с согласия своего начальства, потому что профессиональные связи с Троцким служили ему отличным прикрытием. Однако, когда настал пик чистки, шефы Либера, которые сами дрожали за свои жизни, приказали ему оставить своего знаменитого клиента.

Для Либера было не так просто выпутаться из этого дела. И он начал самым неуклюжим способом саботировать свою работу. Он срывал переговоры с издателями, скрывался от самого Троцкого, и в конце концов тот отказался от услуг Либера. В апреле того же года Комитет по защите Льва Троцкого в Нью-Йорке, который готовил документы для предполагаемого процесса с целью оправдания коммунистического бунтаря, попросил Либера от имени Троцкого дать возможность ознакомиться с перепиской между автором и его агентом. Либер информировал комитет, что он уничтожил переписку. На самом деле он передал ее советским разведывательным органам.

Примерно в то же время внезапно произошло еще одно неприятное событие — арест Михаила Горина, советского гражданина и агента военной разведки, который служил в «Амторге», а в 1936 году был переведен в Лос-Анджелес под видом менеджера Интуриста. Горин не пользовался преимуществами дипломатического иммунитета. Его история только подтверждает всю беззащитность советских резидентов в Соединенных Штатах в те времена.

Одним из успешных действий Горина в Лос-Анджелесе была вербовка офицера секретной службы Соединенных Штатов Хафиза Салеха, который по своей работе обладал секретной информацией о Японии. Горин, с рекомендательным письмом от советского вице-консула, прибыл к Салеху с предложением о «сотрудничестве». Салех отказался, но у него были родственники в России, и, когда Горин стал упоминать о них, ситуация сразу же изменилась. Салех начал снабжать Горина секретными документами, в основном о разведке в Японии и военно-морском флоте. Он передал в общей сложности шестьдесят два американских секретных документа и получил за это 1700 долларов.

Это сотрудничество могло продолжаться и дальше, если бы Горин не нарушил правила поведения секретного агента. Через три года он был жестоко наказан за непростительную ошибку. Человек, которому он отдал почистить свой костюм, обнаружил бумаги в его карманах. Они явно принадлежали разведке Соединенных Штатов. Когда Горин и Салех были арестованы, советское посольство в Вашингтоне встревожилось: не было ли это преднамеренной «ошибкой» Горина? ГБ взялась за дело Горина. Надо было освободить его из тюрьмы как можно скорее и отправить его, если это возможно, обратно в Россию. Более суровые меры могли подождать.

Горин после ареста потребовал разрешения позвонить из Лос-Анджелеса в посольство и получил его. Когда он дозвонился до Константина Уманского, тогдашнего действующего посла, он попросил «инструкций» (еще одно нарушение правил — шпион, пойманный за руку, не может спрашивать посольство об указаниях, как себя вести дальше). Уманский отправил на самолете советского вице-консула Михаила Иванушкина (на самом деле человека из ГБ) из Нью-Йорка в Лос-Анджелес, а сам поехал в государственный департамент, чтобы встретиться с государственным секретарем Самнером Уоллесом. Уманский перешел в наступление — это был характерный способ поведения, когда официальное советское лицо попадалось на шпионаже, — и резко возражал против ареста. Он требовал объяснений, почему Горина заставили говорить с советским послом по-английски. В целом он протестовал против «самовольных и противозаконных действий полиции».

Потом Уманский потребовал от Лоя Гендерсона из европейского отдела государственного департамента разрешения для представителя посольства на встречу с арестованным Гориным. Разрешение было дано.

Иванушкин прибыл в Лос-Анджелес и, естественно, испугался, что Горин «заговорит» с американскими властями. Он отбросил все предосторожности и сказал Горину в присутствии агента ФБР, как ему следует себя вести, если ему предъявят обвинение в шпионаже. «Мы ни в чем не признаемся, — сказал Иванушкин, — и не станем делать никакого заявления в связи с найденными в костюме бумагами».

В течение расследования Уманский нервничал все больше и больше, заявляя все новые и новые протесты государственному департаменту. Десятого марта 1939 года Уманский снова обсуждал дело Горина с Лоем Гендерсоном. Не сумев убедить Гендерсона в том, что американские власти ведут себя неправильно, Уманский сказал буквально следующее: «Мистер Гендерсон, должен вам сообщить, что если окружной прокурор не отзовет дело до окончания следствия, то все это может плохо кончиться».

Теперь дело выглядело так, будто правительство Соединенных Штатов должно было принести свои извинения советскому посольству. Десятого марта Уманский передал в государственный департамент ноту, в которой содержались выражения осуждения и обвинения по поводу дела Горина.

Государственный департамент не принял никаких мер, и дело Горина продолжалось. Горина приговорили к шести, а Салеха — к четырем годам заключения. Более двух лет дело ходило по судам высших инстанций, но все апелляции были отклонены. В январе 1941 года Верховный суд Соединенных Штатов утвердил первоначальный приговор.

Через несколько дней Уманский снова посетил государственный департамент и потребовал, чтобы Горина отпустили и позволили уехать в Россию. Наконец соглашение было достигнуто, и в марте 1941 года государственный департамент и генеральный прокурор порекомендовали суду Лос-Анджелеса «отложить» действие приговора.

Через несколько недель после урегулирования дела Горина в подобный скандал оказался замешан Гайк Овакимян, служащий «Амторга» и агент-ветеран ГБ в Соединенных Штатах. Арестованный в мае 1941 года, он должен был предстать перед судом за нарушение закона о регистрации иностранных граждан. Овакимян, сидя в тюрьме, потребовал для себя дипломатического иммунитета, он заявил, что являлся агентом по закупкам оборонных товаров, но не имел права по политическим причинам заключать существенные сделки. Советское правительство внесло залог размером 25 тысяч долларов. Овакимяна отпустили, а вскоре разрешили выехать в Россию.

Активность разведки возрастала в годы, непосредственно предшествовавшие войне. Особенно бурную деятельность развернули в Соединенных Штатах немецкие и японские агенты. Эдгар Гувер, шеф ФБР, заявил двадцатого июня 1939 года, что его агентство за последние пять лет расследует примерно по тридцать пять шпионских дел в год. В 1939 году подобных дел уже было тысяча шестьсот пятьдесят одно. Объявляя первого сентября 1939 года антишпионскую кампанию в стране, генеральный прокурор Мэрфи заявил: «Не должно быть повторения ситуации 1917 года, когда демократия оказалась неподготовленной к противодействию шпионажу».
В 1939—1940 годах советские разведывательные аппараты в этой стране, почти разрушенные в результате чистки, начали постепенно восстанавливаться. К моменту заключения советско-американского военного союза они достигли прежних размеров. Вспомогательный пер-

сонал военного атташе в Вашингтоне, уменьшенный, как мы видели, в предыдущие годы до немыслимого предела, в 1942 году был увеличен до шести, в 1943 году до семи, а в 1944 году — до девяти человек. В апреле 1941 года генерал Илья Сараев был послан в Вашингтон в качестве военного атташе. Этот пост долгое время оставался вакантным. Новый военный атташе сыграл заметную роль в советской разведывательной работе в Соединенных Штатах.

ГОДЫ БУМА ВО ВРЕМЯ ВОЙНЫ

В годы войны Соединенные Штаты заняли первое место в списке советских источников информации и объектов шпионажа. Информация, которую собирали в Европе как агентства, так и отдельные шпионы, касалась локальных и чисто военных событий, часто и вовсе прерывалась. В Японии осенью 1941 года была разгромлена сеть Зорге. В 1942—1943 годах все взоры были устремлены на Вашингтон. Сотни советских официальных лиц пополняли штаты посольства, закупочных комиссий, консульства и субагентств в Соединенных Штатах и Канаде. И с каждой группой советских работников прибывало несколько человек из спецслужб.

Попытка скоординировать работу была предпринята в конце 1943 года, когда генерал Джон Р. Дин был послан в Москву в качестве главы военной миссии. Одной из целей этой миссии был обмен секретной информацией между советской военной разведкой и американским Управлением стратегических служб (УСС). По словам генерала Дина, он получил инструкции как можно меньше проявлять интерес к сведениям о России. Его шеф, генерал Маршалл, был убежден, что поиски такой информации не только не нужны, но будут раздражать русских и сделают невозможным оперативное сотрудничество.

Американская открытость контрастировала с русской секретностью. В Соединенных Штатах работали тысячи советских представителей, которым было разрешено посещать местные заводы, школы, присутствовать при испытаниях самолетов и другого вооружения. После открытия второго фронта в Италии, а позже во Франции и Германии, русских представителей охотно принимали в полевых штабах союзников и позволяли им наблюдать за всеми операциями по их желанию. Политика США состояла в том, что русские получили доступ к новым изобретениям в электронике и других областях. Каждый месяц генерал Дин получал список секретного американского оборудования, о котором можно было информировать русских, в надежде на то, что если оно могло быть получено, то его можно было бы применить на русском фронте. На это великодушие или по меньшей мере хорошее отношение русские никогда не отвечали взаимностью, а только вели бесконечные споры, переговоры и устраивали всякие задержки.

В декабре 1943 года шеф УСС, генерал-майор Уильям Донован, прибыл в Москву обсуждать несколько наивный проект связи и сотрудничества между двумя разведывательными организациями. В беседах с руководителями советской военной разведки генералами П.М. Фитиным и А.П. Осиповым генерал Донован рассказал о способах засылки агентов на вражескую территорию, о подготовке и оснащении таких агентов. Он описал новые компактные радиостанции, рассказал о пластической взрывчатке и т. д. Было решено, что, когда проект будет окончательно принят, полковник А.Г. Грауер со своим штатом прибудет в Вашингтон, чтобы представлять там советскую военную разведку. Однако в Вашингтоне появились сомнения в том, что советская разведка на американской территории будет держаться в законных рамках, и в марте 1944 года президент Рузвельт аннулировал этот план.

Пока Вашингтон колебался, Москва получила полную информацию другим путем. Дункан Ли, член группы Силвермастера в Вашингтоне, доложил в Москву по тайным каналам, что обмен миссиями между НКВД и УСС стал предметом обсуждения в правительстве Соединенных Штатов. Ли доносил, что все присутствующие на совещании, за исключением адмирала Лейхи, поддержали идею генерала Донована, даже шеф ФБР Эдгар Гувер не высказал никаких возражений[1]. По словам Элизабет Бентли, в Вашингтоне бытовало мнение, что НКВД многие годы крутится вокруг Соединенных Штатов и будет гораздо проще, если русская разведка как-то легализуется.

Это происходило в начале 1944 года, накануне президентских выборов. Легализация советской разведки принесла бы значительные затруднения президенту и правительству, потому что пресса уже начала кампанию против шпионажа в Соединенных Штатах. В конце марта президент телеграммой информировал посольство в Москве о неодобрении плана, указав, что «внутренние политические соображения Соединенных Штатов были доминирующим фактором» при принятии этого решения.

Однако сотрудничество между американской миссией и советской военной разведкой в Москве продолжалось, хотя и на ограниченной основе. Генерал Фитин временами снабжал американцев некоторой скупой и недостоверной информацией, например о неких контактах в Швейцарии и на Балканах, о судьбе американских агентов в Чехословакии, о методах подрывной работы в Германии. Американская помощь России была более существенной и важной. Генерал Дин писал:

«Организация Донована обеспечивала постоянный приток информации для Фитина. Она шла как от исследовательского и аналитического отдела УСС, так и от отдельных полевых агентов. Может быть, самой важной информацией, которую Донован передал русским, была о том, что немцы раскрыли некоторые их шифры. Как правило, мы давали русским гораздо больше информации, чем получали от них».

---

[1] Информация Ли относительно Гувера некорректна. Гувер не присутствовал на этой встрече, а когда узнал о плане, выдвинутом УСС, то направил протест президенту Рузвельту.

Это, по мнению Дина, объяснялось тем, что УСС была более эффективной организацией, чем ее русский аналог. Его объяснение сомнительно, так как молодая УСС едва ли работала более продуктивно, чем громадные и давнишние ГБ и ГРУ. Эта диспропорция объяснялась разным подходом соответствующих правительств к значению, целям и объему сотрудничества.

Поворотной точкой зимой 1942/43 года стал Сталинград, после чего разведывательная работа стала проводиться систематически и с большим размахом. Операции по ленд-лизу к концу войны достигли громадных размеров. Советские миссии в Соединенных Штатах увеличили свои штаты и повсюду получали теплый прием, им было легко встречаться с промышленниками, учеными и инженерами. Новые изобретения обсуждались с советскими представителями, целые заводы с новейшим оборудованием переправлялись в Россию.

Вновь организованная советская закупочная комиссия в Вашингтоне одновременно выполняла задачи по ленд-лизу и разведке. Имея штат более тысячи человек, она установила прямые деловые связи практически с каждым важным промышленным предприятием в этой стране, и все это служило прекрасным прикрытием для разведки. Из России прибыли специалисты в области авиации, артиллерии и подводных лодок, включая видных ученых и военных, имеющих опыт в инженерном деле. Часто приходилось скрывать истинное положение этих экспертов, чтобы не вызывать подозрения у американцев. Некоторые из них работали короткое время в качестве рабочих на заводах.

В доме номер 3355 по 16-й улице в Вашингтоне, на седьмом этаже, за железной дверью, располагался офис «Политбюро закупочной комиссии». В него входили генерал Леонид Руденко, председатель закупочной комиссии Михаил Серов, его заместитель, а в действительности представитель ЦК КПСС, Гусев, глава «Амторга», который имел большой опыт предоставления прикрытия советским агентам, и руководители различных отделов. Секретные коммуникации из России шли сначала в это «Политбюро», с другой стороны, оно имело агентов и информаторов в каждом отделе комиссии. Миссис Арутюнян, невестка одного высокопоставленного лица в Москве, возглавляла «особый отдел», и все секретные документы проходили через ее руки. «Все мы знали, — свидетельствовал Виктор Кравченко на комиссии конгресса, — о функциях этого особого отдела, но никогда не догадывались о том, кто был представителем ГБ в закупочной комиссии».

Как-то в конце 1943-го или в начале 1944 года все служащие закупочной комиссии, кто на самом деле был членом коммунистической партии, были созваны на закрытое собрание, на котором Михаил Серов огласил телеграмму от Микояна. Он предписывал каждому советскому коммунисту, работающему в комиссии, собирать информацию о техническом развитии в Соединенных Штатах, особенно в области военной промышленности. После того как была зачитана телеграмма, каждый член ячейки расписался в том, что он информирован о приказе и приложит все силы, чтобы выполнить его.

Началась настоящая оргия грабежа информации, доставали проекты целых заводов, специальных машин, деталей к ним, фотографии и чертежи, касающиеся производства самолетов, вооружения и подводных лодок, и массу другой информации. Получали перспективные планы развития крупных промышленных предприятий, сотни карт Соединенных Штатов в целом и отдельных штатов, индустриальных районов, мостов, описания железных дорог, автострад и т. д.

Этот способ приобретения промышленных секретов описан Джеком Робертсом, американцем, который работал в качестве переводчика в отделе черных металлов советской закупочной комиссии[1]. Одним из членов этой

---

[1] После нескольких месяцев работы Робертс доложил обо всем ФБР и дальше продолжал работать с этим ведомством.

группы был инженер Нарышкин, высокий, спокойный блондин с острым взглядом. Он бегло говорил по-английски и, очевидно, состоял на службе в ГБ. Куда бы ни прибыла группа, ее глава Веселков в своем рутинном обращении к руководителю предприятия говорил: «Мы для вас не конкуренты, можете показывать нам все» — и намекал на возможные крупные заказы.

Постепенно их вопросы становились все более дотошными. Как бы невзначай извлекались записные книжки, в том числе и маленькая черная книжка самого Веселкова. Особенно их интересовали новое оборудование и технологические процессы, лаборатории и специальные приборы для определения качества металла. Восклицания восхищения и удивления поощряли американцев к дальнейшим рассказам. Вопросы задавались как бы случайно, но если на первый вопрос не следовало ответа, то они задавались снова и снова, но уже в другой форме. Русские также просили дать им образцы руды, копии графиков, данные химических анализов. Они интересовались электроснабжением и промышленным транспортом предприятия.

Перевозка целых гор докладов и документов сама по себе представляла сложную проблему. Существовало четыре основных пути пересылки секретных и полусекретных материалов, включая различные образцы и копии чертежей.

Первый — это запечатанная сумка дипломатического курьера. Но лишь небольшая часть добытого материала могла быть переправлена в таких сумках.

Во втором способе использовался дипломатический паспорт — прекрасный прием для того, чтобы избежать досмотра. Вопреки распространенному мнению, что только дипломаты ездят с дипломатическим паспортом, каждое правительство время от времени выпускает особые паспорта для поездок других лиц, не являющихся дипломатами. Советское правительство широко пользовалось этими возможностями как перед войной, так и во время войны. В Соединенных Штатах множество официальных советских лиц, никоим образом не связанных с дипломатической службой, разъезжали с дипломатическими паспортами и увозили из страны вещи и документы особой важности, не предъявляя их для досмотра. Генерал Беляев из закупочной комиссии увез в Россию целые тома копий чертежей авиационных заводов, машин, деталей и прочего. Семен Власенко, улетая домой, взял с собой пакеты, содержащие важную информацию об американской промышленности. Хорошо известен случай, когда подполковник Мотинов, помощник советского военного атташе в Канаде, улетел в Россию с образцами металлического урана, добытого Аланом Нуном Мэем.

Перевозка морем была третьим способом переправки секретных материалов в Россию. Советские моряки в американских портах не встречали затруднений, забирая с собой на борт поклажу. Более того, в Вашингтоне и Нью-Йорке советским агентствам выдавались экспортные лицензии на вывоз товаров в Россию, они использовались для тех грузов, которые должны были проходить через таможню. Это было очень простым способом отправить груз с фальшивым ярлыком, например радарное оборудование под видом автомобильных моторов и т. д. Якова Ломакина, советского генерального консула в Нью-Йорке, никогда не спрашивали, что за вещи он проносит на борт судна. Был еще интересный прием, когда секретные материалы маскировались среди невинных на вид книг, журналов или каталогов.

Четвертым способом была переправка самолетом. В начале 1942 года был открыт новый авиационный маршрут через Грейт-Фоллс, штат Монтана, до Фербанкса на Аляске. Фербанкс был пунктом, где заканчивалась американская часть этого маршрута, и советские экипажи доставляли пассажиров и грузы в Восточную Сибирь, а потом — Москву. Аэродром в Грейт-Фоллсе стал во время войны важным перевальным пунктом.

Летное поле было построено наспех, без соблюдения американских стандартов, единственным инспектором был Рандольф Харди, который выполнял обязанности как представителя министерства финансов, так и таможенника, причем его офис находился в четырех милях от летного поля. Особый офицер связи, направленный армией Соединенных Штатов в Грейт-Фоллс, получил инструкции всячески содействовать русской миссии. С 1942-го по 1944 год в этой должности служил майор Джордж Р. Джордан.

Наблюдение за пограничными процедурами с советской стороны было возложено на Алексея Анисимова, видного сотрудника ГБ, официально обосновавшегося в Фербанксе. В его распоряжении были сотни советских пилотов. Главной задачей этого подразделения ГБ была, конечно, быстрая и безопасная отправка грузов в Россию, а особые функции сводились к тому, чтобы не допустить досмотра отправок американскими властями.

В Грейт-Фоллс регулярно прилетали самолеты из Москвы с русскими на борту, личность которых майор Джордан не мог определить. «Я видел только, как они спрыгивали с самолета, перелезали через забор и бежали к такси. Похоже, они заранее знали, куда им следует направляться и как туда попасть. Это были идеальные условия для доставки шпионов с фальшивыми документами во время войны и после ее окончания».

В начале 1943 года «черные ящики», сделанные из самого дешевого материала, перевязанные веревками и запечатанные красным сургучом, начали в большом количестве направляться из Грейт-Фоллса в Россию. Эти отправки продолжались до окончания войны.

Отправка грузов под видом личных вещей и дипломатических документов возрастала. Джордан по собственной инициативе однажды вскрыл «черные ящики» и обнаружил в них пачки самых разнообразных материалов, в том числе даже доклады американских военных атташе в Москве своим начальникам.

Поток «дипломатических» грузов достиг таких размеров, что правительство Соединенных Штатов начало, хотя и неохотно, расследовать это дело. Шестого июля 1944 года в государственном департаменте было проведено совещание, на котором были представлены ФБР, цензура, военная разведка и некоторые другие службы. Протоколы совещания показывают, что многие считали, что за передвижением грузов и пассажиров должна следить армия. Однако армия не признала своей ответственности, оправдываясь тем, что строгость в «такое время» нежелательна. Было также отмечено, что таможня, иммиграционная служба, государственный департамент и цензура не имеют понятия о том, что происходит в Грейт-Фоллсе, хотя и несут ответственность за происходящее. Они согласились обмениваться информацией и, если потребуется, ставить в известность другие заинтересованные службы.

Наконец, двадцать восьмого июля 1944 года советское посольство получило меморандум от государственного департамента, в котором указывалось, что только содержимое дипломатических вализ, адресованных Наркоминделу, будет освобождено от досмотра. Советская разведка даже не побеспокоилась менять свои методы. Так, двадцать первого сентября 1944 года офицер службы безопасности в Грейт-Фоллсе докладывал:

«Самолет номер 8643 типа С-47 двадцатого сентября улетел в Россию, с одним пассажиром русской национальности и 3600 фунтами груза, который не был проверен и не мог находиться по своей природе под защитой дипломатического иммунитета.

Считается, что все, что продано России и отправляется туда на самолете, приобретает иммунитет и не должно проверяться. Это совершенно неправильно. Такие отправки из Соединенных Штатов, без их проверки, являются нарушением указа о борьбе со шпионажем и инструкции цензурного комитета».

В общем, ситуация не изменилась, включая некоторое время после окончания войны. В августе—сентябре

1945 года, когда прекратились поставки по ленд-лизу, эра терпимого отношения к широкомасштабному шпионажу подошла к концу.

ПОЛИТИЧЕСКИЙ ШПИОНАЖ

Схема советской военной разведки в Соединенных Штатах во время войны в общих чертах была такова: на самом верху стоял генерал Илья Сараев, военный атташе в Вашингтоне. Его штат, сильно сокращенный в преддверии войны, теперь быстро расширился, прибывали все новые помощники и клерки, приезжали и уезжали курьеры. Размеры работы можно оценить хотя бы по тому факту, что в 1943—1944 годах целых пять специалистов занимались только шифровкой и расшифровкой сообщений.

Группа ГБ, работавшая в Соединенных Штатах в военные годы, тоже была хорошо укомплектована. Резидент ГБ Василий Зарубин, о котором мы уже упоминали, теперь числился третьим секретарем советского посольства. Когда Зарубин летом 1944 года был отозван в Москву, его сменил Анатолий Громов, теперь уже первый секретарь посольства. Осенью 1945 года Громов был разоблачен как руководитель шпионской сети и покинул страну в декабре того же года. Его преемником стал Федор Гаранин.

На более низком уровне работали люди под прикрытием должностей консулов, вице-консулов и членов и служащих разнообразных советских представительств. Некоторые из них имели дипломатический иммунитет, другие, хотя официально и не имели его, находились под защитой своего официального положения. В Нью-Йорке Павел Михайлов, официально являясь вице-консулом, на самом деле был одним из ближайших помощников генерала Сараева, шефа советской военной разведки. (Это именно он организовал новую шпионскую сеть в Канаде.) В 1944 году в консульство в Нью-Йорке приехал Анатолий Яковлев с целью выполнения важного задания в области атомного шпионажа. Григорий Хейфец и Постоев служили разведчиками, числясь в консульстве Лос-Анджелеса, а Петр Иванов вел шпионскую работу, будучи вице-консулом в Сан-Франциско. Множество других людей — секретарей и атташе в посольстве и консульствах — тоже были агентами разведки.

Третий уровень был представлен американцами, которые обеспечивали тайную связь между советским аппаратом и агентами. Эти тайные сотрудники были видными фигурами американского коммунизма, которые посвятили себя службе советской разведке в этой стране. В эту группу входили Петерс, Яков Голос и Стив Нельсон, который впоследствии стал коммунистическим организатором в Калифорнии и главой собственной группы информаторов и агентов.

А на следующем уровне находились незаметные американские коммунисты и беспартийные, которые выступали в роли советских субагентов.

В военные годы число советских агентов и субагентов в этой стране составляло несколько сотен. Полковник Ахмедов, который работал в военной разведке в Москве и сбежал 1942 году, утверждал, что в первые военные годы в Соединенных Штатах действовало самое малое двадцать советских шпионских сетей. Каждый из восьми отделов ГРУ в Москве имел по крайней мере одну легальную и одну нелегальную сеть. Значит, можно было предположить, что существовало не менее восьми легальных и восьми нелегальных сетей на службе разведки Генерального штаба. Что касается НКВД, он имел не менее восьми или девяти сетей[1].

---

[1] Ахмедов так объяснял разницу между легальной и нелегальной сетью: «Обычно советская шпионская организация имела два канала, один их них назывался легальным, что по советским представлениям было сетью, составленной из советских граждан, работающих в разных советских зарубежных организациях или в некоторых советских агентствах, таких, как ТАСС, «Амторг», Министерство иностранных дел и т. д. Эти люди, естественно, имели советские паспорта. Иногда они использовали вымышленные имена, иногда работали под своими на-

Рядовые коммунисты и сочувствующие, находящиеся на правительственной службе в Вашингтоне, продолжали снабжать информацией советскую разведку. Источники, поставлявшие информацию Чэмберсу и Быкову, после измены Чэмберса в 1938 году перешли к другому советскому агенту. Позже информацию от вашингтонских источников собирала Элизабет Бентли. Когда она начала регулярно посещать Вашингтон, она обнаружила, что многие люди Чэмберса горят желанием продолжать свою тайную деятельность, потому что Кремль теперь стал союзником Соединенных Штатов.

В военное время советский шпионский аппарат имел своих людей по крайней мере в следующих службах:

Управление стратегических служб (Дункан Ли, Леонард Минс, Эллен Тенни, Джулиус Джозеф).

Военное ведомство (Уильям Людвиг Улльман).

Военно-воздушные силы (Джордж Силверман).

Государственный департамент, с доступом в секретную телеграфную комнату УСС (Алджер Хисс, Морис Гальперин, Роберт Т. Миллер, Дональд Хисс).

Координационный центр межамериканских отношений (Джозеф Крегг, Бернард Редмонт, Уильям З. Парк).

Министерство юстиции (Норман Барстер).

Министерство финансов (Гарри Декстер Уайт, Грегори Силвермастер, Гарольд Глассер, Соломон Адлер, Соня Голд).

Зарубежная экономическая администрация (Фрэнк Коэ, Алан Розенберг, Лаучлин Карри, Филип Кини, Майкл Гринберг, Бела Голд).

Департамент военной промышленности (Ирвинг Каплан, Виктор Перло, Джон Абт, Эдвард Фитцджеральд, Гарри Макдофф).

стоящими. Это зависело от обстановки и прошлого работника. Они выполняли шпионскую работу под прикрытием своей организации, и такая работа считалась полностью легальной. Под нелегальной подразумевалась сеть агентов, которые по советской терминологии назывались резидентами, и состояла из иностранцев — американских, британских или турецких граждан. Они не нуждались в прикрытии, потому что имели свои паспорта, работали под своим именем и могли свободно передвигаться».

Министерство сельского хозяйства (Гарольд Уэйр, Джон Абт, Натан Уитт, Ли Прессман, Генри Г. Коллинз, Бела Голд).

Управление по ценам (Чарльз Крамер, Виктор Перло).

Министерство торговли (Уильям Ремингтон, Натан Уитт).

Членов этих групп часто переводили из одного правительственного департамента в другой. Некоторые американские агенты проявляли высокую активность, другие были медлительны и осторожны, иных тревожило то обстоятельство, что они работали на иностранную разведку, другие относились к этому спокойно. Наиболее интересными и значительными персонами в вашингтонской группе были Гарри Декстер Уайт, создатель плана Моргентау, майор Уильям Улльман, который по службе имел возможность снабжать аппарат военными планами Соединенных Штатов и докладами ФБР, которые он получал от военной разведки Пентагона, Силверман, у которого была секретная фотолаборатория в подвале его дома, Морис Гальперин из государственного департамента, который доставлял официальные документы, в том числе донесения американского посла из Москвы, Дункан Ли, которые передавал сведения из УСС, Виктор Перло, имевший доступ к информации о производстве самолетов.

Чтобы правильно оценить феномен разветвленной шпионской сети, работающей внутри правительственных органов, следует иметь в виду, что эти ячейки состояли из коммунистов или сочувствующих им людей, чьи интересы скорее лежали в области «высокой политики», чем в шпионаже. Занимая во время войны важные правительственные посты, они стремились в меру своих сил направить американскую политику в просоветское русло и помочь своим товарищам получить работу в важных учреждениях. На своих встречах они слушали доклады о России, читали книги из России или о ней, платили членские взносы и вели себя так, как все коммунисты в этой стране и за границей.

Передача информации советской разведке поначалу было случайным делом. Однако, когда прошло время, эта деятельность возросла в объеме и важности. Постепенно многие из членов таких групп начали работать как профессиональные шпионы. Шло время, и значение вашингтонских групп в глазах советской разведки возрастало. Москву стала беспокоить весьма опасная особенность вашингтонских групп, которая состояла в том, что это был коллективный шпионаж. Заплатив большую цену, советская разведка пришла к выводу, что агенты не должны знать секретов других своих «коллег», что число знакомств внутри сети должно быть сведено к минимуму и что неосторожные разговоры — это нарушение дисциплины.

Работа вашингтонских групп базировалась на нарушении правил, и пришло время, когда Москва решила покончить с этой системой и перейти на индивидуальную работу с каждым членом группы. В 1943 году люди из советского аппарата потребовали, чтобы наиболее видные агенты из Вашингтона порвали с коммунистической партией и начали работать непосредственно с ними.

Элизабет Бентли рассказывает историю этой трансформации, приводя драматические подробности. Она вспоминает, какое сопротивление оказали Яков Голос, Эрл Браудер и она сама, чтобы сохранить вашингтонские группы внутри Коммунистической партии Соединенных Штатов, несмотря на возрастающее давление со стороны советских хозяев. Она вспоминает, что после смерти Голоса в 1943 году Билл, ее советский начальник, настаивал на том, чтобы агенты были переданы ему. Мисс Бентли пыталась сопротивляться, обращалась к Браудеру и старалась всячески оттянуть время.

Билл взял верх над мисс Бентли, поскольку его поддержал и Анатолий Громов, первый секретарь советского посольства. «Вы должны передать их всех нам, — говорил он. — Мы изучим их прошлое и решим, кого из них можно сохранить». Мисс Бентли тоже должна была порвать связи с американским коммунизмом, целиком посвятить себя работе в ГБ и искать новое прикрытие для своих подпольных операций.

Дальнейшее сопротивление было бесполезно. Браудер сдался. Он дал мисс Бентли такое циничное объяснение: «Не будьте наивной. Вы сами знаете, что, когда карты открыты, я должен принимать от них приказы. Я думал, что мне удастся как-то обойти их, но ничего не удалось».

Через несколько месяцев наиболее информированные и преданные члены вашингтонских групп были переданы советской разведке.

С точки зрения советской разведки реорганизация была не только логичной, но и крайне необходимой: методы работы партийных групп не соответствовали общепринятым правилам, и, если бы не военное время, Москва давно бы от них отказалась. После того как некоторые операции стали достоянием гласности, в общественном мнении возобладали антисоветские настроения.

Для мисс Бентли неудача в попытке сохранить автономию шпионских ячеек и ее поражение в борьбе с советским аппаратом стала последней соломинкой, которая сломала спину верблюда. Вскоре после этого она рассказала свою историю органам безопасности Америки.

Когда война в Европе подошла к концу, в Америке произошло новое чрезвычайное событие. Это было дело «Америазии». Шестого июня 1945 года министерство юстиции объявило об аресте шести лиц по обвинению в шпионаже: «посредством кражи совершенно секретных документов». Среди арестованных был лейтенант военно-морского флота в отставке, два работника государственного департамента и издатель журнала «Америазия» Филип Яффе. Хотя обвинение в шпионаже впоследствии не было поддержано, сенсационные заголовки в прессе сделали явным то обстоятельство, что шпионские группы были связаны с советской разведкой.

Филип Яффе родился в России, в Америке он сделался преуспевающим бизнесменом. С начала тридцатых годов он активно участвовал в коммунистическом движении, ездил на Дальний Восток, встречался с Мао Цзэдуном в Янани и много писал о дальневосточных делах, в основном для коммунистической и прокоммунистической прессы. Журнал «Америазия» начал выходить в свет в 1936—1937 годах после объявления «единого фронта», который подразумевал гоминьдано-коммунистическую коалицию для Китая. Он ориентировался на общественное мнение в Соединенных Штатах и повернул свое оружие против Японии, как главного врага свободного мира в Азии. Он благосклонно комментировал процесс сближения режима Чан Кайши с Коммунистической партией Китая. В преддверии большой войны эта политическая линия нашла сторонников и приверженцев среди американских политиков, особенно тех, кто был склонен недооценивать перспективы коммунистов на Дальнем Востоке.

Многие американские ученые и писатели, эксперты по азиатским проблемам, были приглашены к сотрудничеству с «Америазией». В государственном департаменте «Америазию» внимательно читали, некоторые высшие лица департамента хвалили журнал и всюду рекомендовали его. Несмотря на небольшой тираж (менее 2 тысяч экземпляров), он имел большой вес.

Совладельцем «Америазии» и редактором вместе с Яффе до 1943 года был Фредерик Вандербилд Филд, еще один коммунистический эксперт по Дальнему Востоку, стопроцентный ортодокс, который всегда следовал советскому курсу. Среди постоянных авторов журнала были Эндрю Рот, убежденный молодой коммунист, который работал в военно-морской разведке и имел доступ к секретным материалам других ведомств, Эммануэль Ларсен, американец датского происхождения, человек со сложной биографией, когда-то служивший в китайской полиции, а с марта 1935 года работавший в военно-морской разведке в Вашингтоне, Марк Гайн, выходец из России, и другие. Этим людям были доступны все секретные дела, особенно Роту и Ларсену. Ларсен снабжал Яффе документами из государственного департамента, военно-морской и военной разведок, Управления стратегических служб, Управления военной информации. Большая часть этих материалов была посвящена Дальнему Востоку. Джон Стюарт Сервис, эксперт государственного департамента по Дальнему Востоку, вернувшийся из Китая в апреле 1945 года, тоже снабжал Яффе информацией.

Сотни секретных документов нашли свой путь в офис «Америазии». Среди них, например, было секретное послание президента Рузвельта к Чан Кайши, доклад, в котором раскрывалось местонахождение двадцати пяти американских подводных лодок в Тихом океане, доклад о дислокации частей китайской армии, секретный доклад о личной жизни Чан Кайши, планы послевоенного управления в Японии, операции морской контрразведки в Соединенных Штатах, состав войск союзников в Малайе и многое другое.

В феврале 1945 года в «Америазии» появилась статья, где был помещен слегка измененный текст доклада о британской политике в Таиланде, который был взят из материалов Управления стратегических служб. Британская разведка пожаловалась, и УСС начало расследование. Десять ночей группа его сотрудников вела наблюдение за офисом «Америазии», и одиннадцатого марта в нем было обнаружено более 300 оригинальных документов и фотокопий. В четырех ящиках находились 267 документов из государственного департамента, 19 из военно-морской разведки, 50 из УСС, 34 из военной разведки и 58 из военного ведомства.

УСС передало это дело ФБР. Три месяца агенты ФБР наблюдали за Яффе и его группой и следовали за ним во время его многочисленных поездок в Вашингтон. Но шел май 1945 года, когда связи с Москвой казались такими прочными и советская помощь в борьбе против Японии считалась очень важной. Военные обстоятельства диктовали необходимость более мягкого отношения к коммунизму, как к русскому, так и к американскому. Кроме того, большие надежды связывались с первой сессией ООН, которая в то самое время проходила в Сан-Франциско. Зная, что секретные документы о военно-морском флоте находятся в руках советских агентов и что Эндрю Рот служит в военно-морской разведке, глава министерства военно-морских сил Джеймс Форрестол тем не менее попытался остановить ФБР. Двадцать восьмого мая 1945 года он сделал в своем дневнике такую запись:

«Майор Корреа доложил мне, что министерство юстиции имеет доказательства того, что лейтенант Эндрю Рот снабжал секретной информацией человека по имени Яффе, который выпускает в Нью-Йорке журнал «Америазия». А у Яффе близкие отношения с русским консулом в Нью-Йорке.

В это дело вовлечены также и другие правительственные департаменты — Управление стратегических служб, государственный департамент и зарубежная экономическая администрация.

Майор Корреа доложил также, что лейтенант Рот будет взят под наблюдение в среду. ФБР считает, что если не предпринять быстрых действий, то важные доказательства могут быть потеряны или уничтожены. Я указал, что неизбежным последствием таких действий будет затруднение в переговорах Рузвельта со Сталиным, потому что антирусская окраска этого дела может вызвать реакцию, не пропорциональную важности всего этого случая.

Я попросил капитана Вардмана информировать президента об этом деле, а потом позвонил мистеру Эдгару Гуверу и предложил ему посоветовать помощнику генерального прокурора сначала убедиться, что президент полностью понимает скрытый смысл происшедшего».

В результате демарша Форрестола министерство юстиции посоветовало ФБР подождать с делом «Америазии» до окончания конференции в Сан-Франциско. Однако новый президент полностью изменил это решение. Второго июня Трумэн приказал продолжать расследование и, если необходимо, начать аресты. Через четыре дня Яффе, Рот, Сервис, Гайн и двое других были арестованы. ФБР нашло в распоряжении «Америзии» 1700 документов. Правда, не было никаких доказательств, что эти документы использовались в интересах иностранной державы. Арестованных можно было обвинить только в том, что они извлекали документы из правительственных дел. Это характеризовало политический климат тех времен, когда обвиняемые сами могли переходить в наступление. В статье в «Нью-Йорк пост» Эндрю Рот нападал на «консервативную клику в государственном департаменте». Яффе заявил репортерам: «Все это напоминает охоту за красными и становится похожим на клевету». Суд проходил двадцать девятого сентября 1945 года. Яффе признал себя виновным, а Ларсен согласился с наказанием, но не признал своей вины. Они было оштрафованы соответственно на 2 тысячи 500 и 500 долларов. Яффе уплатил штраф за двоих. Джон Стюарт Сервис был не только оправдан и восстановлен в должности в государственном департаменте, но получил нечто вроде извинения от государственного секретаря.

В течение десяти лет после этого случая достоянием гласности стали еще многие советские шпионские дела, было названо много имен и вскрыто много тайных связей. Хотя никакие следы не вели к «Америзии» и ее шефам, не было никаких сомнений в том, что удивительная коллекция секретных материалов, которая находилась в этом журнале, а заодно и возможность получать такие материалы из правительственных учреждений, была очень привлекательной для советских спецслужб.

После войны Филип Яффе, бывший центральной фигурой в «Америзии», порвал с коммунистическими организациями. Разрыв был предан гласности, когда коммунистическая пресса в 1945 году стала обвинять его в тех же грехах, за которые Эрл Браудер был исключен из партии, а именно за то, что он считал абсурдом верить, будто все «капиталистические» партии обязательно принадлежат к «лагерю реакции»[1].

Кроме хорошо организованных сетей, существовали мелкие отдельные группы советских шпионов со своим резидентом во главе, которые не были подчинены ни советскому военному атташе, ни посольству или консульству. Часто о них не знали даже местные руководители советской разведки, так как линии связи подобных групп — шифры, коротковолновые радиостанции и другие средства — выходили прямо на Москву. Смысл этого на первый взгляд хаотического образования заключался в двух соображениях. Первое — Москва любила

---

[1] Теперь, став независимым во всех отношениях, Яффе отрицал, что служил советской разведке. В июне 1955 года он сказал автору этой книги:

«Прошло более десяти лет после того, как началось дело «Амеразии», а люди все еще считают, что там была неразрешимая загадка. Может быть, это моя вина. Мои главные причины, по которым я не описал всю эту историю, были следующими: Во-первых, любые попытки исправить ошибки и кривотолки привели бы к тому, что пресса набросилась бы на меня еще больше. Во-вторых, трудно доказать, что я чист. Например, много писали, что я был частым посетителем советского консульства и поэтому «находился в контакте» с официальными советскими лицами. А правда состоит в том, что я никогда не был в советском посольстве в Вашингтоне и только один раз посетил советское консульство в Нью-Йорке. Это было весной 1945 года, когда я присутствовал на большом банкете в честь некоторых офицеров высокого ранга. Я сидел рядом с женой американского полковника и вел с ней светскую беседу. Я не встретил никого из русских и, естественно, ни с кем из них не говорил. Но как я смогу доказать, что не бывал в консульстве еще с дюжину раз? Доказать отсутствие какого-то факта вообще невозможно. Такие же трудности возникают в связи с другими обвинениями.

Другой пример позволит иллюстрировать мою позицию. Я был обвинен, что «день и ночь» работал на фотокопировальной машине. У меня на самом деле была копировальная машина, которая стоила пятьдесят восемь долларов. Я дважды попытался воспользоваться ею, но неудачно. Но она стоит посередине моего офиса, и каждый может ее «обнаружить». Разве так поступил бы секретный агент? Разве шпиону не лучше ли было иметь современную машину для изготовления микрофильмов, спрятанную где-то в темном подвале? И как я могу доказать, что моя копировальная машина не работала «день и ночь»?

Теперь мне жаль, что я не опубликовал факты об «Амеразии» такими, как я их видел».

дотошно проверять и перепроверять всю информацию и часто увеличивала в два и даже в три раза число информаторов в самых важных пунктах. Второе — важные агенты чувствуют себя в большей безопасности, если о них не знают в посольстве.

Среди одиночных советских агентов, работавших во время войны в Америке, выделяется инженер Андрей Шевченко, чья история является поучительной и типичной. Шевченко был, наверное, самым неумелым и нелепым агентом во всей истории шпионажа. Хорошо образованный инженер, не лишенный способностей и ума, эксперт в области авиации, он не мог понять ни значения, ни правил конспирации. Он много пил и после нескольких рюмок делался сентиментальным и болтливым. Более того, он становился робким до трусости и совершенно терял чувство реальности. Он никогда не говорил о шпионских делах со своими субагентами ни в офисе, ни в ресторане, ни в своей собственной квартире. Он молча показывал на стены, чтобы показать, что и «они имеют уши», и даже после многих лет, проведенных в США, он был уверен, что спецслужбы установили микрофоны в каждом углу. Если его американские «друзья» долго не докладывали ему, у него не было никаких сомнений в том, что они попали в лапы ФБР.

Шевченко приехал в США в июне 1942 года, чтобы работать в отделе авиации советской закупочной комиссии, его специальным заданием было поддерживать контакты с корпорацией «Белл» в Буффало, штат Нью-Йорк. Сначала это было его единственной целью, а сбор информации являлся второстепенным делом. Но потом ему стали давать дополнительные задания, и эксперт в области авиации превратился в шпиона.

Он сблизился с тремя американцами, применив прием, который казался ему очень тонким. Первой была миссис Леона Франей, библиотекарь авиационной корпорации «Белл эйркрафт», которая распоряжалась небольшим количеством книг по инженерному делу, а также секретными техническими докладами, которые получала из Вашингтона и доступ к которым был разрешен только хорошо проверенным лицам. Советский инженер посылал женщинам, работавшим в библиотеке, билеты в театр, конфеты и духи и пригласил миссис Франей и ее мужа на обед. Потом он начал требовать из библиотеки секретные материалы. Примечательно, что для этого ему не надо было обращаться к каталогам, его начальник давал ему шифры документов и указывал на их примерное содержание.

Вторым человеком, которого Шевченко попытался завоевать, был муж миссис Франей, Джозеф, инвалид. Он работал в «Электрохимической компании Хукер», которая из-за своей связи с атомным проектом «Манхэттен» находилась под бдительным надзором ФБР. Шевченко расписал чете Франей, какой уход обеспечен в России для рабочих, имеющих физические недостатки, и как правительство заботится о тех, кто получил травму на производстве. Шевченко предложил им поехать в Россию и намекнул, что мог бы помочь им в этом предприятии.

ФБР проинструктировало чету Франей, как им следует вести себя с Шевченко. После этого отношения между советским агентом и супругами Франей приняли системный характер. Шевченко запрашивал документ, посвященный определенному техническому вопросу. Миссис Франей передавала некоторые особенно важные секретные документы ФБР, там их фотографировали, и кто-то из четы Франей передавал Шевченко этот «шпионский материал». Шевченко платил им от 200 до 250 долларов за каждую партию фотокопий, банкноты поступали в ФБР, где фиксировались их номера. Когда Шевченко в 1944 году был переведен в Нью-Йорк, Франей продолжал снабжать его секретными материалами.

Третьим американцем, которого Шевченко попытался завербовать, был инженер Лорен Г. Хаас, который тоже работал в компании «Белл эйркрафт». Хаас тренировал группу русских пилотов и техников, а Шевченко был у него переводчиком. Настоящая дружба между двумя инженерами возникла в тот момент, когда положение

Хааса в компании несколько испортилось. Он попытался продать некоторые свои изобретения русским, вместо того чтобы передать их своим американским хозяевам. В итоге ему пришлось уйти из корпорации «Белл эйркрафт», и он уехал в Филадельфию работать в компании «Вестингауз электрик». Когда Шевченко увидел, что их дружба окрепла, он предложил Хаасу передавать ему секретные чертежи, доклады и другую информацию. ФБР, с которым связался Хаас, проинструктировало его, как ему следует поступать. Работая с агентами безопасности, Хаас готовил фальшивые документы.

«Перехитрить Шевченко оказалось довольно трудно, — заявил Хаас в комитете конгресса. — Но хотя он был умным и образованным человеком, работа, за которую он взялся, была не по силам одному, здесь должна была работать целая группа людей.

При наших многих встречах он много пил. Может быть, у него возникали сомнения в моей искренности. Но когда мы выпивали вместе, его чувства несколько притуплялись, даже после нескольких рюмок. Однажды он заговорил о вознаграждении или, по его выражению, премии, которую он мог бы получить».

Хаас еще девять месяцев продолжал передавать Шевченко фальшивую информацию. Придя к выводу, что пора положить конец активности Шевченко, ФБР приняло решительные меры. Оно арендовало помещение, откуда была хорошо видна квартира Шевченко, и через улицу сняло фильм о том, что там происходит. Скоро Шевченко понял, что за ним наблюдают, он становился все более и более нервным и напрямую спросил Хааса, не связан ли тот с ФБР.

Эта финальная стадия похождений Шевченко совпала по времени с раскрытием канадской шпионской сети. Между ФБР, которое хотело немедленно арестовать Шевченко, и государственным департаментом, который хотел избежать ареста, возник спор. В самый разгар этой дискуссии Шевченко было приказано вернуться в Россию, и он покинул Соединенные Штаты в январе 1946 года.

АТОМНЫЙ ШПИОНАЖ

В последние годы перед началом войны в Советском Союзе резко возрос интерес к атомным исследованиям за рубежом. И это было вовсе не потому, что русские отставали в этой области. Напротив, русские ученые в тридцатые годы добились прогресса во многих отраслях физики, в том числе и в атомных исследованиях. Практически все эксперименты и открытия, сделанные за рубежом, были известны русским физикам.

Хотя Советский Союз стремился к военному превосходству и там считалось, что общий прогресс науки обеспечивает мощь вооруженных сил, стремление развивать науку объяснялось не только военными соображениями. Научный прогресс был вопросом престижа для Кремля, частью пропагандистской кампании, направленной на то, чтобы опровергнуть широко распространенное мнение, будто при советской системе возрастает общее отставание России. Советские ученые на международных научных конгрессах, так же как и публикации, попадавшие на Запад, даже несколько преувеличивали то внимание, которое уделяет советский режим развитию искусства и науки. Русская отсталость, по утверждению Москвы, ушла в прошлое.

Многие ученые западного мира с интересом смотрели на научные достижения СССР, им импонировало то, что советское правительство не жалело средств на исследования. Это стало основой для обмена многими достижениями в различных областях, особенно на тех стадиях, когда открытия еще не могли быть использованы в военной области.

При изучении истории атомного шпионажа следует иметь в виду, как медленно развивались в научном мире представления о том, что весь длинный путь от теоретической и лабораторной стадии к практическому и военному применению должен быть засекречен и как трудно ввести ограничения среди ученых «не от мира сего». Требовалось время и серьезные усилия для того, чтобы убедить западных ученых понять важность новых правил. Лозунг «свободы науки», как мы увидим ниже в этой главе, существенно облегчил советской разведке поиск атомных секретов.

В начальной стадии атомных исследований сам зародыш атомной бомбы хранился в мозгах небольшого числа людей. Немецкие, итальянские и другие физики из стран оси эмигрировали во Францию, Англию и Соединенные Штаты и продолжали работать в своей области в этих странах.

Энрико Ферми, лауреат Нобелевской премии, был одним из первых ученых, приехавших в Соединенные Штаты. Вскоре прибыли венгры Лео Сциллард и Юджин Поль Вигнер и многие другие, менее известные и совсем неизвестные ученые из Европы, включая Бруно Понтекорво, ученика Жолио-Кюри. В Англию приехали Лиза Мейтнер, О.Р. Фриш, Рудольф Пейерлс и Герберт Скиннер, к которым потом присоединились ученые молодого поколения, среди которых был Клаус Фукс.

Среди этих ученых-эмигрантов превалировали антифашистские настроения, там было много жертв нацизма и фашизма. В этих группах эмигрантов коммунистов было больше, чем людей других ориентаций.

Как Великобритания, так и Соединенные Штаты с готовностью приняли европейских ученых и доверили им секретные установки, чтобы увеличить свой военный потенциал, так как производство бомбы нельзя было откладывать на многие годы. Многие из них пострадали за свои левые убеждения, поэтому в их числе неизбежно оказались и те, кто был связан с Москвой и ее спецслужбами. Ни одна из отраслей промышленности или сфер науки не была так доступна советским шпионским проискам, как вновь образованные огромные проекты в Херуэлле, Чок-Ривер, Лос-Аламосе, Ок-Ридже и в других местах.

Война, в которую в 1941 году вступили Советский Союз и Соединенные Штаты, по-разному повлияла на ход атомных исследований в этих странах: в Соединенных Штатах прогресс ускорился, а в России произошло замедление. Разрыв, который перед войной составлял примерно два года, стал расширяться.

В декабре 1941 года в Соединенных Штатах было образовано Управление по делам научных исследований. В 1941 году в различных университетах и лабораториях разрабатывалось шестнадцать атомных проектов. В июне 1942 года был создан так называемый «Манхэттенский проект» под эгидой военного ведомства. В него вошли Колумбийский университет со своей атомной лабораторией и Чикагский университет, где была лаборатория металлургии. Интенсивные исследования велись в Калифорнийском университете в Беркли. Наконец, в марте 1943 года был построен атомный завод в Лос-Аламосе, штат Нью-Мексико. Наиболее продуктивным периодом в разработке атомной бомбы был 1942-й и 1943 год, а главными центрами этой работы стали Нью-Йорк, Чикаго, Беркли и Лос-Аламос.

К 1944—1945 году атомная промышленность была на полном ходу, в производстве первой атомной бомбы было занято свыше двухсот тысяч инженеров, ученых и других работников, и до окончания войны в завершение этого проекта было вложено 2 миллиарда долларов.

Несмотря на ускорение работ и высокую степень кооперации между учеными, промышленностью и правительством, бомбу сделали слишком поздно, чтобы она могла повлиять на ход войны. К июлю 1945 года, когда был взорван первый испытательный образец, германские армии уже сдались, а Япония стояла на грани капитуляции. Вопреки начальным планам применения бомбы во время войны, она стала инструментом сдерживания России в предстоящей «холодной войне».

Отставание России от Америки в атомных исследованиях возрастало с каждым днем. Насколько серьезна стала обстановка для советских атомных исследований, видно хотя бы из того, что Москва делала более чем одну попытку получить урановую руду из Соединенных Штатов. В нормальных условиях такие попытки показались бы абсурдными, но они на самом деле проводились.

Россия обладала залежами урановых руд, достаточными для покрытия ее нужд, по крайней мере на стадии лабораторных исследований. Уран добывался в нескольких местах Центральной Азии, в пустынях Киргизии и Таджикистане, около афганской границы. Много минерального сырья, включая урановые руды, было найдено в горах Алтая, в Осетии и Сванетии на Кавказе находились меньшие залежи. Но все эти места лежали на окраинах Советского Союза и были мало заселены. Разработка месторождений и транспорт руды были крайне затруднены в военные годы, к тому же на первой стадии войны дороги на Кавказ были блокированы германскими армиями. В Центральной Азии людские ресурсы были истощены войной, железные дороги, которые лишились многих локомотивов и вагонов, были сильно перегружены[1]. До самого конца войны правительство так и не смогло развернуть добычу необходимых минеральных ресурсов.

В 1942—1943 годах Москва через своих шпионов получила информацию о быстром ходе исследований в Соединенных Штатах и Англии и о близкой перспективе создания атомной бомбы. России был необходим уран для проводимых экспериментов, и было решено, что в дополнение к чертежам, формулам и другой секретной информации, получаемой из Соединенных Штатов, следует попытаться добыть и сырье.

Громоздкий груз урановой руды невозможно тайно переправить в Россию. В январе 1943 года Москва поручила своим учреждениям в Соединенных Штатах найти легальный путь для экспорта материалов, необходимых для изготовления атомной бомбы. Наилучшим методом был вывоз сырья под видом обычных военных поставок.

В своих контактах с различными учреждениями Соединенных Штатов советские торговые представители прикидывались простачками. Они говорили, что руда нужна Рос-

---

[1] Хотя не удалось найти никаких документальных подтверждений, но похоже, что внезапный захват Тувы в 1944 году диктовался необходимостью спешно отыскивать залежи урановых и других руд.

сии для «военных, а также медицинских целей». В списке химических материалов уран можно было поместить ближе к концу, в надежде на то, что весь перечень будет утвержден целиком, без тщательного просмотра каждой позиции.

В феврале 1943 года генерал Беляев послал в военное министерство запрос на шестнадцать тонн урана (восемь тонн нитрата урана и восемь тонн окиси урана). Девятого марта запрос был отклонен: производство урана не покрывало потребности самих Соединенных Штатов. Третьего апреля генерал Беляев снова потребовал срочной поставки шестнадцати тонн урана, через три дня он опять получил отказ. Годом позже генерал Руденко, председатель закупочной комиссии, написал военному министру Генри Л. Стимсону письмо, в котором просил о поставке шестнадцати тонн урановой руды и двадцати пяти фунтов металлического урана. Ответ Стимсона от 17 апреля 1944 года выражал вежливый отказ:

«Дорогой генерал Руденко.

Я сожалею о том, что мы не можем выполнить вашу просьбу, содержащуюся в вашем письме.

Мы провели тщательный анализ ситуации, и он показал, что наши возможности недостаточны для того, чтобы исполнить вашу просьбу.

Заверяю вас, что буду помнить о вашей потребности и сообщу вам о любом изменении ситуации».

Однако русская разведка имела и запасные ходы. В своих запросах в другие ведомства она добилась некоторого успеха, хотя количество запрашиваемого материала было существенно уменьшено. Через контакты с частными фирмами закупочная комиссия вышла на урановый рынок Соединенных Штатов и Канады и сумела получить небольшую партию урана.

На самом деле правительство Соединенных Штатов не издавало полного запрета на экспорт урана, оно ошибочно считало, что такой решительный ход вызовет подозрительность Советского Союза, и наивно полагало, будто советская сторона будет счастлива, если ей будут выдавать лицензии на экспорт небольших партий. В действительности же СССР был озабочен не столько самим ураном, сколько экспериментами, которые проводились в университетах и лабораториях. Даже антисоветски настроенный генерал-майор Лесли Р. Гроувс, руководитель «Манхэттенского проекта», согласился на выдачу экспортных лицензий Советскому Союзу.

В этой игре, где стороны стремились перехитрить друг друга, первенство осталось за советской стороной. Ее запрос на четыреста двадцать фунтов урановой руды в феврале 1943 года был принят, и груз был спешно переправлен в Россию. Чтобы предотвратить повторения ошибки и избежать огласки, в Вашингтоне решили потребовать от всех промышленных и торговых фирм, имеющих дело с ураном, не продавать материалы без предварительного согласования с правительством. Когда пришел второй запрос от советской закупочной комиссии, экспортная лицензия снова была выдана, но при этом были приняты меры, чтобы отрезать поставщиков от советской закупочной комиссии и тем самым подчеркнуть приоритет американских потребностей. Однако этот хитрый ход не возымел действия. Закупочная комиссия приобрела тысячи фунтов в Канаде, переправила их в Грейт-Фоллс, а оттуда, пользуясь тем, что не было запрета на вывоз, в Россию через Аляску. Позже, в 1943 году, в Советский Союз был отправлен груз тяжелой воды, тоже необходимой для атомных исследований.

Гораздо позже, в 1949 году, государственный секретарь Дин Ачесон отмечал, что в 1943 году по четырем лицензиям в общей сложности было вывезено в Россию 700 фунтов окиси урана, 720 фунтов нитрата урана, 25 фунтов металлического урана и 1 тысячу граммов тяжелой воды.

Помимо этих опасных обходных действий в связи с материалами для атомной бомбы, Москва развернула широкую шпионскую активность в Соединенных Штатах в научном и промышленном аспектах, касающихся будущей бомбы.

Советский атомный шпионаж был организован по типичному образцу и работал по обычным правилам. Во главе стояли официальные советские лица, иногда пользующиеся дипломатическими привилегиями, и резиденты, в распоряжении которых были курьеры, люди для обеспечения контактов, которых набирали из наиболее надежных ветеранов подпольной работы. На самом нижнем уровне находились американские и британские ученые, которые передавали информацию через курьеров.

В четырех атомных столицах Соединенных Штатов — Нью-Йорке, Чикаго, Беркли и Лос-Аламосе, а за границей — в Лондоне и Оттаве разные шефы атомного шпионажа применяли различные методы.

Во время войны около десятка физиков из различных исследовательских институтов Соединенных Штатов, Британии и Канады регулярно или время от времени посылали информацию в Москву. Одним из самых заметных в этой группе ученых-шпионов был Клаус Фукс, беженец из Германии, которого британцы из Лондона в 1940 году послали в лагерь в Канаду, как немца по национальности. Потом ему все же разрешили вернуться в Британию, где он сначала работал в Глазго, а потом присоединился к группе ученых-атомщиков в Бирмингеме, которой руководил другой беженец из Германии и его старый знакомый Рудольф Пайерлс. Через германских коммунистов Фукс немедленно установил контакты с советской разведкой и встретился с Александром (Семеном Кремером), секретарем советского военного атташе. «Когда я узнал о характере этой работы, — признавался потом Фукс, — я решил информировать Россию и установил контакт через другого члена коммунистической партии. С этого момента я был связан с людьми, которых я совершенно не знал, но я был уверен, что информация, которую я им передаю, попадет к русским властям».

Первая встреча между Фуксом и Кремером произошла совсем рано, в мае 1942 года, и их контакты длились восемнадцать месяцев, до самого отъезда Фукса в Соединенные Штаты. На этих встречах, которые происходили в каждые два-три месяца, Фукс передавал самому Кремеру или его помощнику копии своих ежемесячных сообщений.

В декабре 1943 года Фукс вместе с другими британскими физиками был послан в Соединенные Штаты, где сначала работал в Нью-Йорке, в Колумбийском университете, а потом, с августа 1944-го по июнь 1946 года, в Лос-Аламосе. Вскоре в Нью-Йорке появился Анатолий Яковлев, известный агент разведки, который работал под прикрытием должности вице-консула. С марта 1944-го до своего отъезда в декабре 1946 года Яковлев руководил атомным шпионажем на востоке Соединенных Штатов.

В отличие от своих коллег, которые работали в других частях страны, Яковлев строго выполнял все законы конспирации. Он никогда лично не встречался с Фуксом. Он выделил надежного агента, Гарри Голда из Филадельфии, исключительно для связи с Фуксом. В своих показаниях на процессе Розенберга Голд говорил о методах конспирации, которые применял Яковлев:

«С Яковлевым я работал следующим образом. В мои обязанности входил сбор информации от источников и передача ее Яковлеву. Встречи с источниками информации в Америке проходили по двум сценариям. Первый — личное знакомство. Второй применялся только для контактов с американским агентом, которого я не знал. Источники, как и я сам, должны были иметь при себе заранее оговоренный предмет. Кроме того, были условные фразы, которые, как правило, имели форму приветствия. Всегда, когда мне приходилось представляться, я применял вымышленное имя и никогда не называл своего настоящего адреса.

После того как мы опознавали друг друга, я передавал источнику информации список данных или материалов, которые мне нужны. Если это был советский агент, который раньше работал не со мной, я должен был сделать так, чтобы он полностью отошел от своих прежних дел. Кроме того, мы должны были договориться о будущих встречах. Эти правила выполнялись неукоснительно.

Я должен был также следовать определенным правилам общения с Яковлевым. У нас были не только договоренности о регулярных встречах, но имелось и расписание дополнительных встреч, если обычный порядок по каким-то причинам нарушался. Кроме этого, у нас была договоренность о чрезвычайных встречах. Они носили односторонний характер. Яковлев, если хотел срочно меня видеть, мог найти меня, где бы я ни был, но я не мог войти с ним в контакт, потому что не знал, где он находится. Яковлев говорил мне, что в этом случае цепочка может разорваться в двух местах. Лицо, от которого я получаю информацию, не знает меня по моему настоящему имени, не знает, где я живу, и не может сам войти со мной в контакт. А я сам не могу установить контакт с Яковлевым.

В дополнение к этому мы с Яковлевым пользовались проверенным методом, когда собирались обмениваться полученной информацией. Я прятал бумагу между листами газеты, и мы с Яковлевым обменивались этими газетами. Та, которую получал я, была просто газетой. А в той, которую брал он, в конверте между страницами лежало донесение».

В середине 1946 года Фукс вернулся в Англию, но продолжал передавать информацию советским агентам. В ноябре 1947 года он поехал в Соединенные Штаты для участия в научной конференции. Его сомнения относительно советской политики и его службы Москве с этого момента становились все более частыми, он начал избегать контактов с советскими агентами. Осенью 1949 года ФБР сообщило британским спецслужбам о своих подозрениях, и те установили за ним слежку.

В конце концов Фукс во всем признался. Его судили первого марта 1950 года и приговорили к четырнадцати годам заключения — наиболее суровое наказание, которое было предусмотрено существующими законами.

Несмотря на особенную осторожность Яковлева и строгое выполнение Голдом правил конспирации, это дело могло быть раскрыто гораздо раньше, если бы британское и американское агентства безопасности не совершили ряд грубых ошибок. О том, что Фукс был убежденным коммунистом и принадлежал к коммунистическому подполью в Германии, было известно британской полиции, но так как эта информация поступила от нацистского консула, то ее оставили без внимания. В 1945 году, когда Киль заняли англичане и в их распоряжении оказались материалы и свидетели, Фукс обеспокоился, но ничего не произошло. Спустя несколько месяцев, когда прогремело канадское шпионское дело, у Израэля Гальперина изъяли записную книжку, в которой упоминалось имя Фукса, но и за этим не последовало никаких действий.

Гарри Голд мог быть раскрыт, по крайней мере, в 1947 году, когда агенты ФБР допрашивали его у него дома, в Филадельфии, но они ушли, когда он убедил их, что они ошибаются в своих подозрениях. Если бы агенты спустились вниз, в подвал, то увидели бы стенной шкаф, набитый от пола до потолка компрометирующими данными.

Горькая ирония заключалась в том, что Яковлев и Голд, верные и дисциплинированные агенты разведки, стали причиной такого разгрома советской разведки из-за одной-единственной ошибки в конспирации. Летом 1945 года, незадолго до испытаний первой атомной бомбы, Дэвид Грингласс подготовил очень важное донесение, а курьер Энн Сидорович должна была отправиться в Лос-Аламос, чтобы забрать его. По некоторым причинам мисс Сидорович не смогла поехать, и Яковлев, горя желанием поскорее послать в Москву важную информацию, приказал Гарри Голду, курьеру Фукса, взять на себя это дело, нарушив правило, согласно которому число контактов должно быть сведено к минимуму. Голд поехал в Лос-Аламос, где впервые увидел Грингласса, и получил его донесение. Через несколько лет, когда Фукс и Голд были арестованы и начали давать показания, Голд мог назвать только Грингласса, потому что Яковлев вывел его на контакт с ученым, а Грингласс, в свою очередь, назвал имена Юлиуса и Этель Розенберг.

Непростительные ошибки были отмечены и в случае с другим известным атомным шпионом, Бруно Понтекорво. Понтекорво, итальянец, был одним из последних в длинном списке ученых, которые приехали в Соединенные Штаты из Европы. В Италии он был учеником Энрико Ферми, в 1927 году он переехал во Францию, где работал под руководством профессора Лонжевена и Жолио-Кюри. Здесь он вступил в различные экстремистские левые группы итальянских беженцев. В 1940 году, когда германское вторжение казалось неизбежным, Понтекорво решил эмигрировать в Соединенные Штаты. Чтобы помочь ему, его итальянские друзья-коммунисты заручились поддержкой Вито Маркантонио, американского конгрессмена с прокоммунистическими взглядами, и молодой ученый переехал с семьей в Америку. В начале 1943 года Понтекорво отправился в Канаду, чтобы там работать над атомным проектом, и в связи с этим часто посещал атомные установки в Соединенных Штатах. В 1949 году он был переведен в Великобританию.

В 1949 году один коммунист и бывший друг Понтекорво, порвавший с партией, выдал Понтекорво властям Соединенных Штатов, нарисовав полную картину его деятельности и связей. Информация была передана британцам (в это время Понтекорво работал в Херуэлле), но снова ничего не произошло. В октябре 1951 года Понтекорво с семьей поехал в Финляндию, будто бы для того, чтобы провести там отпуск, и вскоре все они там «исчезли». Позже стало известно, что они уехали в Россию. Первого марта 1955 года Понтекорво публикует статью в «Правде», а еще через несколько дней отвечает на вопросы на пресс-конференции. Он сказал, что просил у советского правительства убежища, его ходатайство удовлетворено, и теперь он советский гражданин. Он работает над вопросами применения атомной энергии в мирных целях и ничего не знает о применении атомной энергии в военных целях в Советском

Союзе. Он похвалил режим за его мирную политику, обвиняя правительства других стран и, в частности, американское за нападки на Советский Союз.

Похоже, что советское решение переправить Понтекорво в Россию было продиктовано тем, что здесь была нужда в хорошо подготовленном ученом-атомщике. Перед Москвой постоянно стояла проблема решить, что ей полезнее в данный момент: иметь информатора за рубежом, хорошо знающего прогресс атомной науки, или западного ученого в своих лабораториях. Надо было поддерживать равновесие между двумя этими группами. Без сомнений, Понтекорво был призван в Россию в самый подходящий момент, когда наиболее важными стали внутренние научные проблемы, а внешняя разведка имела возможность заменить одного из своих агентов другим.

На том же уровне, что и Гарри Голд, который пользовался доверием американцев, но работал на советскую разведку, действовал другой убежденный коммунист — Юлиус Розенберг из Нью-Йорка. Розенберг был членом кружка инженеров-коммунистов, которые занимали важные посты и работали либо готовы были работать на подпольные организации. Работой этого кружка руководил Яков Голос. Первые действия Розенберга относились к промышленному шпионажу, но потом он повысил свой уровень и стал заниматься политическими и атомными вопросами. Со своей женой Этель он завербовал зятя, Дэвида Грингласса, который работал в Лос-Аламосе над секретными проблемами. Сообщения Грингласса оказались очень важными для советской атомной разведки.

Розенберг и его жена были арестованы летом 1950 года после того, как признания Фукса и Голда помогли распутать узел атомного шпионажа. Вскоре были раскрыты, арестованы и допрошены другие советские агенты — Абрахам Бротман, Мириам Московиц и Мортон Собел. Чета Розенберг была приговорена к смертной казни, Голд и Собел к тридцати, Дэвид Грингласс — к пятнадцати,

Абрахам Бротман — к семи и Мириам Московиц — к двум годам заключения.

Юлиус и Этель Розенберг были казнены в июле 1953 года в тюрьме Синг-Синг — это был единственный случай, когда советские шпионы были приговорены к такому наказанию за шпионаж против Соединенных Штатов.

Вместе с Гарри Голдом были осуждены еще двое — Джон Доэ (на самом деле это был Анатолий Яковлев) и Ричард Роэ (на самом деле — Семен Семенов). Это обвинение двум советским разведчикам было чистой формальностью, потому что оба они уже давно покинули США.

На западном побережье главным объектом советского шпионажа была радиационная лаборатория Калифорнийского университета в Беркли. Здесь применялись такие же методы, как и в других частях страны: привлекались коммунистические партийные группы, американское подполье и советский разведывательный аппарат. Главным координатором был Василий Зарубин из посольства, который время от времени приезжал на западное побережье для получения сообщений и бесед со своими советскими и американскими помощниками. Непосредственно работой руководили двое служащих советского консульства в Калифорнии Петр Иванов и Григорий Хейфец. Они были в прямой связи с американскими коммунистами и симпатизирующими им людьми, включая физиков-атомщиков, с которыми часто встречались в обществе.

Вице-консул Хейфец (Браун) имел широкий круг знакомств. Старый большевик, бывший секретарь Надежды Крупской, он пользовался уважением среди американских коммунистов и профессоров левых взглядов, в числе которых были физики из радиационной лаборатории.

Вскоре после создания радиационной лаборатории Пол Кроуч, секретарь партийной ячейки в графстве Аламеда, штат Калифорния, был заменен более надежным Стивом Нельсоном. Нельсон (Стив Мезарош), эмигрант из Югославии и член партии с 1925 года, учился в ленинском институте в Москве, работал по заданию Коминтерна в Китае в 1933 году и воевал в интернациональной бригаде в Испании.

Однако, как Браудер и Голос, Нельсон придерживался концепции шпионских ячеек и был против реорганизации агентурной сети по советскому образцу. Он был убежден, что успех в атомном шпионаже может быть достигнут только за счет коллективных усилий членов группы.

Нельсон уговорил Джозефа Вайнберга, физика-исследователя и члена кружка в Беркли, передавать ему информацию «от заслуживающих доверия коммунистов, работающих над проектом». Он попытался вовлечь и доктора Роберта Оппенгеймера, ведущего ученого-атомщика в Беркли и будущего научного руководителя атомного завода в Лос-Аламосе.

В декабре 1942 года по указанию Нельсона профессор-коммунист Хаакон Шевалье вошел в контакт с Оппенгеймером и использовал стандартный довод о том, что Россия имеет моральное право воспользоваться американскими атомными секретами, так как они являются союзниками. Оппенгеймер не только отказался, но назвал все это открытой изменой, позже он сообщил об этом инциденте генералу Гроувсу. И агентства безопасности Соединенных Штатов вскоре были информированы о деятельности Нельсона и его коммунистических ячеек в Беркли.

Не встревоженный неудачей с Оппенгеймером и не подозревая, что находится под наблюдением, а один из его отчетов уже попал в руки ФБР, Нельсон продолжал свою работу. Между январем и мартом 1943 года он установил тесные связи с Вайнбергом и получил от него строго секретную информацию об атомном проекте, которую затем передал Иванову в Сан-Франциско. За его встречами с Вайнбергом, так же, как и за визитом в консульство, разумеется, уже наблюдали. Правительственный агент сидел поблизости, когда Григорий Хейфец, незадолго до отбытия в СССР, встретился в одном из ресторанов Сан-Франциско с Мартином Каменом, главным химиком радиационной лаборатории. Запись их разговора подтвердила, что Камен передал советскому служащему информацию о запасах урана в Чикаго и атомных исследованиях в других частях страны.

В апреле 1943 года Зарубин приехал в Сан-Франциско из Вашингтона, чтобы получить у Нельсона отчет о его работе. При встрече с Зарубиным Нельсон предложил компромисс: «Советские органы разведки должны в каждом городе или штате, где требуется создать разведывательную ячейку, найти заслуживающие доверия источники информации и напрямую связать их с коммунистами, которые поставят перед ними специальные задачи». Это была уступка русскому давлению против шпионских ячеек. Однако предложение Нельсона так никогда и не было претворено в жизнь.

В Чикаго, третьем городе, где во время войны проводились атомные исследования, обстановка несколько отличалась от той, что была в Нью-Йорке и Калифорнии. В Чикаго не было ни советского посольства, ни консульства, и шпионский аппарат надо было строить вокруг резидента. Таким резидентом был Артур Адамс, большевик с предреволюционным стажем и старый сотрудник советской разведки.

Адамс не раз приезжал в Соединенные Штаты с секретной миссией и всегда под прикрытием легальной коммерческой задачи. Например, в 1927 году он якобы представлял АМО, первый автомобильный завод, который строился в России. В 1932 году он приезжал для приобретения самолетов в компании «Кертис-Райт», в 1938 году он основал технологическую лабораторию, в 1942 году он выступал под видом торгового агента одного канадского бизнесмена (своего друга Сэмуэля Вегмана).

Теперь, в 1942—1944 годах, когда ему было за пятьдесят, он был слишком стар для шпионской работы. Он страдал от ревматизма и вынужден был целые дни проводить в постели в комнате отеля. Временами приступы болезни случались с ним прямо на улице. Такое физическое состояние делало его непригодным для столь секретной работы, которой он должен был заниматься. Кроме того, некоторые из его информаторов были хорошо известны как члены Коммунистической партии Соединенных Штатов. И тем не менее из-за отсутствия подходящих людей Адамсу было поручено заниматься атомным шпионажем. Он работал в этой области около четырех лет, за это время он добыл и передал в Россию секретные сведения об установке в Ок-Ридже и атомных исследованиях в других странах.

Американским информатором Адамса был Кларенс Хиски, член Национального комитета коммунистической партии, химик по профессии. В 1942 году Хиски возглавил группу ученых, работавших над атомным проектом в Колумбийском университете в Нью-Йорке. В 1943 году он перешел в металлургическую лабораторию в Чикаго, которая работала над технологией производства плутония. Информация, которую он получал, быстро передавалась через Адамса в одно из советских консульств.

На основе сведений о политической деятельности, содержащихся в личном деле Хиски, армия отстранила его от активной службы. Но обстановка сложилась так, что его перевели на более секретную работу, связанную с будущей атомной бомбой. В апреле 1944 года, когда офицеры безопасности атомного проекта узнали о шпионской деятельности Хиски, его отправили в военную часть, расположенную на Аляске. Когда он ехал в Минерал-Вэлс у самого Полярного круга, то за ним вел наблюдение агент службы безопасности. Его багаж обыскали и нашли записную книжку, в которой содержалась секретная информация, а также указание на то, что на Аляске он должен встретиться с агентом советской разведки. Хиски обнаружил исчезновение записной книжки, и эта встреча не состоялась. Он не был арестован.

Прежде чем отправиться на Аляску, Хиски дал Адамсу нескольких человек на замену. Один из них, Джек Хичкок Чапин, работал химиком в металлургической лаборатории в Чикаго. Несмотря на то что агентства безопасности знали о его контактах с Адамсом, он оставался на своей строго секретной работе до мая 1945 года, потом он перешел в компанию «М.В. Келлогг», которая выполняла секретные заказы для военно-воздушных сил.

Из-за контактов с Хиски и Чапином Адамс попал под наблюдение ФБР. В 1944 году он подвергся обыску, и у него были найдены компрометирующие материалы, касающиеся атомной бомбы. В 1945 году было выдвинуто закрытое обвинение против Адамса, но в соответствии с правилами государственного департамента, касающимися советских агентов, он не был арестован. Адамс полетел в Портланд, штат Орегон, чтобы взойти там на борт советского судна, но агенты ФБР остановили его, и он вернулся в Нью-Йорк. Летом 1945 года, когда его оставили в покое, он уехал из Соединенных Штатов.

К тому времени предварительные работы по созданию атомной бомбы в США подошли к завершению, и первый ее образец был взорван. Советский атомный шпионаж должен был выполнить его первую и наиболее важную задачу: из Соединенных Штатов, Англии и Канады советские физики получили формулы, чертежи, описание процессов и необходимого оборудования. Образцы урана-233 и урана-235 удалось достать в Монреале. Таким образом, русские ученые, хотя и не могли развернуть полномасштабную работу, узнали о прогрессе в атомных исследованиях за границей. В те времена проведенные за рубежом эксперименты не могли быть повторены в русских лабораториях, но теперь советские ученые могли разобраться в каждой новой формуле и изобретении. Эти знания оказались очень важными, когда после окончания войны Америка бросила СССР вызов в атомной области.

Как только закончилась война, советское правительство начало восстанавливать свои научно-исследовательские институты. Однако до 1947—1948 годов советская промышленность не имела возможности выполнять большинство требований, предъявляемых в такому военному проекту, как атомная бомба. В то время, после поражения Германии, примерно две сотни немецких инженеров и техников были привезены в русские лаборатории и на заводы. Среди них был нобелевский лауреат доктор Густав Герц, барон Манфред фон Арденн и другие выдающиеся ученые. Таким образом, вопреки русским утверждениям, в производство атомной бомбы в России сделали большой вклад разведка и специалисты из Центральной Европы.

Советское правительство никогда не признавало легальное или нелегальное, добровольное или насильственное участие зарубежных стран в его атомных достижениях. Оно пыталось представить советскую атомную бомбу как результат чисто отечественных усилий и настоятельно и безоговорочно отрицало всякое участие в атомном шпионаже. Например, когда были опубликованы документы Гузенко, Москва заявила, что необходимости в этих данных не было ввиду более совершенных технических достижений в СССР. После суда над Клаусом Фуксом ТАСС отрицало, что Фукс передавал атомные секреты агентам советского правительства. Это обвинение, заявило ТАСС, было «полной выдумкой, потому что Фукс неизвестен советскому правительству и никто из советских агентов никоим образом не был связан с Фуксом».

Москва заявила, что имела в своем распоряжении атомную бомбу задолго до того, как в сентябре 1949 года президент Трумэн объявил, что Советская Россия произвела первое испытание. Еще в ноябре 1947 года министр иностранных дел Молотов в выступлении перед Московским советом сказал, что «атомная бомба уже давно не представляет секрета», давая понять, что советское правительство располагает ядерным оружием.

На самом деле в 1947—1948 годах, когда стало ясно, что производство ядерного оружия является неизбежным делом, произошла полная реорганизация в атомных проектах. Профессор Петр Капица, глава советского атомного проекта, который провел четырнадцать лет в Англии, был смещен с этого руководящего поста, хотя ему разрешили продолжать научную работу. Члены коммунистической партии, более надежные, чем Капица, хотя и не столь выдающиеся в научном отношении, были выдвинуты на руководящие административные посты. Для контроля за ходом работ по созданию атомной бомбы была учреждена специальная комиссия, в которую вошли Николай Булганин, Георгий Маленков и некоторые другие. *Берия*

Суммируя достижения советского атомного шпионажа, следует отметить, что в этой области разведки вклад международного коммунизма был весьма значительным. Если бы России пришлось идти на ощупь сквозь первоначальную атомную тьму и повторять эксперименты, проделанные в других странах, ей было бы нужно десятилетие или даже больше, чтобы достигнуть уровня, на котором находились Соединенные Штаты. В дополнение к научным результатам, полученным в собственных лабораториях, русские ученые пользовались помощью лаборатории совсем другого рода, расположенной по адресу Знаменская улица, 19, а именно ГРУ. Беспрецедентное вынужденное сотрудничество науки и шпионажа, которое продолжалось в течение всей войны, определило советский прогресс в атомной области. Советская атомная бомба стала продуктом объединенных усилий советских ученых и британских, канадских, немецких, венгерских, итальянских и американских коммунистов. В ущерб своим собственным странам коммунистические партии Запада таким образом сторицей отплатили Советскому Союзу за политическую и финансовую поддержку, которую они получали от него в течение более чем двадцати лет. *Саксония 1944г. 1949г.*

Erzgebirge, отсюда урановая руда.

ПРАВИТЕЛЬСТВО СОЕДИНЕННЫХ ШТАТОВ И СОВЕТСКИЙ ШПИОНАЖ

Не раз уже мы упоминали о том, что в течение двух десятилетий, предшествующих 1946—1947 годам, правительство Соединенных Штатов было склонно преуменьшать значение советского шпионажа и демонстрировало терпимость к тем, кто был с ним связан. Для этого было несколько причин.

Первая состояла в том, что Советский Союз рассматривался как второстепенная страна. Советская Россия вышла из своих войн 1917—1920 годов с плохо оснащенной армией, без военно-морского флота и военно-воздушных сил. Ей пришлось примириться с потерей больших территорий на Западе и на Востоке, ее население уменьшилось на двадцать пять миллионов человек. Позже поспешная коллективизация сельского хозяйства и чистка, проведенная в офицерском корпусе, еще более ослабили вновь созданную армию. Люди спрашивали себя, какую угрозу может представлять Россия, даже если несколько шпионов доставят в Кремль несколько секретных документов из-за границы?

Во-вторых, Советская Россия рассматривалась с начала тридцатых годов в качестве потенциального союзника против Японии и Германии и считалось неразумным обижать Москву ненужными разоблачениями, связанными со шпионскими делами. Американская политология уделяла совсем немного внимания советской политике, советскому подполью за рубежом и советскому шпионажу. Такое отношение крепло год от года, пропорционально агрессивности Японии и Германии.

На фоне такого американского общественного мнения и отношения правительства можно понять, почему агентства безопасности с такой неохотой выдвинули обвинение против Марка Зильберта, о шпионской деятельности которого им было хорошо известно, почему не придали должного значения шпионской организации Свитца-Османа в Панаме, почему не стали подробно расследовать деятельность корпорации «Амторга», почему разрешили разоблаченному шпиону Михаилу Горину уехать из Соединенных Штатов без отбытия наказания, к которому он был приговорен. Становится понятным и то, почему Адольф Берль не поверил в историю Уиттейкера Чэмберса, почему агентства безопасности в течение трех лет не могли положить конец активности тайных групп в правительственных кругах Вашингтона, не проявили должного внимания к делу Клауса Фукса и будто вовсе не замечали промышленного шпионажа. Даже американские граждане, запутавшиеся в паутине советского шпионажа, обычно выходили сухими из воды. И между этой терпимостью и смертными приговорами двум советским шпионам в 1953 году лежал длинный путь.

После окончания войны обстановка начала изменяться, хотя и очень медленно. Второго ноября 1945 года, вскоре после того, как Элизабет Бентли передала ФБР информацию, значительная часть которой была ему давно известна, Эдгар Гувер направил совершенно секретное послание в Белый дом, где двенадцать правительственных чиновников были названы как члены советского шпионского аппарата:

«В результате расследований, проведенных Бюро и согласно информации, полученной из самых компетентных источников, стало известно, что некоторые люди, работающие в правительстве Соединенных Штатов, передают важные данные лицам, не входящим в состав правительства, а те, в свою очередь, переправляют их спецслужбам советского правительства.

В настоящее время невозможно с точностью определить, кто из этих людей знает о том, куда направляются сведения, которые они передают. Однако расследование этого дела показало, что поименованные ниже лица на самом деле были первоисточниками той информации, которая прошла через советскую шпионскую систему, и я продолжаю энергичное расследование с целью выяснить степень и характер участия этих людей в шпионских группах.

Информация, которой располагает Бюро в настоящее время, позволяет сделать вывод, что указанные лица являлись участниками шпионских операций или были использованы для получения данных, в которых была заинтересована советская сторона:

Доктор Грегори Силвермастер, долгое время работавший в министерстве финансов.

Гарри Декстер Уайт, помощник министра финансов.

Джордж Силверман, ранее работавший в совете по вопросам социального обеспечения железнодорожников, а потом, по некоторым сведениям, служащий в военном министерстве.

Лаучлин Карри, бывший помощник по административным вопросам президента Рузвельта.

Виктор Перло, бывший член совета по военной промышленности и иностранной экономической ассоциации.

Доналд Уилер, бывший работник Управления стратегических служб.

Майор Дункан Ли, Управление стратегических служб.

Джулиус Джозеф, Управление стратегических служб.

Элен Тенни, Управление стратегических служб.

Чарльз Крамер, бывший помощник сенатора Килгора.

Капитан Уильям Людвиг Улльман, военно-воздушные силы Соединенных Штатов.

Подполковник Джон Х. Рейнольдс, армия Соединенных Штатов».

В демократическом обществе направление и дух общественного мнения меняется достаточно медленно. Потребовалось целых три года для того, чтобы оценить все значение советского шпионажа и чтобы правительство начало менять свой образ действий. Поворотной точкой в этом процессе стали дело Хисса—Чэмберса, которое проходило во второй половине 1948 года, его финал, драматичные слушания в конгрессе, липовые документы двух деятелей (один из них был президентом фонда Карнеги, другой — издатель «Таймс») и их противоречивые показания. В начале августа министерство юстиции готовилось обвинить Чэмберса в том, что он давал ложные показания под присягой в деле Хисса. В декабре Хиссу было предъявлено обвинение Большим жюри Нью-Йорка. За прошедшие месяцы значительная часть американской читающей публики перешла от безразличия к раздражению по отношению к советскому шпионажу в Соединенных Штатах.

Раздражение нарастало с каждым месяцем. Комитеты конгресса, комиссии по проверке лояльности и ФБР начали выявлять настоящих и бывших членов советских агентов, большинство которых были американскими гражданами. По мере того как борьба с шпионажем расширялась и углублялась, лидеры администрации становились более реалистичными. Генерал Уолтер Беделл Смит, глава ЦРУ, сказал в сентябре 1953 года: «Я вижу, что коммунисты оказались настолько ловкими и знающими, что им удалось проникнуть практически в каждое агентство безопасности нашего правительства».

Спустя несколько месяцев Уильям Фоли, шеф отдела международной безопасности министерства юстиции, сказал, что к этому времени было расследовано семьсот шестьдесят шесть шпионских дел и двести шестьдесят одно дело о саботаже. Эдгар Гувер отмечал: «Вражеские шпионские группы работают сейчас более интенсивно, чем в любое другое время в истории этой страны».

Представляется невозможным выделить здесь наиболее важное послевоенное шпионское дело. Все же можно отметить два наиболее существенных и продуктивных канала шпионажа, которых не существовало до войны: Организация Объединенных Наций и страны-сателлиты. В августе 1951 года было расследовано восемьдесят семь дел иностранных дипломатов и квазидипломатов, на которых была получена «порочащая информация». Сорок восемь человек из этого числа принадлежали к посольствам и консульствам, а тридцать семь работали в различных международных организациях. Из всех посольств и консульств особенно выделялись польские и чехословацкие, они превратились в штаб-квартиры советского шпионажа.

Правительство Соединенных Штатов приняло определенные меры и против своих граждан, работающих в Организации Объединенных Наций. А работа двух советских сотрудников ООН — помощника генерального секретаря Константина Зинченко и политического советника Совета Безопасности Николая Скворцова — была «закрыта» в 1952 году, потому что положение этих людей давало им богатейшие возможности для шпионажа и донесений.

Из множества вскрытых случаев советского шпионажа в послевоенное время дело Коплон—Губичева наилучшим образом характеризует организацию и технику советской разведки в тот период. Это дело, зашедшее в тупик, никогда еще не подвергалось такому анализу, которого оно заслуживает.

Шпионская работа сети Майкла в Соединенных Штатах началась после войны, когда бдительность и строгое выполнение правил конспирации стало вновь законом для всех агентов и агентств. Два члена этой группы, чьи имена стали известными — Валентин Губичев и Джудит Коплон, — отвечали всем требованиям, и Директор в Москве имел все основания ожидать долгого и продуктивного их сотрудничества с Майклом.

Джудит Коплон родилась в семье с твердыми американскими традициями. Сама она тоже тяготела к либералам и была духовно близка к демократическим революциям, таким, как Октябрьская революция в России. В колледже Джудит училась блестяще. Среди других иностранных языков она изучала и русский.

Когда Джудит вступила в советскую разведывательную службу, ей пришлось порвать с людьми и кружками, близкими ей в политическом отношении. Она никогда не была членом коммунистической партии, а теперь ей было запрещено поддерживать знакомство с коммунистами, чтобы не возбудить подозрений у ФБР. Через два года после окончания колледжа она получила место в министерстве юстиции, где сначала работала с политическими докладами, поступающими из разных европейских стран. С этой должности политического аналитика она весной 1946 года была переведена в отдел регистрации иностранных агентов. Министерство юстиции не проявляло особого интереса к советскому шпионажу. Однако при министерстве состояло Федеральное бюро расследований, куда поступали тысячи секретных политических, международных и военных докладов.

С 1946 года Джудит Коплон работала рядом с ФБР. Технический отдел, в котором она работала, занимался только регистрацией иностранных агентов. По существующему закону все люди или агентства, представляющие иностранные государства, а в особенности «каждое лицо, кто собирает информацию в пределах Соединенных Штатов для иностранного государства», должен зарегистрироваться в министерстве юстиции. Дипломатические работники, которые регистрируются в государственном департаменте, освобождаются от этого правила при условии, что «они выполняют только ту работу, которая входит в круг их непосредственных обязанностей». Наказанием за отказ от регистрации или за ложную регистрацию было пятилетнее тюремное заключение или штраф в 10 тысяч долларов, или то и другое вместе.

Наблюдая за выполнением этого правила, отдел сотрудничал с ФБР. Эти два подразделения регулярно обменивались информацией и секретными докладами о дипломатических работниках разных стран (включая Советский Союз и его страны-сателлиты) и военных атташе, о людях, подозреваемых в шпионаже, о секретных правительственных документах, нелегально переправляемых за границу, и т. д. Короче говоря, каждая иностранная разведка была бы счастлива иметь своего агента, который работал бы в таком особом отделе министерства юстиции.

Начиная примерно с февраля 1946 года Джудит Коплон по делам службы читала и копировала множество секретных государственных документов, в том числе полученных от ФБР. Когда ее арестовали, в ее письменном столе нашли сотни докладов ФБР.

Материалы, которые она поставляла советской разведке, представляли столь большой интерес, что ГБ из Москвы прислала специального человека, Губичева, для постоянного контакта с нею. Он приехал в Соединенные Штаты через несколько месяцев после того, как мисс Коплон приступила к своей новой работе.

Губичев был инженером-строителем, и эта профессия могла обеспечить ему хорошее прикрытие в Нью-Йорке. Несколько лет он проработал в Министерстве иностранных дел в Москве. Этот приземистый мужчина с суровым взглядом не производил впечатление человека большого ума и таланта, но его обязанности и не требовали необычных умственных способностей. Он должен был служить связником между Джудит Коплон и его начальником, человеком ГБ, и ему надо было просто время от времени получать бумаги от одного и передавать их другому. Это было опасным занятием, но Губичев считал, что если дело получит самый плохой поворот, то он может надеяться на помощь своего могущественного правительства.

Губичеву хорошо было бы иметь дипломатический иммунитет при выполнении столь опасной работы, но число должностей, дающих такой иммунитет, было ограничено. Кроме того, все люди, имеющие такую привилегию, были известны ФБР, за ними могли следить, их телефоны прослушивались. В поисках решения советские руководители подумали о возможностях, которые представлял им новый институт — Организация Объединенных Наций. Некоторые члены советской делегации могли получить дипломатический иммунитет, но все должности уже были распределены. ГБ нашла умный выход из положения: Губичев, официально числящийся за Министерством иностранных дел, был назначен секретарем советской делегации в ООН. Он ездил с дипломатическим паспортом, и посольство Соединенных Штатов в Москве выдало ему дипломатическую визу. Но, оказавшись в Соединенных Штатах, он был переведен на другую работу, никак не связанную с дипломатическими делами, и стал скорее работником ООН, чем представителем советской делегации. В сентябре 1946 года, вскоре после прибытия, Губичев дал такую клятву: «Я торжественно клянусь выполнять со всей преданностью, рассудительностью и добросовестностью все функции, порученные мне, как сотруднику Международной службы Объединенных Наций, и сообразовывать свое поведение только с интересами Объединенных Наций, не искать и не получать инструкций в отношении моих обязанностей от любого правительства или других властей, не входящих в организацию».

Его обязанности заключались в строительстве нового здания ООН на Ист-Ривер, которое уже началось, а заработок у него был небольшим (всего 6 тысяч 500 долларов в год), и по всем соображениям он был незначительным работником в организации и арендовал квартиру в скромном испанско-негритянском пригороде Нью-Йорка.

Скоро Майкл свел Губичева со служащей важного правительственного учреждения в Вашингтоне — Джудит Коплон. В то время как Губичев был занят делами, связанными со строительством здания ООН, Джудит Коплон совершала регулярные поездки из Вашингтона в Нью-Йорк, чтобы провести уик-энд со своими родителями в Бруклине. Встречи между ними стали регулярными.

Джудит могла справляться у своих коллег в министерстве юстиции о разных секретных делах, даже если они не относились к ее служебным обязанностям. Особенно она интересовалась документами с грифом «внутренняя безопасность R», где литера «R» обозначала Россию. Она настаивала на том, чтобы ей дали на просмотр документы, относящиеся к посольству, консульствам и их личному составу, в таких документах могли быть названы имена агентов ФБР. В 1949 году она сделала три запроса о совершенно секретных материалах, касающихся советской разведки.

Министерство юстиции и ФБР систематически собирали сведения о советских дипломатах и дипломатах стран-сателлитов, для чего использовали в некоторых случаях информаторов из Советского Союза и этих стран. В 1948 году ФБР узнало, что содержание некоторых его документов стало известно Москве, а та, в свою очередь, известила об этом своих тайных агентов в Соединенных Штатах. И вскоре ФБР выяснило, что истоки этого канала информации находятся в том отделе, где работала Джудит Коплон.

Заподозрив мисс Коплон, министерство юстиции начало расследование. Ей были переданы фальшивые документы, с целью дезинформировать советскую разведку. В январе 1949 года она была переведена в другой отдел. «Она была очень взволнована, — рассказывал позже ее шеф. — Не зная истинной причины перевода, она возмущенно протестовала».

Между тем за ней установили слежку. Согласно инструкциям, отслеживалась любая ситуация — встречи на улице, в ресторанах. Но ни Коплон, ни Губичев не подозревали, что с декабря 1948 года группа агентов ФБР «провожала» ее, когда она отправлялась из Вашингтона в Нью-Йорк, а другие агенты ожидали ее прибытия на вокзале в Нью-Йорке. Часто она ехала прямо в дом родителей. Однако, если была назначена встреча с Губичевым, она часами кружила по Нью-Йорку, ходила по улицам, ездила в метро, но за ней неотступно следовали агенты ФБР. Хотя при встречах Губичев и мисс Коплон делали вид, что не знакомы друг с другом, его высчитали.

К встрече с Губичевым, назначенной на субботу, четвертого марта 1949 года, Джудит Коплон приготовила много важных и интересных документов. В своей записке, явно адресованной шефам ГБ, она упомянула о секретном документе объемом более ста страниц, подготовленном ФБР и посвященном советскому шпионажу в Соединенных Штатах:

«Я не смогла достать совершенно секретный доклад ФБР о советской и коммунистической агентуре в Соединенных Штатах, о котором я говорила Майклу. В подходящий момент я спросила начальника, где находится доклад. Он ответил, что кто-то из руководства департамента взял его и он не скоро получит его обратно.

Когда я раньше видела доклад, то смогла только мельком его просмотреть и мало что запомнила. В нем около 115 страниц, и прежде всего там собраны данные о советской разведывательной деятельности, включая Мартенса, Лоре, Пойнтса, Альтшулера, Силвермастера и других. Там также говорится о советской делегации в ООН, но это все, что я могла запомнить. Остальная часть доклада, как я думаю, посвящена польской и другим разведкам».

Мисс Коплон упоминала и другие доклады. При ней также были копии оригиналов и первичный необработанный материал, переданный информаторами, еще не проверенный и не подтвержденный. Например, это были данные об актерах-коммунистах Голливуда и нью-йоркских театров. В другом докладе, подготовленном агентом ФБР Робертом Дж. Лампфером, говорилось о вывозе атомных средств:

«Не было оформлено никаких экспортных лицензий на вывоз атомного оборудования, которое было доставлено в Советский Союз на борту судна «Михаил Кутузов» в августе 1947 года.

Груз таких же секретных изделий был обнаружен на борту парохода «Мурманск» в нью-йоркском порту второго сентября 1948 года, но американские власти сняли его, потому что не было разрешения на вывоз.

Третий такой груз был обнаружен в доках Клермонта, штат Нью-Йорк, четырнадцатого января 1949 года.

Из одного документа становилось ясно, что ФБР имело своего агента в советском посольстве в Вашингтоне, поскольку некоторые детали мог знать только человек, имеющий доступ к посольским делам. Копии этих дел были переправлены в ФБР тайным агентом, а теперь Джудит Коплон должна была передать копии с копий своим советским хозяевам. Когда этот документ был упомянут на суде над мисс Коплон, Арчибальд Палмер, ее адвокат, спросил агента ФБР, который давал показания: «Имеют ли Соединенные Штаты агентов контрразведки, которые работают в посольствах, консульствах и делегациях ООН других стран, включая Россию?» Агент ответил: «Да».

Государственный департамент спешно выпустил заявление для прессы о том, что у них нет агентов, но это не относилось к другим учреждениям Соединенных Штатов.

Большое число других заметок, сделанных мисс Коплон по поводу различных докладов ФБР, содержало имена людей, подозреваемых, но пока еще не разоблаченных американской контрразведкой, и непроверенные донесения.

Джудит Коплон написала также свою подробную биографию, было похоже, что она собиралась продвигаться вверх по разведывательной лестнице.

ФБР не было уверено, что мисс Коплон принесет на встречу с Губичевым, назначенную на четвертое марта, компрометирующие ее документы, и подготовило специальное сообщение об атомных исследованиях, в которых часть была правдой, а другая часть фальшивой, упомянув при этом, что якобы два агента ФБР внедрены в «Амторг». Эта бумага была передана мисс Коплон до ее отъезда в Нью-Йорк. Уильям Е. Фоли, начальник мисс Коплон в министерстве юстиции, сказал ей, что намеревается обвинить «Амторг» в том, что он не регистрирует иностранных агентов. Мисс Коплон попалась в ловушку. В тот день она ушла из департамента значительно раньше, чтобы успеть перепечатать ложную бумагу. Она присоединила ее к другим сообщениям, и в ее сумочке было более сорока страниц текста.

Вечером четвертого марта два советских шпиона проделывали свои обычные длинные и бессмысленные поездки по городу. Находясь под наблюдением агента ФБР, мисс Коплон прибыла на место встречи с опозданием в двадцать минут. Согласно существующим правилам, если один из участников встречи опаздывает, первый тоже должен уйти и вернуться на это место через час. Ей пришлось бродить целый час, прежде чем снова прийти на назначенное место. Подозревая, что за ней следят, она колебалась, передавать ли бумаги Губичеву. Однако она все же открыла сумочку, Губичев протянул руку, и их тут же арестовали.

Объявление об аресте вызвало большое возбуждение в обществе и оказало влияние на общественное мнение, настраивая его против советского шпионажа.

Советское правительство имело все причины и полное право прийти на помощь советскому гражданину Губичеву, но не могло открыто выступить в поддержку Джудит Коплон. Для всех разведок обычным делом является бросать агента, схваченного на месте преступления, и советское правительство следовало этому правило даже строже, чем другие. Джудит Коплон, разумеется, знала о том, что, если ее арестуют, она не получит ни помощи, ни моральной поддержки с советской стороны, что она останется в одиночестве и что симпатии американских коммунистов к советскому шпиону не могут быть высказаны публично.

По согласованию с государственным департаментом советская делегация в ООН была поставлена в известность об аресте Губичева через несколько часов после этого события. После полуночи два человека из советской делегации приехали, чтобы увидеться с Губичевым в тюрьме и получить разрешение для его жены встретиться с ним на следующий день. Разумеется, эти два джентльмена не знали о том, что мадам Губичева не является на самом деле его женой. Приказ из посольства об отмене этой встречи пришел вовремя.

Джудит Коплон судили и в Вашингтоне, и в Нью-Йорке: в Вашингтоне ее судили за кражу документов из министерства юстиции, а в Нью-Йорке ее и Губичева судили за шпионаж. Суд в Вашингтоне проходил с апреля по июль 1949 года, а в Нью-Йорке суд был отложен до двадцать шестого января 1950 года.

Перспектива для них была очень плохой. Доказательств против них в виде документов и показаний свидетелей было так много, и они выглядели столь убедительными, что нечего было и думать о реальной защите. Губичев избрал тактику, которая заключалась в отказе говорить, что, несомненно, было утверждено Москвой. Он не отвечал на вопросы, заявлял о своем иммунитете и, вместо того чтобы опровергать обвинения, нападал на Соединенные Штаты за их «незаконные действия» и нарушение дипломатических привилегий советского дипломатического персонала.

Притязание на дипломатическую неприкосновенность для Губичева было основано на трюке Москвы, которая хотела использовать тот факт, что у Губичева имелась дипломатическая виза. Советское правительство дважды предоставляло государственному департаменту такие доводы, но, несмотря на то что государственный департамент демонстрировал объективность и даже вежливость, это требование было дважды отклонено. Имя Губичева так и не было внесено в список дипломатов, так тщательно составляемый государственным департаментом. Но, несмотря на это, Губичев повторял свои притязания. Когда судья Альфред Кокс остановил его, он продолжал протестовать против «инквизиции» и против нарушения его прав. Губичев также отказался от адвоката: если он имеет иммунитет, то он не нуждается в защите.

После того как Губичев просидел в тюрьме семь недель и Соединенные Штаты отказались признать его дипломатический статус, советское посольство выплатило 100 тысяч долларов, чтобы его отпустили под залог. Двадцать седьмого апреля 1949 года Губичеву в присутствии первого секретаря посольства Льва Толоконникова было сказано, что, так как он выпущен под залог, ему запрещено подниматься на борт корабля или самолета или появляться на пристани или в аэропорту. Толоконников ядовито добавил: «А также садиться в подводную лодку, на вертолет или воздушный шар».

Тем временем Джудит Коплон была освобождена под залог в 20 тысяч долларов, которые предоставили ей родственники в Нью-Йорке, второй залог в 10 тысяч долларов был отправлен в Вашингтон.

Защищать Коплон было гораздо труднее, чем Губичева, так как мисс Коплон, американская гражданка, не могла ссылаться на иммунитет. «В период между десятым декабря 1948 года и четвертым марта настоящего, 1949 года, — гласило обвинение в Вашингтоне, — мисс Коплон брала секретные данные о национальной обороне из дел департамента. Она делала это с целью получения информации о национальной обороне, отдавая себе отчет, что эти действия нанесут ущерб Соединенным Штатам и пойдут на пользу иностранному государству».

Адвокат мисс Коплон Арчибальд Палмер не добился заметных успехов. Друг семьи Коплон, он был адвокатом по криминальным делам. Семья явно старалась представить себя не причастной к коммунистическим делам и не стала обращаться к хорошо известным прокоммунистически настроенным адвокатам. Ведя это дело, Палмер применил методы, больше подходящие для клиентов, которые обвиняются в воровстве, и не выиграл процесс. Он построил защиту на легенде о любовном деле, рассчитывая на сентиментальность присяжных и американской публики. Когда отбирались члены жюри присяжных в Вашингтоне, Палмер спрашивал возможных участников, не имеют ли они предубеждения против людей, добивающихся развода, или против американок, которые выходят замуж за иностранцев. Мисс Коплон, одетая в черное, при этих словах скромно потупила взор.

Мистер Палмер заявил суду, что Джудит Коплон чувствовала душевное расположение к Губичеву, а он к ней. Четырнадцатого января он якобы впервые сказал ей, что женат, но в плохих отношениях с женой и хотел бы остаться в Соединенных Штатах, которыми он восхищен. Он сказал, что вплоть до дня ее ареста она так ничего и не решила, все думая, должна ли она слушаться своего сердца или разума. Допрашивая агентов ФБР, которые следовали за ней до момента ареста, Палмер спросил: «Разве это не самое подходящее тихое местечко, где влюбленные могут шептать друг другу сладкие пустяки?» Палмер также сказал, что Джудит и Валентин опасались частных детективов, которых ревнивая жена Губичева могла нанять, чтобы следить за ними, а также секретной советской полиции. «Вы знаете, что НКВД может тихо убить человека? — спрашивал Палмер. — Вы читали об этом в докладах ФБР?»

Мисс Коплон хорошо играла роль, выбранную для него Палмером, она была явно встревожена недоверием, которое питали к ней присяжные, адвокаты и публика.

Любовная история, выдуманная Палмером, вызвала сенсацию, и толпы желающих попасть в зал суда росли с каждым днем. Это было похоже на третьеразрядный кинотриллер — любовь, шпионы, ФБР и невинная девушка. Напряжение достигло предела в тот день, когда мисс Коплон должна была давать показания. Несмотря на жару, зал суда был набит, многим не хватило мест, и им пришлось все время стоять, некоторые прихватили с собой ленч, чтобы не покидать своего места. Когда Джудит рассказывала свою историю, в зале суда царила мертвая тишина.

Мисс Коплон сказала, что она влюбилась в русского и была горько разочарована, когда узнала, что он уже женат. Она говорила тихим голосом, полным печали.

Она впервые встретила Губичева «в уик-энд, в Праздник труда, когда ходила по Музею современного искусства в Нью-Йорке». Они встречались шесть раз в течение последующих четырех месяцев, но только четырнадцатого января он впервые пригласил ее в ресторан. «Он когда-нибудь целовал вас?» — «Никогда, до четырнадцатого января, тогда он в первый раз попытался это сделать»: — «Он говорил, что любит вас?» — «Говорил. Мне казалось, что я влюблена в него».

Вся эта любовная история лопнула, как пузырь, когда обвинитель Джон М. Келли начал допрашивать свидетелей. С преувеличенной вежливостью он спросил ее о «любви без поцелуев» с советским инженером, а когда она подтвердила свои прежние слова, последовал сокрушительный вопрос: не провела ли она две ночи с другим мужчиной, когда ее любовь с Губичевым достигла самого пика? «Это отвратительная ложь!» — вскричала Джудит.

Тогда обвинитель привел подробности. Седьмого января «мистер и миссис Шапиро» из Ист-Харфорда, штат Коннектикут, зарегистрировались в отеле в Балтиморе и заняли такой-то номер. «Мистер Шапиро» оказался служащим криминального отдела ФБР, а «миссис Шапиро» — Джудит Коплон. Восьмого января та же пара провела ночь в отеле в Филадельфии. Впоследствии Джудит провела ночь в доме «мистера Шапиро» в Вашингтоне.

С оскорбленным видом невинной жертвы Джудит закричала: «Что вы делаете в присутствии моей матери?» Но потом, правильно оценив ситуацию, опустила взор и сказала: «Да, но не произошло ничего незаконного». — «В обе эти ночи?» — «В обе ночи. Он не делал никаких непристойных попыток. Я была полностью одетой. Он только обсуждал со мной мою любовь к Губичеву».

Потом Джудит рассказала явно наспех придуманную и неправдоподобную историю, как она поехала с Шапиро в Балтимор, потому что он хотел купить костюм, а когда он не нашел подходящего, она отправилась с ним в Филадельфию.

Рассказ о связи Коплон и Шапиро произвел сенсацию, люди, присутствовавшие в зале суда, уже собирались было поставить под сомнение вину Джудит, но теперь попали в затруднительное положение. А сама Джудит, потеряв хладнокровие, кричала пронзительным голосом: «Вы хотели представить меня шпионкой, а теперь хотите сделать из меня шлюху!»

Любовная история рухнула, обилие документов, которые служили доказательствами, и показания свидетелей подтвердили ее вину. Вторая легенда Палмера лопнула, как и первая. Он сказал, что Джудит Коплон намеревалась написать книгу и найденные в ее сумочке записки, где часто упоминались имена коммунистов и их противников, были просто записями, на которых основывались образы будущих героев.

Жюри присяжных удалилось на совещание, которое продолжалось двадцать семь часов. Они единодушно признали Джудит Коплон виновной. Теперь по закону она могла быть приговорена к тюремному заключению от сорока месяцев до десяти лет.

Финальный акт этой драмы заставил себя ждать целых семь месяцев, когда закончился суд в Нью-Йорке. Приговор, вынесенный девятого марта 1950 года, определил наказание в пятнадцать лет заключения для каждого.

Во время суда в Нью-Йорке государственный секретарь прислал в суд рекомендацию отложить наказание для Губичева при условии, что он в течение двух недель покинет Соединенные Штаты и никогда не вернется. Это предложение правительства было мотивировано тем, что многие американские граждане в Восточной Европе, справедливо или ложно обвиненные в шпионаже или в других преступлениях, могут быть подвергнуты ответным мерам наказания, если Губичев будет заключен в тюрьму. Как раз случилось так, что именно в это время Роберт А. Фогелер, американский гражданин и работник Международной телеграфной и телефонной корпорации в Будапеште, был осужден венгерским судом на пятнадцать лет за шпионаж. Многие американцы также были задержаны в России. Хотя не было никаких предварительных договоренностей ни с Советским Союзом, ни с его странами-сателлитами, государственный департамент явно хотел смягчить участь своих соотечественников, продемонстрировав снисходительность в деле Губичева. «Обвиняемый Губичев, — писал государственный департамент, — должен покинуть пределы Соединенных Штатов прежде, чем он начнет отбывать свой срок заключения здесь».

Рекомендации правительства были приняты во внимание.

Двадцатого марта 1950 года Губичев был доставлен в наручниках из тюрьмы в фургоне судебного исполнителя на борт польского судна «Баторий». Ему с женой была предоставлена каюта первого класса, которую оплатило правительство Соединенных Штатов. Губичев вез с собой десять мест багажа, включая большой телевизор. На пирсе его провожала группа советских служащих, приехали представители прессы. Когда его спросили, существует ли в России телевидение, Губичев вызывающе ответил: «А как же, ведь телевизор изобрели у нас!» Осужденный шпион получил заработную плату за весь период следствия и суда (около 6 тысяч долларов), когда навсегда покидал берега Соединенных Штатов.

Судьба Джудит Коплон была совсем другой, хотя не такой уж плохой. Выпущенная под залог после ареста и не занятая теперь своими шпионскими делами, она обрела покой в замужестве и семейной жизни. Через два месяца после вынесения приговора в суде Нью-Йорка она вышла замуж за одного из своих адвокатов, Альберта Х. Соколова. Через несколько месяцев, пятого декабря, апелляционный суд отложил решение федерального суда на том основании, что ее арест был произведен без ордера и подслушивание телефонных разговоров для получения информации запрещено правительством. Однако обвинение не было снято, и вина Джудит Коплон не ставилась под сомнение. Она избежала наказания из-за строгого выполнения законов демократической страны и неукоснительного соблюдения процессуальной стороны дела, что часто граничит с абсурдом.

В то время как Джудит Коплон, теперь уже жена и мать, исчезла из виду и Валентин Губичев вернулся под крыло своего могущественного агентства, ответные уступки, на которые рассчитывал государственный департамент, так и не последовали. Ни Роберт Фогелер, ни другие американцы, находящиеся в руках Советского Союза или его стран-сателлитов, не были освобождены из «трудовых лагерей». Фогелер оставался в заключении еще год, а некоторые американцы были освобождены даже еще позже. Попытка Америки дать Москве урок этики потерпела неудачу.

Глава 10

ПРОМЕЖУТОЧНЫЕ ИТОГИ

Во всех крупных советских авантюрах послевоенного десятилетия шпионаж играл выдающуюся роль. Он молчаливо предшествует коммунистическим армиям в их походах, потом идет с ними рядом, а затем, после победы, обосновывается в новой стране как легальное или полулегальное ведомство. Он пытается проникнуть туда, где развивается военная промышленность или создаются новые армии. Однако его главной целью являются великие державы Запада и в первую очередь Соединенные Штаты Америки.

Из-за громадных размеров и вездесущности советского шпионажа и из-за тайн, которые его окутывают, трудно даже оценить его значение. Многие в прошлом преувеличивали добродетели нашего «великого союзника» и часто были склонны занижать размеры советской шпионской деятельности, несмотря на факты, которые свидетельствовали об обратном. Другие, напротив, стремились преувеличить его размеры и опасность и даже говорили о его превосходстве и непобедимости. А на самом деле баланс советских послевоенных шпионских операций не может считаться полностью положительным. Наряду с успехами и даже блестящими победами, у него случались и провалы, неудачи, болезненные потери престижа и разоблачения. Потери были значительными, и более того, они все возрастали со временем.

Во многих отношениях советская разведка повторяла принципы построения Советской Армии: численное превосходство при более низком качестве. Соотношение между размерами и эффективностью, оставшееся как вековое наследство русской истории, сохранилось и по сей день, и будет, скорее всего, сохраняться в обозримом будущем. Чрезмерная централизация, пренебрежение к человеческому фактору, коммунистические предвзятые взгляды при оценке событий и плохие методы оценок — непременные элементы советской шпионской системы — снижали ее качества и мешали выйти на первые места в мировой разведке.

Крайняя централизация — главный элемент тоталитарной системы, — логичная и разумная на бумаге, становится абсурдом и причиной слабости в жизни. Вполне логично, что каждый шаг, предпринимаемый агентами разведки за рубежом, должен быть известен и заранее санкционирован Москвой, потому что даже отличные знания и способности резидента не позволяют добиться таких результатов, какие имела разведывательная система в целом.

Правило, запрещающее вербовать агентов без разрешения Москвы, могло бы показаться разумным и необходимым, потому что в центре могут организовать такую проверку, которую не сможет сделать ни атташе, ни кто-то из руководителей шпионских групп. Там есть архивы ГБ, включая и заграничные дела, доступные немецкие архивы, добытые в 1945 году. Другие данные находились в распоряжении Коминтерна—Коминформа, где каждой коммунистической партии было отведено особое место и откуда в Москву поступали копии наиболее важных документов, полученных на местах. Наконец, главный штаб советской военной разведки в течение трех десятилетий тоже собирал ценную информацию и личные дела.

Такое беспрецедентное изобилие документации помогало избежать неоправданного риска, выявить двойных и внедренных агентов, но в то же время серьезно замедляло выполнение разведывательных операций. Когда система полностью централизованного управления достигает своих пределов, то живой и эластичный организм разведки превращается в автомат и становится одним из сотен бюрократических институтов, в котором люди начинают бояться ответственности и действуют только по приказу, а не по собственной инициативе.

Во времена бума советской шпионской организации в Канаде туалет в приемной дантиста в Оттаве использовался как «дубок» (потайное место для обмена посланиями). Нора (Эмма Войкин) приходила в комнату ожидания дантиста и помещала свой материал под крышку сливного бачка в туалете. Часом позже Горшков, в качестве прикрытия работавший водителем в советском посольстве, должен был появиться в приемной дантиста, пройти в туалет и забрать бумаги. Такой порядок был хорош тем, что никто не мог наблюдать прямой контакт между двумя агентами. Когда позже эта процедура была раскрыта канадскими властями, стало известно, что, прежде чем этот план вошел в действие, надо было получить согласие Москвы. Все такие «дубки», а их за границей было много сотен, утверждались Центром.

Даже такая сравнительно простая операция, как организация встречи между двумя советскими агентами, часто не доверяется опытному военному атташе, и решение остается за главным штабом в Москве. Московские эксперты по организации встреч выполняли свои обязанности с тяжеловесной, а часто просто смешной неуклюжестью. Еще до отъезда шпиона-атомщика Алана Нуна Мэя из Канады в Лондон надо было условиться о встрече с другим советским агентом в Лондоне. Для этого советский военный атташе в Оттаве послал сообщение в Москву, которое следовало передать лондонскому агенту:

«Встреча 7, 17, 27 октября на улице перед Британским музеем.

Время 11 часов вечера.

Пароль: Наилучшие пожелания Михаилу».

Насколько ответственно атташе отнесся к делу, следует хотя бы из того, что он дал русское написание имени Михаила, а также назначил три даты встречи в октябре. Но Москва нашла эти условия неудовлетворительными, и департамент Директора подготовил длинный документ, где было предусмотрено множество других паролей и сложных знаков для внешнего опознания.

Закулисная борьба между спецслужбами и их шефами, взаимные жалобы и интриги — все это было результатом жесткой централизации. Нездоровая атмосфера просматривалась почти в каждом сообщении советской разведки. Игорь Гузенко называл все это «настоящим зверинцем», когда говорил о борьбе между военным атташе полковником Заботиным и Павловым, который являлся главой сети ГБ в Канаде. Павлов посылал в Москву доносы на людей Заботина, а Заботин, в свою очередь, старался опорочить людей из ГБ. Незначительные инциденты всячески раздувались, в советскую столицу в военные годы шел поток телеграмм: «Сосед (Павлов) не должен работать, применяя такие хулиганские методы» — и дальше в таком же духе.

Перед шпионами за рубежом стояла задача сбора информации, но не менее важной задачей была ее интерпретация. Эта часть разведывательной работы выполнялась в Центре. В эти тревожные времена в разведывательные центры каждой страны поступали сотни сообщений, и требовались особое политическое чутье, объективность, интуиция и здравый смысл, чтобы правильно оценить их, отбросить всю фальшь, расставить факты на свои места и сделать правильные выводы. Если даже несекретные документы подчас могли ввести в заблуждение, сколько роковых ошибок можно допустить, интерпретируя тайные сообщения, которые приходят от неизвестных источников?

Самой большой опасностью, подстерегающей каждую разведывательную систему, секретную или открытую, является консервативный и предубежденный подход к оценке получаемых сообщений. Каноны, представления и правила ленинизма-сталинизма часто становились фатальными для советской разведки в целом. Например, летом 1939 года агенты информировали Москву о том, что капиталистические страны, Франция и Англия, не выступят против капиталистической же Германии, даже если Гитлер нападет на Польшу. Пользуясь этой информацией, Сталин сделал неправильные выводы и совершил роковую ошибку, заключив пакт с Берлином. Во время войны советские разведчики продолжали снабжать Москву сообщениями о вероломных планах капиталистических стран против Советского Союза. Советские офицеры-разведчики за рубежом были предупреждены об этом, и им было строго запрещено сотрудничать с западными коллегами.

Мы уже убедились в том, как реагировала Москва на попытку Александра Радо в 1943 году сохранить свой прекрасный швейцарский аппарат с помощью англичан. В основе фатальных инструкций Москвы лежала старая теория, будто капиталистический мир скорее согласится помочь фашистам, чем коммунистам. В 1942 году начались споры вокруг Соединенных Штатов. Четвертого декабря того же года, когда Радо попросил для своей группы американские визы на случай вторжения немцев в Швейцарию, руководство советской разведки ответило: «Мы не можем дать вам американскую визу без того, чтобы не раскрыть вас перед американцами, что было бы неправильным и совершенно ненужным». Директор посоветовал им остаться в Швейцарии. В ноябре 1943 года Директор сделал Радо строгий выговор за то, что тот в целях безопасности вошел в контакт с майором Картрайтом, британским военным атташе в Швейцарии, «без нашего на то разрешения».

Отдельные агенты на своих передовых постах, стремясь соответствовать этому направлению и угодить своим шефам, таким же образом выискивали антирусские интриги со стороны союзников. Кроме того, являясь сами коммунистами, они страдали теми же недугами, что и их лидеры. Результатом был настоящий поток сообщений об «антисоветских» ходах, которые предпринимали западные союзники во времена нашей общей войны против Германии. Двадцать четвертого августа Радо послал в Москву сообщение о том, что германский генерал Фалькенхорст хочет «открыть Норвегию для союзников», чтобы избежать русского вторжения в Восточную и Центральную Европу. Когда Муссолини, интернированный в Италии после своего падения в июле 1943 года, был похищен группой Скорцени, Радо информировал Москву, что в соответствии с немецкими источниками «освобождение Муссолини было проведено Бадольо по согласованию с союзниками».

В других случаях агенты сильно преувеличивали антивоенные настроения в Германии и снабжали Москву смехотворными новостями о падении морального состояния немцев. Всего через шесть месяцев с момента германского вторжения в Россию Радо прислал в Москву сообщение, ссылаясь на «известный немецкий источник», о том, что народ Германии «устал и доведен до отчаяния». Некоторые сообщения напоминали грубую агитку, каждая из которых была зашифрована сложным кодом: «Теперь Гиммлер и нацистская партия несут ответственность перед немецким народом за неспособность властей ликвидировать последствия налетов английских бомбардировщиков». Через пять недель другой рапорт информировал Москву, что «немецкие солдаты не понимают, почему они должны и дальше оставаться в глубине России», и т. д.

Сами размеры советской шпионской сети и ее неуклонный рост определяли снижение ее интеллектуального уровня и эффективности. Было лишь небольшое число выдающихся агентов высокого уровня, более многочисленная группа людей с весьма ограниченными способностями и несчетное число активных или потенциальных секретных сотрудников низкого качества. «Советская разведка основана на количественном принципе, но этот принцип ведет к легковесности, самомнению и требует очень много денег», — отмечал один бывший коммунист-нелегал.

Шеф немецкой фронтовой разведки во время войны, Хайнц Шмальшлегер, пришел к тому же заключению: «Русские разведывательные операции велись в широких масштабах. Их действия основаны на допущении, что сотни людей могут погибнуть только для того, чтобы один агент мог сделать полезную работу».

Бывший работник ГБ, дезертировавший во время войны, отмечал, что «слабым местом советской разведки являются низкий уровень развития и недостаточные способности людей. Даже высшие руководители плохо образованы. Это объясняется ограниченными резервами, из которых набирается персонал».

Отношение к человеку в шпионской машине следовало главному советскому правилу: ставка на «массовость» и пренебрежение судьбой отдельного человека. Когда советские агенты сбрасывались на парашютах в Германию во время войны, не делалось никаких реальных приготовлений для их приема, и нацистская полиция уничтожала их, словно мух. Другие молодые парашютисты во множестве забрасывались прямо позади германского фронта, и очень немногие из них сумели выжить. Очень мало внимания уделялось одежде и оснащению этих тайных агентов, и в результате многих из них узнавали на немецкой стороне по ткани и покрою униформы. «Пока не случились массовые аресты (1945 год), — говорил перебежчик из ГБ в военные годы, — шефы советской разведки не обращали внимания на стандарты униформы и особенности снаряжения». Тысячи людей погибли, прежде чем было решено, что оснащение агента должно соответствовать тому месту, где он будет работать.

Время от времени агентам, работавшим за рубежом, присваивалось очередное воинское звание или они награждались орденами и медалями за верную службу. Они становились капитанами, майорами, полковниками и могли носить свои награды на груди. Однако такое признание заслуг мало что значило для подпольного агента в зарубежной стране. В чем он действительно нуждался, так это в понимании, симпатии и дружеском совете, а это как раз то, в чем отказывал ему советский аппарат.

Жизнь советского агента за границей совсем не была похожа на распространенное представление, будто это непрерывные захватывающие приключения, полные опасностей, и сенсационные подвиги. Реальность была совершенно другой. После нескольких месяцев подготовки начиналась череда скучных и часто бесполезных встреч и разговоров, написание бесполезных сообщений, которые редко кто-нибудь читал. Агент часто переживал из-за своей бесполезности, неся тяжелую ношу этой службы, и мечтал снова стать легальным членом коммунистической партии или если уже разочаровался в коммунизме, то о какой-то другой политической деятельности.

«Пустая трата времени, ожидания, бесконечные отчеты, — говорит Геде Мессинг, бывший член аппарата, — измотали меня. Я был связан с русской разведкой несколько лет, но когда я начал подсчитывать свои дела, то они оказались мизерными. А ведь я был на хорошем счету. Как можно понять эту странную рутину, которая сводилась к докладам и рапортам обо всем и обо всех, эти перемещения людей без всяких объяснений и без видимых причин?»

Такие же чувства охватывали каждого честного и преданного участника подполья через некоторое время, и чем умнее и честнее он был, тем неизбежнее становилось разочарование. Конспирация, по словам Уиттейкера Чэмберса, была очень нудным делом:

«Ее таинственность быстро наскучивала, секретность становилась тяжелой ношей, и все это не приносило ничего, кроме досады. Тайная подпольная работа — это тяжелый ежедневный труд, направленный на то, чтобы избежать волнений. Я не знал хорошего конспиратора, который наслаждался бы конспирацией. Я не знал разведчика, который не думал бы: когда же закончится мой срок работы и я смогу заняться чем-то менее необычным?»

С другой стороны, неумение правильно вести себя, а часто просто случайные провалы вели к суровым наказаниям. Никто не может сказать, как много прекрасных офицеров разведки окончили свою жизнь в лагерях и сколько было казнено. В самой России было убито больше офицеров советской разведки, чем во всех зарубежных операциях.

Содержание

Минное поле «холодной войны» (*вместо предисловия*) 5
Глава 1. ИСТОКИ 7
Глава 2. ФРАНЦИЯ ПЕРЕД ВТОРОЙ МИРОВОЙ
 ВОЙНОЙ 29
Глава 3. ГЕРМАНИЯ ПЕРЕД ВТОРОЙ МИРОВОЙ
 ВОЙНОЙ 71
Глава 4. ВОЕННЫЕ ГОДЫ В ЕВРОПЕ 136
Глава 5. ШВЕЙЦАРСКАЯ СЕТЬ ВО ВРЕМЯ ВОЙНЫ 180
Глава 6. «КРАСНАЯ КАПЕЛЛА» В ГЕРМАНИИ 228
Глава 7. КАНАДСКАЯ СЕТЬ 261
Глава 8. ЕВРОПА ПОСЛЕ ВОЙНЫ 287
Глава 9. СОЕДИНЕННЫЕ ШТАТЫ 362
Глава 10. ПРОМЕЖУТОЧНЫЕ ИТОГИ 454

Даллин Д.

Д15 Шпионаж по-советски. — Пер. с англ. И.В. Турбина. — «Секретная папка». — М.: ЗАО Изд-во Центрполиграф, 2001. — 462 с.

ISBN 5-227-01282-2

Автор собрал обширный материал о деятельности советской разведки в 20-50-х годах XX века. По обилию фактуры и имен этот труд даже превосходит нашумевшую книгу английского историка Кристофера Эндрю и бывшего полковника советской внешней разведки Олега Гордиевского «КГБ: разведывательные операции от Ленина до Горбачева». По словам Дэвида Даллина, ему удалось рассказать о работе советских спецслужб за рубежом настолько объективно и точно, насколько это было возможно в существовавших условиях. Некоторые описываемые автором события носят поистине уникальный характер, поскольку прежде никогда не предавались гласности.

УДК 820(73)
ББК 84(7Сое)

Дэвид Даллин

ШПИОНАЖ ПО-СОВЕТСКИ

Ответственный редактор *В.Ф. Миронов*
Художественный редактор *И.А. Озеров*
Технический редактор *Л.И. Витушкина*
Корректоры *Т.В. Вышегородцева, И.А. Филатова*

Изд. лиц. ЛР № 065372 от 22.08.97 г.
Подписано в печать с готовых диапозитивов 31.01.2001
Формат 84x108¹/₃₂. Бумага газетная. Гарнитура «Таймс»
Печать офсетная. Усл. печ. л. 24,36
Уч.-изд. л. 21,59+1 альбом=22,47
Тираж 7000 экз. Заказ № 398

ЗАО «Издательство «Центрполиграф»
111024, Москва, 1-я ул. Энтузиастов, 15
E-MAIL: CNPOL@DOL.RU

Отпечатано с готовых диапозитивов
в ГУП ИПК «Ульяновский Дом печати»
432980, г. Ульяновск, ул. Гончарова, 14